심리학으로 바라본

중년 여성의 삶

Varda Muhlbauer • Joan C. Chrisler 편저

김종남 역

학지사

Women over 50: Psychological perspectives

by Varda Muhlbauer and Joan C. Chrisler (Eds.)

역자 서문

이 책은 나이 50세가 넘은 여성들에 관한 이야기로, 이들이 경험하는 다양한 심리적 이슈에 대해 다루고 있다. 예를 들면, 중년 여성들의 신체상 변화, 폐경의 의미, 성욕과 신체적 건강, 중년 여성들의 우정과 할머니가 되는 경험, 일과 은퇴 등 흥미로운 주제가 많이 포함되어 있다. 아동 혹은 청소년에 대한 발달심리학 책은 이미 많이 출판되어 있지만, 성인 여성, 특히 중년과 그 이후 여성들의 심리사회적 특성과 주요 이슈를 다룬 책은 드물다. 이 책은 연구 영역에서 불모지나 다름없는 중년 이후 여성의 심리적 측면에 대해 상세하면서도 광범위하게 다루었다. 그런 점에서 이 책이 갖는 의미는 크다고 할 수 있다.

또한 중년과 나이 든 여성에 대한 전통적인 관점은 상실이나 쇠퇴 등의 부정적인 측면을 강조하는 경우가 많은데, 이 책은 나이가 들면서 경험하게 되는 삶의 긍정적인 측면까지 발견하게 해 주는 안내자의 역할을 한다. 이 책의 많은 글은 여성주의적인 입장에서 쓰였으며, 여성들의 자율성과 권리 증진을 위한 여러 조언이 제시되어 있다. 사회문화적인 맥락에서 규정되는 여성들의 지위와 역할, 삶의 방식에 대해 전통적인 관점과는 다른 새로운 관점을 제공하는 것은 우리에게 여러 가지 시사점을 던져 준다.

이 책을 번역하면서 여성으로서 나 자신의 10년, 20년 후의 미래에 대해 그려 보는 기회를 가질 수 있었고, 글을 읽다가 미소를 짓기도 하고 진지한 생각에 빠지기도 했다. 아무쪼록 이 책을 접하게 되는 독자들도 이 책을 읽으며 자신과 주위 사람들의 삶을 되돌아보고 더욱 풍요로운 중년과 그 이후 삶을 설계하는 데 조그마한 단초라도 얻었으면 좋겠다. 그리고 자신과 배우자, 어머니와 아내, 누이와 딸에 대해 지금보다 더 많이 이해하고 그들과 조화로운 삶을 살아가는 데 도움이 되기를 바라는 마음이다.

마지막으로 이 책의 출판을 허락해 준 학지사 김진환 사장님께 진심으로 감사 드리며, 무더운 여름 내내 책과 씨름하는 모습을 마음으로 묵묵히 지원해 준 나의 남편에게도 감사 드린다.

2011년, 태릉에서

역자 김종남

서문

지난 20년 동안 나이 든 여성에 대한 심리학 문헌을 보완하기 위해 여성주의 연구에서 거의 아무 일도 하지 않았다는 것은 정말 주목할 만하다. 나는 오랫동안 여성과 관련된 여러 가지 주제가 책으로 묶이길 간절히 바라왔다. 따라서 이 책의 출판에 대해 글을 쓰는 것이 무척 기쁘다. 하지만 이 책을 기리기 전에, 여성의 삶과 관련된 발달적 이야기에서 커다란 차이(gap)가 있음을 인식하던 그때로 거슬러 가야 할 듯하다.

내가 1970년대 말에 대학원 공부를 마치고 40번째 생일을 자축했을 때, 나는 특히 여성과 노화 문제에 민감해 있었다. 당시 나는 박사학위 연구에 착수해 있었는데, 연구 참여자의 대부분이 65~100세의 여성이었으며, 자신의 집에 살거나 혹은 은퇴자 단지에 살거나 요양소에 살고 있는 사람들이었다. 문헌 고찰을 하던 중에 나는 특정 연령에 도달한 여성들에 대한 연구가 부족하다는 사실과 맞닥뜨리게 되었다. 늙은 군인들처럼 노년 여성들은 단지 잊혀지는 존재 같았다. 그들이 사춘기를 지나 인생의 반려자를 만난 이후로, 그다음 매 10년마다 그들에 대한 발달심리학 이야기는 점점 더 적은 화젯거리를 지닌 채 변모해 갔다. 그나마 연구된 작은 부분도 상실-외모와 생식 능력, 의미 있는 활동, 성적 관심, 정신적 안정성, 결혼관계, 마지막으로 인지 능력에 초점을 맞추는 경향이 있었다. 여성들은 '빈 둥지 증후군'에서 오는 고통과 폐경, 외로움, 과부신세, 우울증을 감내해야 한다고 말한다. 여성들이 내세울 만한 좋은 일은 아무것도 없는 것처럼 보였다. 따라서 나는 '여성들이 왜 많은 것을 말해야 하는가?'라는 의구심이 들었다.

1990년에 나는 심리학 문헌에서 원숙한 여성들의 존재 부족을 알리는 방법으로 「40세에 끝난(Finished at 40)」이란 논문을 썼다. 이 제목은 여성들의 삶과 관련된 연구와 이론이 부족하고, 또한 여성들의 성장과 발달이 이미 40세에 끝나 버렸다는 인식을 드러내기 위한 것이었다. 그들은 단순히 '끝나 버렸다.' 즉, 통속적인 말로 하자면 '소모되었다.' 제목을 정할 때 약간의 과장이 있다는 것을 알았지만, 나는 그 논문이 도발적으로 작용해서 행동을 일으키기를 원했다. 나는 여성주의 심리학자들(과 다른 사람들)이 나이 든 여성들의 삶에 더 많은 관심을 갖기를 희망했고, 특히 그들에 대해 우호적이고 창조적이며 생산적인 이미지를 갖기를 원했다.

나 스스로가 가정상 황폐하고 끝없는 상실의 터널에 들어갔을 때, 나는 내 안에 있는 에너지와 잠재력의 강력하고도 정반대되는 감정을 인식하게 되었다. 나는 내리막을 걷고 있지 않았다. 나는 위로 올라가고 있었다. 나는 내 직업적인 삶에서 새로운 국면으로 막 들어가게 되었으며, 이는 실로 놀라웠다. 나는 더 이상 혼자가 아니었다. 내 주위에는 친구들과 동료들이 있었고, 그들은 대부분 자신의 삶에 대해 활기차고 창조적이었으며 열정적이었다. 또한 여성들의 모습이 어떠한가에 대한 대안적 견해를 강화하는 것이 바로 나의 박사논문 연구자료였다. 그들 인생에서 가장 빛나는 시기가 언제였는지에 대한 질문에서, 여성 응답자들의 경우 압도적으로 많은 시기는 55세였다. 그들은 자녀와 남편을 돌보아야 하는 걱정과 필요성으로부터 자유로웠기 때문에 그 시기를 사랑한다고 했다. 또한 그들은 55세의 삶을 풍요로움과 건강, 활동들로 가득한 때라고 묘사했다. 그들 중 일부는 흥미로운 직업을 가지고 있었고, 많은 이들이 종교단체와 시민단체, 사회조직에서 리더 역할을 맡았다. 뿐만 아니라 그들은 여행을 하고, 새로운 기술을 배우고, 많은 즐거움을 누리고 있었다. 많은 사람이 임신에 대한 걱정이 없어졌다는 사실을 기쁘게 여겼고, 행복한 결혼과 다 성장한 자녀들, 특히 손자에 대해서는 열정적으로 말하였다. 내 연구에 참여한 여성 대부분은 70대와 80대, 90대가 됨에 따라 더 많은 도전이 있었지만, 계속해서 보람 있고 활동적이고 만족스러운 삶을 유지하였다. 그럼에도 나는 가장 흥미롭고 지적으로 활기찬 참여자들 중 두 명이 각각 90세와 100세였음을 기억한다.

40대 후반 여성들을 포함하는 또 다른 연구 프로젝트는 인생이 더 나아질 것이며, 더 나빠지지 않는다는 나의 견해를 지속시켜 주었다. '대기 중인 환자들'을 대상으로 한 폐경의 탈의료화(demedicalization) 연구의 일부로서, 나는 여성들에게 20세 때와 35세 때, 그리고 현재의 기분 상태에 대해 질문했다. 전체 참여자 중 그들 인생의 가장 만족스럽지 않은 시기는 35세였다(Gergen, 1989). 분명히 '사커 맘*'이 되는 것은 누군가가 상상하는 것처럼 인생의 멋진 시기는 아니었다. 그것은 스테이션 왜건*을 갖도록 해 주었지만, 개인적 정체감이나 개인적인 삶을 갖고자 하는 마음과는 배치되는, 일상적

사커 맘(soccer mom) 교외에 살면서 많은 시간을 학령기 자녀를 차로 실어 나르는 데 쓰는 중류층 여성을 일컫는 말-역자 주

스테이션 왜건 뒤에 접이식 좌석이 있는 차-역자 주

인 의무에서 자유로워지고 싶은 바람을 떨쳐 내지는 못했다. 약간의 공포를 가지고 미래를 예상하였지만, 이것은 대체로 폐경과 노화에 대한 의학 정보에 노출되어 생겨난 것이었다. 대다수의 여성은 자녀들이 다 성장하여 행복해했다.

오늘날, 만약 내 논문의 제목을 바꿀 수 있다면, 그것은 '50세에 끝난'이 될 것이라고 생각한다. 이유인즉, 폐경이 이제 '사라짐(disappearance act)'의 더 흔한 지표라는 점 때문이다. 지금 나는 훨씬 더 낙관적이고 '끝난'을 완전히 지워 버릴 수도 있다. 그 논문이 발표된 이래로, 저명한 발달심리학자들과 노년학자들은 똑같이 50세는 새로운 40세이고, 60세는 새로운 50세라는 말에 동의했다. 또한 중년이 확장되었고, 그들이 늙었다고 주장하는 것을 더 이상 아무도 원하지 않는다. 이러한 재조정에는 더 나은 건강 관리, 알약, 성형수술, 특정한 사회적 기대로부터 여성들의 해방(상당 정도 여성주의 운동 덕분임), 성 평등에 대한, 특히 직장에서, 공공연한 더 큰 수용을 포함하여, 많은 이유가 있다. 가정생활뿐 아니라 직장생활을 포함해서 여성들의 역할은 확장되었다. 뉴가튼(Neugarten, 1979)이 말한 '사회적 시계(social clock)'는 그리니치 표준시간을 잃어 버렸다. 자녀양육은 학위 취득하기와 직업 바꾸기처럼 다세대 활동이 되었다. 심지어 인생 후반기에 성적 지향성에 대해 다시 생각할 가능성도 열려 있다. 적어도 중류층과 중상류층의 경우, '전통적 역할'의 폐기에 의해 사회적 영향력이 커졌다. 최근 친구 중 한 명이 재혼을 했는데 그녀는 새로운 남편의 75번째 생일을 축하하기 위해 이집트로 탐험여행을 떠난 것은 물론 공동주택위원회의 장이 되었는데, 화가로서 자신의 직업을 유지하면서도 이 같은 일을 모두 해냈다. 또 다른 친구는 자신의 법적 전문지식을 활용해 53세에 유럽에서 한 아이를 입양했다. 최근에 할머니가 된 세 번째 친구는 의사 직업을 그만두고, 딸과 함께 말을 훈련시키고 마장 마술을 향상시키는 데 시간을 보내고 있다. 이 모든 사례에서, 중년은 이 여성들에게 완전하게 인생에 참여하도록 용기를 줄 뿐이었다.

『심리학으로 바라본 중년 여성의 심리』, 이 책의 매우 흥미로운 부분은 편집자인 바더 멀바우어(Varda Muhlbauer)와 조앤 크리슬러(Joan Chrisler)가 연령 집단의 경계가 얼마나 흐려졌는지, 그리고 여성들이 제한적인 역할 기대에 어떻게 저항하고 있는지를 알려 주면서, 그와 비슷한 견해를 발전시키고 있다는 점이다. 이 책의 또 다른 중요한 점은 그 자체로 노화의 의미에 대해 생각하는 데 있어 새로운 분위기를 만들어 냈다는 것이다. 이러한 메시지에 사람들이 노출됨에 따라 자신의 삶과 함께 살고 일하는 다른 사람들의 삶에 대해 재평가하는 데 더 개방적이 된다. 노화에 대한 이런 긍정적인 견해의 촉진은 나이 들어가는 여성에 대한 이진의 형편없는 고정관념을 훨씬 더 낙관적이고 힘 있는 것으로 변화시키는 데 결정적이다. 나의 경우 케네스 J. 저겐(Kenneth J. Gergen)과 함께 『긍정적인 노화 뉴스레터(www.positiveaging.net)』라고 부르는 전자회보의 편집을 맡고 있다. 그 안에서 우리는 노화의 고정관념을 생산성과 힘의 시기로 재구성하기 시작했다. 젊음과 초기 성인기의 좋은 생활에서 중년을 거쳐 노년으로 마침내 죽음으로 가는 내리막길 대신, 우리는 노화를 오르막길 궤도를 갖는 것으로 재정의한다. 우리의 견해를 지지하기 위해, 우리는 노화에서 유익과 잠재력을 발견한 새로운 논문과 웹 사이트, 책뿐만 아니라 사회과학과 생물학에서 수집한 자료까지 포함시키고 있다. 다른 사람들은 결함 담론(the deficit discourse)을 광고한다. 그것은 우리를 위한 것이 아니다.

나에게 「40세에 끝난」은 내가 희망한 것이 심리학계 내에서 완전히 새로운 연구와 이론의 세계를 만드는 것임을 알려 주는 일종의 나팔 소리였다. 마침내 16년 뒤에 반응이 일어났다. 『심리학으로 바라본 중년 여성의 심리』는 여성들이 나이를 먹음에 따라 그들에게 다가오는 도전뿐만 아니라 이점에 대해서도 정교하게 설명하고 있다. 저자들은 이 집단이 정치적 · 사회적 권력의 측면에서 진지하게 고려되어야 한다는 생각을 발전시킨다. 중년 여성들은 단순히 자신에게 떨어질 최악을 기다리고 있는 환자들이 아니다. 노화에 대해 널리 퍼진 문제 중심의 접근을 뒤흔들기는 너무도 어렵지만, 나는 저자들의 노력을 칭찬하는 바이며, 그들이 이번 판(edition)과 앞으로의 새로운 판에서 이 모험의 커다란 성공을 거두기를 바란다. 아울러 이러한 서문을 쓸 수 있도록 기회를 준 편집자들에게 감사한다. 이번 기회로 인해 학자로서, 여성으로서 나 자신의 발달선상에서 이 결정적인 시기를 돌이켜 볼 수 있었다.

메리 저겐(Mary Gergen)

소개의 글

중년 여성이 겪는 문화적 표상과 실제 삶에서 얻는 경험의 차이는 지나가는 유행보다 훨씬 크다. 오히려 그것은 집단적인 성-연령 정체감(genderde-age identiny)에 대한 사회문화적 구성 과정에서 일어난 상당한 변형의 산물로, 연령과 성 역할, 둘 다의 모호성과 다양성을 초래하였다. 중년에 대한 전통적인 사회문화적 구성 개념에서 멀어짐으로써 50세 이상 여성들에 대한 성-연령 표상은 새롭게 진화하여 긍정적인 의미와 더 자유로운 행동 코드를 탄생시켰다. 이것은 이 연령의 여성 집단에 대한 더 균형 잡힌 표상을 향한 반기운 움직임이다.

이와 관련된 여성주의 연구자로서 우리는 평등하지 않은 권력 균형의 분명한 지표인, 기존의 정치적 견해(예, 남성 우월주의)가 성(gender)과 연령, 둘 다에 대한 사회문화적 표상의 핵심이라는 오래된 주장을 견지한다. 실제로 그러한 연결은 아무리 강조해도 지나치지 않다. 우리의 명제는 현재 권력에 대한 담론에서 입증된 것처럼 표상이 사람들이 현실로 수용하는 것의 토대를 구성한다는 샘슨(Sampson, 1993)의 주장을 지지한다. 따라서 권력과 더 큰 개인적 · 집단적 자유의 더욱 공정한 분할로 정의되는, 50세 이상 여성들에 대한 성-연령 표상의 재구성은 궁극적으로 근본적인 현실의 변화로 안내할 수 있을 것이다.

50세 이상 여성들의 현재 코호트(cohort)는 여성주의 운동과 게이 권리 운동, 1960년대와 1970년대의 성 혁명, 그리고 더 최근의 연령차별주의에 대한 투쟁(자신을 노인으로 간주하는 것에 대한 베이비붐 세대들의 거부를 포함)을 포함해서, 지난 40년 동안 막대한 사회적 변화의 물결을 타고 이루어진 성취에서 이득을 보았다. 여성주의 운동은 더욱 평등주의적 기초에서 성 역할을 재구성하는 데 커다란 진보를 이룩하였다. 이러한 영향력 있는 발전은 주로 교육적 · 직업적 성취를 통해 여성들의 능력 부여(empowerment)를 촉진했다(Barnett & Hyde, 2001). 현재 연령차별주의 반대 투쟁의 일부로 권한을 갖게 된 중년 여성들의 코호트는 자신의 집단적 정체성을 다시 쓰고 있고(Ashmore et al., 2004), 광범위한 과정을 통해 정체성의 경계와 경험을 확장하고 있다.

현재 중년 여성들의 표상과 생활방식의 변화는 이미 '새로운 중년기 집단 정체성'이라고 불릴 만한 것을 퍼뜨렸다. 빠른 인터넷 검색이 중년 여성들(유연한 경계를 가진 용어)이 자신을 '예전 여성들'과 차별화하는 방식을 널리 알렸다. 인터넷에서 '노년 여성'과 같은 중심 단어들은 '중년 여성'이나 '50세 이상 여성들'과 같은 중심 단어들과는 다르게 주로 의학적인 방향의 웹 사이트를 불러온다. 50세 이상 여성들을 위해 만들어진 아주 많은 사이트가 로맨스와 섹스, 우정, 일반적인 삶의 기쁨에 관심을 가지고 있음을 발견하는 것은 놀랍기도 하면서 한편으로는 기분 좋은 일이었다. 일부 비학문적인 사이트에서 적극적인 성욕에 대해 말하는데, 그것은 이 연령 집단의 여성들에게 대부분 사실이다. 인터넷은 미첼과 헬슨(Mitchell & Helson, 1990)이 인생의 황금기라고 부른 것의 좋은 예를 제공한다.

또한 변화된 사회문화적 담론은 이 연령의 여성과 관련된 쟁점을 폐경에서 다른 것으로 초점을 바꾸는 데 성공적이었다. 나아가 폐경 자체에 대해 이 연령 집단 여성들의 진실한 태도를 더욱 가깝게 반영하는 대안적 해석이 제공되었다. 많은 여성이 삶에서 생식 기간의 종결로 자신에게 열린 새로운 자유와 가능성을 즐긴다. 이것이 폐경 여성들에 대한 전통적인 지각과 커다란 대조를 이룬다는 사실은 사회에서 여성들의 입장이 전반적으로 변화된 것의 또 다른 산물이다.

따라서 현재 중년 여성(중년 여성을 어떻게 정의하든)들이 이전 세대의 중년 여성들과 상당히 다르다는 것은 전혀 놀랍지 않다. 우리 자신의 어머니들과 어머니 세대의 다른 여성들을 개인적으로 떠올리면 즉시 이러한 변화를 인정하게 된다. 오늘날 중년 여성들이 자신의 어머니 사진을 바라볼 때, 그들의 반응은 대개 다음과 같다.

> "내가 저 사진 속 엄마와 같은 나이일 리가 없어. ……엄마가 훨씬 더 늙어 보여."

물론, 오늘날 여성들은 과거 여성들보다 신체적으로 더 건강하고 더 젊은 감각의 옷을 입지만, 우리와 어머니 사이의 차이는 눈으로 보이는 것보다 훨씬 더 크다. 우리는 성 평등의 사회문화적 변화로 촉진된 심리적 개선을 경험하고 있다.

우리의 삶의 질을 높인 문화적 변화를 경험한, 특혜를 받은 세대 내에서도 커다란 차이가 존재함은 말할 필요가 없다. 여전히 많은 여성이 제도적으로나 개인적으로 권력 영역에서 어떤 성취를 주장할 수 없고, 결과적으로 복지에서도 마찬가지일 수 있다. 하지만 전체적으로 볼 때 이러한 변화의 측면은 이 세대의 경향을 알아볼 필요성을 촉발하고 여성의 삶의 모든 영역과 관련된 질문을 제기하기에 충분히 폭넓은 것처럼 보인다. 우리는 중년 여성들이—집단적으로나 개인적으로—훈련을 거의 받지 않았고 정보도 부족한, 새로운 성-연령 역할에 억지로 떠밀렸다는 사실을 명심해야 한다. 그래서 우리는 여성주의 학자들을 초청해서 중년 여성들에 대한 그들의 지식을 공유하고, 이런 뚜렷한 변화의 중심에서 중년 여성 집단에 대해 우리가 아는 것과 배워야 할 필요가 있는 것을 모두 합하여 충분히 생각할 수 있도록 도움을 받았다.

'노화'라는 단어는 전형적으로, 외면적인 것(예, 흰머리카락, 주름살)과 기질적인 것(예, 만성질병, 쇠약)을 포함해서, 신체 변화를 떠올리게 한다. 따라서 우리는 중년 여성들의 구체적인 측면과 관련된 몇 개의 장으로 시작한다. 조앤 크리슬러(Joan Chrisler)는 50세 이상 여성들의 신체상 문제에 대한 연구들을 조사했다. 그녀는 기존의 연구들이 일반적으로 이 연령 집단에 구체적이지 않으며, 여성들이 나이와 관련된 몸의 변화에 얼마나 잘 적응하는가, 혹은 잘 적응하지 못하는가가 자료 수집 방식에 따라 다를 수 있음을 발견했다. 중년 여성들이 자신의 몸에 얼마나 만족하는지, 그리고 만족을 느끼지 못하는 여성들이 자신의 몸을 더 긍정적으로 돌보고 관심을 갖도록 도와줄 수 있는 방법을 이해하기 위해서는 아직도 해야 할 것이 많다.

모린 맥휴(Maureen McHugh)는 중년기 섹스와 로맨스에 대한 신화와 고정관념을 소개한다. 그녀는 독자들에게 여성의 성욕을 맥락 속에서 생각하는 방법을 보여 주고, 그것이 왜 남성 중심의 기준에서 측정되어서는 안 되는가를 설명한다. 성 욕구와 주고받고자 하는 애정의 욕구는 나이가 들어도 결코 사라지지 않으며, 거의 모든 여성이 적극적인 성 생활을 즐기기 위해 필요로 하는 것은 자발적이고 보살펴주는 파트너와 어떤 형태의 성관계를 할 것인가를 스스로 결정할 수 있는 그들의 능력임을 연구 결과를 통해 알 수 있다.

중년은 많은 만성 질병이 처음 진단되는 때이고, 그런 질병의 일부는 남성보다 여성들에게서 더 발병하기 쉽다. 수전 런보그(Susan Lonborg)와 셰릴 트래비스(Cheryl Travis)는 중년 여성의 건강에 대한 최신 연구들을 고찰하였는데, 이 작업은 여성의 건강 상태에 대한 의학계의 역사적인 무시(neglect)의 맥락 안에서 이루어졌다. 그들은 만성 질병의 발전(혹은 악화)을 예방하기 위해 자기-관리에 관한 많은 제안을 한다.

자기-관리는 일일 뿐만 아니라 재미도 있다. 루스 홀(Ruth Hall)은 운동과 여가활동에 대한 장에서 우리 모두에게 그것을 기억하라고 촉구한다. 운동은 신체 질병을 예방하는 중요한 방안이며, 또한 정신적으로 기민하고 심리적으로 건강하도록 도와준다. 현재 중년 여성들이 아이였을 때, 소녀나 성인 여성들이 스포츠를 하는 것은 일상적인 일이 아니었고, 그래서 우리는 처음에는 매일매일의 운동을 일상적인 것으로 즐기는 지점에 도달하기 전까지 어려움을 겪어야 했다. 이것이 익숙한 것처럼 들린다면 코치 홀(Coach Hall)의 격려 연설을 들어보라.

운동과 성적 활동, 신체적 건강은 모두 여성의 웰빙과 삶의 질에 기여한다. 바다 멀바우어(Varda Muhlbauer)는 확장된 성 역할과 능력 부여, 자기신뢰, 긍정적인 매체 이미지와 메시지, 그리고 더 자유로운 생활 방식이 제공하는 증가된 자기-정의(self-definition)의 자유가 중년 여성들의 삶의 질에 얼마나 영향을 미칠 수 있는지를 보여 준다.

오늘날 50세 이상의 여성들은 삶의 과정을 결정하고 자신의 목표를 추구하는 데 있어 이전 세대가 상상할 수 있었던 것보다 더 많은 기회를 가진다. 그리고 우리는 그러한 기회를 꽉 붙잡고 있다.

각 연령에서 여성들의 삶은 다른 역할과 관계 맥락을 포함한다. 수잔나 로즈(Suzanna Rose)는 중년 여성의 삶에서 우정의 역할을 조사한다. 자녀양육의 끝은 친구와 보낼 시간이 많아짐을 의미하기도 하고, 나이를 먹음에 따라 친구들은 더욱 중요해해지기도 한다. 하지만 최근까지도 여성의 우정은 연구에서 소외된 주제였고, 심지어 지금도 다른 연령 집단에서의 친구 역할보다 중년기 우정에 대해 더 모르고 있다. 어쩌면 레드햇 소사이어티(Red Hat Society)의 존재가 이 주제에 대한 관심을 불러일으킬 것이다. 그것이 연구할 만한 흥미로운 집단이 되지 않을까?

할머니되기는 많은 여성이 간절히 기다리는 역할이며, 대체로 중년기에 처음 경험하게 된다. 리아트 쿨릭(Liat Kulik)은 조부모되기에 관한 연구를 고찰하고, '역할이 없는 역할'이라 부르곤 하였는데, 이는 많은 다른 역할에서보다 조부모의 권리와 의무는 해석할 여지가 더 많이 열려 있기 때문이다. 어떤 할머니들은 거의 자신의 손자/손녀들을 만나지 않고 전화나 이메일을 통해 그들과 가끔 의사소통한다. 다른 할머니들은 이웃에 살면서, 특히 휴일이나 최후의 순간 보모가 필요할 때 그들의 손자/손녀의 삶에서 중요한 역할을 한다. 여전히 많은 할머니가 결국 자신의 집에서 손자/손녀를 기른다. 그러나 스스로 이런 역할을 만들어 가는 방식에서 현대의 할머니들이 이전 세대의 할머니들과 얼마나 다른지에 대해서는 거의 알려진 바가 없다.

중년은 '샌드위치 세대'라고도 불리는데, 그 이유는 중년 여성들이 여전히 집에서 자녀(또는 손자)와 아프거나 장애가 있는 자신의 부모를 돌봐 주어야 할 책임을 지고 있기 때문이다. 로잘리 애커먼(Rosalie Ackerman)과 마사 뱅크스(Martha Banks)는 도움을 필요로 하는 친구나 가족을 보살펴 달라는 전화를 받고서 삶이 크게 방해를 받게 된, 바쁜 중년 여성의 심각한 예를 제공한다. 돌봄을 주고받는 행동은 유익하면서도 스트레스가 많다. 이 장은 우리 대부분이 나이가 들면서 주고받아야 할 돌봐주기(caregiving)를 준비하는 방법에 대해 충분히 생각하도록 도와줄 것이다.

중년은 대개 사람들의 경력 중 가장 돈을 많이 버는 시점이며, 가장 많이 성취하는 시기다. 또한 사람들이 은퇴를 진지하게 계획하기 시작하는 시기이기도 하다. 주디스 슈거(Jidith Sugar)는 왜 여성들의 은퇴 계획과 적응에 대해 그렇게도 알려진 바가 없는지를 설명한다. 결국 우리는 가정주부라는 전통적인 직업에서 결코 '은퇴' 할 수가 없다. 그녀는 대부분의 연구에서 나타나는 남성 중심적인 관점을 비판하고 은퇴 정책에서의 성차별주의를 보여 준다. 이 장은 은퇴하기를 희망하는 모든 여성이 꼭 읽어야 하는 장이며, 모든 근로 여성을 위해 더 큰 형평성을 촉진하는 실천적 행동의 청사진을 제공한다.

여성들이 중년에 도달했을 때 얻은 삶의 경험과 자신감은 능력을 갖추게 된 것으로 경험되고, 이러한 능력 부여는 우리 자신의 삶과 우리 주위의 다른 사람들의 삶, 그리고 더 큰 사회에서 긍정적인 변화를 만드는 데 효과적으로 사용될 수 있다. 플로렌스 덴마크(Florence Denmark)와 마리아 클라라(Maria Klara)는 능력 부여에 대한 여성주의 연구를 고찰하고, 여성들이 어떻게 집단적으로 협력하여 자신의 능력 부여를 확대할 수 있는가를 설명하며, 중년 여성들이 공공의 선을 위해 자신의 권한을 사용할 방법을 제안한다. 그들은 일부 능력을 갖춘 50세 이상의 여성들이 성취한 고무적인 예를 제공한다.

서문을 써 달라는 우리의 요청을 메리 저겐(Mary Gergen)이 받아들여 주어 매우 기쁘다. 서문에서 그녀는 자신의 중년기 능력 부여와 그것이 어떻게 긍정적인 노화에 대한 연구로 이끌었는가에 대해 추억하고 있다. 그녀의 논문 「40세에 끝난(Finished at 40)」(만약 오늘날 그 논문을 쓴다면 '50세에 끝난(Finished at 50)' 이라고 불렀을 것이라고 그녀는 말한다.)은 여성주의의 고전이며, 이 책은 아마도 그녀가 그런 길을 걷지 않았다면 존재하지 않았을 것이다. 이 책에서 여러 생각을 자극하는 모든 저자의 기여에 대해 감사한다. 우리는 모두의 연구에서 많은 것을 배웠다. 독자들이 영감을 얻어 우리가 제기한 질문들에 대한 답을 찾고 우리가 확인한 공백을 채우면서 이 책의 내용을 확장해 나가기를 희망한다. 우리는 앞으로 나올 연구들을 읽으면서 미래의 50세 이상 여성 세대들이 그들의 삶을 어떻게 살아갈 것인지를 이해할 수 있기를 고대한다.

차 례

3 더 오래, 더 건강하게 살기_ 101

4 계속 움직이기: 운동, 여가활동과 중년 여성_ 141

5 50세 이상 여성의 웰빙과 삶의 질: 성-연령에 따른 조망_ 169

1/ 50세 이상 여성의 신체상 문제

Joan C. Chrisler

CIA는 50세가 넘은 여성들을 첩보원으로 고용해야 한다.
왜냐하면 그들은 정말로 보이지 않기 때문이다.
(Piercy, 2006, p. 1)

마지 피어시(Marge Piercy, 2006)는 「나는 그곳에 없는 한 여인을 만났네.」라는 자신의 시에서 중년 여성이 경험하는 공통된 느낌을 묘사하였다. 보이는 세계에서 보이지 않는 세계로의 전환, 아름다움과 여성성의 개념이 젊음과 밀접하게 연결된 문화에서 아무리 건강하다고 해도, 아무리 치장한다 해도, 아무리 잘 갖추어 입는다 해도, 여성은 남성이나 젊은 여성의 주의를 끌지 못하고 지나치게 되는 어떤 지점에 도달하게 된다. 이런 일이 생기는 지점은 여성마다 다르다. 하지만 여성들이, 특히 이전에 아름답다고 칭찬받았던 여성들이 더 이상 아무도 자신을 쳐다보지 않음을 불현듯 깨닫게 되는 때가 거의 50세경임을 일화들은 보여 준다. 이러한 깨달음은 일종의 충격이지만, 그다음 무슨 일이 일어나는가? 어떤 여성들은 안도하는 것처럼 보인다—더 이상 좋은 인상을 주기 위해 옷을 갖춰 입고 화장할 필요가 없다. 즉, 그들은 쉴 수 있고 단순히 자기 자신이 되는 것이다. 다른 여성들은 공황상태가 된다—여유가 있는 사람들은 성형외과를 방문하거나 개인 트레이너를 두거나 많은 부분 노화에 대한 두려움을 이용하여 먹고사는 사람들을 찾는다. 어떤 여성이 어떤 식으로 반응할 것인지를 예측하는 방법이 있는가? 노화에 수반되는 변화에 대해 여성들은 어떻게 느끼는가? 그들은 이러한 변화에 얼마나 잘 적응하는가 또는 잘 적응하지 못하는가? 이러한 질문이 이 장에서 다룰 주제 중 일부다.

젊음 중심의 문화

나이 든 여성은 거의 보이지 않고 보이는 사람들은 일차적으로 그들의 '젊음이 가득한' 아름다운 인상 때문에 찬양을 받는 문화 속에서, 노화에 대해 편안하게 느끼는 것은 어려운 일일 수 있다(Chrisler & Griz, 1993). 우리는 자신의 나이에 대해 느끼는 만큼 나이 든 것이라는 말을 듣지만, 대중매체에서 50세 이상인 여성의 이미지가 부족한 것은 노화의 신호를 감춤으로써 '우아하게' 늙거나(Chrisler & Griz, 1993), 사람들 눈에 띄지 말아야 한다는 메시지를 전달한다. 울프(Wolf, 1991)는 북미 여성 잡지의 편집장을 인터뷰했는데, 그는 일상적으로 사진에서 노화의 신호는 컴퓨터 이미지 수정을 통해 제거된다고 인정하였고, 그래서 60세의 여성이 45세로 보이게 된다고 했다. 미국 잡지 중 하나인 *Lear's*(이 잡지의 슬로건은 '어제 태어나지 않은 여성을 위한 잡지'였으며, 몇 년 전부터 발간이 중단되었다.)는 중년 여성을 독자로 하는데, 흰머리의 여성 사진을 거의 싣지 않으며(Gerike, 1990), 중년 여성을 위한 캐나다의 잡지인 *Chatelaine*에 대한 내용 분석 결과(Nett, 1991)는 표지와 패션과 미의 섹션에서 중년 여성이 없고 광고에도 잘 나타나지 않음을 보여 주었다. 잡지사 직원의 편집안 결정은 심지어 중년 여성조차 중년 여성의 이미지를 보고 싶어 하지 않음을 시사한다. 어쩌면 편집장이 옳은지도 모른다. 그러나 만약 그렇다면, 매체가 여성들의 선호도를 그렇게 만든 것이다. 중년 여성들은 매체가 여성이 지지하는 미의 기준을 만들었음을 잘 인식하고 있다고 맥팔랜드(McFarland, 1999)에게 말했다. 심지어 이미지는 현실이 아니라 환상을 반영한다는 것을 인식하고 있음에도 불구하고, 많은 중년 여성이 여전히 자신이 그러한 기준에 맞출 수 있기를 소망한다.

할리우드 영화에 나오는 대부분의 여성은 20대 또는 30대다(Lauzen & Dozier, 2005). 나이 든 남성이 그들보다 수십 년 더 젊은 여성과 낭만적 사랑에 빠지는 것을 영화에서 보는 것은 어렵지 않다. 예를 들어, 클린트 이스트우드와 숀 코네리, 잭 니콜슨은 나이 70대에도 낭만적인 주인공 역할을 계속 연기했다. 그러나 여성들은 중년이 가까워짐에 따라 할리우드 영화에서 사라지기 시작한다. 성형수술을 받은 일부 여성은 40대에도 경력을 유지할 수 있지만, 결국 그녀들이 프로덕션 회사를 설립하여 자신을 위한 영화 프로젝트를 개발하지 않는 한 자신을 위한 역할이 거의 없음을 발견하게 된다. 2003년에 영화 〈Something's Gotta Give〉에서 다이앤 키튼은 50대에 딸의 연인(잭 니콜슨이 연기함)을 빼앗는 여인 역을 맡았다. 영화에서 키튼을 본 것은 충격이면서 동시에 기쁨이었다—그녀는 아름다웠지만, 수술로 바꾸지 않은 노화의 신호를 분명하게 보여 주었다. 2002년에 총수익 상위 100위에 드는 할리우드 영화의 내용을 분석한 결과, 로젠과 도지어(Lauzen & Dozier, 2005)는 중년 및 노년 여성들은 동년배 남성들보다 현저하게 더 적은 영화에 출연했음을 발견했다. 여성 배우들은 나이가 듦에 따라, 그들의 삶에 대한 목표나 목적의식을 갖는 경우가 더 적었던 반면, 남성 배우들은 나이가 듦에 따라 권력을 갖는 경우가 더 많았다.

중년 및 노년 여성이 보이지 않는 것(invisibility)은 미국 광고 텔레비전에서도 마찬가지다. 수년에 걸쳐 가장 좋은 시간대의 텔레비전 프로그램에 대한 여러 내용을 분석한 결과(Gerbner et al., 1980; Glascock, 2001; Vernon et al., 1991), 여성 출연자의 대다수가 35세 이하인 반면,

남성 출연자는 전 연령대에 걸쳐—적어도 50대 중반까지는—더 고르게 분포되어 있었다. 데이비스(Davis, 1990)는 50세가 넘은 여성 인물의 수(12.1%)와 남성 인물의 수(14.8%)에서 성차를 거의 발견하지 못했지만, 버넌 등(Vernon et al., 1991)은 나이 든 남성이 나이 든 여성보다 더 긍정적으로 그려지는 경향이 있음을 지적했다. 나이 든 여성이 보이지 않는 것은 연예 프로그램에서와 마찬가지로 뉴스와 공공정책 프로그램에서도 흔하다. 전직 국무장관 매들린 올브라이트는 저자가 이런 프로그램에서 정기적으로 만나는 유일한 나이 든 여성이며, 그녀 나이 또래나 더 나이 많은 남성들로 이루어진 패널에서 그녀를 발견하는 것은 특이한 일이 아니다. 바바라 월터스는 대부분의 여성이 텔레비전에서 사라질 때, 그 나이를 넘겨서까지 자신의 경력을 잘 유지했지만, 자신의 실제 나이처럼 보이지 않기 위해 여러 해에 걸쳐 성형수술을 받았다. 마이크 월리스, 짐 레러, 그리고 다른 나이 든 남성은 노화의 신호를 바꾸지 않고도 그들이 원하는 만큼 오랫동안 뉴스 경력을 지속할 수 있다. 남성의 노화 신호는 시청자에게 그들의 지혜와 경험의 표시로 해석되기 때문이다.

50세가 넘은 여성은 대중서적과 학문적 문헌 모두에서 무시된다. 중년 여성에 관한 대부분의 책자는 폐경에 초점을 맞추고 있다. '중년기와 그 이후 여성들' 이란 제목으로 발간된 *Psychology of Women Quarterly(PWQ)*의 1990년 특집호(Violet Franks와 Iris Fodor가 편집자임)는 중년과 노년기 여성의 삶의 많은 측면에 대한 연구를 촉진하려는 의도에서 만들어졌다. 그 특집호가 출판되었을 때보다는 지금 더 많은 연구 결과가 나와 있는 것이 분명한 사실이다. 그러나 많은 것이 65세 이상의 여성들에 관한 것이다. 재키 와이트(Jackie White, 2005)

는 PWQ의 편집자로서 5년간 일한 후, 그동안 출판된 논문들을 훑어 보았는데, 이들 중 단지 20%만이 50세 이상 여성들의 자료를 포함하고 있다는 것을 발견하였다. 그녀는 30세 이상의 여성들이 연구가 잘 이루어지지 않은 집단이라고 결론지었다. 이 장을 쓰기 위해 준비하면서, 저자는 대학생의 신체상을 나이 든 여성의 신체상과 비교한 여러 편의 논문을 읽었다. '나이 든 여성'은, 예를 들어 '30~84세 여성'과 같이 종종 정확하게 정의되지 않았다. 30대 여성들의 관심사는 40대, 50대, 60대, 70대, 80대 여성들의 관심사와는 (적어도 어느 정도는) 다를 것임에 틀림없다. 그러나 연구자들이 30세 이상인 여성을 모두 '늙은' 여성으로 간주한다면, 어떻게 그러한 차이점을 말할 수 있겠는가?

따라서 만약 50세 이상의 여성들이 같은 연령의 다른 여성을 잡지와 신문, 영화와 텔레비전에서 볼 수 없다면, 혹은 서점에 진열된 책이나 학자들의 논문 속에서 그들의 삶이 반영되는 것을 발견할 수 없다면, 이들은 자신에 대해서 무엇을 생각하고 어떻게 느낄 것인가? 50세가 넘은 여성들에게 가장 중요한 이슈로서 폐경에 초점을 맞추는 것은 중년과 관련하여 중요한 것이 젊음의 끝이자 불임이라는 메시지를 전달한다. 일단 여성이 생식 가능 연령을 지나면, 그들은 더 이상 관심의 대상이 아니라고 문화가 말하는 것처럼 보인다. 아무도 그들에게 신경을 쓰지 않는다. 아무도 그들을 보려 하지 않고 그들이 말하는 것을 들으려 하지 않는다. 피어시(Piercy, 2006, p. 2)가 쓴 것처럼 "하지만 당신의 고양이가 유일하게 이야기를 들어줄 것이다."

신체상이란 무엇인가

신체상(body image)은 자신의 몸과 신체 기능에 대한 개인의 평가와 감정으로 정의될 수 있다(Cornwell & Schmitt, 1990). 신체상은 외모, 감각, 움직임, 기타 신체 경험에 대한 인지, 즉 내적 · 주관적 표상 혹은 지도(map)라고 할 수 있다(Pruzinsky & Cash, 1990). 신체상은 체중에 대한 자각, 몸의 다양한 부분에 대한 만족이나 불만족, 고유 감각, 내생적(interoceptive) 자각, 균형감, 기타 몸의 감각, 자신의 기술과 신체 능력에 대한 이해, 상해나 노화, 질병으로 인한 몸의 변화에 대한 적응과 같은 측면을 모두 포함한다. 신체상은 사람들의 자기 개념에서 중요한 부분이며, 따라서 우리의 정체성에 기초를 제공한다(Chrisler & Griz, 1993). 그것은 우리가 자신에 대해 생각하는 방식뿐만 아니라, 다양한 활동을 수행하는 능력과 우리가 미래를 위해 세우는 목표에까지도 영향을 주는 일종의 기준으로 작용한다(O'Brien, 1980). 신체상이 매일매일 바뀌지는 않지만, 고정되거나 안정적인 것으로 간주되어서는 안 된다(Pruzinsky & Cash, 1990). 신체상은 성숙과 감각, 행동 경험, 외모, 신체 변화, 사회문화적 규범, 타인의 반응 결과로 평생에 걸쳐 발달하기 때문이다(O'Brien, 1980).

최근까지 심리학 연구자들은 중년과 노년기 여성의 신체상 이슈를 거의 무시했다. 그들 관심의 대부분은 청소년과 젊은 성인에 맞추어져 있었는데, 이유인즉 청소년과 젊은 성인의 좋지 않은 신체상과 섭식장애의 발달 사이에 있는 관련성 때문일 수도 있고, 혹은 연구자들이 매력적이고 활동적인 몸이 나이 든 사람보다 젊은 사람들에게 더 중요하다고 생각하기 때문일 수도 있다. 이 주제를 연구했던 의학 연구자들은 주로 신체상에 대한 수술의 영향이나 만성 질환의 영향에 대해 관심을 쏟았다. 중년은 많은 사람이 만성 질환을 진단받기 시작하는 시기이므로 그것이 연구할 만한 중요한 주제임은 분명하다. 하지만 그것이 중년 여성들이 가지고 있는 유일한 관심 사항을 반영하는 것이 아니다. 서구 사회에서 태동한 강력한 아름다움의 문화와 여성이 현실적이지 않은 미의 이상을 추구해야 한다는 주장 때문에(Freedman, 1986; Saltzberg & Chrisler, 1995; Wolf, 1991), 많은 사회에서 젊음과 아름다움을 동의어로 여기는 경향 때문에(Alderson, 1991), 그리고 여성을 그녀의 몸으로 정의하는(Greenspan, 1983) 혹은 얼굴로 정의하는(Sontag, 1979) 경향 때문에, 우리는 여성들이 노화와 동시에 일어나는 신체 변화에 적응할 때 신체상과 관련된 걱정을 토로할 것이라고 예상할 수 있다.

체중 자각

나이가 들면서 인간은 신체의 기초대사율이 느려지고, 기름기 적은 신체 조직은 감소하는 반면 지방은 증가하게 된다(Rodin et al., 1984). 중년과 노년 여성에 대한 한 대규모 연구(Young et al., 1963)는 50세 이후에 신체 지방의 구성이 증가함을 보여 주었다. 40대 여성의 신체 지방의 평균 비율은 23%이나, 50대 여성은 46%, 60대 여성은 55%였다. 여성들은 각각의 주요 생식과 관련된 중대 시점(초경, 임신, 폐경)에서 체중이 증가하는 경향이 있으며(Rodin et al., 1984), 북미에서 폐경의 평균 나이는 51세다. 더군다나 체중은 폐경기 무렵에 재배치되어 가슴과 허리, 등 위쪽에 지방 증가를 초래한다(Voda et al., 1991). 요컨대, 여성은 나이가 듦에 따라 체중 증가와 체형 변화를 예상해야 하며, 더 이상 대중매체의 이상은 유지되지 않는다.

많은 연구자가 중년 여성의 체중과 관련된 걱정을 보고하였다. 윌콕스(Wilcox, 1996)는 20~80세의 남녀를 대상으로 신체 건강 상태와 자신의 몸에 대한 태도를 조사하였다. 더 높은 신체질량지수(BMI)를 보이는 나이 든 여성이 더 낮은 신체질량지수를 보이는 젊은 여성이나 동년배 여성보다 더 부정적인 태도를 보였다.

도날드슨(Donaldson, 1994)은 40~59세의 여성 180명을 조사하여 체중 상태가 중년의 신체상에 대한 가장 중요한 예측 요인임을 발견하였다. 자신을 비난하고 '뚱뚱하다고 느끼는 것'은 특히 몸무게와 체형, 그중에서도 하체의 몸무게 증가와 관련이 있었다. 레즈비언의 경우에는 하체의 뚱뚱함에 대해 일반 여성보다 덜 걱정하였다. 맥팔랜드(1999)는 10명의 중년 여성을 대상으로 그들 삶의 다양한 시점에서의 신체상에 대해 심층 면담을 진행하였다. 이 여성들은 자주 체중 증가와 감소를 경험했는데, 체중의 증가와 감소를 그들의 유능함과 성공 혹은 실패의 증거로 간주하는 것 같았다. 체중과 관련된 이야기들이 외모와 건강에 대한 걱정과 연결되었다.

마키 등(Markey et al., 2004)은 미국 북동부에 살고 있는 172명의 중년 기혼 부부를 대상으로 가족 건강에 대한 연구를 하였다. 그들은 남편이 아내의 몸에 대해 생각하는 것보다 아내가 자신의 몸에 대해 훨씬 더 불만족스러워 한다고 보고하였다. 아내들은 남편이 실제로 아내의 외모에 대해 만족해하는 것보다 훨씬 더 적게 만족해할 것이라고 추정하였다. 또한 인물평정척도(Figure Rating Scale: FRS)에서 아내들은 남편이 같은 나이의 여성에서 이상형으로 선택한 것보다 더 작은 몸을 이상형으로 선택하였다. 아내의 신체질량지수는 아내 몸에 대한 남편의 만족과 강하게 관련되어 있지 않았다. 이 연구는 남성이 가장 매력적이라고 생각하는 체격 및 체형과 여성이 생각하기에 남성이 가장 매력적이라고 생각할 것 같은 체격 및 체형 사이의 불일치를 보여 주었던 이전의 연구 결과(Fallon & Rozin, 1985; Miller, 2001; Rozin & Fallon, 1988)를 지지한다는 점에서 흥미롭다. 남성들은 일반적으로 여성이 선택한 것보다 더 큰 체격의 여성을 선택한다. 만약 배우자가 "내 눈에 당신은 멋져."라고 말할 때 여성들이 배우자의 말을 받아들인다면, 여성들은 중년기에 일어나는 신체 변화를 더 편안하게 느낄 것이다.

섭식장애는 대개 청소년과 젊은 성인 여성과 관련이 있지만, 섭식문제의 증거는 중년 여성에게서도 발견된다. 지금까지의 연구들은 모두 횡단적 연구이기 때문에 문제가 되는 여성들에게 이미 이전에 섭식장애가 있었는지 혹은 그들의 섭식문제가 나이와 관련된 체중 증가에 대한 반응으로 중년기에 발생한 것인지를 판단하는 것은 불가능하다. 루이스와 케첼린(Lewis & Cachelin, 2001)은 중년 여성(50~65세)이 더 나이 든 여성(66세 이상)보다 섭식장애 검사에서 더 높은 점수를 받았다고 보고하였다. 그들은 노화에 대한 두려움과 섭식문제와 연합된 태도 및 행동 간에 정적인 상관이 존재함을 발견하였다. 또한 굽타와 스코트(Gupta & Schort, 1993)는 쇼핑몰에서 200명의 여성 표본(30~50대)을 조사한 결과, 노화와 관련된 걱정과 마른 몸에 대한 갈망 사이에 직접적으로 연관이 있었다고 보고하였다.

그러나 모든 중년 여성이 비현실적인 체중에 대한 기준을 가지고 있는 것은 아니다. 딕스와 맥케이브(Deeks & McCabe, 2001)는 호주의 멜버른 인근 지역사회에 사는 304명의 여성(35~65세)을 조사했다. 그 결과 그들은 '사회가 그들에게 어떻게 보이기를 기대하는가?' 라는 질문에 대한 반응으로 폐경기 전 여성들이 폐경기를 겪고 있거나 폐경기를 지난 여성에 비해 인물평정척도(FRS)에서 더 체격이 작은 인물을 선택함을 발견하였다. 램 등(Lamb et al., 1993)에 의하면 미국 남동부에 거주하는 39세 이상의 성인 지역사회 표본과 대학생을 비교했을 때, 두 연령 집단의 여성들이 모두 더 마른 것을 선호하지만, 젊은 여성들이 인물평정척도에서 그들의 이상형으로 훨씬 더 마른 인물을 선택했다. 이러한 연구는 중년 여성이 젊은 여성이 열망하는 이상적인 체중 기준에까지 도달할 것을 기대받는다고 생각하지 않음을 시사한다. 더군다나 180명의 여성(18~60세)을 대상으로 한 조사에서, 티그먼과 스티븐스(Tiggemann & Stevens, 1999)는 더 강한 여성주의적 태도를 가질수록 체중에 대한 염려가 더 낮음을 발견하였고, 스티븐스 등(1994)은 나이 든 흑인 여성이 나이 든 백인 여성보다 자신을 과체중이라고 생각하지 않는 경향이 더 많음을 보고하였다. 또한 백인 여성은 흑인 여성보다 인물평정척도에서 더 작은 체격을 이상적인 것으로 선택하였다.

신체 존중감과 자기 존중감

신체상은 모든 연령 집단에서 자기 존중감과 관련이 있다(Davidson & McCabe, 2005). 티그먼과 스티븐스(1999)는 체중과 관련된 걱정이

30~49세 여성의 낮은 자기 존중감을 예언하지만, 50세 이상 여성에게는 그렇지 않음을 발견하였다. 레클리 등(Rackley et al., 1988)은 중년 여성 표본에서 높은 자기 존중감과 긍정적인 신체상이 관련 있음을 보고하였다. 중년 여성 표본에서 신체상과 관련 있는 다른 측면은 자기 가치감, 내적 통제 소재, 신체적 매력도에 대한 평가였다. 스토크스와 페데릭-리카시노(Stokes & Federick-Recascino, 2003)는 18~87세의 미국 여성 144명을 조사하였는데, 신체 존중감에서 연령과 관련된 어떠한 차이점도 발견하지 못했다. 하지만 그들은 행복이 긍정적인 신체 존중감을 예언함을 발견하였는데, 이때 신체 존중감은 성적 매력, 체중에 대한 걱정, 신체적 조건으로 측정하였다. 이와 관련된 결과가 57~86세의 독일 여성 60명에 대한 푸켄(Fooken, 1994)의 연구에서도 나타났다. 즉, 더 긍정적인 신체상을 가지고 있는 사람이 신체상에 대해 걱정하고 있는 사람보다 더 좋은 심리적 안녕감을 나타내며 성적으로 더 적극적이었다. 푸켄의 신체상 질문 중 하나는 "당신은 나체로 있는 것과 벗은 몸에 대해 어떻게 느낍니까?"라는 것이다.

많은 문헌(예, Chrisler & Lamont, 2002; Hays, 1999; Pettus, 2001)이 신체활동과 자기 존중감, 신체상 사이의 정적인 관계를 입증하고 있다. 그러나 낮은 신체 존중감을 가진 여성들은 그들의 웰빙을 높일 수도 있는 활동(예, 운동)과 상황을 피하곤 한다(McLaren & Kuh, 2004). 예를 들어, 시거 등(Segar et al., 인쇄 중)은 실제로 체형 때문에 운동을 처방받은 중년 여성이 다른 이유로 운동하는 사람들보다 신체적으로 더 소극적이라는 사실을 발견하였다. 50~75세 여성을 대상으로 한 운동 개입 연구에서, 쇼 등(Shaw et al., 2000)은 기저선에서 체지방의 비율이 낮은 신체 자기 개념 및 외모에 대한 부정적 지각과 관련 있고,

자기 존중감과는 관계가 없음을 발견하였다. 하지만 9개월 동안 엄격하게 시행된 운동 프로그램 이후, 체지방 비율의 감소는 외모에 대한 향상된 지각을 예측하였고, 이러한 향상은 기저선에서 더 낮은 자기 존중감을 보였던 여성들에게서 가장 컸다. 체중 감소에 더하여, 운동은 다양한 측면에서 자기 존중감과 능력 부여(empowerment)에 기여한다. 심혈관 건강을 증진하고 근육을 발달시키는 것은 신체의 힘과 스테미너, 에너지 증가라는 결과를 낳는다. 향상된 건강과 힘은 여성이 스스로 더 많은 것을 할 수 있음을 알게 하는데, 이것은 독립성과 웰빙에 기여한다. 자기를 강하게 하는 것은 또한 자기 효능감, 즉 자신이 원하는 것을 할 수 있다는 믿음을 강화한다(Chrisler & Lamont, 2002). 신체활동은 모든 연령층에게 유익하지만 어쩌면 중년과 노년기 여성에게 더욱 그럴 것이다.

맥킨리(McKinley, 1999)는 여자 대학생(17~22세)과 그들의 어머니(38~58세)를 모집하여 신체상에 대해 조사하였다. 딸들은 그들 어머니보다 신체 감시(surveillance)와 신체 수치심 측정치에서 유의하게 더 높은 점수를 보였다. 어머니들의 체중이 더 나가고, 어머니들이 자신의 체중에 더 만족스러워 하지 않았지만, 두 집단 사이의 신체 존중감에는 아무런 차이가 없었다. 신체 존중감은 어머니들의 웰빙보다 딸들의 웰빙과 더 강하게 관련이 있었다. 이 자료는 신체상과 자기 존중감의 다차원성에 대해 말해 준다. 흥미로운 점은 중년 여성이 자신의 체중에 불만족스러워할 수는 있지만 체중을 수치스러워 하지는 않는다는 점이다. 그들은 자신의 외모를 늘 마음속에 생각할 필요성을 느끼지 않으면서 자신에 대해 좋게 느낄 수 있다. 맥킨리(인쇄 중)는 같은 여성들을 10년 후에 다시 조사한 결과, 어머니들(48~68세)의 신체 존중감이 상대적으로 안정적임을 발견하였다. 심지어 어머니들의 신체질량지수가 증가하고, 더 많이 운동하고 식사 조절을 하고 있음에도 불구하고 말이다. 이러한 자료는 맥팔랜드의 중년 연구 대상자들이 자신의 신체를 돌보고 덜 가혹하게 자신을 판단하는 법을 배웠다고 말한 것과 일치한다. 그들은 자신의 성취에서 일차적으로 자기 존중감을 끌어냈다(McFarland, 1999).

맥킨리(2004)는 또한 21~63세의 여성 128명을 대상으로 신체 존중감을 연구하였는데, 이들은 뚱뚱한 여성들을 겨냥한 잡지인 *Radiance*의 기고자 명단에서 모집되었다. 맥킨리가 그들에게 질문한 것 가운데 뚱뚱한 사람에 대한 편견 및 차별과 사회정의의 개선을 시도할 필요성에 대한 항목이 있었다. 뚱뚱한 사람에 대한 사회적 태도의 변화 필요성을 인정한 사람들이 체격과 관계없이 단지 개인이 스스로를 수용하는 법을 배울 필요가 있다고 인정한 사람들보다 더 높은 신체 존중감과 자기 수용을 나타냈다. 캐나다 중년 여성 11명(40~53세)의 심층면담에서 베니스터(Banister, 1999)는 문화적 아름다움의 기준을 억압적이라고 명명함으로써 그 기준에 적극적으로 저항하였던 일부 여성들의 논평에 대해 듣게 되었다. 티그먼과 스티븐스(1999)의 연구 결과와 함께, 이 두 연구 결과는 만약 사회정의 문제에 대해 민감하게 자각하고 있다면, 중년 여성의 신체 존중감과 자기 존중감이 적어도 어느 정도는 보호될 수 있음을 보여 준다. 만약 문화적 메시지와 사회적 비난이 성차별이나 연령 차별 혹은 크기 차별(sizism)의 예라고 명명할 수 있다면, 그러한 것들은 더욱 쉽게 거부할 수 있다. 아마도 중년 여성들은 1970년대를 풍미했던 의식 증진 집단의 부활에서 도움을 얻을 수 있는데, 그러한 집단은 긍정적인 노화에 대한 억압적 구속에 대해 논의할 기회를 제공할 것이다. 또한 집단 참여자들은 분명히 사적인 것이 여전히 정치적이라는 결론에 도달할 것이다.

외모 불만족

외모에 대한 심리학 연구는 얼굴의 생김새가 매력의 가장 중요한 결정 요인이며 얼굴과 목의 상처나 흉터는 사람들이 가장 받아들이기 어려운 것임을 보여 준다(Bernstein, 1990). 서구의 미의 이상은 매끄럽고 부드러우며 흠이 없는 얼굴을 요구하지만, 얼굴과 목의 피부가 더 건조해지고 벗겨지고 늘어지고 주름지게 되는 등 노화로 일어나는 피부 변화는 이것을 더욱 성취하기 어렵게 만든다. 얼굴에는 주름이나 사마귀가 나타나고 손에는 '노인' 반점이 나타날 수 있다. 이에 더하여 머리카락은 더 가늘고 희어질 것이다. 이러한 변화의 정도는 유전과 환경의 영향에 따라 개인마다 다르다(Bernstein, 1990). 신체상과 관련된 문헌은 점진적인 변화(노화에 의한 변화와 같이)가 갑작스런 변화(상해에 의해 발생하는 변화와 같이)보다 적응하는 데 더 쉽다고 말하지만(Pruzinsky & Cash, 1990), 그러한 적응은 노화에 대해 만연해 있는 이중적 기준 때문에 남성보다 여성에게 실로 더 어려운 일이다. 특히 미의 이상형에 가장 가까웠던 여성에게는 더욱 어려운 일이 아닐 수 없다(Bernard, 1981; Sontag, 1979).

미국 남서부 지역에 사는 268명의 성인(18~80세) 연구에서, 해리스(Harris, 1994)는 여성과 남성 모두에게 노화의 신호는 매력적이지 않은 것으로 간주되는데, 특히 여성에게 더욱 그러함을 발견하였다. 연구 참여자들은 남성보다 여성이 자신에게 나타난 노화의 신호를 숨기기 위한 조치를 더욱 많이 취할 것이라고 기대하였고, 이 연구에 참여한 여성은 남성보다 나이를 숨기는 장치나 기법을 유의하게 더 많이 사용하였다(또는 미래에 사용할 것으로 기대되었다). 해리스의 연구는 태도 조사에 더해서, 참여자들에게 중년의 인물이 나이 숨기기 기법을 사용하거나 혹은 사용하지 않는 시나리오 중 하나를 읽도록 요청하였다는 점에서 특별히 흥미롭다. 참여자들은 자신의 나이를 숨기려고 한 인물을 그렇지 않은 인물보다 더 가혹하게 판단하였고(예를 들어, 그들은 나이를 숨기려고 한 인물들에게 '기만하는', '어리석은', '헛된', '우스꽝스러운'과 같은 형용사에서 더 높은 점수를 주었다.), 이것은 실제로 나이를 숨긴(혹은 숨길 것으로 예상된) 참여자들에 대해서도 마찬가지였다. 맥팔랜드의 참여자들은 흰머리, 주름, 두 개의 턱, 얼굴에 난 털을 그들이 싫어하는 노화의 신호로 언급하였다(McFarland, 1999). 일부 여성들은 변화에 대해 체념하거나 철학적이 되기도 했지만, 다른 여성들은 노화의 신호가 직업을 얻거나 유지하기 더 어렵게 만듦으로써 그들의 경제적 안정을 위협할 수도 있다고 걱정하였다. 해리스의 결과를 고려할 때, 그들이 옳을지도 모른다.

맥라렌과 쿠(McLaren & Kuh, 2004)는 50대 캐나다 여성 표본 중에서 신체 불만족의 비율이 높다고 보고하였다. 신체질량지수를 통제하였을 때, 연구자들은 더 높은 사회경제적 지위를 지진 여성들에서 신체 불만족이 더 높음을 발견하였다. 높은 사회경제적 지위를 가진 여성들은 문화적 미의 기준에 접근하는 데 필요한 자원들(예를 들어, 운동할 시간, 화장품과 수술에 드는 비용)을 가지고 있을 확률이 높다. 따라서 우리는 그들이 나이가 듦에 따라 그 기준에서 벗어나는 것에 대해 다른 여성들보다 더 많이 걱정할 것이라는 사실에 놀랄 필요가 없다. 하지만 주류의 문화적 미의 기준에서 상대적으로 보호받는 집단에서조차 중년기에 신체 불만족이 나타난다고 보고되었다. 플랫 등(Platte et al., 2000)은 펜실베이니아 주 시골지역에 사는 아미시(Amish) 족을 조사하였는데, 나이 든 사람들(45~66세)이 젊은 사람들(14~22세)보다 유의하게 더 많이 신체 불만족을 나타내는 경향이 있음을 발견하였다. 나이 든 여성 또한 자신의 체격을 더 과대 추정하는 경향이 있었다.

하지만 이 모든 연구가 중년기 외모에 대한 불만족을 보여 주는 것은 아니다. 딕스와 맥케이브(Deeks & McCabe, 2001)는 그들 표본(35~65세)에서 나이 든 여성들이 젊은 여성들보다 자신의 신체에 대해 전반적으로 더 불만족스럽게 여기지는 않음을 보고하였고, 로스 등(Ross et al., 1989)은 건강한 노인들(62~79세)이 더 젊은 사람들(17~28세)보다 자신의 외모에 대해 더 의식하였지만, 실제로 그들의 몸을 젊은 사람들보다 더 긍정적으로 평가했다고 보고하였다. 영국 여성 678명(16~70세)을 대상으로 한 몸단장 행태에 대한 조사에서, 토리엔 등(Toerien et al., 2005)은 50세 이상의 여성들이 젊은 여성들보다 훨씬 더 적게 체모를 깎는다는 것을 발견했다. 이것은 기꺼이 미의 기준에서 벗어나려 한다는 것을 시사한다. 데이비드슨과 맥케이브(Davidson & McCabe, 2005)는 30대와 40대 여성들이 더 높은 신체 불만족 점수를 얻었고 더 어리거나 더 나이 든 여성들보다 더 많이 몸을 감추려고 시도한다고 보고하였다. 나이 든 여성들은 젊은 여성보다 외모를 비교하지 않는데, 이것은 자신의 몸에 대한 더 큰 만족(혹은 적어도 더 큰 수용)을 시사한다. 자신의 외모에 대한 타인의 평가에 매우 신경을 쓰는 나이 든 여성은 같은 연령의 다른 여성들보다 더 우울하고 불안해하였다. 28~63세 여성 32명과의 면담에서, 기센(Giesen, 1989)은 독신 여성이 나이가 듦에 따라 기혼 여성보다 자신이 더 매력 있고 성적으로도 사람을 끄는 힘이 있다고 믿는다는 것을 알게 되었다.

도날드슨(1994)은 그녀의 표본(40~59세) 중 참여자들이 중립적 · 긍정적인 신체상을 가지고 있음을 보고하였다. 그들은 일반적으로 자신이 자신과 타인에게 매력적이라는 데 동의하였다. 포에스터(Foerster, 2001)는 7명의 건강한 여성(60~67세)과 심층면담을 실시하였는데, 그들 중 대다수는 어렸을 때보다 다양한 차원에서 자신을 더 많이 받아들이고 있다고 말했다. 그 여성들은 자신의 몸과 '평화를 유지하고' 자신의 몸을 '좋아하는 것을 학습한' 것이다(p. 42). 그 여성 중 5명은 대체로 자신의 몸에 만족하며, 3명은 신체상이 젊었을 때보다 현재가 더 낫다고 말했다. 포에스터가 여성에게 구체적으로 자신의 몸에서 어떤 부분을 좋아하고 싫어하는지를 묻자, 그들은 주름과 축 늘어진 피부, 머리카락의 변화, 무릎 문제, 복부 주위의 체중 증가를 싫어한다고 언급하였다. 그러나 대다수는 자신의 외모에 대해 그렇게 많이 생각하지 않는다고 말했다. 이들은 모두 자신이 타인에게서, 특히 배우자와 친구들에게서 긍정적인 평가를 받고 있다고 말했다. 베니스터(1999)의 연구에서 여성들(40~53세)은 이와 유사한 혼재된 메시지를 표현하였다. 어떤 사람들은 자신이 스스로 느끼는 것보다 더 늙게 보이는 거울 속 모습이나 상점 창문에 비친 자신의 모습을 보고 놀랐다고 말했다. 또 어떤 사람은 "오, 내가 우리 엄마처럼 보이는구나!"(p. 530)라고 자신에게 말했던 것을 기억했다. 또 다른 사람은 "……내 나이의 여성을 정말로 어린 여성과 비교하면 그 젊은 여성의 얼굴은 어떤 의미에서 너무나 밋밋하게 보여……. 인생은 그들의 얼굴에 아무런 이야기도 쓰지 않았기 때문이지.” (p. 527)라고 말했다.

기능적 불만족

신체상은 신체가 타인에게 어떻게 보이는가에 대한 것이라기보다는 신체가 어떻게 기능하고 어떻게 느껴지는가에 대한 것이다. 하지만 심리학 연구자들은 신체의 도구성보다는 장식성(ornamentality)에 훨씬 더 초점을 맞추었다. 신체상에 대한 다차원적 측정도구가 있지만, 이 장에서 살펴본 연구에서 가장 자주 사용된 측정도구는 인물평정척도, 신체존중감척도, 객관화된 신체의식척도였으며, 모두 외모에 초점을 맞춘 것이었다. 하지만 우리는 기능성에서 노화와 관련된 변화가 중년기에 인식되기 시작하며, 다양한 측면에서 중년 여성의 신체상에 영향을 줄 것임을 알고 있다. 노화나 만성 질병의 시작과 경과에 수반되는 변화는 보청기나 안경, 맥박 조정기, 지팡이와 같은 장치를 사용하도록 요구할 수 있다. 수술 흔적, 상처나 관절염으로 인한 절뚝거림 혹은 관절 경직, 열감, 불균형, 약물 부작용과 마찬가지로, 이런 것들은 개인의 외모와 신체 경험에 영향을 준다(Hyman, 1987).

신체 능력에서의 변화는 사회 활동과 개인 활동에 제한을 주는데, 이것은 신체상과 자기 개념의 변화뿐만 아니라 더 낮은 자존감을 초래하곤 한다(Roberto & McGraw, 1991). 골다공증은 신체적 · 심리적 · 사회적 결과를 낳는, 나이 든 여성에게 흔한 장애 중 하나로 넘어지고 뼈가 부러질 것에 대한 공포는 그들의 활동을 제한할 수 있다(Roberto, 1990). 류머티스성 관절염과 전신홍반루푸스가 있는 여성에게서 또한 신체상의 변화가 나타난다(Cornwell & Schmitt, 1990). 신체상 문제는 관절염 환자에게서 더 심하게 나타나는데, 그들의 주요 문제가 가동성(mobility)의 제한에 기인한다고 보고한 것처럼 질병의 진행과 더 분명하게 연결되어 있었다. 루푸스 환자의 신체상 문제는 의학적 치료(regimen)의 부작용과 더 밀접하게 관련이 있는데, 그들의 주요 문제는 피로와 햇볕을 피해야 하기 때문이라고 보고하였다. 암 수술과 방사선 치료, 항암치료는 심리적 적응을 요하는 피로와 변형, 머리카락 상실, 다른 신체적 변화를 자주 초래한다. 연구자들은 두경부암(Bernstein, 1990), 내장암(MacRitchie, 1980), 유방암(예, Kriss & Kramer, 1986; Spencer et al., 1999), 자궁암(Schumacher, 1990)에서의 신체상 이슈에 대해 설명하였다. 앨런과 웰러드(Allen & Wellard, 2001)는 4명의 노년 여성(69~79세)에게 심층면담을 실시하였는데, 이들은 최근 심장 수술을 받았고 흉골 절제술의 결과로 가슴에 커다란 흉터를 지니고 있었다. 그 여성들은 수술 이전에는 흉터에 대해 수치스러워 하게 될까 봐, 배우자가 그 흉터를 추하게 생각할까 봐, 그 흉터를 숨길 만한 옷을 찾기 어려울까 봐 걱정을 하였다고 한다. 하지만 그들은 흉터 때문에 심리적으로 악영향을 받지는 않았다. 건강과 관련된 걱정이 그들에게는 훨씬 더 중요했다.

유방암에 대한 많은 심리사회적 문헌은 유방절제가 여성들에게 심리적인 측면에서 파괴적이라는, 다른 어떤 종류의 절단보다도 훨씬 더 파괴적이라는 가정에 대해 알려 준다(Chrisler, 2001). 이것은 여성의 유방에 대한 미국의 문화적 강박관념과 유방이 여성다움의 중심에 있다는 믿음을 반영한 것이다(Latteier, 1998). 따라서 임상가와 미국암협회 자원봉사자들은 신체상 이슈에 많은 노력을 기울이며, 여성들이 수술 후 화장을 하고 여성스러운 의상을 입도록 격려하며, 정신건강상의 이유로 유방재건술을 받도록 제안한다(Kasper, 1995; Wilkinson & Kitzinger, 1993). 하지만 문헌 고찰에서, 메이어로위츠와 하트(Meyerowitz & Hart, 1995)는 유방암에 걸린 여성이 다른 종류의 암에 걸린 여성보다 혹은 암에 걸린 남성보다 더 큰 정신적 고통(distress)을 겪는 것은 아니라는 것을 발견하였다. 이 여성의 주요 관심사는 생존, 가능한 최선의 의학적 조언을 얻는 것, 암 재발에 대한 걱정, 그리고 암 치료 후 힘과 신체적 능력에 대한 질문일 가능성이 더 크다. 유방암으로 치료받은 경험이 있는 여성에 대한 최근 연구(Pecor, 2004; Spencer et al., 1999)는 더 젊은 여성이 중년 및 노년의 여성보다 더 큰 정신적 고통과 신체 불만족, 더 큰 성적인 걱정과 배우자 관련 걱정들을 나타냄을 보여 준다. 유방암 수술 이후에 다른 사람들보다 흑인 여성들이 더 적게 고통을 받는 반면(Pecor, 2004), 라틴계 여성들이 더 많은 신체상 문제를 가진다(Spencer et al., 1999)는 일부 증거가 있다. 피커(Pecor, 2004)는 노년의 기혼 여성이 관계에서 더 안정적이며, 일반적으로 폐경을 경험하면서 신체 변화에 대처하는 법을 배웠다고 이론화하였다. 젊은 여성은 두말할 필요 없이 이상적인 아름다움을 추구해야 한다는 요구에 더 취약하며, 수술 전에는 그 이상적인 아름다움에 접근하는 데 있어 중년이나 노년의 여성보다 더 유리한 기회를 가졌었다.

폐 경

폐경이라는 그 사실 자체가 여성에게 있어 신체상의 변화를 요구한다. 월경의 중단이 슬픔으로 다가오든, 무관심이든, 해방이든 간에, 그것은 우리 몸에 대해 생각하는 방식을 변화시킨다(Chrisler & Ghiz, 1993). 이에 더해서, 폐경에 전형적으로 수반되는 신체적 징후들(예, 질 건조증, 푸석푸석한 피부, 가늘어진 머릿결)이 신체상에 영향을 미칠 수 있다. 혈관 운동신경의 불안정성(예, 갑삭스런 열감, 야간 발한)은 여성들에게 한때는 믿을 만했던 몸이 이제는 통제를 벗어난 것 같은 느낌을 줄 수도 있다(Chrisler & Ghiz, 1993). 중년기 신체상에 대한 대부분의 연구가 체중과 외모 및 신체 존중감의 다른 측면에 대한 것이기 때문에, 여성들이 폐경 전후의 변화에 대한 반응으로 신체상에 얼마나 쉽게 적응하는가는 분명하지 않다.

대중매체에서는 폐경 전후 미국 여성을 '병에 걸린, 호르몬이 부족한, 성생활이 없는, 쉽게 화내는, 우울한…… 그리고 변화하는 호르몬의 수동적인 희생자'로 묘사해 왔다(Golub, 1992, p. 215). 이러한 관점은 1960년대 호르몬 대체요법(hormone replacement therapy: HRT), 더 초기에는 에스트로겐 대체요법(estrogen replacement therapy: ERT)의 개발 이래로 의사들과 제약업계에 의해 장려되었다. 폐경에 대한 대다수의 책과 잡지 기사들은 생물의학적 관점에서 이 주제를 다루었고, 수년 동안 호르몬 대체요법이 여성들을 젊고 매력적이고 신체적으로나 정신적으로 건강하게 유지시켜 줄 것이라고 제안하였다(Chrisler et al., 1989; Gannon & Stevens, 1998). 젊음과 미에 대한 약속은 일찍이 그 정체가 탄로났지만, 그럼에도 미와 건강은 이후로 현대 소비자 문화에서 하나의 개념이 되었다. 시청자들로 하여금 주치의에게 호르몬 대체요법이 자신에게 맞는지를 물어보도록 촉구하는 슈퍼모델 로렌 허튼(과 다른 덜 유명하지만 매력적인 모델)이 나오는 1990년대 텔레비전 광고는 두말할 필요 없이 이 낡은 개념을 정확하게 명명하지 않으면서 영원히 지속시켰다. 여성건강 이니셔티브 운동(Women's Health Initiative Trials)의 결과로 호르몬 대체요법이 널리 인식되고 있는 것보다 덜 유용하다는(일부 여성에게는 심지어 해롭다는) 사실이 밝혀졌을 때, 많은 폐경 전후의 여성들이 호르몬 대체요법을 중지하였다(혹은 호르몬 대체요법을 시작하지 않기로 결정하였다). 하지만 호르몬 대체요법은 주로 잘 교육받은 중·상류층의 여성들이 사용하였다. 이들은 문화적 미의 기준에 가장 가까이 있으면서 그 기준에 접근하는 것에 가장 관심을 많이 가지고 있었다. 예를 들어, 딕스와 맥케이브의 2001년 연구에서 폐경 전후 참여자들의 단지 18.4%만이 현재 호르몬 대체요법을 사용하고 있었다. 또 다른 3.9%는 시도하였으나 사용을 중단하였다.

폐경에 대한 여성의 태도를 연구한 결과들(Dilaway, 2005; Elson, 2002; Foerster, 2001; Maoz et al., 1970; Neugarten et al., 1968; Theisen et al., 1991)은 일반적으로 양가감정 혹은 긍정적 태도와 부정적 태도의 혼재를 지적한다. 가임기가 끝났다는 자각이 어떤 여성들에게는 분명하게 노화를 떠올리게 한다. 일반적으로 폐경에 대한 태도는 노화에 대한 태도와 밀접하게 연결된다. 여성들이 보고하는 부정적 측면은 노화의 시작, 출산 능력의 상실, 여성성의 상실, 정서적 혼란에 대한 걱정, 신체적 건강에 대한 걱정, 그들을 매력적이지 않게 만드는 나이와 관련된 변화에 대한 걱정, 폐경이 너무 빨리 왔다는 느낌 등을 포함한다. 여성들이 보고하는 폐경의 긍정적인 측면에는 더 이상 피임을 할 필요가 없다는 것, 더 이상 월경 기간이 없다는 것, 생식과 관련된 걱정에서 자유로운 느낌 등이 포함된다. 그러나 흥미롭게도 젊은 여성이 노년 여성보다 폐경에 대해 더 부정적인 태도를 가지는 경향이 있다(Foerster, 2001; Neugarten et al., 1968). 포에스터의 참여자들(60대)은 폐경의 변화에 부정적인 기대를 가졌으나, 다시 돌아보면 그렇게 나쁘지 않다는 것을 알게 되었다고 말했다. 어떤 이들은 만약 문제가 있다면 약간의 신체적 증상이 있을 뿐이라고 보고하였다. 또 다른 이들은 "약간의 증상 또는 외모의 변화가 있었지만, 그것이 나를 괴롭히지는 않았다."라고 보고하였다(p. 42). 뉴가튼(Neugarten)의 고전적인 연구에서 노년 여성은 '폐경 후의 열정'이라는 마가렛 미드의 개념에 대한 지지를 제공하였다. 그들은 폐경 후 여성들이 "더 좋게 느끼고 더 자신감이 있고 더 침착하며 더 자유롭게 느낀다."라고 기술하였다(Golub, 1992, p. 216). 사실상 대부분의 연구자는 여성이 폐경과 관련하여 최악의 사건은 무엇을 예상해야 하는지를 모르는 것이라고 말하였다고 보고한다. 폐경에 대해 더 긍정적인(균형 잡힌) 태도를 가진 여성들이 폐경과 관련된 신체상 변화에 더 쉽게 적응할 것이라고 예상하는 것이 합리적인 것처럼 보인다. 하지만 아직까지 이러한 가설을 지지하거나 반박할 만한 자료는 없다.

여성의 삶의 맥락에서 중년의 신체상

연구자들이 모든 연령층의 여성에게 자신의 몸에 대해 어떻게 느끼냐고 물었을 때, 여성들이 부정적으로 대답할 것이라는 점은 그다지 놀랍지 않다. 현실을 호도하는 이상적인 아름다움과 여성의 겸양에 대한 문화적 기대가 결합하여 여성들이 자신의 몸을 평가할 때 척도의 더 낮은 끝 쪽으로 자신을 평가하도록 이끌 수 있다. 이것은 특히 여성에게 일련의 신체 부분에 대해 답하도록 하는 질문지에서 사실로 나타날 것이다. 만약 여성들에게 "당신은 자신의 허벅지에 얼마나 만족하십니까? 코에 대해서는요? 다리는요?"라고 묻는다면, 그러한 질문에 대한 답은 완전한 만족에 훨씬 미치지 못할 것이 분명하다. 자신의 외모에 초점을 맞추지 않는 경향이 있는 여성들조차 "글쎄요, 제 허벅지는 좀 두껍고, 코는 좀 더 오똑하면 좋을 텐데." 등으로 생각할 수 있다. 만약 중년과 노년에 대한 질적 연구에서 여성들이 일상적으로 신체상에 대한 걱정을 이야기한다면, 그것은 신체상이 중요한 문제라는 분명한 증거가 될 수 있다.

최근 몇몇 연구들은 신체상 이슈가 중년 여성들의 관심사에서 최고 순위에 있는 것은 아님을 보여 준다. 번스와 레오나드(Burns & Leonard, 2005)는 호주 중년 여성 60명과 심층면담을 실시하였다. 20명은 1951~1956년 사이에 태어났고, 20명은 1941~1946년 사이에 태어났으며, 20명은 1931~1936년 사이에 태어났다. 그들은 재미있는 전략을 가지고 면담을 시작했는데, 먼저 자신의 삶을 하나의 책으로 생각하고 각 장에 이름을 붙이라는 주문을 받았다. 각 장의 제목은 전형적으로 삶의 전환기와 관련이 있었는데, '만족'이 중년에 자주 등장하는 단어라는 점이 흥미로웠다. 이들은 자신의 과거 대부분의 시기보다 중년을 인생에서 더 만족스러운 시기로 보았다. 중년은 여성들에게 새로운 것을 시도하고 오래된 습관을 뒤로 하고 떠나는 '새로운 출발(break-out)'의 시기로 묘사되었다. 또한 중년은 상실보다는 획득을 나타내고, 자녀가 집을 떠나고 직장에서 은퇴하고 '드디어 나 자신의 인생을 살게 되기' 때문에 스트레스가 줄어드는 시기로 간주되었다(p. 274). 여성들은 중년기 자기실현의 중요성을 강조하였고, 어떤 이들은 전통적인 여성의 성 역할에 대해 적극적으로 의문을 제기하였다. 여성성에는 미의 기준이 포함될 수도 있지만 논문에는 이런 것에 대한 언급이 없었는데, 그것은 신체적 변화에 대한 것이 면담에서 공통적인 주제가 아니었음을 암시한다.

아널드(Arnold, 2005)는 50~63세의 미국 여성 23명에게 설문조사를 실시하였는데, 그는 일련의 개방형 질문에 대한 답으로 이야기(narratives)를 쓰도록 요청하였다. 다음의 몇몇 질문은 여성들에게 신체상에 대한 걱정을 일으킬 여지를 제공했을 수도 있다(p. 637).

- "지금 당신의 삶에 대해 생각할 때, 40대의 삶과 비교한다면 삶이 어떤 식으로 바뀌었습니까? (만약 조금이라도 바뀐 것이 있다면)"
- "사물에 대해 생각하고 느끼는 방식에서 어떤 식으로 달라졌다고 생각합니까? (만약 조금이라도 달라진 것이 있다면)"
- "현재 당신의 자기감(sense of self)에 영향을 준 어떤 특정한 인생 변화의 사건이 있었나요?".
- "미래에 대해 생각할 때, 당신이 가장 걱정하거나 염려하는 것은 무엇인가요?".

단지 2명의 참여자만이 폐경을 인생 변화의 사건으로 언급하였다. 아널드가 발견한 가장 뚜렷한 주제는 "틀에서 벗어나는 것"(예, 위험을 감수하는 것, 역할 요구를 버리는 것, '해야만 한다.'를 무시하는 것), "떠나보내는 것”(예, 비현실적인 기대에 대해, 물질적인 소유물을 갖고 싶어 하는 욕구에 대해), “균형을 잡고 걷는 것”(예, 우선순위를 재배치하는 것, 영적인 충만을 추구하는 것, 자신을 믿는 것), “새로운 방향으로 움직이는 것”(예, 창조적인 자기 표현의 배출구를 찾는 것, 삶에 대한 새로운 에너지와 열정을 찾는 것, 새로운 직업을 시작하는 것), “관계를 재정의하는 것”(예, 틀에 박힌 역할 경계를 벗어나는 것, 더 진실된 방식으로 친밀한 관계를 맺는 것), “있는 그대로 일 수 있는 자유”(예, 더 많이 자기 확신을 갖게 되는 것, 자신이 원하는 것을 선택하는 것), 그리고 “귀중한 일용품으로서의 시간”(예, 인생은 유한하며 곧 사라진다는 것을 깨닫고 시간을 보내는 방법에 대해 더 선택적이 되는 것)이었다. 아널드가 보고한 예 중 어떤 것도 명시적으로 신체상이나 신체 존중감과 관련되지 않았지만 일부 주제는 분명히 새로운(혹은 증가된) 자기-수용과 관련이 있는데, 이는 몸을 포함할 수도 있다. ‘해야만 한다.’를 무시하는 것을 학습하는 것, 비현실적인 기대를 떠나보내는 것, 새로운 에너지를 찾는 것, 자기 자신의 선택을 하는 것, 인생이 유한하다는 것을 깨닫는 것, 더욱 자기 확신을 갖게 되는 것, 이 모두는 자신이 가지고 있는 몸을 더 많이 수용하고 감사하는 것으로 이끌 것이며, 현실을 벗어난 이상적인 미에 대해 생각하고 추구하는 데 쓰는 시간을 줄일 것이다.

번스와 레오나드(2005), 아널드(2005)의 연구 결과는 구체적으로 중년 여성의 변화하는 신체에 대해 질문하였다는 점에서 베니스터(1999)의 캐나다 중년 여성(40~53세) 11명과의 심층면담과 흥미로운 대조를 이룬다. 베니스터의 참여자들은 폐경에 대한 태도 연구에서 보고된 것과 같이 긍정적인 논평과 부정적인 논평을 모두 제공하였다. 여성들은 체중이 늘었고, 폐경기의 몸은 ‘친숙하지 않았으며’(p.

527), ‘상황이 나빠지고’ (p. 526), ‘다르게’ 느껴진다(p. 529)고 말하였다. 그들은 인생은 유한하다는 것에 대한 인식이 증가하였다고 말하였는데, 베니스터는 그것을 ‘젊은 외모의 상실’, ‘젊은 에너지의 상실, 생식 능력의 상실’ 과 연결시켰다(p. 529). 하지만 개별 여성의 이야기는 일반적인 주제가 암시하는 것보다는 더 많이 신체를 수용함을 보여주곤 한다. 어떤 사람은 “현재 어떤 면에서는 문화의 영향을 받는다. ……다른 면으로는 내 몸에 상당히 만족한다.” (p. 526)라고 말했으며, 또 다른 사람은 “여기저기에 약간 더 살이 붙긴 했지만, 내 몸이 52세인 것에 비하면 괜찮게 보인다고 느껴진다.” (p. 526)라고 말하였다.

면담에서 주요한 주제 중 하나는 ‘자신을 돌보는 것’ 이었는데, 그것은 신체적 · 심리적 · 영적인 자기돌봄(self-care)을 의미하였다. 여성들은 사회적 기준과 문화적 기대에 의문을 제기하고, 자신의 욕구를 우선으로 두고, 자신의 몸을 돌보는 데 시간과 노력을 들이고, 자연의 일부가 되는 것에 대해 성찰하는 것을 배우고 있다고 말하였다. 이러한 말들은 아널드의 연구 참여자들과 번스와 레오나드의 연구 참여자들이 한 이야기와 비슷하며, 여성들이 자신의 신체상 변화에 잘 적응하고 있음을 시사하는 신체 수용과 자기 재정의(self-redefinition)를 보여 준다.

진실성

앞에서 검토한 질적 연구 참여자들이 한 말들은 중년의 진실성(Authenticity)에 대한 분투를 시사한다. 여성들이 기존 개념의 타파, 자기에 대한 재정의, '있는 그대로의 자신이 될' 자유를 귀중히 여기는 이유는 지혜의 성장과 자신감, 역할 요구의 완화(예, 성장한 자녀, 은퇴), 그리고 심지어 중년과 연합된 보이지 않음(invisibility)이 자신의 시간과 에너지를 어떻게 쓸 것인가에 있어 더 큰 선택과 융통성을 허용하기 때문이다. 인생이 유한하다는 인식은 중년에 나타나고, 특히 폐경과 만성질환의 진단과 연합되는데, 우선순위를 재배열하는 데 마음을 기울이도록 하며, 여성들이 자신의 욕구를 첫 번째로 두고 삶을 살아가는 방식을 결정하도록 하는 데 도움이 된다. 이러한 의식적인 재배열은 이상적인 미에 도달하기 위해 점점 더 희망이 없는 시도로 자신의 몸을 고문하기(예, 만성화된 식이조절, 강박적인 운동, 얼굴 주름살 펴는 시술 스케줄 짜기)보다, 중년 여성들이 자신의 몸을 돌볼 것(예, 적절하게 먹고, 충분히 쉬고, 마사지 스케줄 짜기)을 결단하기에 완벽한 기회를 제공한다.

미의 의식(rituals)은 시간-소모적인 활동이다. 여성들이 외출하기 위해 준비하는 데 얼마나 많은 시간이 걸리는가에 대한 농담은 여성들이 옷을 차려입을 때 하는 (그리고 남성들은 하지 않는) 많은 일에 기반을 두고 있으며, 나이가 들면서 이러한 의식은 더욱 복잡해진다(Saltzberg & Chrisler, 1995). 눈썹을 뽑고, 다리털을 밀고, 손톱에 매니큐어를 바르고, 화장을 하고, 머리를 손질하려면 시간이 걸린다. 여성의 옷 입기는 남성의 경우보다 더 복잡하다(여성이 유행에 민감한 옷을 입고 싶어 한다면, 체형 변화로 '교정 속옷'이 필수가 되는 중년기에는 특히 그러하다). 모든 여성이 '여성에서 여성적인 것으로의 변형은 인위적임'을 알고 있지만(Chapkis, 1986, p. 5), 아름답게 보이기 위해 자신이 들이는 정도의 많은 시간을 어쩌면 다른 여성들은 필요로 하지 않을 것이라는 두려움에서, 우리는 시간과 노력의 양을 공모하여 숨긴다(Saltzberg & Chrisler, 1995). 물론 인위적인 것은 진실성이 없다. 진실성을 선택하면 더 중요한 혹은 즐거운 것을 위한 시간(과 돈!)을 얻을 수 있다.

하지만 이상적인 아름다움을 수년간 추구한 후에 그것에서 등을 돌리는 것은, 말은 쉽지만 행동은 어렵다. '우아하게 늙는 것'이 '성공적으로 늙는 것'이라는 문화적 메시지(Calasanti et al., 2006)는 전 연령대의 여성들에게 아름다움과 가녀림의 중요성을 강조하는 메시지와 합해져서, 중년 여성들에게 가능한 오랫동안 젊게 보이도록 '속이라고' 장려하기 위한 것이다(Ostenson, 2004). 눈 가리고 아웅하는 것(passing)은 밝은 피부톤의 아프리카계 미국인들이 다른 사람들로 하여금 자신을 '백인'이라고 가정하게끔 만드는 것을 일컫든, 아니면 다른 사람들이 자신을 이성애자로 생각하도록 사생활에 대해 비밀로 하면서 주류 사람들의 옷차림새를 따라 하는 레즈비언들을 일컫든지 간에, 한 번의 일시적인 행동(예, 구직 신청서에 나이를 속이는 것, 보톡스 주사를 맞는 것)이나 장기적인 효과를 갖는 일련의 행동들(예, 정기적으로 흰머리를 염색하는 것, 얼굴 주름살 펴는 시술을 받는 것)을 포함한다. 눈 가리고 아웅하는 것은 칭찬("당신은 나이에 비해 정말 젊게 보입니다!")이든 명예를 훼손하는 것(예, 노화의 징후를 숨기는 사람들은 애처롭다; Harris, 1994)이든 관계없이, 진실성이 없는 행동이며, 개인의 정체성과 경험, 성숙을 부인하는 것이다(Ostenson, 2004). 눈 가리고 아웅하는 것에 집착하는 것은 앞에서 논의한 질적 연구에서 중년 여성들이 보고한 진실성의 분투를 경험하는 데 도움이 되지 않는다. 사실상 그것은 이완하고 자기 자신의 삶을 살아가는 능력을 방해할지도 모른다.

아름다움과 여성성에 대한 문화적 메시지는 서로 겹쳐지는데, 일반적으로 아름다움은 여성성의 전제 조건으로 간주된다. 그러므로 여성스러운 여성은 아름다움에 더 큰 강조를 둘 수 있고(Gillen & Lefkowitz, 인쇄 중), 중년기 신체적 변화에 적응하는 데 더 힘든 시간을 보낼지도 모른다. 플리너 등(Pliner et al., 1990)은 10~79세의 소녀 및 여성들에게서 높은 여성성 점수와 더 큰 외모 지향성 사이에 나타나는 상관 관계를 보고하였다. 피커(2004)는 높은 여성성 점수를 보이는 여성들이 남성적이거나 양성적인 것으로 분류된 여성들보다 유방암 수술 이후 더 큰 정서적 고통을 겪으며 심리사회적으로 더 적응하기 힘들어 하는 것을 발견하였고, 마하릭 등(Mahalik et al., 2005)은 새로 개발한 여성성 규준에의 동조성 검사에 '마름'과 '외모에의 투자'라는 하위척도를 포함하였다. 또한 여성성에 대한 문화적 메시지는 대인관계에서의 비진실성을 장려하며(예, 여성들은 오르가슴을 느끼는 척해야 하며 어떤 주제나 취미든 배우자의 관심을 끄는 것이면 그에 대해 흥미를 표현해야 한다.), 길렌과 레프코위츠(Gillen & Lefkowitz, 인쇄 중)는 관계에서 덜 주체적이며 더 진실성이 없는 여자 대학생들이 자신의 몸에 대해 더 부정적인 태도를 가지고 있음을 발견하였다.

높은 여성성이 중년기에 더 많은 신체상 걱정을 예측하는지, 그리고 이러한 개념을 지지하는 어떤 증거가 있는지를 알아보는 것은 흥미로울 것이다. 예를 들어, 레즈비언(Donaldson, 1994)과 여성주의자들(Tiggemann & Stevens, 1999)은 다른 여성들보다 체중에 대한 걱정을 덜 표현한다. 그들은 오히려 이성애 비여성주의자들보다 전통적인 성역할과 성에 따른 기대에 의문을 제기할 가능성이 더 클 것이다. 흑인 여성은 백인 여성보다 양성적으로 행동하는 경향이 높기 때문에, 아마도 자신을 과체중으로 생각할 가능성이 더 낮으며(Stevens et al., 1994), 유방암 치료 후 덜 고통스러워 할 것이다(Pecor, 2004). 한편, 라틴계 여성은 일반적으로 더 전통적인 성 역할 태도를 가지고 있으며, 이것은 유방암 치료 후 흑인 여성과 백인 여성보다 왜 그들이 더 고통스럽게 보이는지에 대한 이유를 부분적으로 설명할 수 있을 것이다(Spencer et al., 1999). 이에 더해 질적 연구(Arnold, 2005; Burns & Leonard, 2005) 참여자들은 그들이 나이가 들면서 점점 더 전통적인 여성적 성 역할에 대해 의문을 갖게 (그리고 저항하게) 되었다고 말하였다.

결 론

50세 이상 여성의 신체상 이슈와 적응에 대해 여전히 모르는 부분이 많다. 특히 체중과 외모에 대해 모르는 것이 많다. 또한 여성들의 기능적 변화와 폐경기 전환에 대한 연구는 매우 부족한 것이 현실이다. 그러나 더 건강하고, 안정적이고 오래된 관계를 유지하면서 성적으로 활발하고, 성 역할 지향이 전통적이지 않은 여성이 중년에 더 긍정적인 신체상을 가질 것이라는 단서가 있다.

더군다나 중년 및 노년 여성에 대한 연구는 코호트(cohort)와 서로 비교하기에 충분히 큰 종단 자료나 종단 표본을 거의 포함하지 않고 있다. 대부분의 사례에서 50대 여성들이 그들이 40대, 60대, 70대일 때와 다른지를 알 수 있는 방법이 없다. 오늘날 50대 여성에 대한 자료가 20년 전 50대였던 여성에 대한 자료와 다른지, 혹은 지금으로부터 20년 후 50대가 될 여성들과 다를 것인지를 이 시점에서 단언하는 것은 불가능하다. 현재 50대와 60대 여성들은 여성해방운동의 영향을 강하게 받았다. 따라서 그들의 태도가 덜 전통적이고, 자신에 대해 더 편안하고, 노화의 징후를 숨기고 자신의 모습보다 더 젊게 보이기 위해 조치를 취해야 한다는 문화적 메시지에 더 저항적일 것이라고 기대할 수 있다. 오늘날 소위 후여성주의(postfeminist) 세대라고 불리는 20대와 30대 여성들이 노화에 어떻게 대처할 것인지가 궁금한 부분이다. 그들은 과소비주의 시대에 성장하였는데, 과소비주의 시대에는 거의 모든 것에 대한 '치유책'이 존재하고 여성들은 아름다움과 높은 성취, 둘 다를 기대받는다. 오직 시간만이 그들이 노화의 징후에 어떻게 직면할 것인지를 말해 줄 것이다.

신체 존중감과 외모 걱정에 대한 양적 연구가 중년과 노화에 대해 더 전반적으로 다루는 질적 연구와는 다른 정보를 제공한다는 점도 흥미롭다. 어쩌면 우리에게 필요한 것은 표준화된 척도와 면담(혹은 포커스 집단), 둘 다가 혼합된 연구 방법을 사용한 연구일지도 모른다. 이것은 여성들이 신체 변화와 걱정에 얼마나 집중하는가를 이해하는 데 도움이 될 것이며, 만약 부정적인 신체상이 여성들에게 중요한 주제라면, 적절한 개입을 설계하는 방법에 대한 단서를 제공할 것이다.

인생에서 일어나는 대부분의 일처럼 노화는 전적으로 좋거나 전적으로 나쁜 것이 아니다. 경험, 성숙, 발달, 인생주기의 변화, 심지어 보이지 않음(invisibility)까지도 좋은 점과 도전, 둘 다를 가지고 있다. 균형을 찾고 우선순위를 재배치하는 것에 초점을 맞춘다면, 중년은 몸과 싸우는 것을 그만두고 몸에 감사하는 것을 배우기에 완벽한 시기일 수 있다. 늘어진 살과 흉터, 흰머리, 불어난 몸무게는 우리가 누구인가와 지금 있는 곳에 도달하기까지 겪었던 변화에 대한 증거다. 우리가 좋아하는 변화뿐만 아니라 좋아하지 않는 변화까지도 껴안고, 진실하지 않은 방식으로 자신을 바꾸려는 충동에 저항하고, 훨씬 더 많은 지혜와 경험을 얻을 수 있을 만큼 충분히 오래 몸이 건강하게 유지될 수 있도록 자신을 세심하게 잘 돌봐 주자. 우리가 아닌 것이 되기 위해 애쓰면서 남아 있는 귀중한 시간을 낭비하지 말자.

2 중년 여성과 성: 욕망, 기능장애, 다양성

Maureen C. McHugh

여성들은 인생의 초기보다 중년기에 더 많은 성적 만족과 관계 만족을 경험하는가? 어떤 여성들이 그러한가, 그리고 그 이유는 무엇인가? 여성은 더 이상 출산 조절이나 양육에 대한 책임이 없을 때 이성애 파트너와의 성관계를 더 긍정적으로 경험하는가? 노인 레즈비언들의 성관계는 시간이 지나면서 어떤 면에서 향상되는가? 자위하는 여성들이 성적 각성과 활동에 대해 파트너에 의존하는 이성들보다 자신의 성적 욕망을 더 만족시키는가? 성적 진실성(authenticity)은 노년기 여성들의 긍정적인 성 반응에서 주요한 요소인가? 이러한 것들은 현 시점에서는 대답할 수 없지만 가능한 연구(및 개인적)의 예가 된다. 연구자들은 전형적으로 중년 여성들에게 있을 수 있는 긍정적인 성적 감정과 경험에 대해 연구하지 않았다. 오히려 호르몬 감소의 결과로 여성들이 경험하는 것으로 보고되는, 있을 법한 성적 활동과 욕망의 쇠퇴에만 거의 배타적으로 초점을 맞추었다. 중년 여성과 성에 대한 연구는 부정적인 문화적 견해와 오늘날 많은 사회에 존재하는 노화에 대한 질병 중심의 의학적 관점을 반영하고 구현한다. 현대 연구는 여성의 성욕에 대한 제한적인 관점이 중년기와 그 이후 여성의 성욕에 대한 이해를 어느 정도 제한시킨다는 점을 인정한다.

여성의 성욕이 폐경 때문에 안 좋은 영향을 받아 중년기에 감소한다는 것은 일반인과 많은 전문가가 대체적으로 받아들이고 있는 생각이다. 중년은 다양한 수준의 변화가 두드러지는 발달 단계이며, 많은 여성이 성적 흥미와 반응성, 성행동뿐만 아니라 친밀한 관계에서의 변화를 보고한다. 생리의 중단과 에스트로겐의 감소를 뜻하는 폐경은 단지 중년 여성의 삶에서 일어나는 변화 중 한 측면일 뿐이다. 폐경은 40대와 50대 사이에 발생하는데, 이때 다른 노화 과정이 함께 일어나며, 여성의 역할과 가족 구조가 바뀌고, 배우자가 있다면 그 배우자 역시 노화 과정을 겪고, 중년 여성이 사회문화적으로 젊은 여성들과는 다르게 간주되는 시기다. 따라서 중년 여성들의 친밀한 관계와 성적 반응에 미치는 많은 잠재적 영향이 존재한다. 중년과 그 이후 여성들의 성욕에 대한 상당히 많은 연구는 폐경의 역할에 초점을 맞추었으며, 주로 의학적 혹은 생물학적 입장에서 수행되었다. 생물의학적 관점에서 수행된 연구는 감소하는 호르몬과 감소하는 여성의 성욕과 활동 그리고 만족 사이의 관계를 강조한다. 연구자들이 여성의 성적 '문제'에 대해 약물학적 '해결책'을 연구함에 따라 여성의 성욕에 대한 의학적 관점이 점점 더 강조되었다.

비판자들(예, Koch et al., 2005; Wood et al., 인쇄 중)은 이 지배적인 관점이 인간의 성 반응 사이클에 대한 의학적 혹은 생리적 모형을 기반으로 하고 있으며, 성적 욕망이 그 사이클에서 호르몬 요인에 의해 가장 크게 영향받는 구성 요소라는 가정을 기반으로 하고 있음을 지적하였다. 많은 사람이 중년 여성에게 나타나는 성적 반응성의 변화를 감소하는 호르몬과 연결시켰지만, 점점 더 많은 연구자가 폐경과 감소하는 성 반응에 대한 생물의학적 관점을 비판하였다(Koch et al., 2005; Morokoff, 1988; Tiefer, 1995; Voda & George, 1986). 기존의 모형들은 욕망의 생리적 측면을 강조하고 맥락적 요인의 중요성을 최소화하는 경향이 있다(Basson, 2002; Kaschak & Tiefer, 2001; Wood et al., 인쇄 중). 이와는 대조적으로, 여성주의자와 사회해석학적 관점은 성욕이 관계의 질과 사회역사적 맥락을 포함한 다른 요인들에 의해 영향을 받는 방식을 강조한다(Koch et al., 2005). 여기에서 50대 여성들의 성적 욕망에 대한 연구는 여성주의적 관점에서 검토되었다.

중년 여성들의 성욕을 폐경의 함수라고 제안하는 것은 여성을 동질화한다(homogenize). 심지어 증명된 폐경의 생물학적 영향조차 특정한 사회역사적 맥락 내에서 경험되며, 그에 대한 여성의 경험은 전혀 동질적이지 않다. 폐경과 성욕을 여성들이 어떻게 이해하는가가 그들 자신의 성적 경험을 만족스러운 것으로, 혹은 문제가 있는 것으로 구성(construction)하는 데 영향을 준다. 이 장에서 저자는 중년 여성들의 폐경과 성욕에 대한 경험과 해석에 영향을 미치는 맥락적 요인을 강조할 것이다. 또한 중년과 그 이후 여성들의 성욕의 다양한 차이를 강조하고 그들 자신의 삶에 대해 여성들이 설명할 수 있는 가능성을 강조할 것이다.

감소하는 호르몬과 여성의 성욕

폐경의 물리적 영향

성적 즐거움은 에스트로겐이 감소함에 따라 발생하는 물리적 변화에 의해 영향을 받을 수 있다. 감소하는 에스트로겐의 주요 효과 중 하나는 질 윤활유의 감소다. 폐경 이후 여성들은 성적 각성 동안 축축해지는 데 종종 더 오랜 시간이 걸린다. 하지만 중년 여성뿐만 아니라 다른 연령의 여성에게도 질 건조는 단순히 성교를 위한 준비가 되어 있지 않음을 나타낼 뿐임을 인식하는 것이 중요하다. 윤활유가 불충분하면 성기의 침투가 불편하거나 고통스러울 것이며, 성교는 염증을 일으키거나 감염으로 이어질 수도 있다(보스턴 여성건강서적공동체, 2005). 폐경기로 전환하는 동안 질 벽은 일반적으로 더 얇아지고 더 건조해지고 덜 유연해지며, 상처와 손상에 더 취약해질 수 있다. 항히스타민제와 같은 일부 약들이 질 건조에 일조할 수 있으며, 비누와 스프레이, 향기 나는 화장실 휴지가 음문을 성나게 할 수도 있다(보스턴 여성건강서적공동체, 2005). 또한 질의 근육조직이 더 얇아짐에 따라 성기의 침투로 피가 날 수도 있다. 에스트로겐 감소와 함께 나타나는 두 가지 상태, 즉 질 건조와 일과성 열감(hot flashes)은 성 반응성 감소와 연결된다(McCoy et al., 1985).

정신적 건강과 신체적 건강, 둘 다가 성 기능에 영향을 줄 수 있다. 나이가 듦에 따라 다양한 건강 상태가 여성의 성 반응에 영향을 미친다. 심한 출혈이나 요실금과 같이 폐경과 관련된 문제는 여성들의 성적 흥미와 경험에 안 좋은 영향을 줄 수 있다. 디오크노 등(Diokno et al., 1990)은 60세 이상의 사람들에 대한 연구에 기초하여 성적 상호작용에 영향을 줄 수 있는 또 다른 신체적 문제로 활동성 감소, 대소변의 실금, 진정제의 사용, 심장 발작 경험을 소개하였다. 당뇨나 고혈압과 같이 노화의 결과로 경험하게 되는 다른 건강 문제 또한 성관계나 성적 흥미에 영향을 줄 수 있다. 여성들은 통증이나 피로에 기인한 만성 혹은 급성 질병의 결과로 성욕을 덜 느낄 수 있다. 관절 질환 또한 성적 활동을 방해할지도 모른다. 연구와 임상 실제 모두에서 여성의 문제나 증상을 단순히 노화나 폐경의 탓으로 돌리기보다는 구체적인 건강 문제의 영향으로 생각하는 것이 중요하다(보스턴 여성건강서적공동체, 2005).

중년기와 그 이후 여성들의 성 문제

성 문제의 발생은 모든 연령의 여성에게 흔하며(Leiblum & Pervin, 1980), 여성들은 폐경기 동안 성 문제가 증가하는 것으로 보고되고 있다(Bachmann et al., 1989; Leiblum, 1990). 여성들의 성 문제가 성 경험의 어떤 정서적 · 신체적 · 관계적 측면에 대한 불만족으로 정의된다면, 많은 여성이 '문제'를 가지고 있다고 보고한다(McHugh, 인쇄 중). 2,500명 이상의 여성들에 대한 전국 규모의 조사에서, 99%가 목록에 제시된 23개의 성 문제 중 적어도 한 개를 경험하였다고 보고한다(Ellison, 2001). 이는 성에 있어 다양한 문제가 있을 뿐만 아니라 여성들의 성 문제에는 많은 다른 원인과 기여 요인이 있음을 뜻한다(McHugh, 인쇄 중; Williams, 2001).

콜(Cole, 1988)은 폐경 클리닉에 방문한 100명의 여성을 대상으로 임상 면담을 진행하고 이에 대해 보고하였는데, 100명 중 85명이 적어도 한 가지의 성 문제를 보고하였다. 흔한 문제로는 질 건조증, 클리토리스 감각의 상실, 성관계 빈도의 감소 등이었다. 여성들의 보고 중 일부는 욕망의 상실을 시사한다. 예를 들어, 여성들은 성 추동(drive)과 흥미 상실, 즐거움 상실, 흥분 안 됨, 반응성 결여를 보고하였다. 어떤 여성들은 파트너와의 성관계뿐만 아니라 자위행위의 문제를 보고하였다. 이와 유사하게 라이블룸(Leiblum, 1990)은 자신의 연구에서 폐경 여성들이 성적 흥미와 욕망의 감소, 오르가슴 도달의 문제를 보고하였다고 밝혔다. 각 연구에서 어떤 여성은 성교통(dyspareunia)의 경험, 즉 고통스러운 성교를 보고하였다. 고통스러운 성교의 예상은 이완을 방해하고 욕망을 억제시킬 수 있다. 디오크노 등(1990)이 보고한 연구에서, 40%의 남성이 발기 문제가 있다고 말하였고, 9~10%의 남성과 여성이 성교의 어려움이 있다고 말하였다. 또한 디오크노 등은 나이가 들면서 성 활동이 감소하는 것을 발견하였다. 60세 이상의 노인 표본에서 남성의 66%, 여성의 경우에는 단지 32%가 성적으로 활발하다고 보고하였다. 듀크 대학교(Duke University)의 노화연구센터가 수행한 초기 연구(Pfeiffer et al., 1972)에서 성 반응성의 감소는 남성과 여성, 모두에게서 보고되었다. 1900년 이전에 태어난 생물학적으로나 사회적으로 우월한 조건의 사람에 대한 이 대규모 연구에서, 반응자들은 성적 흥미와 활동에서 상당한 감소를 나타내었다. 남성 중 6%와 여성 중 33%가 성관계에 관심이 없다고 보고하였고, 남성 중 12%와 여성 중 40%가 더 이상 성관계를 하지 않는다고 보고하였다.

여성의 성적 욕망 감소

여성이 폐경기에 호르몬 감소로 인해 성적 욕망의 감소를 경험한다는 것은 흔한 결론이다. 예를 들어, 맥코이와 데이비드슨(McCoy & Davidson, 1985)은 종단연구에 참여한 기혼 여성의 소집단에서 성적 흥미와 성교 빈도의 변화를 조사하였다. 이 표본에는 폐경 전, 폐경기 즈음, 그리고 폐경한 여성들이 포함되었다. 참여자들은 생리와 성교를 매일 기록하였고, 정기적으로 혈액 표본을 제공하였으며, 폐경이 될 때까지 4개월 간격으로 면담을 하였다. 매번의 면담에서 참여자들은 지난 30일 동안의 성 경험과 증상, 성 반응성을 평정하였다. 이 자료는 폐경이 윤활유에 영향을 미쳤고 성교 빈도가 폐경과 함께 감소하였음을 보여 준다. 또한 보고된 성적인 생각이나 공상에서 알 수 있듯이, 폐경과 함께 성적 관심이 감소하였음을 보여 준다. 16명 중 14명의 참여자들이 이와 같은 감소를 보고하였다. 이와 관련된 연구에서 맥코이 등(1985)은 백인이고 중류층이며 교육 수준이 높은 폐경기 즈음의 중년 여성 표본을 연구하였다. 응답자들은 그들이 경험하였던 가장 흔한 네 번째 변화로서 성 반응의 변화를 보고하였다. 거의 절반의 응답자들이 현재 성 반응이 '달라진' 것처럼 느껴진다고 보고하였다. 더 적은 욕망을 경험하는 것이 가장 흔하게 보고된 변화였지만(54%), 15%는 더 많은 욕망을 경험한다고 보고하였다. 응답자의 1/4은 파트너와의 더 많은 즐거움, 파트너와의 더 적은 즐거움, 오르가슴을 경험하는 데 더 많은 어려움 등의 변화를 보고하였다. 회귀분석을 토대로 저자들은 결혼 상태와 질 건조증이 성적 욕망과 성적 즐거움에서의 변화를 예측하며, 연령이 성적 즐거움 변화에 대한 유의한 예측 요인이라고 보고하였다. 하지만 폐경 상태는 성적 욕망이나 성적 즐거움, 오르가슴 경험과 같은 종속변인 중 어느 것도 예측하지 못하였다. 저자들은 노화의 생리적 혹은 호르몬의 측면을 강조하기보다 오히려 인생 전반에 걸친 여성들의 성욕 연구에 대해 다각적이고 더 통합된 접근을 개발할 것을 주장하였다.

데너스타인 등(Dennerstein et al., 1999; 2000)은 종단적 분석과 구조방정식 모형을 사용하여 성욕에 대한 연령의 효과에서 폐경 상태 변화의 효과를 분리하였다. 그들의 종단적 연구(Dennerstein et al., 2001)는 45~55세의 호주 여성 중 무선표집된 2,000명을 대상으로 1991년에 시작되었다. 8년이 지난 후, 폐경 전환기를 겪었던 여성들의 성 반응을 폐경 전 상태에 있는 여성들의 반응과 비교하였고, 같은 시기에 폐경 후 상태가 된 여성들의 반응과도 비교하였다. 폐경 집단은 성 기능에서 유의한 전반적인 감소를 보고하였는데, 특히 성 반응성에서 그러하였다. 이 시기 동안 배우자의 성적 수행의 문제가 유의하게 증가하였고, 배우자에 대한 여성의 긍정적인 감정은 유의하게 감소하였다. 특히 성 활동의 빈도와 성적 욕망이 폐경기 동안 가장 많이 감소하였다. 이 종단연구는 연령과 폐경 상태가 모두 여성의 성 기능 감소에 기여한다는 더 초기의 구조방정식 모형의 결과를 확증하였다. 두 분석이 모두 노화와 폐경의 효과를 확증하였지만, 저자들은 배우자와의 관계, 특히 여성의 성적 욕망에 강력한 영향을 미친다고 강조하였다. 이는 성욕과 노화에 대한 논의에서 자주 빠지는 사실이다.

생물의학적 모형에 도전하기 위하여 맨스필드 등(Mansfield et al., 2000)은 505명의 백인 기혼 중년 여성 표본을 대상으로 성 반응과 변화에 대한 이해와 관련하여 질문하였다. 이 여성들은 트레민 신뢰 연구 프로그램(Tremin Trust Research Program)과 더글러스 대학(Douglass College)의 1963년 졸업반에서 모집되었다. 폐경 후 호르몬제 사용자들은 포함되지 않았다. 응답자의 40%가 성 반응에서 어떤 변화를 지적하였는데, 이 변화는 일차적으로 욕망과 흥분, 즐거움, 성관계 빈도와 오르가슴의 감소였다. 변화를 보고한 여성의 대다수는 성관계를 덜 갈망함(64%), 성관계를 더 적게 가짐(57%), 성기 외의 접촉을 더 많이 갈망함(55%), 흥분하기가 더 어려움(53%) 등을 보고하였다. 여성들은 반응성의 증가를 변화하는 생활환경에 귀인한 반면, 반응 감소와 관련된 변화는 폐경과 관련된 신체적 · 정서적 변화에 귀인하였다.

중년기에 성적 활동과 욕망 수준이 감소한다고 보고한 연구자들은 그들의 표본이었던 여성들 모두에게서 이것이 사실이라고 보고하지는 않았다. 일부 여성은 욕망 증가를 경험한다는 사실을 포함해서, 변산성을 문헌에서 발견할 수 있었다(Dannerstein et al., 2003; Hallstrom, 1977; Hallstrom & Samuelson, 1990; Mansfield et al., 1998; McCoy &

Davidson, 1985). 모든 연구자가 중년기 여성의 성 반응의 유의한 감소를 보고한 것은 아니었다. 즉, 성 반응의 증가나 상당한 변화의 결여가 보고되기도 하였다(Bachmann et al., 1989; Dannerstein et al., 1997). 예를 들어, 커틀러(Cutler)와 그의 동료들의 연구(Cutler et al., 1987)에서, 여성들은 폐경 전 혹은 폐경 후 성 반응에서 어떤 유의한 변화도 보고하지 않았다. 폐경 연구를 위해 베이(Bay) 지역에서 33~56세의 여성을 모집하였는데, 이들은 폐경기 즈음의 기간 동안 스테로이드 수준과 관련하여 성적 욕망과 성 반응, 성 만족도를 평가하는 31문항의 질문지에 응답하였다(Cutler et al., 1987). 자위행위의 빈도, 성교, 성적인 생각, 흥분에 대한 질문들과 만족도, 쾌감, 오르가슴, 디스트레스, 역기능, 성교통과 관련된 문항들이 생리 주기와 연관된 변화와 관련하여 조사되었다. 여성들은 흥분 능력(arousability)의 감소를 보고하지 않았다. 대다수는 성적 흥분이 매번의 성 경험에서 나타났다고 보고하였다. 압도적인 다수(86%)가 윤활유의 부족을 경험하지 않았고 성교통도 거의 없었다. 성적 공상의 빈도에서 응답자들은 최근 어떤 변화도 인식하지 못하였다. 하지만 낮은 에스트라디올 수준을 보인 여성들은 성교 빈도의 감소를 보고하였다.

이와 유사하게 스웨덴의 도시에서 살고 있는 기혼 여성들에 대한 종단연구는 폐경 전(premenopausal) 기간 내내 성적 욕망이 안정적이라는 증거를 보여 주었다(Hallstrom & Samuelson, 1990). 이 연구는 6년의 간격을 두고 두 번 면담한 800명의 중년 기혼 여성들의 대표적 표본(1914년, 1918년, 1922년, 1930년에 태어난 코호트 중)에서 수집된 자료를 포함하였다. 홀스트롬과 새뮤얼슨(Hallstrom & Samuelson, 1990)은 2번의 면담 시기에 배우자와 함께 살았던 497명의 응답자 하위 표본에서 성적 욕망의 변화가 있었다고 보고하였다. 하나의 문항을 사용하여 성적 욕망의 현재 수준을 평가하였는데, 응답자들은 그들의 욕망을 '없는, 약한, 중간 정도, 강한' 중 하나로 표시하였다. 응답자의 2/3가 두 번의 면담에서 성적 관심의 수준이 같다고 표시하였고, 매우 적은 수의 여성만이 성적 욕망이 없다고 표시하였다. 50세 이후에는 어떤 응답자들도 강한 성적 관심을 보고하지 않았고, 여성 중 더 많은 비율이 성적 욕망이 거의 없거나 아예 없다고 보고하였다. 60세의 경우, 39%가 성적 욕망이 전혀 없다고 보고하였다. 6년의 기간이 지난 후 여성들의 37%에서 성적 욕망의 변화가 보고되었고, 27%는 성적 관심의 감소를 보고하였으며, 10%는 증가를 보고하였다. 이 자료는 연구 1단계에서 강한 성적 욕망 혹은 성적 욕망 부재 중 하나를 표시하였던 응답자에서 약간의 평균으로의 회귀를 보여 준다. 첫 면담에서 강한 성적 관심을 보고하였던 응답자들은 이후에 관심의 감소를 보여 주었다. 동시에 1단계에서 관심 부족을 보였던 사람들의 절반이 약하거나 중간 정도의 성적 욕망을 다시 획득하였다. 1단계에서 강한 혹은 중간 정도, 혹은 약한 성적 욕망을 표시하였던 여성 중 소수는 2단계에서 성적 욕망이 없음을 보고하였다. 이 연구의 결과는 더 나이 든 코호트에서 성적 욕망이 감소하는 경향이 있기는 하지만 기혼 여성 코호트에서 중년은 성적 관심의 감소보다는 안정성이 특징임을 시사한다. 관찰된 감소는 관계성이나 정신건강 문제와 관련이 있었다. 듀크 대학교의 노화 및 인간발달연구센터에서 수행한 건강한 노년 남성과 여성의 성 행동에 대한 포괄적인 종단연구(George & Weiler, 1981)에서, 성적 욕망의 안정성에 대한 비슷한 결과가 보고되었다. 문헌에서 나타난 비일관성은 문화적 · 사회역사적 맥락, 나이나 건강의 효과, 사회경제적 위상과 같은 표본의 차이에서 오는 결과일 수 있으며, 연구자들이 성적 욕망과 반응을 정의하거나 측정하는 방식의 차이에 기인한 것일 수도 있다.

최근 출간된 교재에서, 클리거와 네델먼(Kliger & Nedelman, 2005)은 여성들의 성적 욕망과 자존감에 대해 연구하기 위해 사용한 다각적 접근 방식에 대해 보고하였다. 그들은 미국 전역에서 50~95세에 속한 408명의 여성들에게서 조사 자료를 수집하였고, 100명 이상의 중년 및 노년 여성을 대상으로 10개의 포커스 집단을 운영하였으며, 이 연령 집단에 속한 55명의 여성에게 심층면담을 실시하였다. 그들은 나이 든 여성들이 성적으로 어떻게 노화되는지, 여성들이 성적 욕망을 어떻게 정의하고 지각하는지, 그리고 성적 욕망에 대한 그들의 경험에 관심이 있었다. 클리거와 네델먼(2006)은 욕망이 나이와 함께 감소하는 경향이 있음을 발견하였는데, 이 표본 중 절반 이상이 욕망의 급격한 하락을 경험하였지만, 40%는 그들의 욕망이 이제까지와 똑같거나 심지어 더 크다고 말하였다. 응답자 중 아주 소수만이 그들의 현재 욕망 수준을 모른다고 답하였다. 이 연구 결과는 많은 여성에서 욕망의 상실을 지적하지만, 또한 성적 욕망 수준의 안정성을 지지하는 것으로도 해석될 수 있다.

이 주제를 다룬 연구들의 광범위한 고찰에서 마이어스(Myers, 1995)는 호르몬이 폐경 후 성욕의 어떤 측면에 대해서는 중요한 것처럼 보이지만, 호르몬 요인은 발표된 연구에서 작은 변량만을 설명할 뿐이라고 밝혔다. 마이어스는 메타분석에 기반해서, 1972~1992년까지의 연구는 여성의 호르몬이 중년 여성의 성 반응 변량 중 많은 부분을 설명한다는 명제를 지지하지 않는다고 주장하였다. 마이어스는 문헌들에서 사용한 측정도구의 부적절성, 통제집단을 포함하지 않음, 변인의 혼입 등을 포함해서 방법론적인 질이 떨어진다고 논평하였고, 연구자에게 성욕의 정의를 확장하고, 방법과 결과 기술에서 더 완결성을 기하고, 맥락에 더 많은 주의를 기울일 것을 권하였다.

여성의 욕망 부족 연구에 대한 비판적 관점

욕망 측정하기

우리는 여성의 성적 욕망을 어떻게 개념화하고 정의하며 측정하는가? 마이어스(1995)는 측정도구의 부적절성을 지적하였고, 표본 간 비교를 허용하는 더 많은 표준화를 요구하였다. 어떤 연구에서는 성적 욕망을 측정하기 위해 한 문항이 사용되었는데, 이것은 명백하게 부적절하다. 또한 성적 활동을 욕망의 지표로 사용하는 것이 문제가 되는데, 이는 킨제이 등(Kinsey et al., 1953)이 제안한 것처럼 성교의 빈도는 여성의 욕망 저하보다는 남성의 욕망 저하를 반영하기 때문이다. 대안적으로 낮은 혹은 감소된 성교 빈도는 폐경 후 여성들에게 파트너가 없거나 여성 파트너가 있기 때문일 수도 있다. 따라서 여성의 욕망 경험과 특정한 형태의 성 활동의 빈도 혹은 여성의 만족 수준 사이에 매우 밀접한 관련성은 없을 수도 있다. 더군다나 여성은 성적으로 중립적인 상태에서 성 활동을 시작하거나 성 활동에 반응할 수도 있다(Basson, 2002).

어떤 연구에서 성적 욕망에 대한 측정은 남성 중심적인 편향(bias)을 반영할 수도 있다. 예를 들어, 성적 욕망은 때때로 개인이 보고하는 공상의 수나 성적인 생각으로 조작적으로 정의된다. 하지만 연구는 여성들의 공상은 남성들의 경우만큼 흔하지 않다는 것을 보여 준다(Ellis & Symons, 1990). 40세 이상의 지역사회 여성 표본에서 참여자들의 절반 이상이 한 가지나 적은 수의 공상을 보고하거나 또는 아무런 공상도 없다고 보고하였다(Cutler et al., 1987). 톨먼(Tolman, 2001)은 현대의 성욕에 대한 구성 개념이 건강과 정상성에 대한 제한적이고 남성 중심적인 모형을 반영한다고 반박하였으며, 성적 욕망에 대한 여성의 경험과 이해는 남성의 것과 다르다고 주장하였다. 이와 비슷하게 바순(Basson, 2002)도 여성들의 성적 욕망이 남성의 경우와 다르게 경험된다는 증거를 고찰하였다. 슈워츠와 루터(Schwartz & Rutter, 2000)는 문화적인 성 각본을 먼저 시작하는 남성의 경우 그들 자신의 욕망이 성적 단서이지만, 많은 여성의 경우 파트너의 성적 욕망이 여성 자신의 욕망에 대한 단서라고 주장하였다. 여성은 파트너의 욕망을 에로틱한 것으로 경험하도록 배운다(Schwartz & Rutter, 2000). 중년 여성의 성적 욕망과 반응에 대한 연구는 또한 이성애적인 편향을 반영한다. 연구자들은 중년 레즈비언에 대한 연구를 간과하며, 종종 자기성애적(autoerotic) 활동을 고려하지 않는다.

욕망(desire)은 각성(arousal)과 동의어로 간주되지만 이것은 여성보다는 남성에게 더 타당한 것일 수 있다. 신체적으로 건강한 남성의 경우, 성기에 혈액이 몰리는 것을 정확하게 평가하며, 이런 감각을 즐긴다. 그러나 여성의 경우, 성기에 혈액이 몰리는 것에 대한 정확한 자각이 결여되어 있다. 최근 연구는 여성들이 일반적으로 '각성'과 '욕망'을 분리하지 못하며, 생리적 각성에 대해서보다 주관적 각성에 대해 더 관심을 가진다고 지적한다. 질 우드(Jill Wood)는 중년 여성들의 성적 반응을 연구하였는데, 여성이 욕망(성적 활동에 대한 흥미)과 각성(성관계에 대한 준비도를 나타내는 신체적 · 정서적 변화)을 구별할 수는 있지만, 이 용어를 상호 교환적으로 사용한다는 것을 발견하였다. 그녀는 여성들이 연구자들이 개념화하는 것과 같은 방식으로 욕망을 개념화하지 않으며, 구체적으로 그렇게 하도록 요구받지 않는 한 각성과 욕망을 구별하지 않는다고 결론지었다(Wood, 개인적 의사소통, 2004. 9. 30.).

제약업계에서도 최근 유사한 결과를 보고하였다. 비아그라가 남성에게 영향을 미친 것과 같은 방식으로 여성에게도 영향을 미치는 데 실패한 것을 언급하면서, *The New York Times*(Harris, 2004)는 화이저사가 최근 남성과 여성이 경험하는 각성과 욕망의 관계가 근본적으로 다르다는 것을 발견하였다고 보고하였다. 여성의 성욕은 남성의 성욕보다 더 인지적으로 복잡하고, 성기에 초점이 덜 맞추어져 있는 것으로 밝혀졌다. 화이저사의 연구자들은 이것을 여성에게서 나타나는 성기의 변화와 정신적 변화 사이의 단절로 간주하였지만(Harris, 2004), 성기에서 생리적 변화를 일으키는 것이 남성의 성 반응에 충분히 영향을 줄 수 있다는 사실은 남성의 단순한 기계적 반응을 시사한다고도 말할 수 있다.

톨먼(2001)은 욕망이 여성들의 구체화된(embodied), 그리고 관계적인(relational) 자기의 일부라고 하였으며, 이것이 여성의 성욕을 이해하는 데 중요하다고 주장하였다. 욕망은 우리를 몸과 연결시키며, 동시에 타인과 연결시킨다(Tolman, 2001). 하지만 여성의 욕망은 인정받지 못할 수 있으며, 남성의 욕망과 여성의 반응을 강조하는 남성 중심적인 문화에서 종종 위험한 것으로 간주되기도 한다. 이러한 문제가 여성들이 자신의 성적 욕망을 인정하지 못하는 것이나 인정하기를 꺼리는 것에 기여하는 것으로 볼 수 있다. 즉, "누군가가 타인의 욕망의 대상이 된다면, 또는 자신을 그런 식으로 다룬다면, 자신의 욕구와 욕망을 알 수 있는 능력은 크게 줄어들 것이다." (Tolman, 2001, p. 199).

코흐(Koch, 1995, 1997)는 성적으로 반응하는 것은 복잡한 생리적 · 심리적 · 사회적 과정이라고 주장하였다. 많은 사회적 · 문화적 · 종교적 · 경제적 요인이 여성의 성적 욕망에 영향을 줄 수 있다. 성욕에 대한 많은 모형이 이론화하고 있는 단순히 생물학에 기반을 둔 욕망 이외에도 여성은 성적이 되는 것에 다양한 다른 동기를 가지고 있을 수 있다. 여성들은 정서적 친밀함과 헌신을 높이기 위해서, 끌림과 매력을 표현하기 위해서, 그리고 신체적 쾌감을 나누기 위해서 성적이 된다(Basson, 2002). 여성의 낮은 수준의 욕망 경험은 친밀감 문제, 성적 자극과 흥분의 본질, 환경적 유발인자, 각성을 허용하거나 허용하지 않는 심리적 요인에 기인할 수 있다. 바순(2001, 2002)은 이런 요인을 포함하는 성 반응 사이클을 하나의 대안으로 제안하였는데, 이는 여성에게 성적 '흥분 가능성'에 도움이 되거나 방해가 될 수 있는 많은 정서적 · 인지적 요인과 성기의 피드백 고리를 확인하도록 하였다.

무엇이 역기능적인가

생물의학적 접근은 질병 개념에 기반을 두고 있으며, 불만족과 표준에서의 이탈을 역기능이라고 이름 붙인다. 표준적인 양만큼 성적 활동에 참여하지 않는 여성은 병리적이고 역기능적이라고 불린다(Ogden, 1999; Tiefer, 2001b). 욕망의 정의와 마찬가지로 기능적인 행동과 역기능적인 행동을 구별하기 위해 만들어진 기준은 '양호한' 성적 반응의 중심적 준거로 젊은 이성애 남성의 표현을 기반으로 하고 있다(Mansfield et al., 1998). 기능과 역기능의 개념은 성욕에 대한 생물학적 관점에 뿌리를 두고 있는데, 그것은 성적 욕망 및 표현과 관련하여 여성의 독특한 사회문화적 입장을 고려하지 않은 것이다(Richgels, 1992). 예를 들어, 과소 활동성(hypoactive) 성적 욕망의 진단 준거는 여성들의 성욕이 억압되고 비판받는 방식을 고려하지 못하고 있다. 나아가 리히젤스(Richgels)는 여성들의 성 반응에 대한 표준이 역사적으로 크게 달랐으며, 일반적으로 여성들의 실제 경험에 부합하지 못하다고 주장하였다. 노년 여성들의 경험에 기반을 둔, 그들에게 맞는 건강한 또는 만족스러운 성욕의 표준은 아직 만들어지지 않았다. 여성주의 성학자들(feminist sexologists)(예, Irvine, 1990; Tiefer, 1995)은 연구자들이 여성들의 쾌감에 초점을 맞춘 측정도구를 사용해야 한다고 주장하였다. 다른 연구자들은 폐경이 생식과 결혼 의무의 충족이라는 사회문화적 기대에 기반을 두기보다는 실제로 일부 여성들에게는 그들 자신의 욕망과 욕구에 기반을 두어 성욕을 정의할 기회를 제공한다고 제안하였다(Barbach, 1975; Conway-Turner, 1992; Laws, 1980). 밴크로프트 등(Bancroft et al., 2003)은 그들이 더 젊었을 때 그랬던 것보다 성적 흥미가 줄었다고 해서 노년 여성들을 역기능적이라고 불러야 하는지에 대해 의문을 제기하였다. 그들은 성적 역기능의 낙인은 무엇이 기능적인 성관계와 역기능적인 성관계를 구성하는가에 대한 연구자들의 표준화된 기준보다는 성욕에 대한 여성 자신의 구성에 크게 의지해야 한다고 주장하였다. 중년 여성들은 그들이 경험하는 성적 변화에도 불구하고 성적으로 만족할 수 있다(Avis et al., 1995; Bancroft et al., 2003). 밴크로프트 등이 고찰한 4개의 연구에서, 연구 기준에 따라 문제가 있는 것으로 정의된 여성 중 단지 1/3~1/2만이 자신에게 문제가 있다고 생각하였다. 감소된 성 반응은 대부분의 노년 여성들에게는 걱정거리가 아니었다(Koch et al., 1995; Bancroft et al., 2003). 부부가 여전히 성적인 활동을 하고 그것이 불쾌하지 않다면, 부부는 결혼의 요구사항을 충족시키고 있다고 믿고 있었다(Schwartz & Rutter, 2000). 오스본 등(Osborn et al., 1988)이 수행한 연구를 보면, 영국 여성들은 성적 문제를 가지고 있다고 보고하였다. 하지만 성적 문제에 대한 그들의 개념은 연구자들의 조작적 정의와는 달랐다. 예를 들어, 여성의 관점에서는 배우자와 성적 상호작용을 하는 동안 정서적 안녕감과 감정적인 느낌이 부족하면, 그것이 성적 디스트레스의 더욱 중요한 결정 요인이었다. 문제에 대한 응답자와 연구자의 이러한 개념 불일치는 다음과 같은 문제를 강조한다. 즉, 성적 문제를 가지고 있는 사람을 누가 정의 혹은 결정해야 하는가? 충분한 또는 너무 지나친 성적 활동이나 욕망을 가지고 있다는 기준을 누가 정하는가?

성적 욕망이나 성 활동의 부재 혹은 감소가 역기능인가? "어떤 행동 패턴을 성적 문제나 역기능이라고 부르는 것이 적절한 때는 언제인가?"라는 질문이 반복적으로 제기되었다(Bancroft et al., 2003; McHugh, 인쇄 중; Tiefer, 2001b). 밴크로프트 등(2003)은 연령과 본인이 정의한 '문제들' 사이에 유의한 관계가 없음을 발견하였는데, 그들 연구에서 즐겁지 않은 성관계, 성적 불안, 성관계 중 통증을 보고하는 경향이 높은 쪽은 젊은 여성들이었다. 저자들은 적어도 일부 사례에서는 성적 욕망의 억제가 적응적 기제였다고 제안하였다(Bancroft et al., 2003). 이것은 노화와 함께 경험과 자신감이 증가하여 여성들이 즐겁지 않은 성관계를 거부하고 성적으로 덜 불안해할 가능성이 높기 때문일 수 있다.

코흐 등(2005)에 따르면, 중년 여성들은 그들이 보고하는 성적인 변화와 관계없이 성적으로 만족하는 경향이 있다. 그들 연구에서 여성들의 성적 흥미 수준에 미치는 노화의 효과가 걱정거리의 원인이 아니었다. 노년 여성들은 성적인 생각을 더 적게 보고하지만 그것을 반드시 문제로 여길 필요는 없다. 노년 여성들은 더 많은 성적 문제를 가지고 있는 것처럼 보였지만(연구자들의 정의에 따르면), 그것에 대한 디스트레스는 더 적었다. 배우자와 성관계를 갖지 않는 여성들은 나이가 더 많았으며, 자위행위를 더 자주 하였다. 그들은 관계에 대한 디스트레스와 관계의 부족을 더 많이 보고하였지만, 자신의 성욕에 대해서는 아니었다. 이런 결과는 아프리카계 미국 노년 여성들에게 성교의 횟수보다는 친밀감의 질이 중요하며 친밀감의 질이 그들의 성적 자존감과 정적으로 관련된다는 콘웨이 터너(Conway-Turner)의 결론과 일치한다(Conway-Turner, 1992).

로맨 등(Laumann et al., 1999)은 미국 여성들의 43%가 성적 문제로 고통받고 있지만, 그 문제들은 생리적으로 기반한 욕망과 각성보다는 정신건강과 관계의 문제, 삶의 질의 다양한 측면과 가장 많은 관련이 있다고 보고하였다. 관계와 성욕에 대한 여성들의 디스트레스 수준은 신체적 · 정신적 건강과 관련이 있었다. 그들의 신체적 건강은 자신의 성욕에 대한 느낌을 결정하는 직접적인 요인이었다. 윤활유 문제를 가진 노년 여성들은 그들의 성욕과 관련하여 심각한 디스트레스를 보고하였다.

앞에서 고찰한 연구는 남성들의 성적 문제와는 다르게 여성들의 성적 문제를 개념화하는 것의 중요성을 강조한다. 그 결과는 또한 맥락적 요인의 중요성을 시사한다. 여성들의 웰빙, 신체적 건강, 교육 수준, 배우자와의 관계는 그들이 디스트레스를 경험하고 있는지의 여부를 예측하였다. 의사소통, 친밀감, 존중을 포함한 관계 요인 등은 여성들의 성적 만족의 좋은 예측 변인이다(Koch et al., 2005). "노년 부부들에게 성적 친밀감을 유지하고 강화하도록 격려하는 것은 좋지만, 노년 여성들에게 그들이 젊었을 때보다 성적인 흥미가 줄었다고 해서 자신을 역기능적이라고 생각하도록 해야 하는가?" (Bancroft et al., 2003, p. 502).

푸코(Foucault, 1978)는 욕망을 단지 지각되는 것이라기보다는 사회적으로 구성된 것으로 간주하였다. 그의 이론에서 욕망은 생물학적 실체가 아니라, 사회적 관행과 문화적 담론에서 생산된 것이다. 그의 관점에서 성적 욕망은 문화적 산물이며, 다른 사회에서나 다른 역사적 기간 동안에는 다르게 만들어지거나 구성된다. 리히젤스(1992)는 여성의 성적 감정에 대한 빅토리아 시대의 부인(denial)에서부터 '성관계 전문가'라는 현대의 정의에 이르기까지, 여성의 성적 욕망이나 욕망 부족에 대한 문화적 관점의 역사를 고찰하였다. 그녀는 여성의 욕망 부족이 역기능적인 것으로 간주되는 현대의 관점은 여성의 욕망을 병으로 보는 빅토리아 시대의 개념만큼이나 제한적인 것이라고 주장하였다. 현재 사회적 · 의학적 관점은 이성애 성교와 남성의 성적 욕망을 정상적인 것으로서 우선시하며, 여성의 성적 쾌감—특히 자위의 형태일 때—과 레즈비언 파트너와의 성적 상호작용을 보이지 않고 역기능적이며 가치가 적은 것으로 묘사한다(Richgels, 1992).

욕망의 의료화

비아그라의 경제적 성공에 이어, 제약업계는 이 약의 새로운 시장을 찾기 시작하였다. 티퍼(Tiefer, 2001a)와 모이니헌(Moynihan, 2001)은 남성의 성욕에 너무나 성공적이었던 의료화 과정을 여성의 성욕과 관련하여 반복하려는 제약업계의 시도를 드러냈다. 티퍼는 '여성의 성적 역기능(female sexual dysfunction: FSD)'이라는 새로운 진단 구성에 대해 경고하였다. 그녀는 이 과정을 여성의 성적 문제를 제약회사의 이득으로 변화시키기 위해 의료화하려는 일종의 돌진이라고 표현하였다. 캐스책과 티퍼(Kaschak & Tiefer, 2001)가 편집한 책, *A New View of Women's Sexual problems*에서 여성의 성욕에 대한, 그러한 의료화 관점에 대항하는 다양한 논쟁을 읽을 수 있다. 이들은 성욕에 대한 의료화 관점에 이의를 제기하며, 여성의 성욕을 일련의 움직임이나 근육 경련, 신체 일부를 움직이는 것으로 환원시키는 것을 비판한다.

현재 여성들의 성적 문제의 치료책에 대한 업계의 탐색은 지속적이고 광범위한 성적 욕망의 억제로 정의되는, 과소 활동성 성적 욕망에 초점이 맞추어져 있다(미국정신의학회, 1994). 과소 활동성 성적 욕망에 대한 평가는 정상적인 성적 욕구로 수용된 기준을 전제로 한다(Richgels, 1992).

리히젤스(1992)는 과소 활동성 성적 욕망의 진단을 여성의 성욕을 통제하는 데 사용하는 문화적 구성물로 간주한다. 그녀는 이런 진단명은 여성의 성욕을 남성의 성욕이 우선시되는 현대 미국 문화의 맥락에서 바라보지 못하고 있다고 주장하였다. 리히젤스에 따르면, 의학적 · 심리학적 명칭은 성욕에 대한 여성의 경험을 쾌락으로도, 가능한 위험으로도 고려하지 않는다(Vance, 1984).

진단된 과소 활동성 성적 욕망 문제에 대해 약물적 해결책을 찾으려는 시도의 하나로, 남성의 성적 욕구를 자극하는 호르몬으로 알려진 테스토스테론이 (폐경 후) 여성들의 성적 욕망을 증가시키는 힘을 갖고 있는지에 대한 연구가 실시되고 있다. 프록터 앤드 갬블사(P&G)는 실험적인 테스토스테론 패치의 유용함을 극구 칭찬하는 공공 캠페인을 시작하였다. *British Medical Journal*에서 모이니헌(2004)은 외과적으로 폐경된 여성들의 성적 반응성을 증가시키는 데 이 패치의 효과성을 '증명하는' 연구를 P&G가 설계하고, 자금을 대고, 심지어 스스로 수행하였음을 밝혔다. 이 연구는 주요 언론에 보도가 되었지만, 과학적 출판을 위해 요구되는 표준적인 동료심사(peer review)를 받지 않았다. 패치 효과 보고서에 대해 모이니헌은 "패치의 유용성을 과장함, 잠재적 후보자 집단을 확대시킴(낮은 성적 욕망을 가진 모든 여성들에게), 호르몬 사용의 가능한 유해성을 최소화함, 연구 지원이 그 생산품의 생산자들에 의해 제공되었을 때 발생하는 이해 갈등의 문제를 무시함, 현재까지 여성의 성 반응 '문제'에 대한 어떤 약물치료도 미국 식품의약품국(FDA)에 의해 인정받지 못하였다."고 비판하였다.

여성의 경험에 대한 약물/의학적 접근의 채택은 여성의 성욕을 제한하고 왜곡하며 병리화하였다. 티퍼와 그녀의 동료들(Kaschak & Tiefer, 2001; Tiefer, 2001a)은 성욕의 의료화를 의학 모형으로 인해 가장 큰 이득을 보는 정치적 · 사회경제적 이해집단에 의해 고안된 적극적 과정, 심지어는 일종의 전략이라고 밝혔다. *The New View Campaign*(Kaschak & Tiefer, 2001; 여성의 성 문제에 대한 연구 집단, 발표일 미확인)에서는 성적 욕망의 의료화에 대해 몇 가지 문제를 열거하였다. 어떤 조건의 의료화는 그 조건을 질병으로 만들고, 그것에 대한 치료책, 즉 약물 처방이 최일선의 방어가 된다. '질병'이라는 겉보기에 중립적이고 과학적인 언어는 남모르게 자신의 성욕이 불충분하다고 걱정하는 사람들을 실제로 안심시켜 줄 수 있다. 사람들은 질병의 진단에 안심하며 반응하는데, 문제의 진단은 그 문제가 개인의 생화학적 요소 내에 존재하는 것임을 시사하기 때문이다. 개인(환자)은 일차적으로 그 조건을 예방하거나 경감시킬 수도 있는 생활 환경이나 생활 방식의 변화를 도모하기보다는 의약품의 효과에 의지하게 된다.

의학 모형은 성욕의 관계적 맥락을 지워 버린다. 성 생리학과 수행에 대한 의학적 강조는 성욕의 협소한 정의를 강화하며, 성기의 흥분과 오르가슴에 초점을 맞추지 않는 성욕의 방식을 약화시킨다. 의학적 모형과 의사들은 여성의 복잡한 성욕을 무시하며 여성을 불안정하게 느끼게 하는 더 많은 이유를 제공한다. 나아가 의학적 관점에의 동의는 성교육 노력을 덜 강조하는 결과를 낳기 쉽고, 보험회사에 약물 해결책을 지원하고, 상담에 대한 지불을 제한하게 만든다(Tiefer, 2001b). 생리적 기능과 약물 해결책에 대한 강조는 사회문화적 요인을 무시하는 대중매체와 개업의, 환자들에게 힘을 실어 준다. 의학 모형에서는 여성의 성적 호소문제의 근원이 될 가능성이 높은 요인들(예, 관계 이슈, 성적 무지, 두려움)이 경시되고 폐기된다(McHugh, 인쇄 중).

여성의 성욕에 대한 의학적 관점은 일반적으로 성, 인종, 계층, 성적 지향성에 의해 발생하는 불평등(inequality)의 영향을 무시하기 때문에 여성 간의 차이를 말해 주지 못할 수 있다(여성의 성 문제에 대한 연구 집단). 이처럼 의학 모형은 다양성을 무시하며, 모든 여성을 한 세트의 생리적 반응과 증상, 역기능, 원인 들로 환원시킨다. 이와 대조적으로 사회학과 성학, 심리학 내의 여성주의적 접근은 여성들이 동질적인 집단이 아니며, 여성의 성욕은 하나의, 또는 단순한 현상이 아님을 인식하고 있다. 욕망과 끌림, 각성, 만족의 개념들은 사회역사적 맥락에서 발달된 복잡한 구성 개념이며, 인종과 연령, 종교적 성향, 지리적 요인, 사회경제적 계층, 연령 코호트, 심지어 이웃에 의해서도 영향을 받는다(McHugh, 인쇄 중; Tiefer, 1995). 생식과 생리적 과정을 여성들 사이에서 동일한 것으로(그리고 기본적으로 남성과 여성에게서 같은 것으로) 보는 의학 모형은 성, 사회적 계층, 인종, 성적 지향성과 관련된 불평등의 영향을 무시한다. 50세 이상 여성들은 다양성이 있는 집단으로, 그들의 성욕과 친밀한 관계는 다면적이고도 역동적이다.

여성 성욕의 맥락

1950년대의 여성

앞에서 살펴본 연구는 성적 활동과 욕망의 감소가 현재 50대인 여성 세대에 쉽게 적용되지 않을 수도 있음을 보여 주었다. 1980년대에 보고된 폐경기 여성의 성욕에 대한 연구는 1935년이나 그 이전에 태어난 여성들, 즉 1950년대에 성년이 된 사람들의 자료에 기초한 것들이다. 이 응답자들은 만약 아직도 살아 있다면 현재 70대나 80대일 것이다. 앞에서 언급한 것처럼 여성의 성적 욕망의 기초로 생리학을 강조하는 문헌은 보편성을 강조하며 여성들의 경험의 사회역사적 혹은 문화적 맥락을 고려하지 못한다.

여성들의 성적 경험은 그들 삶의 문화적 맥락 안에서 가장 잘 이해될 수 있다. 오늘날 50대 초반인 여성들은 1950년대에 태어났다. 그들은 사회적으로 보수적인 시대에 태어났지만, 성적 해방을 주장하던 시기인 1960년대 후반과 1970년대 초반에 성년이 되었다. 1952년에 태어난 저자는 이 세대, 즉 소위 '자유연애' 세대에 속한다. 우리 세대는 10대 후반에 피임약을 사용하였고, 생식 가능한 기간 대부분 동안 합법적인 낙태를 할 수 있었다. 우리 중 어떤 이들은 여성 연구나 주장성 수업을 들었고, 의식 향상 집단에 출석하였으며, 여성건강운동에 참여하였다. 또 다른 일부는 몸에 대해 배우기 위해 자신의 성기를 거울로 비추어 보았고, 우리 중 많은 사람이 *Our Bodies, Our Selves*의 복사본을 갖고 있었다(보스턴 여성건강서적공동체, 1976). 오늘날 50대인 여성들은 일반적으로 여성건강운동의 도움을 받았다. 우리는 성적으로 전달되는 질병들의 다양한 유행을 겪었고, AIDS에 대한 인식이 표면화되었을 때 이미 성인이 되었다. 친밀감과 욕망에 대한 우리의 경험과 중년 여성으로서 갖고 있는 성욕에 대한 구성 개념은 아마도 우리 어머니가 50대였을 때의 그것과는 다를 것이다. 예를 들어, 1924년에 태어난 저자의 어머니는 제2차 세계대전일 때 성년이 되었고 1974년에 50세가 되었다. 심지어 50대에 대학으로 되돌아가 학위와 여성 연구 수료증을 받은 이후에도, 그녀는 성에 대해 말하지 않기로 하였다.

여성이 가지는 성적 존재로서의 자신에 대한 느낌, 섹스의 의미에 대한 생각, 자신의 성적 욕망에 대한 인식은 모두 특정한 사회역사적 맥락 속에서 구성된다. 각 세대는 자신을 성적으로 정의해야 하며, 젊은 사람들은 어른들에게 들었던 성적 이야기를 계속해서 다시 써야 한다(Trafford, 1995). 성적 관행과 그것을 명명하기 위해 사용되는 성적 용어들은 정적이라기보다는 역동적이다. 성적 경험과 관행은 변화하는 시대의 영향을 받는다. 또한 인간 경험에는 연속성이 있다. 포나타나(Fonatana, 1994)는 20세기 후반에 서구 사회가 널리 퍼진 피임 관행과 여성들의 경제적 자유, 여성주의, 성적 해방으로 인한 결과를 유례가 없을 정도로 경험했다는 것을 인정하였지만, 오늘날 우리가 직면하는 문제들이 이전 세대에게는 알려지지 않은, 급진적인 새로운 것이라는 믿음을 비판하였다. 세대의 경험에는 연속성과 차이점이 있다.

특정한 역사적 시기 내에서도 여성의 경험은 다양하다. 여성들의 성욕은 지역과 계층, 인종, 성적 지향성, 폭력의 경험을 포함하여 많은 요인의 영향을 받는다. 젊은 여성들과 마찬가지로 노년 여성들도 성적 욕망과 각성, 오르가슴 경험이 엄청나게 다르다(Leiblum, 1990). 삶의 맥락 또한 여성이 폐경과 노화에 대해 아는 것과 생각하는 것에 영향을 준다.

관계성 맥락

연구는 결혼 상태가 성적 활동 감소의 중요한 예측 요인임을 보여주었다(Mansfield et al., 1995). 킨제이 등(1953)은 부부의 성교 빈도 감소를 남성 쪽의 사회성적 활동에 대한 흥미 감소에 귀인한다고 보았다. 노년 여성들은 종종 훨씬 더 나이 든 배우자와 살고 있기 때문에 감소된 성적 활동이 여성의 욕망과 관련 있다고 가정하는 것은 옳지 않으며 여성의 호르몬 수준과는 훨씬 더 관련이 적다. 그래서 버크먼(Bachman, 1990)은 이성애 여성의 성적 활동은 남성 배우자의 성 활동 가능성과 성 기능, 성욕에 달려 있다고 결론지었다.

중년기 조사(Mansfield et al.)에서 폐경 상태가 아니라 결혼 상태가 욕망과 즐거움을 예측하였다. 결혼관계가 길수록 욕망과 즐거움은 더 적은 것으로 보고되었으며, 독신보다는 기혼인 것이 성 반응성의 감소와 연관이 있었는데, 폐경 상태는 아니었다. 다른 연구에서 여성들의 성적 활동은 결혼 상태와 강하게 연관되어 있었고(Diokno et al., 1990), 여성들은 그들이 성적 활동에 더 이상 관여하지 않는 이유가 바로 남편 때문이라고 말하였다(Pfeiffer et al., 1972). 성적 욕망의 감소는 배우자와의 안 좋은 관계, 생활 스트레스 사건, 정신장애와 주요 우울증, 향정신성 약물 복용과 관련 있었다(Hallstrom & Samuelson, 1990). 이와 유사하게, 밴크로프트 등(2003)은 20~64세 이성애 여성들에 대한 대규모 연구에서, 관계성과 관련된 성적 디스트레스나 자기 자신의 성욕을 예측하는 데 나이는 아주 약간의 영향만 미친다고 보고하였다. 배우자와의 성적 상호작용 동안 정서적 안녕감과 감정적 느낌의 부족이 성적 디스트레스의 더 중요한 결정 요인이었다. 잘 설계된 많은 연구에서 삶의 질과 관계 측면과 연합된 요인들이 여성의 성적 만족을 예측하는 것으로 나타났다(Koch et al., 2005).

다른 연구자들은 그들 표본에서 중년 여성과 노년 여성의 성적 만족과 관계 만족 사이에 강한 정적 상관이 있음을 보고하였다. 성적 만족은 또한 정열적인 사랑과 정적인 상관이 있었다(Traupmann et al., 1982). 이 연구는 관계 만족이 낮을 때 성적 만족 역시 낮음을 시사한다. 앞에서 인용한 것처럼 맨스필드 등(1995, 1998)은 폐경 상태가 아니라 기혼인 것이 성 반응 감소와 관련 있다고 결론지었다. 젊은 남성의 성적 경험이 여성과 남성, 모두의 성 반응의 질을 판단하는 데 사용되는 성적 기준으로 계속 쓰일 수 있다.

많은 여성이 욕망을 관계성의 맥락에서 경험하게 되는데, 그들의 욕망은 자신이 배우자에게 얼마나 매력적인가와 관련된다. 따라서 그들의 욕망은 배우자의 욕망을 반영한다. 슈워츠와 루터(Schwartz & Rutter, 2000)는 여성들은 헌신(commitment)을 가치 있게 여기도록 훈련받았으며, 성적 각성의 기초로써 에로틱한 자극에는 덜 의존하면서 관계 만족에 더 많이 의존할 수 있다고 제안하였다. 어떤 과부는 배우자가 사망하였을 때, 자신의 욕망도 사라졌다고 말했다. 하지만 다른 여성들은 새로운 관계에서 욕망을 발견한다. 우드(Wood, 인쇄 중)가 수행한 질적 연구에서 자신의 욕구와 욕망에 대한 노년 여성들의 표현은 일부 여성들이 자신의 욕구보다 남성 파트너의 욕구를 더 우선시하는 문화적 이데올로기를 내면화하였음을 시사하였다. 어떤 여성들은 배우자의 기술에 실망하였고 성관계를 불만족스러워하며 일종의 일처럼 경험하였지만, 이들은 배우자의 욕구에 따라야 할 의무감을 느꼈다. 다른 여성들은 배우자가 발기 부전으로 당황하지 않도록 보호하기 위해 성관계를 피했다고 보고하였다. 여성들은 일반적으로 그들의 성적 욕망과 욕구를 표현할 힘을 가지고 있지 않았다. 남편과의 관계의 질이 여성들이 자신의 성적 욕망 경험에 대해 가장 흔히 언급하는 영향 요인이었다.

결혼관계에 있는 개인뿐만 아니라 결혼관계 자체도 시간이 지남에 따라 발달적 변화를 겪는다. 관련된 개인이 그러하듯이 관계도 성장하고 발달할 필요가 있다. 문화적으로 규정된 기준에서는 고려하지 않는 부부 성관계의 부침(ebb and flow)이 있을 수 있다. 슈워츠와 루터에 따르면, "부부는 연인보다는 파트너로 발전한다."(2000, p. 132)고 하여 노인의 성적 활동 감소는 노화보다는 관계의 지속 기간 및 습관화와 더 관련이 있을 수 있다. 새로 결혼한 50대와 60대의 성생활은 같은 연령의 결혼한 지 오래된 부부의 성생활보다는 젊은 부부의 성생활을 더 많이 닮았지만, 그들의 적극적인 성생활은 결국 같은 쇠퇴의 패턴을 따른다(Blumstein & Schwartz, 1983). 대부분의 결혼생활은 시간이 지남에 따라 성관계의 횟수는 줄고 쾌락도 더 감소하게 된다(Schwartz & Rutter, 2000).

관계의 갈등은 성적 문제의 흔한 원인으로 지적되어 왔다(Leiblum, 1990). 여성들은 자발성이나 주도성, 낭만의 결여를 포함하여 다양한 관계의 문제를 보고하였다. 배우자의 외모와 위생 상태에 대한 불평은 드물지 않으며(Leiblum, 1990), 잘 확립된 성 행동 양식을 가진 부부들은 자신이 더 이상 많은 흥분이나 흥미를 유발하지 못한다는 것을 알게 될 것이다. 버틀러와 루이스(Butler & Lewis, 1976)는 지루함이나 너무 많이 함께 지냄, 질병, 위생문제를 포함한 관계의 문제가 성교 중 통증으로 표현될 수도 있다고 보고하였는데, 이는 통증이 성적 활동을 제한하는 것에 대한 더 나은 '구실'이 될 수 있기 때문이다.

중년 여성들의 성 반응에 대한 연구에서, 맨스필드 등(1998)은 성 반응의 변화를 보고한 여성의 40%가 더 적은 성적 흥미를 보고했음을 발견하였다. 여성들은 더 충만한 성적 관계를 원한다고 표현하였다. 여성들은 더 열정적이고, 섹스에 더 흥미를 갖고, 더 로맨틱하고, 더 다정하고, 더 많이 대화를 나누고, 더 성적으로 반응적이고, 섹스를 더 많이 원하고, 더 많이 주도하고, 더 재미있고, 더 창조적이고, 덜 지루하고, 더 사랑하고, 덜 억제하게 되기를 원했다. 그들은 남편이 더 대화를 많이 하고, 더 로맨틱하고, 더 다정하고, 더 재미있고, 더 열정적이고, 더 사랑하고, 더 창조적이고, 덜 지루해하기를 원했다. 생물의학적 접근은 생리적 반응성의 변화에 초점을 맞추고, 관계에서 더 많은 대화와 애정을 나누고 싶다는 여성들의 바람을 무시하였다.

여성들의 성 기능은 배우자의 존재, 배우자에 대한 감정, 배우자의 건강과 같은 배우자 요인에 영향을 받는 것으로 나타났다(Dannerstein et al., 2001). 데너스타인 등(Dannerstein et al., 1999, 2001)의 연구는 노화와 폐경의 효과를 확증하였지만, 저자들은 배우자와의 관계가 여성의 성적 욕망에 특히 강력한 효과를 갖는다고 강조하였다. 엘리슨과 질버겔드(Ellison & Zilbergeld)(Ellison, 2001에서 인용함)의 연구에서, 여성들의 섹스를 만족시키는 것과 관련된 중요한 3개의 항목은 다음과 같았다. 첫째, 성관계 전 배우자를 친밀하게 느끼는 것, 둘째 성 활동 후 정서적 친밀함, 셋째 사랑받는 느낌이다. 이와 유사하게 바이어스(Byers, 2001)는 관계 만족이 여성들의 성적 만족에 가장 중요한 변인이며, 여성의 성적 만족에서 중요한 결정 요인인 오럴 섹스나 오르가슴의 일치, 애정의 표현과 같은 성적 교류 유형보다도 관계 만족이 더욱 중요함을 나타내는 경험적 연구 결과를 제시하였다. 100쌍의 부부에 대한 이전 연구(Frank et al., 1978)는 부부의 80%가 그들의 결혼과 성관계가 만족스럽다고 했지만, 남성의 43%와 여성의 63%가 각성이나 오르가슴의 곤란을 보고하였음을 보여 주었다. 흥미의 부족이나 이완하지 못함과 같은 다른 걱정들 또한 높은 수준인 것으로 나타났다(Frank et al., 1978). 여성의 성욕에 대한 여러 설명은 여성의 성적 만족이 관계의 맥락과 연결되어 있다는 관점을 지지한다. 엘리슨은 자신의 연구 결과 "여성들은 관계에서의 성적 만족을 친밀함과 사랑, 수용, 안전감과 연합시키며, 여성들의 성적 문제와 걱정은 자주 친밀감과 관계 문제에 집중되어 있다."는 결론을 지지한다고 하였다.

비아그라를 사용하는 배우자 여성들의 성적 욕망과 만족 경험에서 관계의 중요성을 인식한 소수의 연구자들은, 남성 배우자가 비아그라를 사용하는 것이 이성애 여성들의 성적 경험에 미치는 영향력을 조사하였다. 포츠 등(Potts et al., 2003)은 배우자의 비아그라 사용과 관련하여 여성들이 당면하는 문제와 걱정을 확인하기 위한 연구에서, 33~68세의 뉴질랜드 여성 27명과 면담을 실시하였다. 대부분의 여성이 비아그라 사용이 성교 빈도의 증가, 성관계 시간의 연장, 더 적은 친밀감(비침투적 측면)의 경험을 포함해서, 성관계의 일부분을 바꾸었다고 보고하였다. 그러나 여성들은 항상 이러한 효과를 바라는 것이 아니었다. 일반적으로 긍정적인 반응을 보였던 여성들조차도 성교 빈도의 증가를 단점으로 여겼다. 어떤 여성들은 불편함과 통증, 방광염을 보고하였다. 이와 유사하게, 라일리와 라일리(Riley & Riley, 2000)는 비아그라 사용자의 여성 파트너 중 절반이 성기-질 섹스가 아닌 다른 활동들을 더 좋아함을 발견하였다. 우드 등이 면담한 여성들처럼 뉴질랜드 여성들은 성관계를 '견디고' 그들이 원하지 않을 때에도 성교를 했다고 보고하였다. 저자들은 언제 성관계를 해야 하고 어떤 방식으로 성적으로 친밀한 활동에 참여해야 하는지에 관하여 배우자와 협의하면서 여성들이 경험했던 문제에 대해 논하였다. 어떤 여성들은 비아그라 사용과 관련하여 그들의 배우자와 협상하는 데 곤란을 겪었지만, 다른 여성들은 여성의 성욕에 대해 강하게 표현하고 의학 사업에 비판적 논평을 제시하는 기회로서 비아그라를 활용하였다(Loe, 2004).

레즈비언 커플 노년 여성들의 성 기능에 대한 기존 연구에서 이성애 편향이 종종 비판을 받았다. 관계의 기간이 성관계의 빈도를 예측하고, 관계의 만족이 성적 만족을 예측한다고 제안하는 연구들은 이성애 부부들에 기초한 것이다. 폐경기 레즈비언에 대한 한 독특한 연구에서, 콜과 로스블럼(Cole & Rothblum, 1991)은 레즈비언이 이성애자보다 성에 대해 더 긍정적이라고 결론지었다. 성에 대해 기꺼이 말하고자 하는 성적으로 적극적인 41명의 레즈비언 표본이 폐경기 레즈비언 모집단을 대표할 수는 없겠지만, 결과는 성적 지향성이 중년기 여성들의 성욕에 중요한 고려 사항임을 제안한 것이다. 예를 들어, 콜과 로스블럼의 연구에서 레즈비언 응답자들은 성적 만족과 활동에서 감소를 보고하지 않았다.

윈터리치(Winterich, 2003)는 이성애 여성과 동성애 여성, 둘 다를 포함하는 표본을 대상으로 폐경기 이후 여성들의 성욕에 대한 사회적 측면을 조사하기 위해 질적 접근을 사용하였다. 그녀는 일부 사례에서 동성애와 이성애 여성 모두 적극적이고 충만한 성생활을 하고 있음을 발견하였다. 그녀의 연구 참여자들의 경우, 욕망이나 오르가슴, 질 건조에서 변화가 나타났지만, 성적인 관계와 만족은 부정적으로 영향을 받지 않았다. 성적 지향성과 상관없이 성적으로 만족하는 커플에서는 배우자와의 개방적인 의사소통과 성 레퍼토리에 대한 융통성이 있었다. 성 문제를 보고한 여성 중 이성애 여성은 폐경과 성 역할, 이성애 섹스에 대한 문화적 해석(construction)과 관련된 이슈에 대해 말하였다. 예를 들어, 이성애 여성 중 일부는 오르가슴의 거짓 연기와 질 건조증에 대한 배우자의 불평, 그들이 원하는 것에 대해 배우자에게 말하지 못하는 것들을 보고하였다. 몇몇 레즈비언과 이성애 여성들은 파트너가 없거나 과거 외상으로부터 치유되지 않았거나 현재 관계의 문제를 포함한 다양한 이유 때문에 성관계를 갖지 않고 있었다.

윈터리치(2003)의 연구는 성적 쾌감을 위해 비이성애적 선택안을 포함하는 것에 더해서, 하나의 문제로서 또는 성적 불만족의 원인으로서 단순히 폐경에 초점을 맞추는 것보다는 여성들이 폐경을 어떻게 바라보는가를 고려할 필요가 있다고 강조한다. 폐경 후 섹스에 대한 여성들의 설명에서 관계의 상태와 질, 그리고 자신과 파트너의 건강이 레즈비언과 이성애 여성 모두에게 중요한 요인이었다.

여성의 몸과 매력에 대한 문화적 태도

우리 사회에서 노년 여성들과 그들의 몸은 자주 모욕을 받거나 무시할 만한 것으로 취급되며, 여성들이 자신의 몸에 만족하지 못하는 것이 당연시되고 있다(Banister, 1999; Koch et al., 2005). 우리는 보통 노년 여성들을 섹시하거나 성적이라고 여기지 않는다. 다른 사람들은 노화에 대한 이중 기준, 즉 여성들은 나이를 먹음에 따라 덜 매력적이고 성적으로 덜 어필하게 되는 반면 남성은 그렇지 않다는 문화적 믿음을 비판하였다(Bernard, 1981). 성욕에 대한 지각은 여성들이 자신을 매력적이라고 느끼는 것의 영향을 받는다. 일부 연구에서 성적 행동의 빈도는 매력도 평가 및 신체 만족감과 관련이 있었다(Faith & Schare, 1993). 앤더슨과 르그랑(Anderson & LeGrand, 1991)은 자신의 신체에 대해 비우호적인 평가를 하는 여성이 호의적인 태도를 가진 여성보다 더 제한된 범위의 성 활동에 참여함을 발견하였다. 좋지 않은 신체상을 가진 여성은 성적 욕망에서 더 많은 문제를 보고하였다. 포켄(Fooken, 1994)은 연구 표본 중 서독 여성의 경우, 긍정적 신체상이 만족스러운 수준의 성적 욕망을 유지하는 데 도움이 됨을 발견하였다. 클링거와 네델먼(Klinger & Nedelman, 2005)이 수행한 연구에서, 여성 중 50% 이상이 신체상에서의 부정적인 변화를 성적 욕망 감소의 일차적인 요인으로 꼽았다. 저자들은 성적인 존재로서 자신에 대해 여전히 긍정적으로 느끼는 여성들이 변화된 몸에 잘 적응하였다고 보고하였다.

여성들의 신체상이 그들의 성적 욕망과 오르가슴 경험, 성적 즐거움, 성관계의 횟수에 영향을 미치지만, 성적 만족에는 영향을 주지 않는다. 코흐 등(2005)은 여성이 자신을 10년 전보다 덜 매력적이라고 지각하면 할수록 성적 욕망의 감소나 성 활동 빈도의 감소를 보고할 가능성이 더 높다고 하였다. 여성이 자신을 더 매력적이라고 지각하면 할수록 성적 욕망이나 오르가슴, 성적 즐거움, 성 활동 빈도의 증가를 경험할 가능성이 더 높다.

테일러와 섬롤(Taylor & Sumrall, 1993)에 따르면, 40세 이상인 66명의 원기 왕성한 여성들에게서 수집한 많은 자료는 중년과 그 이후 여성들의 성욕에 관하여 일반인과 매체가 지니고 있는 나이 든 여성과 그들의 몸에 대한 고정관념을 깨 버린다. 여성들이 자주 주름살과 체중 증가, 다른 신체적 변화를 경험하지만 그들 대부분은 젊음을 다시 붙잡으려고 시간과 돈을 쓰지 않았다. 연구 결과는 20~84세까지 신체에 대한 불만족이 안정적으로 유지되지만, 신체 감찰(monitoring), 외모 불안, 자기 대상화와 같은 관련 행동들은 나이가 듦에 따라 감소함을 보여 준다(Tiggerman & Lynch, 2002). 어떤 여성에게 성숙은 문화적으로 가치를 두는 아름다움, 여성스러움, 성적 매력에 대한 걱정에서 멀어지는 것을 의미한다.

기센(Giesen, 1989)은 32명의 여성을 대상으로 자기 자신의 매력과 여성스러움, 성적 매력에 대해 어떻게 지각하는지, 현재와 10년 전을 기준으로 탐색하였다. 응답자들은 28~63세 범위에 속했고 기혼이거나 독신이었다. 결과는 매력이 신체적 특징에 의해 정의되고, 여성스러움은 행동과 성격 특성에 의해 정의되며, 성적 어필은 신체적 특징과 행동에 의해 동일하게 정의됨을 보여 준다. 결혼은 나이 든 여성들이 자신을 매력적이고 성적으로 어필한다고 여기는 정도를 매개하였다.

기혼 여성이 아닌, 독신 여성들은 자신이 나이를 먹음에 따라 더 매력적이고 여성스럽고 성적으로 어필할 수 있게 되었다고 여겼다. 또한 이들은 지난 10년 동안 자신이 더 매력적이고 더 성적으로 어필하게 되었다고 생각하였으며, 30~50대 초반 사이의 여성이 가장 매력적이리고 보았다. 이에 반해 나이 든 기혼 여성들은 여성이 20대 초반일 때 가장 매력적이라고 보았다.

기타 맥락적 요인

최근 여성들의 성 문제에 대한 여성주의적 분석은 성 정보의 부족, 문화적 태도와 메시지, 가족과 직장 스트레스, 배우자와의 관계 문제, 우울과 불안 같은 심리적 요인을 강조한다(Kaschark & Tiefer, 2001; McHugh, 인쇄 중). 삶의 스트레스와 인생 후반기의 성 활동에 대한 문화적 규범을 포함한 기타 맥락적 요인들은 중년기 여성의 성 기능에 영향을 주기 쉽다(Mansfield et al., 1995). 우드 등(인쇄 중)이 수행한 연구에서, 여성들은 삶의 다양한 영역에서 나온 스트레스가 성적 욕망의 중요한 결정 요인이었다고 보고하였다. 데너스타인 등(2001)은 교육 수준과 스트레스 경험, 매일매일의 말다툼을 포함한 사회적 요인이 성 기능에 영향을 미친다고 보고하였다. 로맨 등(Laumann et al., 1999)은 성 문제의 경험에 미치는 정신건강과 삶의 질의 영향력을 강조하였다. 엘리슨과 질버겔드의 연구에서 응답자들이 가장 자주 보고한 (부정적인) 세 가지 성 경험은 성관계를 하기에는 너무 지친 상태인 것, 너무 바쁜 것, 자신이 원한 것보다 성적 욕망이 더 적은 것이었다(Ellsion, 2001). 캔딥(Candib, 2001)도 이와 비슷하게 소득이 낮은 혼혈 여성 내담자들이 자주 성관계에 대한 관심 결여를 표현하고, "아무것도 느끼지 못한다."라고 보고한다고 하였다. 그녀는 이런 문제의 원인은 생물학적 요인 때문이 아니라, 두 개의 직장을 다니고 아이를 돌보고 집안일을 하는 등의 생활 경험 때문이라고 제안하였다. 캔딥(2001)에 의하면, 직장 여성들은 너무 피곤해서 성관계에 흥미를 느끼지 못하는 경우가 자주 있다. 따라서 여성들의 성 문제의 궁극적인 해결책은 더 많은 시간과 더 적은 스트레스, 더 나은 교육, 더 매력적인 배우자일 수 있다(Shah, 2001).

차이와 가능성

여성 중심 연구

여성들의 성적 욕망과 반응을 개념화할 때, 남성 중심주의, 즉 남성의 경험에 더 가치를 두거나 우선권을 두는 것이 문제인 것으로 반복적으로 확인되었다. 여성의 성욕에 대한 해석에서 이성애 편향에 대해 논의하면서, 매로(Marrow, 1997)는 대중문화가 제공하는 성적 여행의 지도를 "이성애 결혼, 성기-질 성교, 임신, 그리고 노년기 성욕 상실로 가는 잘못된 고속도로"라고 이름 붙였다(p. xi). 다른 사람들도 남성을 기쁘게 하는 것과 남성이 쉽게 접근할 수 있다는 것에 대한 문화적 강조에 대해 이야기하였다. 다닐루크(Daniluk, 1998)는 "우리의 지배적 성 각본 중 …… 억압적인 '해야만 하는 것(shoulds)'과 '하면 안 되는 것(should nots)'에서 여성들이 자신을 해방시키도록 돕기 위한" 훈련 방법과 다른 기법을 제시하였다(p. 231). 그녀는 우리 문화가 '여성의 성적 주체성과 그들의 성적 느낌과 욕망의 다양성을 인정하는' 식의 성적 표현을 해석하는 방법을 가지고 있지 않다고 주장하였다(p. 221).

성적 욕망과 반응에 대한 연구자들의 개념은 성적 욕망과 반응에 대한 여성 자신의 해석과 일치하거나 일치하지 않거나, 혹은 여성들의 해석을 포함하지 않을 수 있다. 예를 들어, 성욕(sexuality)에 대한 개방형 질문에 대해 여성들이 보인 반응은 일부 연구자들에게 성기뿐만 아니라 비성기의 성적 표현에 대한 질문도 포함하도록 만들었다(Mansfield et al., 2000). 여성의 관점에서 여성의 성욕 경험을 연구하기 위해 면담이나 내러티브, 혹은 다른 접근법을 사용하는 연구들은 매스터스와 존슨(Masters & Johnson)의 성 반응 사이클(Masters & Johnson, 1966)과 일치하는 설명을 산출하지 않는다. 매스터스와 존슨의 반응 사이클은 성 경험의 관계 맥락을 설명하지 못한다. 하지만 여성들의 성 경험은 남성들보다 더 관계 지향적이며 성기에 덜 집중되어 있다(Conway-Tuner, 1992; Peplau & Gordon, 1985). 여성은 남성보다 더 큰 친밀감을 바라는 것처럼 보이고(Tiefer, 1995), 남성보다 신체적 애정과 비성기적 친밀감에 더 가치를 둔다(Blumstein & Schwartz, 1983; Mansfield et al., 1998). 이런 관점과 일치하게, *The New View Campaign*은 '상업적 흥미에서 나온 것이 아니고, 여성 자신의 욕구와 성적 현실에서 나온' 연구와 서비스를 요청하였다(여성의 성 문제에 대한 연구 집단, 발표일 미확인).

이질적 기준의 처방

생물의학적 접근의 보편적이고 동질적인 측면은 여성과 성욕 연구 주제에 해로운 영향을 미칠 수 있다. 여성들은 무엇을 기대해야 하는지에 대해 알기를 원하지만, 특정 결과가 일어날 가능성이 높다고 제시하는 것은 지시적이거나 자기 충족적인 것이 될 수 있다. 얼빈(Irvine, 1990)이 지적한 것처럼 성은 사회적 산물이다. 성은 광고와 자기계발 서적뿐만 아니라 교육용 교재를 포함한, 광범위한 관례를 통해 협상되고 구성된다. 성욕은 규제와 정의를 통해 조직화된다. 호르몬이 성적 욕망과 활동의 감소에 책임이 있다는 개념은 일부 여성들을 구제해 줄 수 있을지 모르지만, 다른 여성들에게는 부정적인 자기 충족적 기대가 될 수 있다. 한편, 나이 든 여성들이 성적이지 않다는 문화적 신념을 극복하려는 시도에서 계속 열정적이거나 열정적이 되라는 심리학자들과 다른 사람들의 격려(Sheehy, 2006)는, 원하지 않는 성 활동에 참여하도록 하는 압력이 될 수도 있다. 노년 여성들의 성 반응에 관한 기준을 기록하고 공표하는 것은 때때로 문화적 처방을 제공하는 것이다. 여성들은 그들의 성적 욕망이 문화적 기대를 넘어설 때 비판받을 수 있으며(Ogden, 1999), 그들의 성에 대한 홍미가 (남성 중심적/청년들의) 기준 이하로 떨어질 때 역기능적이라고 불릴 수 있다. 이는 전혀 이길 수 없는 상황처럼 느낄 수 있다.

성적 진실성

밀러(Miller, 1976)는 성적 진실성이 여성들의 심리적 건강의 핵심적인 특징이라고 주장하였다. 그녀는 성적 욕망과 성적 쾌감에 대한 자신의 실제 느낌을 친밀한 관계에서 표현할 수 있는 능력을 성적 진실성이라고 규정하였다. 진실성은 자신의 늙어 가는 몸에서 무언가 잘못되었다고 느끼는 여성과 자신감 있고 성적으로 안정된 여성을 구분한다. 대안적으로, 톨먼(2002)은 비슷한 개념인 성적 주관(sexual subjectivity), 즉 자신을 성적인 존재로 경험하고 자신의 성적 욕망을 인식하는 것에 대해 언급한다. 여러 학자(예, Martin, 1996; Richgels, 1992; Tolman, 2002)가 남성 중심적인 사회에서 여성이 성적 주체성(sexual agency), 즉 자신의 욕망을 인식하고 그에 따라 행동할 수 있으며 성적 쾌감을 경험할 수 있는 능력을 발휘하는 것은 하나의 도전이라고 하였다. 여성들이 자신의 성적 욕망을 인식하고 자신을 위해 협상할 수 있는 능력이 또한 최근의 접근에서 강조되었다(예, Wood et al., 인쇄 중; Potts et al., 2003; Kliger & Nedelman, 2006).

폐경 후 여성을 대상으로 실시한 질적 연구에서, 자신의 이익을 위해 행동할 수 있는 여성의 능력(또한 협상된 성적 주체성이라고 불리는)이 여성의 성적 욕망 경험의 핵심 변인으로 확인되었다(Wood et al., 인쇄 중). 따라서 여성의 성적 욕망과 반응에 동질화된 설명과 남성 중심적인 기준을 적용하는 것은 여성이 진정한 자신과 접촉하고 자신의 욕망 수준과 활동 수준에 편안해지도록 돕는다는 목표에 반하는 것이다. 연구자들은 생리학에 토대를 둔 동질화된 성적 욕망의 감소를 가정하기보다 여성 자신의 개념과 욕망 경험을 조사함으로써, 그리고 여성의 성적 경험의 다양성과 잠재력을 강조함으로써 여성이 중년기에 성적 진실성을 경험하는 데 도움을 줄 수 있을 것이다.

차이

킨제이 등(1953)은 인간의 성적 반응의 차이를 강조하였는데, 다양성은 성욕의 가장 확실하고 유일한 측면이다. 라이블럼(Leiblum, 1990)은 모든 연령에서 여성이 성적 욕망과 성적 만족, 오르가슴 경험, 흥분 가능성에서 엄청나게 다르다는 것을 관찰하였다. 이와 비슷하게, 클링거와 네델먼(2005)은 어떤 연령의 여성에게도 자신의 성욕을 표현할 하나의 가장 좋은 또는 옳은 방법은 없다고 주장하였다. 그들이 조사한 여성들은 다중적이고 다양한 성 반응을 보고하였다. 많은 노년 여성들이 어떤 성적 욕망이나 성적 활동 없이도 충만하고 활기차며 창조적인 삶을 살고 있는 반면, 다른 사람들은 나이를 먹음에 따라 관능적인 경험에 대한 평가가 올라갔다고 보고한다. 앞에서 검토한 각 연구들에서 노년기에 욕망이 증가한 여성들이 비록 적은 비율이지만 있었고, 다른 경우 욕망은 안정적인 상태로 유지되었다. 클링거와 네델먼(2006)은 성적 욕망은 시간이 지남에 따라 커졌다 작아졌다 한다고 결론지었다. 여성들이 성적 욕망과 활동에서 경험하는 변화들은 그들 삶의 다른 측면과 관련이 있을 수 있고, 분명한 유발 인자나 영향 요인(예, 스트레스 수준, 자녀의 나이)이 없을 수도 있다.

모든 다른 연령에서와 마찬가지로 50세 이상의 여성들은 성욕을 서로 다른 방식으로 표현할 수 있다. 이는 기혼과 독신, 이성애와 동성애 여성, 모두에게서 차이가 나타난다(Kliger & Nedelman, 2006). 테일러와 섬롤(1993)이 수집한 개인적 설명을 읽어 보면 비슷한 결론에 도달할 수 있다. 그들은 40세 이상의 여성들이 중년기 이후 여성의 성욕에 대해 쓴 이야기와 개인적 설명, 시 등을 제시한다. 그 내용들은 여성들의 경험의 다양성을 증명한다. *Our Bodies, Our Selves*의 개정판(보스턴 여성건강서적공동체, 2005)은 또한 성적 욕망의 증가, 성적 지향성의 변화, 성적 관행과 충동에서 제외된 느낌, 전통적 관계에 대한 대안을 찾는 것, 비성적(non sexual) 관능을 인정하는 것, 옛 감정이 되살아나는 것을 인식하는 것을 포함해서, 나이가 들면서 여성들이 경험하는 것들을 자세히 설명한다. 엘리슨(2001)은 이와 비슷하게 여성들이 다양한 방식으로 성적 쾌감을 경험할 수 있다고 결론지었다. 각 여성은 다양한 방식으로 성적으로 반응하는 능력을 가지고 있으며, 몸과 관계, 성적 욕망을 경험하는 방식에 있어 평생 동안 변화를 경험하기 쉽다. 모든 연령층에 있어 여성의 성욕은 다면적이고 복잡하며 역동적이다. 하나의 기준이나 하나의 차원에서 여성의 성욕의 적절성을 평가하는 것은 무의미해 보인다.

최근 여러 서적에서 평생에 걸친 여성의 성욕의 차이와 역동적 본질에 대해 관심을 갖고, 일반적인 약물 처방에 따르기보다는 자신의 경험을 존중하도록 여성을 격려한다. 클링거와 네델먼(2006), 쉬히(Sheehy, 2006)는 나이 든 여성을 욕망과 바람직성이 결여된 존재로 보는 동질화된 관점에 분명하게 반대하면서, 50세 이후 여성들의 열정과 다양한 성적 선택을 강조하였다. 중년에 어떤 여성들은 더 많이 자기를 실현하고, 성교에 초점을 맞춘 성욕 모형에 동조하기보다 성적으로 어떻게 느끼는 것이 옳은지를 기꺼이 탐색하고 어쩌면 재정의 할지도 모른다

(Mansfield et al., 2000; Tiefer, 1995). 콜(1988)은 여성에게 다른, 더 성숙한 종류의 성생활을 하도록 허용하고, 여성이 성욕과 관능성에 대해 확장된 견해를 발달시키도록 도와주라고 치료자들을 촉구하였다. 보스턴 여성건강서적공동체(2005)는 여성들에게 그들이 더 이상 임신에 대해 걱정하지 않고 집에서 더 많은 프라이버시를 가질 때 성관계가 더 즐거운 것이 될 수 있음을 인식하도록 도와주었다. 어떤 여성들은 성관계를 수년 간의 헌신적인 관계의 결과로서 더 많이 즐긴다. 베티 도슨(Betty Dodson)처럼 어떤 여성들은 연하의 남성과 관계를 갖는다.

여성의 성욕을 남성 중심의 관점, 이성애자의 관점, 그리고 생물의학적 관점에서 바라보는 것은 우리가 제기한 연구 질문의 유형을 제한하였으며, 연구 수행에서 사용된 방법론에도 영향을 주었다. 기존 연구 패러다임에 대한 도전은 새로운 연구 질문과 전략을 제안하였다. 중년 여성의 성적 경험과 감정에 대한 앞으로의 연구는 다양한 관점을 받아들일 수 있고, 기능의 감퇴나 상실뿐만 아니라 긍정적인 변화도 수용할 수 있을 것이다. 점차 이론가들이 여성의 경험에 대해 여성 중심적인 연구를 수행하고 여성 사이에 존재하는 차이를 인식할 필요성을 인정하고 있다. 연구자들은, 그들이 연구하고 있는 여성들처럼 여성의 삶에서 발달적 변화로 인해 발생하는 성적 가능성에 대해 점차 더 많이 조사하게 될 것이다.

3/ 더 오래, 더 건강하게 살기

Susan D. Lonborg & Cheryl B. Travis

어두운 미래를 보여 주는 대중적인 이미지와 반대로, 나이 든 여성들의 삶은 중요한 인생 과제와 성취라는 특징이 있다. 중년 여성들은 전일제(full-time)로 일하지 않을 확률이 높지만 어떤 이들은 그들의 직장 생활 중 가장 높은 연봉을 벌기도 한다. 공무원이나 선출직에서 일하는 여성의 대부분이 50대와 60대다. 버나딘 힐리(Bernadine Healy)는 국립보건원의 원장을 역임한 최초의 여성이었는데, 그때 그녀의 나이는 40대 후반이었고, 이후 미국 적십자사의 장이 되었다. 다이안 페인슈타인(Diane Feinstein)은 50대 후반에 캘리포니아 미 상원의원으로 선출된 첫 번째 여성이 되었다. 그녀는 이후로 3번 연임하였다. 폐경기를 지난 여성들은 지역사회 공원과 녹색길(greenway, 큰 공원을 연결하는 보행자 · 자전거 전용도로) 프로젝트에 활력을 불어넣고, 학교위원회에서 활동한다. 점차 나이 든 여성이 작은 사업체를 운영하고 다른 사람들에게 직장과 월급을 제공할 가능성이 커지고 있다. 나이 든 여성은 성인의 정체성을 가져야 할 과도기에 있는 딸과 아들을 지원하며, 성인 자녀들이 질병이나 경제적 어려움으로 힘들어 할 때 손자들을 기르는 경우도 드물지 않다. 또한 그녀들은 그들 자신의 생산성과 가치, 의미 있는 관계를 포함한 발달 과업을 가지고 있다. 그들은 교과서를 집필하고, 새로운 언어를 배우고, 모든 종류의 운동의 분명한 옹호자가 된다. 이런 적극적이고 활력 있는 여성들의 예는 나이 든 여성에 대한 흔한 고정관념과 배치된다. 따라서 이 장의 목적은 50대와 60대 여성들의 건강 상태와 관련된 주요 결과를 검토하고, 이 모집단이 경험할지도 모르는 건강상의 도전과 기회들을 탐색하는 것이다. 폐경 여성에 대한 사회적 개념을 고려할 때, 폐경기 전환으로부터 우리의 논의를 시작하겠다.

폐경 고정관념과 에스트로겐 해결책

나이 든 여성이 보이는 생산성의 일반적 패턴은 곧 우리 자신이 겪게 될 경험임에도 불구하고, 나이 든 여성에 대한 매체의 이미지는 부정적인 경향이 있다(Rostosky & Travis, 1996, 2000; Travis, 1993). 이런 문화적 메시지는 집단적으로 여성을 특이한, 또는 '다른' 것으로 다룬다(Hare-Mustin & Marecek, 1988; Memmi, 1965). 여성은 모호하고 신비롭고 예측 불가능하며 잠재적으로 위험한 존재로 간주된다. 정상적이고 합리적인 존재로 여겨지는 남성과는 대조적으로, 여성은 암묵적으로 '태어나면서부터' 생물학에 더 밀접하게 묶여 있는 존재로 이해된다. 그러한 문화적 이해는 곧 여성과 그들의 경험, 정서, 행동이 생물학, 특히 생식생물학의 관점에서 가장 잘 이해된다는 생각으로 이끈다. 여성이 나이가 듦에 따라 문제로 지각되는 것은 여성의 쇠퇴하는 생물학적 상태이며, 이런 지각은 호르몬 대체와 에스트로겐 보충을 지지하는 문화적 맥락을 제공한다. 대중적인 책과 잡지 기사는 여성에게 만약 그 스스로가 본질적인 생물학적 요소를 유지하기만 한다면, '영원히 여성스러울' 수 있다고 약속한다. 따라서 폐경의 부정적인 고정관념에 대한 준비된 '치료'는 전통적으로 생식 호르몬, 특히 에스트로겐의 대체를 포함하였다(Chrisler et al., 1991).

에스트로겐 대체에서 비롯되는 건강상 이익에 대한 초기 보고는 예방의학적 치료로서 호르몬을 찾지 않았던 여성보다 스스로 치료를 선택하여 찾았던 여성과 처음에 더 건강했던 여성에 기반을 두었다. 이 연구 참여자들은 이미 초기에 중요한 건강 상태 지표들에서 차이가 있었기 때문에, 그들이 지속적으로 다른 건강 결과를 경험하였다는 이후 결과는 호르몬 대체에 귀인할 수 없다. 한 대규모 연구(Luoto et al., 2000)는 에스트로겐을 사용하는 여성과 한 번도 에스트로겐을 보충한 적이 없는 여성 사이에 급성심근경색(예, 심장발작) 발생에서 아무런 차이가 없음을 보여 주었다. 같은 연구에서 에스트로겐이 노년 여성의 뇌 위축을 막아 줄지도 모른다는 희망은 근거가 없는 것으로 밝혀졌다.

심장 건강과 에스트로겐

여성건강부의 호르몬 대체요법 연구는 호르몬 대체의 이익에 대해 훨씬 더 회의적인 관점을 던진다. 국립보건원의 여성건강부(1991년에 버나딘 힐리의 지휘 아래 발족함)는 심장병의 예방을 주된 목표로 삼았다. 15년 프로그램에는 여러 질문 중 호르몬 대체요법의 효과를 조사하기 위한 임상실험이 포함되었다. 임상실험을 위한 여성의 모집은 1993년에 시작되었고, 1998년 7월까지 계속되었다. 한 가지 생각은 이미 심장문제를 가지고 있는 여성은 에스트로겐 중재법에서 특히 이득을 볼 확률이 높을 것이라는 것이었다. 이 대규모 무선할당 임상실험에서 나온 예비 결과는 연구자들을 놀라게 했는데, 이는 호르몬 대체요법을 받은 심장병 기왕증이 있는 여성들에게서 정맥의 색전증(예, 혈전)이 3배나 증가하였기 때문이다(Rossouw, 1999). 이 연구는 또다시 3년간 수행되었지만, 2002년 7월에 중단되었다. 그 이유는 호르몬 대체요법을 받은 여성들이 통제집단에 속한 여성들보다 계속해서 심장 문제와 뇌졸중을 뚜렷하게 더 많이 나타냈기 때문이다. 또 다른 실험 집단은 심장문제 기왕증이 없는 여성들과 처음 연구 시작 시에 건강했던 여성들만을 포함하였다. 이 연구는 2004년에 중단되었는데, 이전에 심장문제가 없었던 건강한 여성들이 아무런 이익도 받지 못했다는 점이 분명해졌기 때문이다. 국립심장·폐·혈액연구소는 에스트로겐과 프로게스틴이 심장질환을 예방하기 위해 사용되어서는 안 된다고 결론지었다. 에스트로겐과 프로게스틴은 심장질환을 예방하는 데 아무런 효과가 없고 오히려 유방암과 혈전의 위험성을 증가시킨다. 이전에 심장문제가 있었던 여성들 또한 에스트로겐과 프로게스틴 대체요법을 사용해서는 안 된다. 그것은 심장 발작과 혈전의 위험성을 증가시킨다(이 보고서의 요약은 미국국립보건원의 국립심장·폐·혈액연구소 웹 http://www.nhlbi.nih.gov/resources/docs/whealth.htm.에서 찾아볼 수 있다).

유방암과 에스트로겐

여성건강부는 에스트로겐과 프로게스틴을 포함해서 호르몬 대체요법을 받은 수천 명의 여성을 모니터하였다. 이 연구는 50세 이상 1만 6,000명의 여성에게 초점을 맞추었고 이들을 5년간 추적연구하였다. 대체 호르몬을 받은 집단은 유방암을 발달시킬 위험률이 거의 25% 더 높았다. 이런 암들은 위약집단 여성들에게서 탐지된 암보다 더 크고 더 많이 침범했을 확률이 높았다(Chlebowski et al., 2003). 호르몬 대체가 유방암 위험성을 증가시키는 것으로 확인된 점에서 관련 결과들이 일치한다(McPherson, 2004; Million Women Study Collaborators, 2003;

Writing Group for the Women's Health Initiative Investigators, 2002). 25년 전의 증거가 바로 그러한 에스트로겐 대체가 자궁암에 미치는 위험성을 확증해 주며, 유사한 위험이 유방암에 대해서도 존재함을 시사하였다(Jick et al., 1980; Mack et al., 1976)는 것은 좌절스럽고 매우 화가 나는 일이다. 하지만 여성 전체 세대는 암의 발생과 죽음에 분명하게 기여하는 에스트로겐 처방을 받도록 권장받았다. 더욱 심각한 문제는 많은 의사와 연구자들이 오늘날에도 여전히 호르몬 대체치료를 '안전하게' 계속할 방법을 찾고 있다는 관측이다. 더 구체적으로, 그들은 여성건강부 연구의 중요한 문제로 표집된 여성들이 너무 나이가 많았다고 제안한다. 즉, 그들은 삶의 더 이른 시기에 호르몬 치료를 시작했어야 했다는 것이다. 남아 있는 질문은 "얼마나 더 많은 여성이 위험한 치료가 중단되기 전에 죽어 나가야 하는가?"라는 것이다.

심장 질환

대부분의 사람이 심장병은 남성들의 질병이라는 문화적 고정관념을 믿는다. 하지만 심장질환은 서구 사회에서 남성뿐만 아니라 여성에게도 주된 사망 원인이 되고 있다. 예를 들어, 1995년에 30만 명 이상의 여성이 급성심근경색으로 입원하였으며, 150만 명 이상의 여성이 만성허혈성 심장병으로 입원하였다. 사실 어떤 유형의 심혈관 문제로 입원한 여성들의 전체 수는 10년 이상 일관되게 남성의 수보다 더 많았다. 이러한 성차 패턴은 미국 국립건강통계센터가 수행한 전국병원 퇴원 조사에서 1990~2000년까지 매년 나타난다(Travis, 2005).

심장질환이 더 많은 여성을 죽음으로 몰아넣고 있지만, 일반적으로 여성은 유방암에 대해 걱정하는 만큼 심장질환에 대해서 걱정하지 않는다. 더군다나 많은 여성이 자신이 심장질환을 가질 위험성이 얼마이든 그것은 폐경 후 에스트로겐 대체치료로 해결될 수 있다는 의사들의 믿음과 가정을 따라가고 있다.

성(gender)과 치료

심장질환은 미국 여성들의 주요 사망 원인이지만, 1998년에 기록된 자료에 의하면, 570만 번의 심장 시술 대부분이 남성에게 시행되었다. 치료에의 접근, 진단 전략, 선호하는 치료 방법 또한 성에 따라 현저하게 다른 것으로 나타난다(Healy, 1991; Travis et al., 1993; Wenger, 1985, 1987). 많은 연구에서 이러한 성 패턴은 의사의 편향된 결정 때문이라고 제안한다. 토빈 등(Tobin et al., 1987)은 핵운동 검사에서의 비정상적인 진단 결과가 유사한 비정상적인 증후를 가진 여성보다 남성을 유의하게 더 많이 심장도관삽입술(catheterization)에 의뢰하게 만들었다고 보고하였다. 또 다른 연구는 메릴랜드와 매사추세츠 병원에서 선발된 여성들이 남성들보다 진단혈관조영술이나 관상동맥의 동맥재통술을 시술받을 확률이 더 적었음을 보여 주었다(Ayanian & Epstein, 1991). 1987~1990년까지 실시된 생존 및 심실 확장 연구에 등록한 환자들(1,842명의 남성, 389명의 여성)에 대한 유사한 연구는 첫 심근경색 이전에 여성들의 건강 치료력은 남성들에게서 관찰된 것보다 관리 접근이 적극적이지 않았음을 보여 주었다(Steingart et al., 1996).

하지만 "상황이 지금은 다르지 않은가?" 이 질문에 대한 부분적인 대답으로서, 1987~1998년까지 12년에 걸친 경향성을 확인하고자 환자의 진단과 절차에 대한 구체적인 기록을 조사하였다. 관상동맥 우회로 조성술(흔히 우회로 수술이나 CABG로 알려진)은 성(gender)과 관련하여 이루어진 치료의 질과 의학적 결정의 문제를 추적하기 위한 하나의 지표다. 우회로 수술과 연관된 가장 흔하고 중요한 진단적 조건은 만성 혹은 급성 빈혈(예, 혈액 공급의 제한이나 부족)과 협심증, 급성 심근경색이다. 진단 및 수술 방법을 널리 사용할 수 있게 됨에 따라 우회로 수술은 점차 유용한 것으로 간주되었고, 심장질환 치료는 더욱 공격적이 되었다. 이것은 특히 남성 환자들에게서 그렇다.

환자가 여성인 경우 심장질환에 대하여 특별히 공격적이거나 적극적인 수술과 같은 접근을 한 경우는 전혀 없었으며, 심지어 여성의 의학적 상태가 수술치료를 받은 남성의 의학적 상태와 비슷할 때에도 그랬다. 2002년 미국에서 약 60만 번의 우회로 수술이 이루어졌으며, 이는 10년 전에 비해 약 83% 증가하였는데, 수술의 대다수가 남성에게 실시되었다. 주요 진단을 받은 사람 중에서, 남성은 50% 이상인 반면, 여성은 단 27%만이 우회로 수술을 받았다(Travis, 2006).

여성이 왜 우회로 수술을 받지 않는지를 설명할 수 있는 요인은 많을 것이다. 한 가지 가능성은 여성이 더 나이가 많고 의사와 가족이 공격적 치료의 잠재적 이익이 더 적다고 생각할지도 모른다는 점이다. 이것이 사실이라면, 당연히 나이라는 것은 여성뿐 아니라 남성에게 실시된 절차에 대해서도 공변인의 역할을 할 것이다. 다른 설명으로 여성이 수술을 복잡하게 할 수 있는 더 많은 선행 건강 상태(예, 당뇨)를 가지고 있을 가능성을 들 수 있다. 그러나 약 1,000만 명의 환자 기록에 대한 10년 이상에 걸친 통계분석은 더 많은 나이나 공병 상태와 같은 요인이 성차를 설명하지 못한다는 것을 보여 주었다. 전체적으로 남성은 유사한 의학적 상태에 있는 여성보다 우회로 수술을 받을 확률이 두 배나 더 높았다. 이러한 결과는 협심증이 일차적인 진단이었을 때 상대적으로 젊은 연령 집단(40대와 50대)의 여성들에게서, 그리고 어떤 만성적인 건강 상태가 존재할 때(예, 당뇨나 고혈압) 특히 뚜렷했다(Travis, 2005). 따라서 성 고정관념과 성 차별이 계속해서 심혈관 문제가 있는 중년과 나이 든 여성의 치료 결정에 영향을 미치고 있음을 알 수 있다.

유방암

암은 모든 여성 연령의 전체 사망 원인 중 두 번째로 많으며, 모든 원인으로 인한 사망의 1/4을 설명한다. 하지만 45~75세 여성들에게 암은 사망 원인 1위다(미국 암협회, 2005). 예전에 폐암은 여성에게는 드물었지만, 이제 모든 연령의 여성이 흔하게 걸리는 암 중의 하나가 되었다. 약 8만 명의 미국 여성이 매년 폐암 진단을 받고 있으며, 거의 같은 수(8만 명)의 여성이 매년 폐암으로 죽고 있다(미국 암협회, 2005). 이런 사례의 대부분은 흡연이 원인이었고, 미국 여성의 약 20%가 담배를 피우고 있다(미국 암협회, 2005; Wolberg, 2004). 그러나 백인 여성과 유색인종 여성에서 암의 비율이 다르다는 점은 주목할 만하다. 모든 종류의 암으로 인한 사망 비율은 일관되게, 그리고 극적으로 다른 인종이나 성별 집단보다도 흑인 여성에게서 더 높았다(미국 암협회, 2005).

여성이 사망하는 원인으로 폐암도 가장 흔한 암이지만, 가장 공포에 떨게 하는 것은 유방암이다. 약 20만 명의 여성이 매년 유방암 진단을 받는다(미국 암협회, 2005). 운 좋게도 이런 사례의 약 60%가 조기에 발견되며, 종양은 상당히 작고 국소부위 혹은 원위치(예, 다른 조직이나 기관, 임프절과 관련 없음)에 머물러 있다. 유방암이 조기에 발견되고 치료되면, 10년 생존율은 매우 높다. 10년 생존율의 추정치는 72~92%에 이른다(Fletcher et al., 2005; Romero et al., 2004; Solin et al., 2005). 대부분의 주요 질병에서처럼 나이는 암의 가장 큰 위험 요인이다. 따라서 50세 이후에는 매년 유방 엑스선 사진을 찍는 것이 가장 좋은 예방법 중 하나다. 또 다른 요인은 가족력이다. 하지만 선천적인 유전적 위험은 모든 유방암의 3~5% 정도만을 설명한다(Eccles & Pichert, 2005). 유전 스크리닝 검사를 하지 않는다면, 타고난 유전 문제의 가장 좋은 지표는 이른 발병의 나이다. 유전성 유방암은 여성이 폐경에 이르기 전에 나타나곤 한다. 반면에 더 많은 나이에 발병하는 것은, 그 자체로 유전적 요인에 대한 분명한 정보를 거의 제공하지 않는다. 따라서 75세에 유방암에 걸린 가족 구성원이 있다는 것은 타고난 유전적 문제의 강력한 지표가 아니다.

노화의 일반적인 과정과 연합된 위험성을 제외하고, 유방암의 중요한 위험 요인은 평생 에스트로겐에 노출되는 것이다. 에스트로겐이 더 많을수록 유방암에 더 잘 걸린다. 이를 테면, 여성들이 월경을 빨리 시작한 경우(초경이 13세 이전), 또는 폐경이 늦은 경우(50세 이후) 유방암에 걸릴 위험이 더 높은 것으로 익히 알려져 있다(McPherson, 2004). 이에 더해서, 에스트론과 에스트라디올(에스트로겐의 한 형태) 수준 사이의 정적인 연결에 대한 직접적인 전향적 증거가 존재한다(Toniolo et al., 1995). 폐경기 동안의 대체 에스트로겐이 이런 것의 한 예로, 이미 앞에서 논의하였다. 정상적인 월경 시기(13~50세) 동안에는 외부에서 들어오는 에스트로겐으로 인한 잠재적 암의 위험을 평가하기가 어려운데, 실제로 모든 여성이 이 시기에 자신의 에스트로겐을 생산하고 있다.

유방암에 대처하기

대처에는 몇 가지 차원과 방식이 있다. 대체로 이것들은 사회적이고 행동적이며 정서적이고 인지적이다. 여성은 한 가지 스타일만을 고수해야 하는 것처럼 제한된 느낌을 가질 필요가 없다. 더 중요한 고려 사항은 특정한 상황에 놓인 개별 여성에게 효과가 있는 것을 선택하는 것이다. 사회적 지지와 대인관계는 모든 주요한 삶의 스트레스에 대처하는 데 중요한 역할을 한다. 연구는 부정적 경험에 대해 이야기하는 것이 전반적으로 불안을 감소시키는 경향이 있으며, 미래 노출 동안에도 불안 반응을 감소시키는 경향이 있음을 보여 주었다(Lepore et al., 2000).

행동적 · 도구적 대처는 치료 선택안에 대해 더 많이 학습하기, 환자-의사 상호작용 기술 발달시키기, 이완 기술 습득하기, 식사와 운동에 있어 보편적으로 건강한 생활방식 지키기, 좋은 수면 관리 기술 연습하기 등을 포함할 수 있다. 종양학자와 가족과 상의하여, 암 환자들은 전형적으로 치료에 관한 많은 결정을 한다. 유방암의 단계에 따라, 수술 이후 항암 치료나 방사선 치료 혹은 어떤 조합을 실시할 것인지, 하지 않을 것인지에 대한 결정을 할 수 있다. 일단 주요 치료가 끝나면, 환자들은 추가적으로 보조적 약물치료를 할 것인지, 하지 않을 것인지를 선택할 수 있으며, 만약 한다면 사용될 약물 중재 유형을 선택할 수 있다. 특정한 질문을 할 준비를 하고 치료에 대한 결정에서 차이가 발생할 때 협상할 준비를 하고서 의사를 방문하러 가는 것은, 여성들에게 더 큰 전반적인 유능감을 갖도록 해 주며 치료의 최종적 결과 및 부작용에 대해 더 쉽게 평정을 찾을 수 있도록 한다(Jahng et al., 2005).

대처 방식은 또한 정서와 관련하여 달라질 수 있다. 예컨대, 어떤 여성은 분노나 불안, 슬픔을 경험하고 표현하는 반면, 다른 여성은 자신의 정서적 반응성을 감소시킨다. 대처와 적응은 질병과 치료의 과정 중 진화하고 발전한다는 점을 기억하는 것이 좋다. 정서적 표현에서의 변화는 시점에 따라 유용하고 적절할 수 있다. 믿음과 인지를 조절하는 것은 대처의 또 다른 차원이다. 어떤 여성은 치료에 대해 긍정적인 믿음과 생각을 유지하기 위해 적극적으로, '생존자' 와 같은 자기-명칭(self-label)을 만들어 내는 식으로 작업하기도 한다. 하지만 '생존자' 와 같은 이름을 자의적으로 부여하는 것은 계속되는 분투와 내적 불확실함을 부인하도록 강요하기 때문에 일부 여성을 억압하는 역할을 할 수도 있다. 인지적 대처 전략은 흔히 침입적 부정적 사고를 제한하며 재앙화를 피하게 한다. 암의 영향을 전반적이고 영속적인 것으로 믿는 신념체계는 무력감과 우울증을 키울 수 있는 반면(Barnefski et al., 2002), 한 번에 하나씩 상황을 처리하는 것은 부정적 생각과 정서를 참아 내도록 도울 수 있다.

뼈와 관절 질환

심혈관 질환과 암에 더해서, 여성은 다른 만성적 상태를 많이 경험할 수 있다. 가장 흔한 것 중에는 당뇨, 뼈와 관절 질환, 천식과 다른 호흡 관련 질병, 위장장애, 그리고 면역체계 질병이 있다. 이런 질병 각각은 50대와 60대 여성의 삶의 질을 바꾸어 놓을 잠재력을 가지고 있다. 모든 것이 중요하지만 여기서는 뼈와 관절 질환에 초점을 맞출 것이다.

뼈는 살아 있는 조직으로 계속해서 만들어지고 재흡수된다. 망상조직의 뼈는 손목과 척수에서 발견되고 상당히 빠른 순환율(turnover)을 보이는 반면, 피질 뼈(cortical bone)는 팔과 다리에 위치하고 있고 더 느린 세포 활동률을 보인다. 많은 여성이 나이를 먹음에 따라, 잠재적으로 쇠약해지게 만드는 많은 관절 질환으로 고통을 받는다. 가장 흔한 것으로 골다공증과 관절염이 있다. 골다공증은 뼈의 질량이 낮고 뼈 조직의 구멍이 증가하는 특징이 있는 골격 질환이다(질병조절 및 예방센터, 2005a). '관절염'이라는 용어는 실제로 관절과 주위 연결 조직에 영향을 주는 100개 이상의 다른 염증 질환의 집합을 일컫는다(관절염 기금, 2005).

골다공증

골다공증으로 진단받은 미국인들의 80%가 여성이다. 현재 적어도 1,000만 명의 미국인이 이 병을 앓고 있으며 3,400만 명이 실제로 낮은 뼈 질량으로 골다공증을 발생시킬 위험에 처해 있다(일반외과협회, 2004). 골다공증이 노인들에게 골절의 가장 큰 원인이라는 사실은 이 병이 가장 많이 건강을 손상시키는 측면을 나타낸다. 불행하게도 골다공증은 과소 진단되고 적게 치료되고 있는데, 이미 한 번의 골절로 고통을 겪은 여성들에게조차 그러하다. 미국 일반외과협회에 따르면,

1년에 약 150만 명의 사람들이 골다공증과 관련된 골절을 겪고 있는데, 가장 흔한 것은 고관절, 척수, 손목에서다. 고관절 골절을 입은 사람 중 20%는 1년 내에 사망할 가능성이 높으며, 또 다른 20%는 결국 요양원에서 생활하게 된다(일반외과협회, 2004). 따라서 50대와 60대 여성이 조기 스크리닝과 진단, 치료에서뿐만 아니라 그들의 삶에서 더 일찍 시작된 건강증진행동을 통해 이익을 얻을 수 있다. 여성은 식사에서 권장량의 칼슘을 일상적으로 반드시 섭취하고, 정상적인 체중유지 활동 프로그램에 참여하고, 모든 뼈 골절 이후에는 골다공증 스크리닝(예, 골밀도 검사)을 받도록 권고받고 있다. 그러나 불행하게도 최근 연구에서 골다공증의 치료가 이후 골절의 위험을 유의하게 감소시킨다는 사실에도 불구하고, 67세 이상의 여성 의료보호 환자 중 극소수–18%–만이 골절 진단 이후 골밀도 스크리닝이나 의학적 처치를 받는 것으로 나타났다(미국 일반외과협회, 2004). 골절을 입기 쉬운 많은 나이 든 남성이 골절 후 골다공증에 대한 스크리닝을 받지 않는 것은 가능한 일일 수 있지만(Kiebzak et al., 2002), 만약 골다공증이 여성보다 남성에게 더 자주 진단되는 조건이었다면, 건강의료진이 나이 든 성인에게 골절에 대한 이상적인 표준적 치료를 제공하지 않을 것인지 궁금하지 않을 수 없다(Gardner et al., 2002; Hajcsar et al., 2000).

골밀도는 측정될 수 있지만, 가장 신뢰할 수 있는 장치로 검사하는 것은 비싸다. 건강박람회는 빨리 점수를 내주는 초음파 영상을 자주 제공하지만 그다지 정확하지가 않다. 이중 엑스레이 흡수측정(DXA)이 가장 정확한 검사다. 엑스레이 흡수측정은 뼈를 관통하는 두 개의 엑스레이 광선을 사용하는 커다란 기계를 사용하며, 전형적으로 척수와 고관절에 초점을 맞춘다.

골다공증을 예방하기 위해서는 평생에 걸친 칼슘 섭취와 신체활동이 필요하다. 미국 국립보건원 여론패널은 1,500mg의 칼슘을 매일 섭취하는 것이 노년 여성들에게 권고되지만, 이 정도의 섭취는 거의 지켜지지 않는다고 결론지었다(최적의 칼슘 섭취에 대한 국립여론발전패널, 1994). 칼슘이 많은 자연식품에는 체중이나 콜레스테롤을 조절하기 위해 자주 제한되는 대부분의 유가공 제품이 포함된다. 짙푸른 채소들은 전형적으로 상당히 많은 칼슘을 포함하고 있다. 잘 인식되지 않고 있는 음식에는 멜론, 말린 과일, 베리류와 같은 과일들이 포함된다. 칼슘의 영양학적 보충물은 손쉽게 구할 수 있지만, 너무나 많은 구성 방식은 혼란스러울 정도다. 예를 들어, 탄산염과 구연산염의 형식으로 된 칼슘은 거의 같은 비율로 흡수되지만, 구연산염 칼슘은 위액이 적은 사람에게 더욱 좋을 수 있다(식이보완협회, 2006). 최근에는 보충물 처방이 더 많이 인정받고 있다. 흔하게 처방되는 비스포스포네이트(bisphosphonates) 중 일부는 리세드로네이트(액토넬®), 알렌드로네이트(포사맥스®), 에티드로네이트(디드로칼®)다. 이런 것의 대부분은 재흡수 시 뼈를 파괴하는 골파세포의 활동을 차단한다. 대안적인 제약 접근으로 SERMs(특별한 에스트로겐 수용기 조절자)를 사용할 수도 있다. SERMs와 관련된 부작용은 일과성 열감과 같이 폐경의 부작용과 닮은 것처럼 보인다. 낮은 골밀도는 더 많은 골절과 연합되지만, 골절 위험의 정도가 이런 약물 중재로 인해 감소되는지는 아직 확인되지 않았다. 예를 들어, 약물처방이 실제 골밀도를 아주 약간 증가시켰음에도, 조사 결과는 그 약물을 복용한 사람 중에서 골절의 위험성이 크게 감소한 것으로 나타날지도 모른다. 물론, 이런 연구가 조기 에스트로겐 대체 연구와 같은 결함을 갖고 있는지가 관심 사항이다.

치료를 찾고 처방전을 그대로 따르는 여성은 그렇지 않은 여성보다 전반적인 건강, 식이조절, 생활방식이 더 나을 수 있다. 따라서 더 낮은 골절의 유익한 결과는 처방된 약물보다는 건강한 생활방식 때문일 가능성이 훨씬 더 크다.

관절염

관절 질환은 미국 성인이 가지고 있는 신체장애의 주요 원인을 구성하고 있으며, 불행하게도 관질염 비율 또한 나이가 듦에 따라 증가한다. 관절염이 있는 75세 이상 여성들의 비율은 18~44세 여성들의 비율보다 5배나 더 많다. 관절염의 가장 흔한 형태 중에는 골관절염, 류머티스성 관절염, 전신 홍반 루푸스, 통풍, 섬유근육통이 있다(질병조절 및 예방센터, 2005b). 이런 관절 질환 중에서 통풍만이 여성보다 남성에게서 더 흔하게 진단된다. 관절염은 여성 모집단에서 활동 제한을 가져오는 주된 원인이라는 점에서 여성에게 중요한 건강 문제를 나타낸다(질병조절 및 예방센터, 2005b). 통증과 제한된 움직임이 특징인 골관절염은 무릎과 고관절, 척수, 손에서 가장 흔히 발생한다. 65세 이상의 여성 중 약 절반이 이 조건과 관련된 통증과 활동 제한을 경험한다(국립건강통계센터, 2003). 골관절염의 국소적인 특성과 대조적으로, 류머티스성 관절염은 대부분 잘못된 면역반응 때문에 일어나는 전신 염증성 관절 질환이다. 뼈와 연골을 침식하는 것에 더해서 이러한 침식은 통증과 부종을 일으키고, 염증 부위의 피부를 붉게 만든다. 이 염증성 과정은 또한 다른 기관에도 영향을 줄 수 있다. 관절염 상태에 대처하는 환자들은 사용 가능한 다양한 의학적 · 행동적 치료 전략을 가지고 있다. 이 상태와 관련된 통증과 염증을 치료하기 위해 많은 처방받은 약과 처방받지 않은 약이 사용될 수도 있다. 하지만 약물 치료는 부작용이나 위험성이 없지 않다는 점에 주목하는 것이 중요하다. 심한 골관절염을 앓고 있는 환자들은 관절 대체 수술을 받기를 원할지도 모른다. 관절염과 연합된 통증은 종종 운동하는 데 장애물이지만, 여성은 만성근육골격 질환에 대처하기 위해 신체적으로 견딜 만하고 건강도 증진시킬 수 있는 방법인, 충격이 약한 활동들(예, 수중 에어로빅, 수영)을 찾아내곤 한다. 운동과 함께, 체중 관리가 체중이 실리는 관절의 압박을 감소시키는 데 핵심적이다.

뇌 건강과 알츠하이머 질병

운이 좋게도, 뇌는 매우 적응력이 빠른 장치다. 뇌는 운동, 감각, 인지 기능에 대한 통제센터일 뿐만 아니라 자신을 수정하거나 재조직화하는 능력을 가지고 있다. 피질 회로가 복구될 수 있으며, 회로의 새로운 연결망이 통합될 수도 있고, 많은 외상에 대한 반응으로 기능의 수정을 허용하기도 한다. 여성이 자신의 뇌 건강을 향상시키거나 유지하기 위해 할 수 있는 일들이 있다. 동물실험에서 운동이 뇌의 작은 혈관의 수와 시냅스 연결의 수, 심지어 새로운 뉴런의 발달을 증가시키는 것으로 밝혀졌다(Kramer et al., 1999; van Praag et al., 1999). 이것은 뇌가 신체활동의 맥락에서 더욱 효율적이고 유연하며 적응적이라는 것을 의미한다. 신체적으로 건강한 사람과 건강하지 않은 사람의 전전두엽과 전두엽 부분에서 차이가 있는 것처럼 보이며, 최근 임상실험은 문제 해결과 초점화된 주의가 모두 운동에 의해 향상됨을 보여 주었다(Colcombe et al., 2004). 일반적인 체력을 유지하는 것과 매일 매일의 유산소 운동이 뇌의 가소성과 건강을 유지하는 데 가장 좋은 방법이다. 이에 더해서, 저밀도 콜레스테롤을 감소시키는 것이 뇌에 더 좋은 순환을 촉진하고 인지적 감퇴를 늦출 수 있다는 일부 증거가 있다(Jick et al., 2000). 콜레스테롤을 낮추는 한 가지 방법은 트랜스 지방이나 경화 지방(예, 튀긴 음식, 가공된 스낵 케이크)의 섭취를 줄이고, 불포화 식물성 기름처럼 오메가 필수지방산을 포함하고 있는 고도불포화, 탈경화 지방이 든 음식의 섭취를 늘리는 것이다(Morris et al., 2003). 이러한 의미에서 물고기가 뇌에 좋은 음식이라는 오래된 격언은 사실 무근이 아니다. 또 다른 오래된 속담—"사용하라, 그렇지 않으면 잃어버린다."—또한 또렷한 인지기능을 유지하는 데 적절할 수 있다. 사회적 자극과 상호작용은 인지기능을 활발하게 유지하는 한 방법이지만, 이것은 옛 친구들 또한 제한된 가동성을 지니고 있는, 움직임이 자유롭지 못한 노인층에게는 어려운 일일 수 있다. 심장의 건강이 생활방식의 중요한 목표로 널리 인식되었지만, 뇌 건강에 대해서는 그렇지 않았다. 그럼에도 불구하고, 나이를 먹음에 따라 뇌 건강에 영향을 미치는 여러 위험 요소가 있기 때문에 뇌 건강은 중요하다.

알츠하이머 질병(AD)은 흔한 몇 가지 유형의 치매 중 하나로, 기억력 손상, 말할 때 단어를 기억하지 못하거나 적절히 사용하지 못함, 판단의 문제, 운동 손상이 가장 특징적이다. 나이가 알츠하이머 질병의 가장 큰 위험 요인이지만, 극단적으로 나이가 많거나 노쇠한 사람에게만 제한되지는 않는다. 알츠하이머 질병은 보통 40대와 50대에 시작되며, 초기에는 기억력 저하가 나타나며 이후에는 주의력과 말하기에서 상당한 손상이 나타나다 결국 혼란과 무력감을 나타내게 된다. 기억력이 감소하거나 말할 때 정확한 단어가 잘 생각나지 않는 경험은 모든 사람에게 일어나지만, 알츠하이머 질병 환자에게 이러한 능력의 감소는 칫솔을 찾는 것과 같이 일상적 기능을 수행하는 능력조차 방해한다. 단어가 뇌에서 인출될 수 없을 때 이상하거나 특이한 단어로 대치될 수도 있다. 이에 더해서 빈약한 판단력이 충동적이거나 터무니없는 행동으로 이끌 수도 있는데, 이는 알츠하이머 질병 환자를 금융사기에 더욱 취약하게 만든다. 2050년에는 알츠하이머 질병의 유병률은 대략 1,300만 명, 현재 사례 수의 거의 3배가 될 것으로 추정된다(Hebert et al., 2003). 기억력과 판단력의 기능적 변화는 뇌의 구조적 변화의 결과다. 이런 것에는 뇌 시냅스의 퇴화, 신경섬유 뒤엉킴(예, 뇌 세포 내 특대 나선형의 얽힌 단백질 조각)의 성장, 뇌 세포 주위와 시냅스, 뇌혈관 내에 아밀로이드 반(班)의 형성이 포함된다(Gylys et al., 2004; Sayre et al., 2005). 하지만 대부분의 상관 연구에서처럼 아밀로이드와 유사한 단백질이 문제를 **일으킨 것인지** 혹은 대신 다른 형태의 스트레스나 외상에 대처하려는 뇌의 노력을 반영하는 **반응들인지**는 알지 못한다.

알츠하이머 질병의 가장 일반적인 위험 요인은 나이다. 조기 발병이나 후기 발병에 기여할 수 있는 한 가지 이상의 유전적 선구자가 있는 것처럼 보이지만, 유전성은 알츠하이머 질병 사례의 1/4 정도만을 설명한다고 알려져 있다. 이미 높은 수준의 알루미늄이 알츠하이머 질병 진단을 받은 환자들의 뇌에서 발견되었기 때문에, 알루미늄이 원인일 수 있다는 관측도 있었다. 그러나 알루미늄은 환경에 널리 존재한다. 이 흔한 재료는 어떤 발한 억제제와 케이크와 팬케이크 믹스의 가공된 밀가루, 가공된 치즈 등을 담는다. 마시는 물은 어쩌면 인간이 알루미늄에 노출되는 가장 일반적인 통로일 것이다. 미국 국립환경건강과학연구소(식이보완협회, 2006)는 알루미늄이 환경에 널리 퍼져 있고, 대부분의 사람은 매일 30~50mg의 알루미늄을 섭취한다고 기록하였다. 하지만 섭취된 양의 1% 미만이 실제로 흡수된다. 알루미늄과 알츠하이머 질병에 대한 공공의 관심은 대부분 조리용 기구나 음료수 용기에 집중되었다. 하지만 음료수 용기는 대개 그러한 노출을 억제하는 폴리머 막으로 덮여 있다. 조리용 기구에서 알루미늄이 떨어질 수도 있지만, 그것은 토마토와 같은 높은 산성 음식을 요리할 때 가장 일어나기 쉽다. 마그네슘, 인과 같은 다른 미네랄의 결핍이 알루미늄 수준 증가에 기여할 가능성에는 잘 주목하지 않는다. 하지만 마그네슘과 인은 알루미늄의 보유를 낮출 수 있는 항산화 효과를 가지고 있기 때문에 건강한 생활양식 패턴이 마그네슘과 인의 적절한 섭취를 보장할 것이다. 마그네슘이 들어간 음식에는 가공하지 않은 곡물, 견과류, 잎이 많은 야채가 포함되는 반면, 인이 들어간 음식에는 생선, 닭고기, 육고기, 달걀과 우유가 포함된다. 불행하게도 비타민 E와 같은 일반적인 항산화제는 뇌 섬유에 효과가 없으며, 알츠하이머 질병 예방책으로 항산화제 처방을 일반적으로 적용하는 것은 곤란하다.

만성 질병에 대처하기

여성들은 만성 통증이나 가동성 손상, 활동 제한, 관계 스트레스, 심리적 디스트레스를 초래할 수 있는 많은 만성 질병을 경험할 수 있다. 만성 질병 증상과 결과에 맞닥뜨리게 되는 여성에게 유익하다고 입증할 수 있는, 그러한 건강 증진 방법 및 대처 전략을 파악하는 것이 중요함은 분명하다. 대처 전략과 개입은 일차적으로 환자 중심일 수 있고, 여성의 로맨틱한 배우자나 가족체계까지 더 포함할 수도 있다. 사회적 지지와 영적 대처가 실제로 정서 중심 대처와 문제 중심 대처의 요소를 포함하고 있다는 것에 주목하는 것이 중요하지만, 환자 중심의 대처 전략은 흔히 5개 유형(예, 정서 중심 대처, 문제 중심 대처, 사회적 지지, 영적 대처, 인지적 재구성 혹은 의미 만들기) 중 하나로 범주화된다(Aldwin & Yancura, 2004).

정서 중심의 대처 전략은 정서 표현이나 철수, 이탈, 회피에 참여하는 것과 관련된 것들이다. 정서에 대해 말하는 것은 종종 긍정적인 대처 전략으로 간주되는 반면(Lepore et al., 2000), 정서적 회피와 철수 전략은 가장 빈번하게 건강에 더 부정적인 결과(Aldwin & Revenson, 1987)를 초래하고, 만성 질병을 가진 환자에게 고통스런 기분을 더 많이 초래한다(Kozora et al., 2005). 또한 정서와 건강 사이의 관계는 복잡하다는 것에 주목해야 한다. 예를 들어, 부정적인 감정과 긍정적 감정 모두에 대한 매주 측정치는 만성 통증을 가진 여성의 통증 수준과 연합되었다(Zautra et al., 2005). 더 높은 수준의 전반적인 긍정적 정서(예, 확고한, 적극적인, 영감이 넘치는)를 보이는 여성들이 다음 주에 더 낮은 통증 수준을 보고하는 경향이 있었다. 반면에 매주 측정치에서 통증과 스트레스의 증가는 증가된 부정적 정서(예, 신경이 과민한, 겁에 질린, 초조한)와 연합되었다. 요약하면, 조트라(Zautra) 등은 높은 수준의 긍정적 정서가 통증 증가와 대인관계 갈등에 직면하였을 때 더 유연하게 대응하는 많은 환자의 특징이었다고 보고하였다. 긍정적 정서와 건강에 대한 연구에서 리치먼 등(Richman et al., 2005)은 높은 수준의 희망과 호기심이 세 가지의 흔한 만성 질병 중 어떤 것을 앓거나 발달시킬 가능성을 감소시키는 것과 연합됨을 발견하였다. 그들은 해로운 건강 행동(예, 흡연, 과도한 음주, 신체활동 감소)이 전형적으로 불안, 분노, 우울과 같은 부정적인 정서와 연합되었던 것과는 대조적으로, 이러한 긍정적 정서가 건강에 보호 효과를 가질 수 있다고 보고하였다. 사회경제적 지위(SES)와 부정적인 정서, 신체적 건강 간의 연합을 조사하면서, 갈로와 매튜(Gallo & Mattews, 2003)는 낮은 사회경제적환경이 자주 스트레스를 주며, 그로 인해 개인의 '스트레스를 관리할 여유 능력'이 감소하고, 부정적 인지(예, 비관주의, 무망감)와 정서(예, 불안, 우울, 걱정)에 대한 취약성이 증가한다고 보고하였다. 요약하면, 건설적인 정서 중심 대처 전략은 이상적으로 긍정적 정서(예, 결의, 희망)를 확인하고 경험할 기회를 제공해야 하며, 여성이 만성 질병이나 통증의 맥락에서 발생할 수도 있는 부정적 정서에 대처하는 방법을 확인하고 연습하도록 도와주어야 한다. 긍정적 정서는 일반적으로 희망과 의심 해소의 지표다. 그렇다고 해서 여성에게 긍정적 정서만을 가지도록 요구하는 것은 바람직하지 않다. 소위 분노와 같은 부정적 정서는 긍정적 활동을 할 수 있도록 힘을 줄 수 있다.

정서 중심 대처와는 대조적으로, 문제 중심 대처 전략은 건강과 관련된 문제를 이해하고 해결하는 데 방향이 맞추어져 있다. 전형적으로, 이러한 대처 방법은 정보 수집과 계획 세우기, 환자 쪽에 어느 정도의 활동을 요구하는 전략을 포함한다. 문제 중심 대처 방법의 정보 수집은 더욱 긍정적인 건강 결과(예, 더 느린 질병 진행, 더 적은 증상) 및 건강과 관련된 삶의 질 향상과 관련이 많았다(Ransom et al., 2005). 불행하게도 여성들이 나이를 먹음에 따라, 그들의 건강을 위협하는 다른 조건들(예, 심장, 호흡, 관절 질환 들)에 대한 위험성이 증가할 수 있다. 다시 이런 만성적 건강 문제는 잠재적으로 문제 중심 대처의 더 적극적인 형태(예, 운동, 이완 절차)에 참여할 그들의 능력을 제한할 수 있다.

환자들은 종종 질병에 대처할 자원으로서 사회적 지지를 사용하도록 권고받는다. 하지만 사회적 지지와 건강 결과의 관계가 다소 복잡하다는 점에 주목하는 것이 중요하다(Aldwin & Yancura, 2004; DiMatteo, 2004). 몇몇 연구들은 가족과 친구들의 사회적 지지가 많은 다른 기제를 통해, 가장 뚜렷한 것으로는 낙관주의를 진작시킴으로써(Brissette et al., 2002; Symister & Friend, 2003), 우울과 고립감을 감소시킴으로써(Brown et al., 1989; Goodenow et al., 1990; Symister & Friend, 2003), 그리고 실제적인(또는 구체적인) 도움을 제공함으로써(DiMatteo, 2004; Wallston et al., 1983), 환자의 치료 준수(adherence to treatment)를 북돋울 수 있음을 시사한다. 최근 사회적 지지와 치료 준수 문헌에 대한 메타분석 결과는 '기능적 · 사회적 지지가 구조적 · 사회적 지지보다 치료 준수에 더 강력한 효과를 미치며, 이는 다른 사람의 존재 자체보다 그들과의 관계의 질이 더 중요하다는 것을 시사한다.' 는 점을 보여 준다(DiMatto, 2004, p. 212). 그래서 건강전문가들이 관계(Badr & Acitelli, 2005; Manne et al., 2006)와 가족-기반 대처 개입(Martire et al., 2004)에 점차로 더 많은 관심을 갖는 것은 그리 놀라운 사실이 아니다. 이런 체계에 기반을 둔 개입의 목표는 이상적으로 환자의 건강 결과를 향상시키고, 질병 증상을 감소시키고, 심리적 안녕을 증진시키고,

공감과 지지를 제공하지만(Martire et al., 2004), 현재까지 개별적인 환자 지향적 접근에 비하면 상대적으로 이러한 개입의 결과에 대한 경험적 연구는 매우 적다. 12개의 가족-기반 대처 개입 연구에 대한 고찰에서, 마르티레 등(Martire et al., 2004)은 12개 연구 중 5개가 사회적 지지와 연합된 분명한 장점을 보여 주었는데, 그중 통증 심각도, 병으로 인한 충격, 심리사회적 적응, 환자와 가족 간 의사소통 영역에서 사회적 지지와 연합된 장점이 가장 뚜렷하였다. 12개 연구 중 단 하나만이 개인 지향적인 개입과 연합된 분명한 장점을 확증해 주었다. 구체적으로 류머티스성 관절염 환자들이 배우자를 포함한 프로그램에 참석할 때보다 환자교육 프로그램에 참석할 때 더 큰 자기 효능감과 피로 감소를 보고하였다(Riemsma et al., 2003).

가족-기반 대처 개입의 장단기 효과에 대한 더 많은 연구가 있어야 하겠지만, 초기 유방암 진단을 받은 여성을 위한 부부 중심 집단개입에 대한 한 연구는 이런 접근의 특별한 장점을 제안한다. 6주 동안 부부 중심 개입 또는 일반적인 환자 중심 치료 중 하나에 238명의 여성을 무선할당한 연구에서, 연구자들은 더 많은 신체적 손상을 경험한 여성이나 배우자가 지지적이지 않다고 평가한 여성이 부부 기반 프로그램에서 더 많은 이익을 얻었음을 발견하였다(Manne et al., 2005). 부부를 위한 집단개입에 참여하였던 여성들은 프로그램 마지막에 유의하게 더 적은 디스트레스를 보고하였을 뿐만 아니라, 우울증 증상의 장기적인 감소도 보였다. 저자들에 따르면, 부부 기반 개입의 한 가지 장점은 배우자들로 하여금 그들의 관계와 일상적인 삶에 미치는 질병(예, 유방암)의 효과를 서로 논의할 수 있게 하였다는 것이다.

만성 질병과 연합된 한계에 적응하기

앞에서 언급한 개인적 대처 전략이 분명히 만성 질병의 부정적 효과를 완화하거나 최소화하기 위해 고안된 것이지만, 어떤 여성은 틀림없이 환경적 변화를 요구할 것이다. 만성적으로 아픈 피고용인의 직무 제한과 적응에 대한 최근 연구에서, 연구자들은 신체적 직무 요구, 인지적 직무 요구, 사회적 직무 요구로 구분된 영역에서 직무 적응이 필요함을 확인하였다(Munir et al., 2005). 610명의 감독자들에 대한 조사에서, 저자들은 우울증이 세 가지 직무 요구 범주 모두에 가장 큰 영향을 미치지만, 우울증이 있는 환자는 인지적 직무 적응을 가장 잘 받아들이지 못함을 발견하였다. 이와 대조적으로, 질병(예, 근골격계 질병) 때문에 신체적 직무 요구에 대한 조정이 필요한 피고용인에 대하여 고용주는 즉각적인 직무 적응을 보였다. 흥미롭게도 근골격계 질병이 아닌 다른 만성 질병을 가진 환자들은 질병 특정적인 증상에 기인한 제한보다는 질병의 일반적인 증상(예, 피로)에 기인한 직무 제한을 경험할 가능성이 더 높았고, 일의 인지적 요구에 대한 고용주의 직무 적응은 피고용인이 질병을 털어놓은 것에 대한 반응으로 발생할 가능성이 가장 높았다.

장애를 가진 개인이 대부분의 공공 교육, 고용 장면에서 합리적인 편의시설을 이용할 법적 권한을 가지고 있지만(미국 장애인법, 1990), 그러한 편의시설을 요구하는 데 한 가지 장벽은 질병에 대한 환자의 지각과 관련될 수 있다. 예를 들어, 젊은 출혈성 뇌졸중 생존자에 대한 한 질적 연구는 이런 여성이 타인에게 자신이 어떻게 지각될지에 대한 걱정을 자주 표현하였음을 보여 주었다. 더 구체적으로, 이 연구에 참여한 여성들은 뇌졸중이 전형적으로 노년의 질병으로 간주되며,

'심각하게 여길 만한 장애는 즉각 눈에 띈다.'고 분명하게 의식하고 있었다(Stone, 2005, p. 293). 그러한 잘못된 인식에도 불구하고, 자신에게 장애를 위한 편의 제공이 필요함을 알게 된 여성은 삶의 질과 개인의 기능을 향상시키기 위해 사용할 수 있는 모든 장치를 얻을 수 있도록 배려받아야 한다. 그러한 편의 제공에는 일하는 장소의 조절(예, 인간공학의 향상)과 다른 적응 장비, 향상된 접근성, 그리고 필요한 건강 치료에 시간과 접근을 허용하는 스케줄 수정을 포함하지만, 그것에만 제한되는 것은 아니다. 여성들의 직장 생활은 그들의 재정적 안정뿐만 아니라 심리적 안녕에도 기여하기 때문에 여성들은 작업장 편의 제공의 모든 방법이 탐색될 때까지 조기 은퇴를 강요받거나 무능력자 취급을 받아서는 안 된다.

정보적 지지 앞에서 언급한 것처럼 문제 중심 대처 전략은 흔히 여성들의 향상된 건강 결과와 연결되었다. 정보 추구는 대처에서 그러한 문제 중심 접근 중 하나를 나타낸다. 만성 질병을 진단받았던 여성은 자신의 상태와 가능한 치료 대안에 대한 현재 정보에 접근할 수 있을 때 자주 도움을 얻는다. 이러한 정보는 여성의 건강 관리 제공자, 지지집단, 그리고 유인물이나 전자 매체의 자원 중 하나에서 발견되곤 한다. 만성 질병을 가진 여성은 이상적으로 그들의 치료 제공자와 협력적 작업 관계를 발달시킬 기회를 가지는데, 이는 우리가 이 장의 후반부에서 다룰 주제가 된다. 질병 또는 상태 특정적인 지지집단은 종종 환자에게 정보와 사회적 지지의 또 다른 중요한 출처를 제공하곤 한다. 많은 지역사회가 그 지역 대학교나 의학센터와 연계된 건강 정보 도서관을 가지고 있지만, 인터넷은 빠르게 광범위한 만성 질병과 관련이 있는 환자를 위한 건강 정보의 주요한 출처(Bansil et al., 2006)가 되고 있다.

지역사회 자원　여성들이 일차적으로 건강 증진과 질병 예방에 초점을 맞추든 아니면 이미 만성적인 건강 문제를 가지고 있든 간에, 정보와 교육, 지지를 활용할 수 있는 지역사회 자원의 수는 많아지고 있다. 어떤 지역사회에서는 여성들이 지역사회 건강 도서관의 자원으로 봉사할 수 있으며, 다른 곳에서는 시 건강 부서나 건강 관리 기관에서 건강 정보를 얻을 수도 있다. 인터넷 접속 경험이 있는 여성은 건강 증진과 질병 예방, 급성 및 만성 질병 치료와 관련된 많은 정보를 찾을 수 있다. 예를 들어, 질병통제센터(CDC)와 국립보건원(NIH)은 건강 관리 제공자를 위해서뿐만 아니라 소비자를 위한 중요한 건강 및 질병 정보와 연결되는 웹사이트를 운영하고 있다. 특정한 질병(예, 관절염, 심장병)의 예방과 교육에 관심을 가지고 있는 많은 조직이 새롭게 진단받은 환자와 그들 가족을 위해 광범위한 정보를 제공하는 웹사이트를 만들었다. 마침내 인터넷은 특정 질병(예, 염증성 내장 질환, 유방암)으로 진단받은 사람들에게 정보와 사회적 지지를 제공하기 위해 만들어진 많은 전자 지지집단의 홈이 되었다. 인터넷 검색엔진(예, 구글)에 특정 질병 이름이나 건강 주제를 치고 들어오는 여성들은 인터넷에서 그들의 관심 주제와 관련된 정보를 가지고 있는 웹사이트와 수십 개, 수백 개는 아니더라도 링크를 찾을 가능성이 높다. 정보를 온라인에서 즉각적으로 얻을 수 있게 됨에 따라 여성들은 상충하는 정보 및 권장 사항과 맞닥뜨릴 수도 있는데, 그것은 이런 매체를 통해 얻게 되는 건강 관리 권장 사항의 정확성과 유용함을 평가할 수 있는 어떤 구조나 전략을 요구한다. 그러한 한 가지 전략은 다양한 인터넷 출처에서 정보를 수집하고, 권장 사항의 목록을 만들고, 그런 다음 개별 여성을 위한 최선의 치료 과정을 결정하기 위해 이런 정보에 대해 건강 관리 제공자와 논의하는 것이 될 수 있다.

앞에서 언급한 것처럼 정보적 지지는 종종 문제 중심 대처의 중요한 요소다. 질병에 대한 현재까지의 정확한 정보를 소유한 여성은 자신의 건강이나 질병을 관리하는 데 더 많은 힘을 가지고 있을 뿐만 아니라, 건강 관리 제공자와도 더욱 협력적이고 만족스러운 관계를 맺게 됨을 발견하게 될 것이다.

건강 관리 계획과 운영

건강 증진과 예방에 대한 걱정을 하든 안 하든, 급성이나 만성 질병의 진단과 치료에 대한 걱정을 하든 안 하든, 여성은 건강 관리 및 보험 제공자와의 관계를 효과적으로 관리할 준비를 해야 한다. 이것은 우호성과 순종, 수동성 등의 전통적인 성 역할 기대에 동의하는 여성에게는 특히 도전이 될 수 있으며, 때로는 주장이 강하고, 확고하고, 굳센 것이 더 효과적이다. 예를 들어, 의사에게서 두고 보자는 권고를 받았을 때, 어떤 여성은 대기실 바닥에 누워서 자신의 증상이 적절하게 진단될 때까지 움직이기를 거부하였다. 나중에 판명되었지만 그녀의 맹장은 파열되어 있었다.

환자-제공자 관계

청소년기에서부터 시작해서 여성은 건강 관리 체계를 남성보다 더 많이 사용할 확률이 높다(미국 국립건강통계센터, 2003). 45~64세의 여성은 매년 평균 8명 이상의 의사를 만나는 반면, 남성의 경우 매년 약 6명을 만난다. 그렇다면 많은 연구자가 건강 관리 및 건강 관리 제공자와의 여성의 경험을 연구한 것은 그리 놀라운 일이 아니다. 미국 복지기금위원회가 수행한 여성의 건강에 대한 전국 규모의 연구(2003)는 여성이 환자-제공자 관계에 대해 부정적인 감정을 보고하는 것이 남성보다 2배나 많음을 보여 주었다. 더 구체적으로 여성의 25%는 자신의 의사가 '자신을 낮추어 보며 말했다.' 고 믿었으며, 17%는 의사들이 그들의 건강 문제가 '모두 상상 속에' 있는 것으로 암시했다고 보고하였다. 미국 의학협회의 특별대책위원회의 보고서에 의하면, 여성들은 의학검사 결과가 기질적(예, 신체적) 문제의 존재를 시사할 때조차도 남성보다 더 자신의 증상을 '과도한 불안'—심리적 문제—에 귀인하는 확률이 높다(미국 의학협회, 윤리 및 판결 업무 대책위원회, 1991). 의사들은 또한 여성(그리고 더 낮은 사회경제적 지위의 환자들)[1]의 의학용어에 대한 이해와 기술적 정보를 듣는 것에 대한 흥미를 과소 평가하는 경향을 가질 수 있는데, 이것이 환자들에게 제공되는 정보의 기술적 복잡성과 구체성에서 성 차별을 초래하게 된다(Sprague-Zones, 1995). 아마도 많은 부분 환자-제공자 관계에서의 문제 때문에 여성이 남성보다 의사를 더 쉽게 바꾸는 것은 놀랍지 않다.

포커스 집단에서 65세 이상의 여성들은

1 일반적으로 여성들의 패턴과 더 낮은 사회경제적 지위를 가진 사람들의 패턴과의 유사성은 성이 지위나 계층 변인이며 단순히 개인적 속성이 아니라는 관점을 지지한다.

일반적으로 그들의 신체적 건강 욕구가 충족되었지만, 그렇다 하더라도 환자-제공자 관계의 많은 부분이 향상될 여지가 있다고 보고하였다(Tannenbaum et al., 2003). 이런 것 중에는 건강 관리에 대해 적극적인 참여자로 인정받고 싶은 여성의 바람과 노화와 관련된 여성의 걱정과 불안을 인식하는 것의 중요성, 환자-제공자 관계에서 더 많은 정보 공유와 교육의 필요성 등이 있다. 이 연구에 참여하였던 여성은 식이 조절, 운동, 성공적인 노화와 관련 있는 기타 건강 유지 전략에 대해 더 많이 배우는 데 특별히 관심이 있었지만, 시간과 접근 가능성, 치료의 연속성이 효과적인 건강 관리를 하는 데 상당한 장벽이라고 믿고 있었다. 더 구체적으로 여성은 제공자들이 그들의 건강 관리 걱정에 대해 귀 기울여 듣고 말해 주기에, 또는 정상적인 노화 과정에 대한 구체적인 정보를 제공하기에 항상 충분한 시간을 가지고 있지 않았다고 하였다. 환자의 만족도와 의학 처방에 대한 환자의 준수가 좋은 환자-제공자 관계에 의해 향상된다는 것이 밝혀졌지만(Carlson & Skochelak, 1998),[2] 근본적인 목표는 항상 환자가 받는 치료의 질을 높이는 것이어야 한다. 긍정적인 비언어적 행동과 낙관적인 말, 사회적인 대화는 만남에 대해 전반적으로 좋은 느낌을 갖게 할 수 있지만, 그런 것들이 전문적인 유능성이나 환자의 증상과 걱정거리에 대한 철저한 이해를 대치해서는 안 된다. 이와 유사하게, 일반적인 사회적 대화가 발생할 수 있는 불일치의 인식이나 불일치의 해결책을 회피하기 위해 사용되어서는 안 된다. 다행스럽게도 효과적인 환자-제공자 의사소통은 유방암과 당뇨병, 고혈압, 위궤양

2 연구는 여자 의사들이 더 많은 상호작용적인 질문과 대답, 대화에 참여한다는 것을 보고하였다(Bertakis 등, 1995; Roter et al., 1991). 하지만 이것은 때때로 특정 전문 영역(예를 들면, 소아과)이라는 변인과 혼입된다.

환자의 향상된 건강 결과와 연합되는 것으로 나타났다(Kaplan et al., 1989).

치료에의 동의

급성 혹은 만성 질병을 가진 여성은 자주 자신의 치료와 관련하여 많은 중요한 결정에 직면하게 된다. 기술 발전으로 여성이 가능한 치료 대안에 대한 정보를 독립적으로 수집할 기회를 이전보다 더 많이 갖게 되었지만, 치료 결정은 궁극적으로 건강 관리 제공자와 개별 환자의 관계 맥락 속에서 이루어진다. 결과적으로 치료에 대한 정보를 알려 주고 받는 동의(informed consent to treatment)가 가장 중요한 이슈가 된다.

치료에 대한 정보를 알려 주고 받는 동의 치료 동의서가 서류에 사인하는 것이라는 대중적인 관점과 대조적으로, 치료에 대한 정보를 알려 주고 받는 동의는 더 정확하게 '충분히 정보를 아는 환자가 자신의 건강 관리에 대한 선택에 참여할 수 있는 과정'으로 간주된다. 그것은 환자가 자신의 몸에 일어나는 것을 감독할 법적/윤리적 권리와 건강 관리에 환자를 포함시킬 의사의 윤리적 의무에서 기원한다(Edwards, 1998, p. 1). 치료에 대한 정보를 알려 주고 받는 동의 과정은 여성과 그들의 건강 관리 제공자들에게 협력적 치료 관계를 맺을 수 있게 하는 것이며, 이것은 의사가 환자에게 최선이라고 믿는 것을 독자적으로 결정하는 가부장적 의사의 역사적 개념과 정반대되는 것이다.

따라서 치료에 대한 정보를 알려 주고 받는 동의는 특정 치료를 수용한다는 자발적인 결정을 포함하며, 강요나 부당한 유도가 없는 상태에서 일어난다. 그것은 의사소통과 의견 교환의 과정이다. 의학적 윤리는 환자들이 치료에 대한 정보를 알고 치료에 동의하도록 요구한다(미국 의학협회, 윤리 및 판결 업무 회의, 2004; delCarmen & Joffe, 2005). 이런 과정을 실행하지 않는 것은 법적으로 폭력이나 직무 유기로 간주할 수 있다. 완전한 정보 제공 후 받는 동의에는 다음과 같은 많은 구체적인 요소가 포함된다. 첫째, 진단을 알려 준다. 둘째, 치료의 제안, 치료가 성취할 수 있는 목표와 그러한 목표를 달성할 가능성, 셋째 제안된 치료의 잠재적 위험과 부작용, 넷째 비용과 상관없이 가능한 대안적 치료법과 그 대안적 치료법의 잠재적 위험과 부작용, 다섯째 아무것도 하지 않거나 기다리는 것의 가능성과 그러한 과정의 문제점 등이다.

불행하게도 건강 관리 제공자들이 환자에게 치료에 대한 정보를 알려 주고 동의를 받는다고 믿는 것과 그들의 실제 동의와 관련된 행동 사이에는 여전히 괴리가 존재한다. 예를 들어, 임상치료 연구에 포함된 정보를 알려 주고 동의를 받는 양식의 독해 수준을 연구하였는데, 그 결과는 실제로 그런 동의 양식이 거의 미국 성인의 평균 독해 수준, 즉 중학교 2학년 수준에 맞게 쓰여 있지 않음을 보여 주었다. 사실상, 검토한 동의 양식의 절반이 대학 수준의 독해 능력을 요구하였다(Reidenberg, 2005). 이러한 자료는 동의 양식에 환자의 사인이 있다는 사실이 반드시 그녀가 치료에 대해 충분히 알고서 '동의했다'는 것을 의미하지는 않는다는 것을 시사한다. 다행스럽게도 개별 환자가 결정을 내리는 문화적 맥락을 충분히 인식해야 할 뿐만 아니라(King & Yamalik, 2005), 정보를 알려 주고 받는 동의를 사인하기 위한 형식으로서가 아니라 하나의 **과정**으로 보자(Simon & Kodish, 2005)는 요구가 건강 관리 전문가들 사이에서 점차 커지고 있다. 그렇다면 여성들에게 치료에 대한 정보를 알고 동의하는 것에 올바르게 참여하도록 능력을 부여한다는 것은 성과 인종, 문화, 계층에 상관없이 모든 사람이 그들에게 현재 가능한 일정 범위의 치료 선택안을 얻을 수 있도록 보장하기 위해 하나의 집단으로서 우리가 일해야 함을 의미한다고 주장할 수도 있다. 이와 비슷하게, 건강 관리 제공자들은 환자가 제안된 치료와 치료 대안에 대해 질문할 수 있도록 초대받는 환경을 만들어야 한다. 이것은 성 사회화나 성 교육에 의해, 그들에게 제공된 정보를 충분히 이해하지 못한다는 것을 나타내기 주저할 수도 있는 그러한 여성에게 특별히 중요하다.

정보를 알려 주고 받는 동의에서, 흔하지만 거의 논의되지 않는 측면은 관찰자나 수련자의 참여에 대한 승낙이다. 한 가지 흔한 관례는, '그림자처럼 따라다니기(shadowing)' 라고 불리는 것으로, 다른 사람에게 치료를, 일례로 수술하는 동안 관찰하도록 하는 것이다. 그 관찰자는 종종 인턴이거나 레지던트가 되는데, 관찰의 이익이 수련자에게는 있지만 환자에게는 아니다. 만약 학생이나 인턴, 혹은 다른 전문가들이 환자의 어떤 검사에 참여한다면, 또는 환자를 포함한 어떤 절차에 참여한다면, 이것은 미리 명료하게 이야기가 되어야 한다. 환자들에게 그러한 관찰에 대해 알려 주고, 동의를 하거나 하지 않을 기회를 주어야 하며, 관찰자가 사실상 적절한 훈련을 받았다는 확신을 환자가 갖도록 해야 한다. 나아가 이름을 밝히지 않은 다른 사람이 치료에 참여하는 것에 대한 동의는 개인이 치료를 받고 있는 상황과 직접적이고 구체적으로 관련된 절차까지만 확장되어야 한다. 이런 관례가 잘못 사용될 가능성은 병원이 스스로 내놓은 부인에서 추측할 수 있는데, 즉 병원들은 그런 포괄적인 동의의 결과로 의문스러운 관례가 발생하도록 결코 허락한 적이 없으며 더 이상 허락하지 않을 것이라고 공표하였다. 예를 들어, 관찰이나 그림자처럼 따라다니기는 제약회사 대표가 수술과 다른 치료에 있는 것을 허용할 수 있다. 대부분의 경우에 그러한 사람은 의학적 훈련을 받지 않았다.

사전 지시(advance directives) 오늘날 건강 관리의 윤리적 · 법적 분위기를 고려할 때, 여성들은 그들이 미래의 어느 시점에 의학적 치료에 대해 알고 하는 동의를 제공받을 수 없게 될 가능성을 예상하고 그에 대비하도록 강력하게 권고받는다. 그러한 상황이 일어났을 때 환자의 소망을 전달하는 데 있어 환자를 돕기 위해 많은 법적 문서가 만들어졌다. 더 구체적으로 모든 연령의 여성에게—특별히 중년 여성이 아니라—건강 관리에 대한 사전 지시를 준비하도록 권장된다. 일반적으로 살고자 하는 의지(a living will), 건강 관리에 대한 항구적 위임권, 심폐소생술을 하지 않음(DNR)의 사전 지시가 가능하다. 그러한 문서는 미래 치료에 대한 구체적인 지시 사항을 환자의 가족과 건강 관리 제공자에게 제공하고, 법적으로 환자를 대신하여 치료 결정을 내릴 권한을 가진 사람을 확인하기 위한 의도로 만들어진다.

문서화된 자료의 한 가지 유형인 살고자 하는 의지는 말기 질병 상황이나 영구적으로 의식이 없는 상태가 발생했을 때 환자가 받고자 하는 의학적 관리 유형을 가족과 건강 관리 제공자들에게 알려 준다(Geller, 발표일 미확인). 살고자 하는 의지는 환자가 병 때문에 자신의 의학적 관리에 대한 결정을 전달할 수 없다고 의사가 판단한 시점에서 전형적으로 효과를 발휘한다. 요약하면, 살고자 하는 의지의 목적은 의학치료가 어떠해야 하고, 어떠해선 안 되는지에 대한 환자의 선호를 전달하는 것이다. 이와 대조적으로 건강 관리에 대한 항구적 위임권은 환자 대신 결정을 내리도록 허락받은 사람이 누구인지가 적혀진 문서화된 자료다. 본질적으로 질병이나 상해로 인해 환자가 인지적으로 결정을 내릴 수 없게 된 상황에서 건강 관리에 대한 항구적 위임권자로 확인된 사람이 환자의 대변인이 된다. 한 가지 잠재적으로 중요한 치료 결정은 생명을 구하는 의학적 개입을 사용하는 것이다. 살고자 하는 의지와 항구적 위임권 문서가 질병이나 상해로 무능력해진 여성에 대해 타인이 건강 관리 결정을 내리도록 하는 법적 수단을 제공하지만, 특히 생명의 종말을 결정하는 것은 종종 복잡하며 매우 어렵다. 호흡과 심장 박동이 멈춘 상황에서 심폐소생술을 원하지 않는 환자에게는 DNR 명령서로 알려진 서류를 작성할 때 이러한 바람을 적도록 권고해 주어야 한다.

많은 연구가 일반적으로 병원의 외래 환자와 입원 환자가 모두 사전 지시에 대해 우호적 태도를 가지고 있음을 보여 주지만(Broadwell et al., 1993; Holley et al., 1997; Salmond & David, 2005), 상대적으로 소수의 환자만이 실제로 그런 서류를 완성한다. 일반적인 병원 장면에서 사전 지시의 상대적으로 낮은 사용 비율에도 불구하고, 살고자 하는 의지와 건강 관리에 대한 항구적 위임권, DNR 명령은 여성들이 의학적 의사 결정과 치료에 대한 자신의 선호를 가족과 건강 관리 제공자, 법원에 전달할 수 있는 중요한 수단으로 남아 있다.

여성의 건강 관리에 대한 책임지기

이제 우리가 중년 여성의 건강에 대한 다차원적인 관점을 지지한다는 것은 분명해졌다. 단순히 여성 건강의 생물학적인 관점에만 동의하기보다 다양한 건강 결과를 낳는 데 있어 여성의 생물학적 측면과 상호작용하는 사회적 · 문화적 · 심리적 요인의 맥락에서 건강 증진과 질병 예방, 질병 관리가 이해되어야 한다. 따라서 만약 여성이 자신의 건강을 돌볼 수 있는 방법을 확인하려면, 우리는 먼저 여성이 건강과 질병을 경험하는 개인적 · 관계적 · 직업적 · 사회적 맥락을 탐색해야 한다.

개인적 수준에서 우리는 계속해서 여성—특히 나이 든 여성—이 스스로 자신을 위해 말할 권리가 있다고 느끼고 주장하는 주체가 되는 기술을 발달시키도록 지지해야 한다. 연구 문헌은 나이 든 여성이 자신의 삶에서 개인적 관계나 직업적 관계를 맺고 있는 타인에게 순종적인 태도를 가지도록 사회화되었던 여러 방식의 예들로 가득한데(Weitzman & Weitzman, 2000), 그것은 개인의 권위를 저하시키고, 종종 취약한 느낌을 증가시킨다. 여성은 자신의 행동이 타인을 양육하고 돌보는 목표에 의해 이끌어질 때 '자연스럽게' 마음이 기울고 가장 능력을 잘 발휘한다는 믿음을 일반적으로 받아들인다. 이런 성향이 여성에게만 독특한 것은 아니지만, 여성에게서 지배적인 도덕적 틀로 안정화되었다. 사실상 도덕성의 관점에서 돌봄(care)의 성차에 대한 연구를 체계적으로 고찰한 결과, 차이는 작으며 대부분의 여성과 남성이 원칙이 있는 규칙(principled rules)과 관계적 돌봄을 결합하여 사용함을 보여 준다(Jaffe & Hyde, 2000). 많은 여성이 주장적이 되거나 자신을 옹호하는 것에 대해 죄책감을 느낄 수 있지만, 그러한 주체적 행동은 더 나은 문제 해결과 결과에 대한 더 큰 만족을 가져올 수 있다. 이 장의 앞에서 언급하였듯이 여성은 많은 건강 증진 행동(예, 영양, 신체적 활동, 스트레스 관리)에서 이익을 얻는데, 특히 삶의 초기에 이러한 행동이 확립되었을 때 그러하다. 하지만 성인 여성이 경험하는 다양한 역할 요구를 고려할 때 이러한 건강 증진 활동을 위한 시간을 찾아내는 것은 어려울 수 있다. 결과적으로 우리는 여성이 자신의 삶에서 자기-관리에 우선권을 두게 하고, 그러한 목표를 이루게 하는 건강한 행동을 수행하도록 격려해야 한다. 이것은 말하기는 쉬워도 행동하기는 어려운 것이지만, 그럼에도 불구하고 많은 여성에게 중요하다.

중년 여성들의 건강을 지지하는 방법에 대해 생각할 때, 교육 전략과 행동 전략을 네 가지 수준에서 고려할 수 있다. 첫째, 개별 여성, 둘째 관계와 가족체계, 셋째 전문적 건강 관리 제공자, 넷째 사회와 공공 정책이다. 개별 여성들에게, 우리는 건강 증진 행동과 질병 예방, 만성적인 건강 상태를 관리하기 위해 정서 중심 및 문제 중심 접근에 대한 교육이 중요함을 강조하지 않을 수 없다. 여성이 건강 관리 제공자와 조직에 대처할 때 개인적 주장을 더 많이 할뿐만 아니라 종종 자신의 몸과 건강 상태에 대한 지식을 더 많이 가짐으로써 이익을 얻는다는 것 또한 분명하다.

관계적인 또는 가족체계 수준에서, 여성의 삶의 사회적 맥락을 인정하는 것이 다시 한번 중요하다. 여성의 건강은 그녀가 살고 있는 환경의 영향을 받을 수 있다. 반면, 여성이 만성적인 건강 상태나 통증을 가지고 살고 있다면, 이 또한 가족체계에 영향을 줄 가능성이 높다. 예를 들어, 쉼터에 있는 홈리스와 소득이 낮은 여성에 대한 연구는 신체적 폭력과 아동기의 신체적 혹은 성적 학대가 회피적 대처 전략 및 증가된 우울과 관련 있음을 시사한다(Rayburn et al., 2005). 이와 대조적으로 가족과 친구로부터의 기능적인 사회적 지지는 종종 문제가 되는 건강 상태에 대처하는 여성의 능력에 중요한 역할을 한다. 가족에게 질병의 증상과 경과, 치료법에 대해 교육받도록 하는 것은 여성의 경험에 대한 이해를 높일 수 있다. 이와 비슷하게 여성과 친밀한 파트너 사이의 의사소통을 향상시키는 것은 그러한 대인관계에 영향을 주는 질병의 부정적 효과와 통증을 완화시키는 데 도움이 될 것이다.

중년 여성을 대하는 건강 관리 제공자들은 다양한 지지 연습에 힘을 쏟아야 한다. 예컨대, 환자에게 정보를 제공하는 데 시간을 들이고, 여성들을 건강 관리 관계에서 협력자로 끌어들이고, 질병의 예방과 관리에 대한 정보를 알려 주고, 자율적으로 의사 결정을 하도록 격려하고 지지하는 것 등이 있다. 우리는 중년과 그 이후 여성의 건강 상태와 건강 관리 필요성에 대해 말해 주는 현대의학 및 행동과학 문헌을 의사들이 많이 접하기를 기대한다.

마지막으로 사회적 수준에서, 여성의 건강 상태와 만성 질병 경험에 대해 인종적으로나 문화적으로, 성적으로, 경제적으로 다양한 여성 집단의 욕구를 이해하는 것을 강조하는 연구가 계속 이루어져야 한다고 주장하는 바다. 중년 여성의 건강에 대한 지식이 증가함에 따라 건강 증진 자원과 건강 관리 제공자에 대한 접근성을 높이는 것이 중요한데, 특히나 제한된 재정적 자원을 가지고 있는 여성에게 더욱 중요하다. 건강 관리에 대한 접근성 향상은 이상적으로 여성이 자신의 건강 관리와 치료에 대해 올바른 정보를 알고 선택할 수 있도록 만들 것이다. 만성적인 문제나 장애를 경험하는 여성은 지속적으로 직장과 공공시설에서 적절한 편의를 제공받을 수 있어야 한다.

중년기에 여성 건강에 대한 도전과 건강 관리에서의 성 불평등에 대한 지속적인 걱정에도 불구하고, 오늘날 50대 여성들은 그들의 어머니와 할머니들보다 더 오랫동안, 더 건강한 삶을 살고 있다. 그들은 더 나은 교육을 받았고, 신체적으로나 직업적으로 더 적극적이며, 하나의 집단으로서 현대 건강 관리 정보와 자원에 더 잘 접근할 수 있다. 중년 여성이 만성적인 상태를 관리하고 건강한 삶의 방식을 증진하는 데 서로서로를 지지함에 따라, 그들은 미래 세대에게 건강한 여성의 역할 모델이 되고 있다. 많은 노년 여성이 삶에서 은퇴하기보다, 이전에는 개발하지 못했던 그들 삶의 측면을 탐색할 기회를 찾고 있다. 전통적인 고정관념과 비교할 때, 오늘날 나이 든 여성의 삶의 방식은 점차 다양해지고, 신체적으로 더 활동적이며, 지적으로 확장되고, 정치적으로 힘을 발휘하고, 사회적으로 연결되며, 건강해지고 있다.

4/ 계속 움직이기:

운동, 여가활동과 중년 여성

Ruth L. Hall

몇 주 전 나의 50번째 생일에, 나는 미국 은퇴자협회(AARP)로부터 내가 AARP에 가입할 자격이 있음을 알려 주는 편지를 받았다. 나는 은퇴하였다. 그러나 그것이 무슨 의미인가? 나는 폐경을 지났고 더 빠르게 머리가 희어지기 시작했다. 내 주치의는 나에게 '나이로 인한 골관절염'이 있다고 말해 주었다. 마치 그것이 통증을 덜어 주기라도 하는 것처럼. 이 밖에도 이 시기에는 노화의 다른 증상이 나타나기 시작한다. 중년은 몸이 노화의 과정을 떠올리도록 하는 시기이며, "과거에 (　　)를 했을 때 이 (신체 부위)가 문제를 일으킨 기억은 없다."라고 우리 자신에게 말하는 시기다. 또한 중년은 나이가 들어감에 따라 정신적으로 깨어 있고, 영적으로 충만하며, 신체적으로 건강하게 남아 있을 수 있도록 더 적극적으로 생활 방식을 개발하고 유지하게 되는 시기이기도 하다.

베이비붐 세대인 나는 1960년대에 성년이 되었다. 그 당시 미국과 전 세계는 많은 억압된 집단이 행동하는 시기였다. 시민권운동이 흑인권력운동, 여성운동, 게이권리운동 등 다른 강력한 운동으로 바뀌었다. 어떤 경우 1960년대의 모멘텀은 진보의 구체적인 신호였던 정책과 법-차별철폐조치를 만들어 내었고, '로우 대 웨이드 재판(Roe v. Wade)'은 많은 사람의 환경을 바꾸었다. 미국에서 있었던 여성을 위한 또 다른 법적인 대성공은 '법령 9장(Title IX)'이었는데, 이것은 스포츠에서 남성에 대한 소녀와 여성의 공평성을 제공하기 위해 고등학교와 대학에 연방정부 자금의 지원을 요구하였다. 그러나 이러한 모든 법적 조치와 진보적 변화는 현재 위험에 처해 있다. 우리는 이런 법률에 의해 보호받는 여성과 다른 사람들의 권리를 위해 만들어진 커다란 발전이 현재 직면하고 있는 위기에도 불구하고 계속 지속되기를 바랄 뿐이다.

여성주의의 제3의 물결의 영향 중 하나는 소녀와 여성이 스포츠에 더 잘 접근하게 된 것인데, 그것은 신체적으로나 심리적으로 우리에게 이득을 주었다. 중년 여성으로서 우리는 고등학교나 대학교 시절에 '법령 9장'의 이득을 직접적으로 받지는 못했지만, 신체적 활동에 참여하는 것에 대한 관심과 참여 가능함, '허용'의 여파로부터 약간의 이득을 얻었다. '법령 9장'이 법적인 효력을 갖게 되었을 즈음, 여성주의자들은 더 융통성 있는 성 역할을 장려하였고, 모든 소녀와 여성에게 자신의 몸에 대한 주인의식을 가지고 자신을 성적인 존재 이상으로 보도록 촉구하였다. 더 최근에는 미디어에서 신체상에 대한 메시지가 체력과 정상적이고 건강한 신체의 중요성이라는 목표를 포함하는 것으로 확대되었다.

하지만 성 고정관념은 사라지기 어려우며, 문화는 여전히 여성이 어떠해야 하는가에 대한 억압적 태도를 가지고 있다. 1960년대에 트위기(Twiggy, 유명 모델-역자 주)는 양성적인 모습이 최선이라고 생각하도록 여성을 사로잡았다. 더 이상 메릴린 먼로나 곡선 미를 지닌 여성이 이상형이 아니었다. 완벽한 여성의 몸에 대한 몰두는 계속 번져 나갔고, 내가 누구인가와 자존감에 영향을 주고 있다. 대부분의 여성이 외모에 대한 건강하지 않은 초점, 즉 대중매체와 상업주의, 남성 지배적인 경제에 의해 강화된 관점을 가지고 있기 때문에 신체 자각은 변하기 쉬운 상품으로 남아 있다.

오늘날 50세 이상 여성의 삶은 우리 어머니와 할머니의 삶과는 매우 다르다. 현대 기술이 많은 직업과 집안일에 요구되는 물리적 노동량을 감소시켰으며, 우리가 자유재량으로 쓸 수 있는 시간의 양은 증가하였다. 베이비붐 시대에 태어난 사람들은 의학의 향상과 건강한 생활 방식에 대한 더 많은 지식 덕분에 더 오래, 더 건강하게 살고 있다. 베이비붐 세대는 20세기 발전의 이익을 거두어들였고, 우리 중 많은 사람이 자신의 일정에 신체적 활동을 집어넣으려는 의식적인 노력을 하고 있다. 물론, 신체적으로 힘든 일을 하고 있는 여성도 많이 있다(예, 농사일, 가사, 건축일). 하지만 그러한 일이 반드시 더 나은 건강으로 전환되는 것은 아니다. AARP(2002)는 신체적으로 힘든 일을 하는 여성이 그렇지 않은 여성보다 반드시 더 건강한 것은 아니라고 보고하였다.

더 많은 여성이 계속 움직이고 있다. 오늘날 신체적 활동을 선택하는 경향은 에어로빅, 요가, 자전거 타기, 걷기, 팀 스포츠(예, 하키), 마스터급 스포츠와 여가활동 등을 포함한다. 스포츠와 신체적 활동에 대한 관심은 건강 마케팅 때문에 더욱 커졌다. 현재 스포츠웨어와 여성용 신발과 자전거를 포함해서, 더 다양한 운동 장비가 여성을 위해 만들어지고 있다. 더군다나 슈퍼마켓에서도 건강한 선택에 대한 인식과 사용 가능성이 증가되었다. 즉, 더 적은 소금과 설탕이 들어가고, 더 낮은 지방과 더 적은 탄수화물을 함유한 음식들이 건강한 생활 방식을 더 쉽게 갖추게 한다. 이것이 사실이라면, 왜 더 나은 건강에 대한 캠페인이 모든 여성에게 미치지 못하고 있는가? 왜 그렇게 많은 50세 이상의 여성이 정기적 신체활동에 대한 몸의 필요성을 충족시키지 못하는가? 무엇이 여성, 특히 중년 여성으로 하여금 노화의 가능성을 증가시키는 측면에 적극적으로 대처하지 못하도록 가로막는가?

'법령 9장'이 교묘히 피해갔지만, 중년 여성은 분명히 그들의 어머니가 가지지 못했던 기회를 가지고 있고, 우리는 신체활동이 건강에 본질적으로 중요하며, 여가 시간을 활용하는 현명한 방법임을 인식하고 있다.

이 장의 목적은 중년기 여성들의 즐거움에서 신체활동과 그것의 중심적 역할에 대해 이야기하는 것이다. 신체활동이 몸을 사용하는 스포츠나 운동, 여가활동을 포함할 것인지가 건강한 생활 방식의 핵심이다. 신체활동을 매일의 삶에 통합하는 것이 다양한 면에서 여성의 삶의 질을 향상시킨다. 첫째, 중년을 정의하고, 건강 관리와 영양의 역할을 포함해서 중년의 나이가 여성의 몸에 얼마나 영향을 주는지에 대해 논의할 것이다. 그런 다음 신체활동에 대한 개요를 제시하고, 50세 이상의 남성과 여성의 신체활동에 대한 AARP 연구 결과를 제공할 것이며, 중년 여성의 스포츠와 여가활동에 초점을 맞출 것이다. 그리고 몸에 미치는 신체적 노화의 영향 및 운동의 지속 기간과 빈도의 중요성에 대한 논의가 뒤따를 것이다. 그다음 위험 집단과 신체적 무활동의 결과, 그리고 운동의 장해물에 대해 논의할 것이다. 운동이 채울 수 있는 세 가지 영역, 즉 재미, 유능감, 자신감 확립의 측면에서 운동의 장해물을 극복하는 방법을 소개할 것이다. 마지막으로 미래의 연구에 대한 제언으로 결론을 맺을 것인데, 이것이야말로 중년 여성에게 유일하게 필요한 것이다.

중년이란 무엇인가

레빈슨(Levinson, 1996)은 50~55세를 50대 전환기로, 55~60세를 중년 성인기의 절정으로, 60세를 후기 성인 전환기의 시작으로 언급하였다. 그는 50대 전환기를 "자기와 세상에 대해 더 많이 탐색하기 위해, 그리고 이후 시기에 형성될 구조에 대한 기초를 만들기 위해, 기존 생활 구조를 재평가하는 기회"라고 기술한 반면(p. 26), 55~60세는 "…… 그 시대의 다수의 열망과 목표 실현을 위한 수단"이라고 하였다(p. 26). 레빈슨은 신체활동과 스포츠, 운동에 대해 직접적으로 말하지 않았지만, 이런 것들은 삶의 질의 초석을 운동에 세우고자 한 그의 개념과 딱 들어맞는다.

여성에게 있어 중년 성인기의 신체적 변화

여성에게 있어 중년 성인기에 수반되는 신체적 변화는 무엇보다도 폐경 즈음에 여성이 더 이상 월경을 하지 않고 생명을 생산할 능력을 갖지 못할 때 나타나는 변화들이다. 내 동료는 최근 폐경의 당도와 가임기간의 상실을 슬프게 공표하였지만, 다른 여성은 생리대와 탐폰으로부터의 자유를 기뻐한다. 폐경에 수반되는 증상은 사람마다 다르다. 하지만 에스트로겐 수준의 감소는 모든 여성에게 영향을 준다. 근육 긴장도의 감소와 더 느려진 신진대사는 중년 여성의 체중 증가에 기여하는 폐경의 특징이다(MayoClinic.com, 2006; WebMD, 2006). 결과적으로, 중년 여성은 비만해질 위험이 더 크며, 비만과 함께 몇몇 만성 질병의 위험도가 증가하게 된다. 뿐만 아니라 중년은 만성 질병이 흔히 나타나는 시기다(Woods & Mitchell, 1997). 이러한 것들에는 심장

질환, 관절염, 고혈압, 정형외과적 문제, 당뇨, 천식, 만성 정맥두염(sinusitis), 기관지염이 포함된다(미국 국립건강통계센터, 1993).

건강 관리와 영양에 대한 걱정

양질의 건강 관리 서비스에 대한 접근성의 불평등은 여성의 건강에 대해 작지만 누적되는 부정적인 효과를 가진다. 머췰러와 알콘(Mutschler & Alcon, 1997)은 많은 여성, 특히 나이 든 여성과 유색인 여성에게 양질의 건강 관리가 부족함을 지적하였고, 연구에서 여성의 건강에 대한 관심 부족과 적절한 건강 관리 부족은 여성의 건강을 위험하게 만든다고 지적하였다. 빈약한 건강 관리는 피할 수도 있었던 만성적인 건강 문제를 초래할 수도 있다. 이러한 건강 문제는 여성의 삶의 질을 위협하는 것은 물론 많은 이에게 정기적으로 운동하기 어렵게 만든다.

영양은 중년 여성의 건강과 삶의 질에 중요하다. 만약 개인이 적절한 건강 관리를 하지 않거나 영양을 섭취하지 않는다면, 그러한 운동은 최적의 이득을 보지 못할 수 있다. 사실상 채소가게의 모든 생산품은 성분을 알려 주는 라벨을 가지고 있다. 요즘은 매체에 다양한 영양소의 효능과 좋은 영양을 유지하기 위해 필요한 비율에 관한 정보가 많이 있다. 하지만 많은 이에게 오래된 습관은 고치기 어렵고, 비율 조절뿐만 아니라 이제까지 먹었던 음식의 종류를 바꾸는 것은 하나의 도전이다. 패스트푸드와 값싼 음식은 대체로 지방과 소금, 설탕, 탄수화물이 높은 음식들인 경우가 많은데, 이는 미국인 식사의 주 요소를 이룬다. 신선한 야채와 과일—건강한 식사의 주 요소—은 미국인의 식사에서 흔한 스낵 음식들(예, 칩, 도넛, 크루아상, 사탕)보다 더 비싼 것으로 인식된다. 현실에서 특히 신선한 과일과 야채를 적당한 가격에 사는 것은 실제적인 문제다. 필라델피아의 음식 신뢰(The Food Trust)와 같은 프로그램(www.thefoodtrust.org)은 영양 교육과 함께 음식을 준비하는 더 건강한 방법을 시연할 뿐 아니라, 저소득층의 사람들에게 편리한 장소에서 합리적인 가격으로 싱싱한 음식을 제공한다. 더 건강하게 식사하는 것은 많은 이에게 의식적인 선택이자 구매 습관과 음식 준비, 입맛 선호에서 수정을 요하는 일치된 노력의 산물이다. AARP(2002)는 여성들의 86%가 올바른 식사가 건강에 중요하다고 생각한다고 보고하였다. 하지만 지식이 항상 행동으로 옮겨지는 것은 아니다.

건강 관리와 영양은 중년기에 체력(fitness)과 건강한 체중을 유지하는 데 핵심적인 요소로서 신체활동을 보완한다. 대부분의 중년기 만성 질병(예, 당뇨, 고혈압, 심장질환)은 과체중으로 악영향을 받는다. 분명히 건강한 체중이 건강한 생활의 중심이다. 웨일(Weil, 2005)은 "운동 그 자체는 식사 습관의 변화가 동반되지 않는 한 비만을 거의 바꾸지 못하지만 비만을 예방할 수는 있으며, ……최적의 건강을 유지하기 위해서는 정기적인 유산소 운동이 절대적으로 필요하다."고 경고하였다(p. 181). 우드와 미첼(Woods & Mitchell, 1997)은 "중년과 노년기 동안의 질병과 사망을 설명하는 가장 중요한 질병 위험 요인 세 가지로 흡연, 식사의 질, 앉아서 일하는 생활 방식"이라고 기술하였다(p. 74). 따라서 레빈슨이 제안한 중년기의 삶과 자기 자신에 대한 검토에는 식사 습관과 활동 수준에 대한 평가를 포함시켜야 한다(Levinson, 1996).

신체활동과 운동, 그리고 체력

'신체활동' 이라고 말할 때 우리는 정확히 무엇에 대해 말하는가? 일반외과 보고서(미국 보건복지부, 1996)는 다음과 같이 구분하였다.

- 신체활동: "신체활동은 기초 수준 이상으로 에너지 소비를 증가시키는 골격 근육의 수축에 의해 만들어지는 몸의 움직임으로 정의된다. 신체활동은 유형, 강도와 목적을 포함해서 다양한 방식으로 범주화될 수 있다" (p. 20).
- 운동(또는 운동 훈련): "……운동은 신체활동의 하위범주를 나타내기 위해 사용되어 왔다. 체력의 하나 혹은 그 이상의 구성 요소의 향상과 유지가 목표라는 점에서 계획되고 구조화되고 반복되는 목적에 맞는 신체활동" 이다(Caspersen, Powell, & Christensen, 1985, 미국 보건복지부, 1996, p. 20에서 인용함).
- 체력(physical fitness): "……지나친 피로 없이 활기 있고, 각성된 상태에서 일상적인 업무를 수행할 수 있고, 충분한 에너지를 가지고 여가 시간을 즐기고, 예상치 못한 응급 상황에 대처할 수 있는 능력…… 건강과 관련된 적절함은 심장 호흡 계통의 건강, 근육의 강함과 지구력, 몸의 조직과 융통성을 포함한다"(p. 20).
- 건강: 부차드, 쉐파드, 스테핀스, 서튼과 맥퍼슨(Bouchard, Shephard, Stephens, Sutton, & McPherson, 1990, 미국 보건복지부, 1996에서 인용함)은 건강은 "……신체적 · 사회적 · 심리적 차원을 가진 인간의 조건으로, 각각은 긍정적 · 부정적인 극단을 가진 연속선상에 존재한다. 긍정적인 건강은 인생을 즐기고 도전을 견딜

> 수 있는 능력과 연합된다. 그것은 단지 질병이 없는 것이 아니다. 부정적인 건강은 병적 상태와 연합되며, 극단적인 경우 조기 사망으로 이어진다" (p. 22).

따라서 궁극적인 목표인 좋은 건강은 체력을 향상시키는 방식으로 몸을 사용함으로써 얻을 수 있다. 모든 중년 여성은 신체활동을 일상생활에 포함시키고자 의식적인 노력을 기울여야 한다. 분명히 운동은 삶의 질을 위해 중요한 요인이며, 체력이 없다면 직장에서 계속 뛰어나게 일할 수 없고 손자들과 놀 수 없으며 많은 중년 여성의 삶에 즐거움을 가져다주는 정원 가꾸기와 여행 같은 취미와 다른 여가활동을 즐길 수 없다.

운동의 유형

2002년 5월, AARP는 50~79세 성인의 운동에 대한 태도와 행동에 대한 조사를 수행하였다. 2,000명의 남성과 여성이 15~20분 동안 전화 인터뷰에 참여해서 자신들의 운동 습관에 대한 질문에 대답하였다. AARP(2002)는 중년과 나이 든 성인이 운동하는 이유를 설명하는 6개의 광범위한 유형 범주로 사교적인, 건강을 유지하려는, 마음과 몸, 허약한, 동기가 없는, 매우 바쁨을 확인하였다. 여성들은 보통 마음과 몸(체력과 심리적 이득을 위해 운동하는), 동기가 없는(운동을 하지 않는 경향이 있는), 허약한(운동할 능력을 위협하는 건강 문제가 있는), 매우 바쁜(시간이 없는), 그리고 건강을 유지하려는(건강을 위해 운동하는) 유형에 속하는 경향이 있다. 유일하게 사교적인 집단만 남성에서 우세했다(재미를 느끼고, 사교적이고, 더 나은 성생활을 하기 위해). 미국 여성의

61%가 건강에 운동이 중요하지만 운동을 하지는 않는다는 사실을 인정한다(AARP, 2002). 어떤 여성이 "나는 운동에서 아무 이득도 보지 못하고 있어요."라고 저자에게 말한 것처럼.

몸에 미치는 신체적 노화의 영향

뼈의 강도와 골다공증 노화와 함께 일어나는 근골격의 변화는 골다공증과 골관절염, 근육 강도의 감소를 포함한다(Bassey et al., 2002). 미국 보건복지부(1996)에 따르면, "……골관절염은 나이 든 사람들에게 활동 제한의 첫 번째 이유다"(p. 129). 서구 사회의 여성은, 특히 이러한 변화에 큰 영향을 받는데, 이것이 만성 질병과 심지어 죽음으로까지 이어질 수도 있다. 노화는 뼈세포의 성장 과정을 느리게 하고, 그래서 노인의 경우 새로운 뼈세포의 대체가 줄어든다(Bassey et al., 2002). 뼈의 질량은 여성 개개인마다 다르지만, 폐경의 영향(예, 에스트로겐 양의 감소)으로 뼈의 손실이 악화된다. 호르몬 대체요법(HRT)이 폐경 후 여성들에게서 뼈의 손실을 줄일 수는 있겠지만, 많은 여성이 그로 인해 발생할지도 모르는 합병증(예, 암, 뇌졸중 위험 증가) 때문에, 그리고 철학적이고 정치적인 이유 때문에 호르몬 대체요법에 반대하고 있다. 더 작고 살결이 흰 여성이 나이를 먹음에 따라, 특히 골다공증과 뼈 골절에 취약하다(OB/GYN Reference Desk, 2006). 체중을 싣는 운동(예, 저항력 훈련, 에어로빅)이 골관절염 증상을 관리하는 데 보조적인 신체활동으로 권장된다. 또한 더 많은 칼슘 섭취와 포사맥스(Fosamax)와 같은 약물치료가 뼈의 강도를 높이는 데 도움이 될 수 있다. 골다공증과 관련하여 저항력이나 지구력이 최선인지에 대해 논쟁이 있기는 하지만, 운동은 폐경 후 여성들의 뼈 손실을 감소시킨다

(President's Council on Physical Fitness and Sports, 2006).

관절과 골관절염 머레이와 로페즈(Murray & Lopez; 1990, Bassey et al., 2002, p. 151에서 인용함)에 따르면, "……골관절염은 전 세계적으로 여성의 건강 문제에서 네 번째로 흔한 원인이다." 골관절염은 연골의 손실에 따른 결과인데, 그것은 통증과 민감성, 관절 부종을 일으킨다. 무릎과 손목이 특히 골관절염에 취약한데, 그것은 반복적으로 움직이는 두 개의 관절이기 때문이다(Cooper, 1994). 웨일(2005)은 같은 활동의 반복이 특정 신체 부분에 스트레스를 일으킬 수 있다고 강조하였다. 무릎이 특히 과다 사용에 민감하다. 사람들은 운동이 관절의 취약성을 악화시킬 것인지 궁금해할지도 모른다. 하지만 운동을 통해 근육과 뼈를 사용하는 것은 실제로 건강한 관절을 유지하도록 도울 수 있다. 무릎 주위의 강한 근육은 무릎 관절에 가해지는 압력을 어느 정도 줄일 수 있다. 반면에 관절의 과소 사용과 불충분한 영양, 과중한 체중이 문제를 악화시킬 수 있다. 따라서 관절에 손상을 일으키지 않는 운동을 찾아내는 것이 핵심이다(예, 타원형 기계). 테니스를 포기해야 할지도 모르지만, 수중 에어로빅이나 활기차게 걷기를 할 수 있다. "사용해라. 그렇지 않으면 잃을 것이다."라는 속담에는 어느 정도 진실이 있다.

근육의 강도 근육은 뼈와 관절을 안정화시키는 것을 도와줄 뿐만 아니라 신진대사 증진과 칼로리 소비에도 도움이 된다(Weil, 2005). 노화는 신체의 근육 질량을 1/3~1/4까지 위축시키지만, 이러한 손실은 신체활동에 의해 지연될 수 있다(Fiatarone et al., 1990; Bassey et al.,

2002에서 인용함). 요약하면, 세 가지 요인—근육 강도, 유연한 관절, 골밀도—모두가 건강한 삶에 결정적이며, 이 세 가지는 모두 노화에 의해 영향을 받는다. 건강한 근육과 관절, 뼈는 유연성과 균형감, 모두를 향상시킨다. 다시 말해, 유연성과 균형감은 협응(coordination)을 돕는다. 서 있기와 앉아 있기, 걷기, 옷 입기, 여가활동(예, 정원 가꾸기), 운동과 같은 활동은 모두 유연하고 균형을 잡는 능력에 영향을 받는다. 신체활동은 균형감과 유연성뿐만 아니라 근육과 관절, 뼈에 긍정적인 영향을 미친다. 유연한 사람들은 덜 넘어지는 경향이 있고, 넘어진다 해도 상해를 입을 가능성이 더 적다. AARP(2002)의 조사에 따르면, 여성의 53%가 유연성이 필수적이라고 믿는다. 이에 더해서 조사된 여성의 46%가 근력 훈련이 중요하다고 믿으며, 36%는 균형감이 매우 중요하다고 믿는다. 다음에 제시된 46%와 36%의 두 가지 비율은 모두 남성보다 여성에게서 더 높았다. 그러므로 여성이 요가와 필라테스, 태극권, 볼을 사용한 운동을 선호하는 것은 놀랍지 않다. 웨일(2005)은 요가의 온건한 형태인 하타 요가가 중년과 나이 든 성인에게 가장 좋다고 제안하였다.

요약하면, 미국 보건복지부(1996)가 기술한 것처럼 “신체활동은 다양하고 유익한 생리적 효과를 갖는다. 가장 널리 인식되고 있는 것은 심혈관계와 근골격계에 대한 효과지만 대사와 내분비계 및 면역계의 기능에 미치는 이득 또한 상당하다”(p. 7). AARP(2002)의 조사 결과, 중년과 나이 든 성인의 운동하고자 하는 소망은 “건강 증진, 향상된 외모, 개인적 만족감, 즐거움을 느끼고 사람들과 어울릴 수 있는 기회…….” 때문에 더욱 커진다고 하였는데, 이는 미국 보건복지부의 결과를 보완하는 것이다. 신체활동은 우리의 골격을 강화하는 데 도움이 된다. 신체활동, 특히 체중을 싣는 신체활동이 뼈 질량을 지탱하는 데 도움이 되는데, 신체활동이 정기적으로 이루어질 때 더욱 그렇다. 신체활동이 체중 조절에 도움이 될 수는 있지만, 이것은 좋은 영양 섭취가 동반되어야만 한다. 적절한 체중 유지는 골격과 심장을 포함해서 신체 조직에 스트레스를 경감시킨다.

운동은 얼마나 해야 충분한가

건강의 이득을 얻기 위해 신체활동을 격렬하게 할 필요는 없다. 일반외과 보고서(미국 보건복지부, 1996)는 모든 연령의 남성과 여성이 중간 정도의 일상적 신체활동으로도 이득을 얻는다고 하였다. 이 보고서는 운동을 최소한 중간 정도의 강도로 30분이나 그 이상을, 매일은 아니더라도 1주일의 대부분 동안 수행하는 것이 좋다고 권장하였다. 중간 정도의 활동은 더 긴 시간을 요구하는 반면(예, 활기차게 걷기 30분), 더 격렬한 활동은 더 짧은 시간이 효과적이다(예, 15~20분간의 조깅). AARP의 조사는 조사에 참여한 여성의 38%가 30분이 운동하기에 충분한 시간이라고 생각함을 보여 주었다. 하지만 지방을 태우기 시작하려면 운동을 적어도 30분은 해야 한다는 사실을 기억하는 것이 중요하다. 이것에 대해서는 다음에 논의할 것이다.

더 많은 신체활동을 통해서 추가적인 건강의 이득을 얻을 수 있다. 하지만 증가된 신체활동 수준에는 상해가 수반될 수 있음을 명심해야 한다. 이전에 왕성하게 운동한 적이 없는 중년 여성은 비현실적으로 격렬한 운동 프로그램을 시작해서는 안 된다. 이전에 앉아서 일하던 사람이 신체활동 프로그램을 시작할 때는 짧은 시간(5~10분)의 신체활동부터 시작하고 점차로 원하는 활동 수준까지 올리는 것이 좋다

(미국 보건복지부, 1996). 심장 질환이나 당뇨, 비만과 같은 만성적인 건강 상태에 있는 성인이나 이러한 조건의 고위험군에 속하는 성인들은 새로운 신체활동 프로그램을 시작하기 전에 의사의 자문을 받아야 한다. 왕성한 활동의 새로운 프로그램을 시작할 계획이 있는 40세 이상의 남성과 50세 이상의 여성은 심장 질환이나 다른 건강 문제가 없는지 확인받기 위해 의사에게 자문을 구하는 것이 좋다.

위험군

미국 보건복지부(1996)에 의하면, "신체적 무활동은 남성보다 여성 중에, 백인보다 흑인과 히스패닉 중에, 젊은 성인보다 나이 든 성인 중에, 잘사는 사람보다 못사는 사람 중에 더 만연한다"(p. 8). 미국에서 더 많은 여성과 더 많은 유색인 여성이 저임금을 받고 있기 때문에 계층과 인종, 성별이 긴밀한 동지라는 것은 놀랍지 않다(Hall, 1998). 예를 들어, 교육을 사회경제적 지위의 측정치로 사용한 그르지바츠 등(Grzywacz et al., 2004)은 더 적게 교육받은 사람들이 그들 삶에서 더 많은 심각한 스트레스를 겪는 것을 발견하였는데, 그것은 신체적 건강과 정신건강, 스트레스가 상호 연관되어 있음을 뜻한다고 볼 수 있다. 여유 있는 수입과 자유재량의 시간, 안전한 환경 간의 관계가 유색인 지역사회에서의 적은 운동량을 설명한다. 크라우스(Krause, 2000)는 여성의 경우 운동하는 사람의 수가 적은데, 특히 가난한 유색인 여성의 경우 더욱 그렇다고 지적하였다. 건강 관리를 받는 것에 대한 걱정은 신체활동을 예방적인 건강 조치로 인식하지 못하고 신체활동에 초점을 맞추지 못하게 할 수 있다. 사회경제적 지위가 운동할 수 있는 안전하고 편리한 장소(예, 도시 내 안전한 푸른 장소)에의 접근 가능성뿐만 아니라 건강 서비스와 건강 예방 서비스에의 접근 가능성에도 영향을 미치는데, 이는 다시 신체활동에 참여하고자 하는 욕망에 영향을 준다.

플로이드 등(Floyd et al., 1994)은 흑인과 백인 여성과 남성의 여가활동 선호(참여가 아니라)에 대한 조사에서 한계(marginality) 가설과 인종 가설을 사용하였다. 한계 가설은 사회경제적 지위(예, 제한된 시간과 돈)가 여가활동 선호에 얼마나 영향을 미치는가에 초점을 맞추는 반면, 인종 가설은 여가활동 선호에서 문화적 규범의 역할을 다룬다. 플로이드와 그의 동료들은 여가활동 선호에서 수입이 적은 흑인과 백인 간 인종 차이를 발견하였는데, 주로 여성 중에 차이가 있었다. 그러나 중간 정도 수입의 흑인과 백인 여성 사이에서는 별다른 차이가 없었다. 따라서 중간 계층의 흑인 여성의 경우, 선호하는 여가활동에서 인종보다 계층이 우선한다. 하지만 계층과 관련 없이 흑인은 백인보다 운동과 사교활동(예, 파티, 친구나 가족 방문, 교회, 클럽, 자원봉사활동)을 선호하는 활동으로 꼽으며, 백인은 흑인보다 야외활동(예, 자전거 타기, 수영하기)에 더 높은 순위를 매긴다. 플로이드 등은 저소득층 흑인 여성을 구분하는 것은 문화나 계층이 아니었지만, 인종과 계층의 상호작용이 그들의 다른 여가활동 선호를 설명한다고 결론 내렸다. 그들은 이런 현상의 원인을 저소득층 흑인 여성이, 흑인으로, 빈민으로, 여성으로 맞닥뜨리게 되는 차별에 돌렸다. 그들의 자료는 운동 선호를 여성의 인종과 사회경제적 지위와 함께 제안할 때 고려해야 할 중요한 것들이다.

1991년 미국 국립건강면담조사(미국 보건복지부, 2004)에 따르면, 여성, 특히 흑인과 라틴계 여성이 근력 강화 활동에 남성보다 더 적게 참여한다. 이 근력 강화 활동에 참여하는 것은 나이를 먹음에 따라 감소한다. 하지만 여성은 남성보다 스트레칭 활동에 더 많이 참여하는데, 이것은 75세까지 상대적으로 일관되게 유지된다. 교육과 소득은 신체활동과 관련이 있는데, 더 가난하고 교육을 적게 받은 성인일수록 더 부유하고 더 나은 교육을 받은 성인들(55세 이상)보다 모든 유형의 신체활동에 더 적게 참여하는 경향이 있다(Schoenborn et al., 2006).

신체적 무활동의 영향

전반적인 신체활동의 부재는 우리 몸에 대가를 요구한다. 미국 성인의 60% 이상이 권장 활동량을 수행하지 않으며, 미국 성인의 약 25%가 전혀 활동하지 않는다(미국 보건복지부, 1996). 신체적 무활동은 남성보다 여성에게 더 흔하며, 유럽계 미국인보다 아프리카계와 히스패닉계 미국인에게, 젊은 성인보다 나이 든 성인에게, 부유한 사람보다 못사는 사람에게 더 흔하다. 이에 더해서 가족과 친구의 사회적 지지와 정기적인 신체활동이 일관되게 정적으로 관련되어 있다. AARP 조사에서 여성의 36%가 지난해 혹은 그 이상 동안 정기적으로 운동을 하였다고 보고하였지만, 30%는 그들이 어떤 정기적 신체활동에도 참여하지 않았다고 답하였다. AARP 조사에서 가장 높은 비율의 여성(39%)이 평생 동안 간혹 운동을 하였다고 보고하였다.

운동에 대한 장벽

50세 이상의 많은 여성이 운동을 해야 한다는 것은 알고 있지만, 그들이 운동을 하지 않는 이유는 매우 중요한 것으로 보이며, 그것은 운동 프로그램을 따라가는 데 장해물로 작용한다. AARP 조사는 가장 큰 장벽이 시간의 부족이고, 그다음으로 피로, 건강 문제임을 보여 주었다(AARP, 2002). 가장 많이 언급된 건강 문제는 관절염과 만성 통증, 상해, 신체적 장애, 심장 문제였다. 이에 더해 욕구의 결핍, 불편한 지역적 위치, 안전에 대한 걱정, 그리고 운동 경험이 없는 것 등이 중년 여성이 운동하는 것을 가로막고 있었다. AARP는 또한 안전, 저비용 시설, 함께할 운동 친구가 있는 것이 정기적인 운동의 중요한 조건임을 발견하였다. 일부 중년 여성은 강좌를 수강하는 것을 선호하는데, 특히 역도, 근력 훈련, 에어로빅 강좌를 선호하였다. 성공적인 수업의 한 가지 가설은 수업이 구조화되어 있고 분명한 지침을 제공하는 것인데, 여성은 이런 것을 매력적이라고 느낀다. 또한 이것은 신체상 때문에 자의식이 많고, 운동 기구에 친숙하지 않거나 경험이 없는 중년 여성에게 그러하다. 예를 들어, **커브스**(Curves)는 여성전용시설인데, 많은 여성이 남녀 공용 체육관과 연합된 '고기 가게' 의 분위기를 피하고 싶어 하기 때문에 여성전용시설을 좋아한다. 하지만 대부분의 경우 중년 여성은 운동과 신체활동에 우선순위를 두지 않는 것처럼 보인다.

중년은 여성의 경력과 가족에 대한 책임 때문에 바쁜 시기다. 이때는 많은 여성이 그들의 부모나 시부모를 돌보기 시작하는 시기이기도 하다. 또한 지역사회 참여가 많은 여성에게 시간을 소모하게 할 수 있다. 직장으로 오가는 통근길이 개인적 시간을 빼앗는 또 다른 상황이다. 이러한 책임을 고려할 때, 운동 프로그램에 참여하는 것은 많은 여성에게 다른 일보다 우선순위에서 밀려난다. 특히 그들이 과거에 운동 프로그램에 참여할 기회를 가진 적이 없었다면 더욱 그러하다.

왜 시작하는가, 왜 계속하는가

여성은 남성보다 체중 감량을 위해 운동을 시작하는 경향이 더 높다(각각, 30% 대 24%). 다른 흔한 동기로는 적정한 몸매의 유지나 건강상의 목적을 위해서다(AARP, 2002). 저자는 종종 중년 여성에게 운동에 대해 말하곤 하는데, 그 대다수, 특히 흑인 여성은 건강 때문에, 즉 만성 질병에 대한 예방적 조치나 만성 질병의 진행을 늦추기 위한 방법으로 운동을 한다고 말한다. 이런 여성은 운동의 결과로 신체활동을 유지하고 있다고 말한다. "나는 운동 이후의 느낌이 너무 좋은데, 그것이 내가 운동을 하는 이유입니다. 그것은 나에게 딱 좋아요."라고 한 58세 여성이 말했다. "나는 전에는 운동을 하지 않았지만, 나이를 먹으면서 유연하면 좋겠어요. 나는 전화 회사에서 일하고 많은 시간을 사다리 위에서 보내지만, 수중 에어로빅이 몸을 유연하게 만드는 데 도움이 됩니다." 또 다른 50세가 넘은 여성은 "합기도를 시작한 이후로 나는 남자도 쓰러뜨릴 수 있어요. 그것은 정말 기분을 좋게 하지요."라고 하였다.

운동의 즐거움

운동과 신체활동을 즐기는 여성이 많다. 그것이 지구력의 증가든, 스포츠 수행에 대한 더 큰 숙달감과 기술이든, 신체활동에서 몸을 사용하는 즐거움이든, 운동이 제공하는 '혼자만의 시간'이든, 혹은 팀 스포츠와 여가활동에서 생기는 동료애의 느낌이든 간에, 운동으로 생기는 유능감은 보상적이다. 스포츠나 일상적인 운동에서 기술과 자신감을 얻는 과정은 기분을 들뜨게 하며 더 많이 운동을 하려는 소망을 강화한다. 프로젝트의 시작과 끝이 몇 주 혹은 몇 달씩 걸리는 일을 하는 많은 여성이 운동 시간을 즐기는데, 왜냐하면 운동 시간은 끝이 있고, 하려고 시작한 것을 완수할 수 있어서 만족감을 주기 때문이다. 전반적인 비용 대비 이익은 시간이 걸릴 수 있지만(예, 체중 감소, 몸의 조화로움), 완수의 느낌은 그 자체로 보상적이다. 저자의 동료 중 한 명은 정원 가꾸기를 매우 좋아하는데, 그녀가 꽃을 키우면서 얻는 즐거움은 그녀의 정신건강과 만족감에 중요하다. 또 다른 여성이 내게 수영을 좋아한다고 말하였는데, 이유인즉 누군가('엄마', '여보', '교수님' 등)가 자신의 이름을 부르지 않는 유일한 시간이기 때문이라고 한다. 수영은 그녀에게 생각하고 처리할 시간을 제공한다. 저자가 아는 또 다른 한 중년 여성은 필드하키를 매우 좋아하며 팀의 일원이 되는 것에서 얻는 만족감을 즐긴다.

레빈슨(1996)이 언급한 것처럼 중년은 성찰하고 행동하는 시기다. 우리는 개인적 성장을 위한 토대를 이 시기를 통해 창조하는데, 그것은 신체적 웰빙에 대한 평가뿐만 아니라 영적인 길로의 새로운 혹은 새로워진 헌신을 포함한다. 운동은 질병 예방뿐만 아니라 삶의 질을 향상시킨다(미국 보건복지부, 1996). 신체 운동은 수면문제(Flora, 2003)와 스트레스, 우울증(Berger et al., 2002)에 도움이 된다. 유능감뿐만 아니라 전반적인 안녕감이 신체활동의 흔한 부산물임은 분명하다(Berger et al., 2002). 운동은 실제로 우리에게 더 많은 에너지를 주며, 격한 트레이닝에 수반되는 피로는 만족감과 성취감을 낳는다. 심리치료자이자 스포츠 심리학자로서, 저자는 앉아서 일하는 내담자들에게 운동의 유익함을 정기적으로 설명한다.

신체활동의 종류

유산소 운동과 무산소 운동은 모두 체력에 중요하다. 유산소 운동은 움직이는 근육에 산소를 운반해 준다. 유산소 활동은 심혈관의 조건화에 초점을 맞추며, 심장과 혈류를 유지하는 데 중요하다(Berger et al., 2002; Weil, 2005). 유산소 활동이나 심혈관 건강 증진 활동의 예에는 계단 오르기와 수영, 킥복싱 무술, 댄스 교실, 활기차게 걷기가 포함된다. 효과가 낮은(low impact) 유산소 활동에는 활기차게 걷기와 정지한 자전거 타기, 움직이는 자전거 타기, 조깅, 뛰기, 수영이 포함된다(Weil, 2005). AARP(2002) 조사는 활기차게 걷기와 움직이는 자전거 타기, 진공청소기로 청소하기, 정원 가꾸기를 최소한 20분씩 하는 것이 나이 든 여성에게 선호되는 신체활동임을 보여 주었다. 또한 AARP는 남성들은 스포츠에 참여하는 것을 더 좋아하는 반면, 여성은 신체활동을 집안일의 측면에서 생각하는 경향이 높음을 발견하였다. 대다수의 여성(73%)은 집 안에서 운동한다고 답하였다.

무산소 운동은 근육을 강화하는 체계를 압박하여 유산소나 심혈관의 건강을 보완한다. 무산소 운동은 짧은 시간 동안 근육을 사용하지만(예, 역기 들기), 움직이는 근육에 산소를 운반하지는 못한다. 지방을 태우는 것이 대부분의 운동하는 사람이 관심을 갖는 부분이다. 건강교육협회(2006)에 따르면, 운동의 첫 3분 동안 근육 조직에 저장된 당분인 글리코겐이 활성화되며 연료로 사용된다. 집중적인 운동을 하는 동안 글리코겐이 태워질 때, 당신이 근육에서 탄다고 느끼는 것은 글리코겐을 태우면서 발생한 젖산이다. "일단 이러한 축적된 글리코겐이 모두 사용되면, 그것은 대개 약 20분 후에 발생하는데, 몸은 혈당과 궁극적으로 글리코겐을 생산하기 위해 지방 저장분을 태우기 시작할 것이다. 당신이 더 오래 운동을 할수록 더 많은 지방이 태워질 것이다. 몸의 지방은 운동하기 위한 에너지를 만들어 낸다”(건강교육협회, 2006). 저항력 훈련은 근육의 강도와 밀도를 증가시킬 수 있으며, 그것은 다시 지방을 태우고, 사람들은 지방에서보다 근육에서 더 많은 열량을 태우게 된다(MayoClinic.com, 2006). 미국 보건복지부(1996)는 근골격의 건강을 위해 일반적인 유산소 운동에 근육 강화 훈련이 주 2회 더해져야 한다고 추천한다.

신체활동의 선택

중년 여성은 자신이 즐길 수 있고 할 수 있는 신체활동을 선택해야 한다. 달리기는 흔히 ‘그런’ 선호하는 신체활동이다. 하지만 여성이 러너(runner)가 아니라면, 다른 선택안이 많이 있기 때문에 달리기나 조깅을 시작할 필요는 없다. 달리기는 관절에 무리를 준다. 활기차게 걷기가 중년 여성의 유산소 활동으로 훨씬 더 좋으며, 일반외과의들도 이를 지지한다. 수영과 자전거 타기, 타원형 기계, 측력계(ergometers), 트레드밀이 더 강한 심장과 더 나은 혈액순환, 더 낮은 혈압에 기여하는 다른 선택안이 될 수 있고, 이런 것은 중년에 동반되는 느린 신진대사의 속도를 높여 준다. 앞에서 언급한 것처럼 에어로빅과 댄스 교실 또한 좋은 대안이 된다. 목표는 타깃심장박동(target heart rate: THR) 내에서 심박을 유지해야 한다는 것이다. 여성이 자신의 타깃심장박동을 찾아내는 가장 간단한 방법은 자신의 최대심박(MHR, maximum heart rate)을 계산하는 것으로 시작된다. 이것은 226에서 자신의 나이를 빼면 된다. 마지막으로, 이 숫자에 .60과 .85를 곱한 후 자신의 타깃심장박동의 범위를 결정한다.

예) 나이: 55

226

− 55

171×.60=103

171×.85=145

THR=103−145 심박/분

우리가 활동에 참여하고 있는 동안 말을 할 수 있다면 어느 정도 성공한 것이다(수영은 예외다). 성공의 또 다른 신호는 운동 후 회복률의 저하다. 체형이 더 좋은 사람일수록 격렬한 활동 후 심박이 분당 정상적인 박동 수로 더 빨리 돌아온다.

스포츠와 마스터 수준 선수

여성이 나이가 들었다고 해서 곧 스포츠에서 그들의 경쟁력을 잃는다는 것을 의미하지는 않는다. 마스터 수준의 선수들은 상을 타기 위해서 또는 시합에 대한 인식을 가지고 같은 연령 범위 내에서 경쟁하는 나이 든 사람들이다. 또한 마스터 수준의 시합은 50세 이전(예, 30대의 러너) 스포츠에도 적용되지만, 의도는 비슷한 연령의 선수들이 서로 경쟁하도록 하려는 것이다. 예를 들어, 빌리 진 킹(Billie Jean King)이 50세 이상의 여성과 운동시합에서 경쟁할 수도 있고, 2006년 10월 18일에 마티나 나브라틸로바가 AARP 초대장을 받을 수도 있다. 카누(Nordon, 2003)와 수영, 축구, 달리기(Jokl et al., 2004)를 포함해서, 스포츠계에서 마스터 수준의 중년 여성 선수의 수가 늘어나고 있다. 스포츠가 있는 어떤 곳에서든, 우리는 참가한 중년(혹은 더 나이 든) 여성을 발견할 확률이 높다. 대부분 마스터 수준의 여성 선수는 더 젊었을 때 스포츠 경기에 참여하였던 사람들이지만, 운동과 여성의 사회적 네트워크를 찾고 있는 많은 사람이 경쟁적인 분위기에 따라오는 도전정신과 만족감 때문에 훈련하고 마스터 수준의 활동에 들어온다. 이런 선별된 여성 집단은 계속해서 커지고 있고, 「남녀차별금지법」 이후(post-Title IX) 여성들이 AARP의 회원이 될 수 있게 됨에 따라 이러한 집단이 더욱 증가할 것임은 의심할 여지가 없다.

삶의 질과 결론

1980년대까지 성인과 신체활동에 대한 자료가 수집되지 않았다는 것은 흥미롭다(미국 보건복지부, 1996). 중년 여성에 대한 문헌을 검토한 결과, 놀랍게도 이 연령 집단의 운동과 여가활동에 대한 논문이 있었다. 저자는 놀랐고 왜 이러한 빈틈이 생겼는지 잘 몰랐다. 셰리 윌리스(Sherry Willis)는 “일부 연구자들은 중년기가 아무것도 일어나지 않기 때문에 정말 지루한 시기라고 말하며”, 후기 성인기의 변화가 더 의미 있기 때문에 그것이 연구자들에게 관심거리라고 기술하였다(Clay, 2003, p. 36). 중년 여성들은 40대와 ‘은퇴 연령’인 65세 사이에 놓여 있다. 분명히 미래의 연구는 중년기 여성을 대상으로 수행되어야 한다. AARP의 연구는 시작에 불과하다. 여성의 늘어난 수명과 함께 건강 관리 비용의 증가를 포함해서 여러 이유 때문에 건강의 문제와 예방에 초점을 맞출 필요성은 훨씬 더 커졌지만, 가장 중요한 것은 나이가 듦에 따른 삶의 질이다. 우리는 운동과 신체활동에서의 공통점과 차이점을 포함해서 사회경제적 지위와 인종, 민족, 장애, 성적 지향성과 관련하여 중년 여성의 하위 모집단을 조사할 필요가 있다. 앞으로의 연구 또한 운동 지속(exercise adherence)을 이해하기 위해 더 구체적인 접근을 포함해야 한다. 예를 들어, 무엇이 여성들로 하여금 운동을 그만둔 이후에 다시 운동을 시작하게 만드는가? 우리는 여성이 운동을 그만두는 이유에 대해 어떤 생각을 가지고 있지만, 50대 여성이 운동을 그만두고 시작하는 패턴은 탐색해야 할 흥미로운 주제다. 연구는 왜 특정한 운동이나 여가활동, 스포츠가 선택되는지, 그리고 여성들이 선택한 운동이 시간이 경과함에 따라 변화하는지(그리고 왜 그러한지), 50세 이전의 운동 과거력이 그들의 결정에 어떻게 영향을 미치는지에 대한 조사를 포함해야 한다.

우리가 아는 것은 분명하다. 중년 성인에 대한 연구의 전체적인 메시지는 단순하다. 계속 움직여라! 중년을 살아가는 것은 단지 때를 기다리는 것이 아니다. 그것은 삶에 관한 것이다. 중년은 여성과 남성이 내면을 성찰하기 시작하며 그들 앞에 있는 시간이 이제까지 살아온 시간보다 더 짧다는 것을 인식하게 되는 시기다. 그렇기 때문에 개인적인 소장품과 생활 방식을 자주 평가하고, 좋은 삶의 질을 유지하기 위한 수정이 이루어진다. 운동은 신체적 건강과 에너지 수준, 더 나은 기분, 스트레스 관리, 기술 확립 등 다양한 면에서 삶의 질을 향상시킬 수 있다(Berger et al., 2002). 우리는 젊은 여성이 자기 관리를 위해 일상적으로 운동하는 것을 시작하도록 격려하고, 운동이 가족 활동이 될 수 있음을 그들에게 상기시킬 필요가 있다(예, 함께 자전거 타기, 걷기, 보트 타기, 정원 가꾸기). 또는 그것은 '혼자만의 시간'이 될 수도 있다—건강하고 즐거운 방식으로 자신과 만나는 시간. 하지만 신체적으로 활동적이지 않았던 사람이라도 시작하기에 너무 늦은 것은 없다. 중년 여성은 보통 직장과 지역사회 활동에서 안정된 기반을 갖고 있다. 중년 여성에게 운동을 위한 주문(mantra)은 '자신을 위해 운동하라.'가 되어야 한다. 이 시기에는 노동의 열매를 즐길 시간이다. 중년과 나이 든 여성, 그리고 이전에 운동을 전혀 한 적이 없는 여성의 경우, 신체검사를 첫 단계로 시작하는 것은 좋은 생각이다(미국 보건복지부, 1996). 나이와 상관없이, 사람들은 천천히 시작하고 짧은 시간 동안 제한된 양의 신체활동을 함으로써 지구력을 키워 나가야 한다. 그들은 자신이 즐길 수 있고, 기꺼이 생활양식의 일부로 만들고자 하는 신체활동을 찾아내야 한다. 신체활동을 수면이나 식사와 같은 삶의 다른 필수 요소만큼이나 중요한 것으로 만드는 것이 핵심이다. 만약 '타고 가던 마차에서 떨어져' 비활동적인 기간을 갖게 된다면, 단순하게 생각하고 다시 시작하면 된다. 인생은 멈춤과 시작으로 가득하며, 운동 프로그램도 예외가 아니다. 신체활동의 이득이 2주 후에는 감소하며, 만약 2~8달 동안 신체활동을 멈추게 된다면 이전 노력의 비용 효율성은 사라진다는 것을 기억하라(미국 보건복지부, 1996). 친구가 있다면 대부분의 여성이 운동 프로그램을 유지하기가 더 쉬운데, 이때 친구는 동기 부여자로, 그리고 의지할 수 있는 사람으로 작용할 수 있다. 친구와 운동하는 것은 대부분의 여성에게 운동을 더 즐거운 것으로 만든다.

성별과 인종, 나이, 사회적 계층, 건강 상태는 모두 중년 여성의 신체활동에 영향을 미친다. 중년이 되면, 체중이 중년임을 입증한다. 주름이 얼굴 곳곳에 그대로 남아 있다. 우리 중 많은 사람이 반복해서 같은 몸무게를 뺐다가 되찾았다. 우리는 몇 번째인지 모를 정도로 여러 번 피트니스센터에 회원으로 등록하였다. 하지만 50세가 되면 우리는 사소한 일에 그렇게 많이 신경 쓰지 않고, 자신의 욕구와 우선순위의 중요성을 인식하게 된다. 저자는 영화 〈**프라이드 그린 토마토**〉에서 (Kathy Bates가 연기한) 이블린 카우치(Evelyn Couch)의 또 다른 자아였던 토완다(Towanda)가 생각나는데, 그녀는 다음과 같이 말하였다. "나는 젊다고 하기에는 너무 늙었고, 늙었다고 하기에는 너무 젊다." 우리 중 많은 사람이 운동을 우선순위로 두지 않는 것은 불행한 일이다. 동기는 다룰 필요가 있는 주요 요인이다. 하지만 인생의 다른 것과 마찬가지로 운동도 보이는 것처럼 단순하지가 않다. 때때로 인생과 운동은 나이키의 슬로건 '그냥 한 번 해 보라(Just Do It).'에 가장 정확하게 표현되어 있다. 낮에 운동을 끝마칠 필요는 없다. 운동을 하는 것이 필요할 뿐이다. 어떤 날은 다른 때보다 더 힘들겠지만, 결국 운동을 생활의 일부로 만드는 것은 가치 있는 일이다. 더 많은 역할 모델과 시설에 대한 더 좋은 접근성, 운동의 중요성에 대한 지속적인 매체의 홍보로 인해 변화가 계속해서 이루어지기를 희망한다. 우리는 소녀가 소년만큼 운동과 신체활동에 대한 권리를 가지고 있음을 보장하기 위해 일해 온 세대다. 여성이 더 이상 남성이 쓰던 것을 사용할 필요가 없도록 여성의 몸에 맞는 의류와 스포츠 상품을 생산하고 마케팅하는 것을 우리는 보았다. 중년은 많은 여성이 그들을 위해 세상에 무엇이 있는지를 탐색하기 시작하는 시기다—우리는 무엇을 잃었고 무엇을 하고 싶은가? 중년은 유희성을 다시 획득하게 되는 시기다. 그렇다, 신체활동은 자기 관리의 일환이지만, 재미를 부여한다. 그리고 우리는 그것을 누릴 만한 자격이 충분하다.

5/ 50세 이상 여성의 웰빙과 삶의 질: 성-연령에 따른 조망

Varda Muhlbauer

최근 몇 십 년 동안 중년의 개념, 특히 이 연령 집단의 여성에게 새로운 관심이 주어졌다. 우리 중 많은 사람이 이것은 환영할 만한 발전이라고 생각한다. 이러한 여성(일반적으로 '베이비 붐 세대' 라고 일컬어지는)은 주요 사회문화적 변화를 이용하였고, 전통적으로 이 연령 집단에 부여된 의미와 행동 코드를 변형시켰다. 학술 및 대중매체의 수많은 인터뷰에서 중년 여성이 주장한 주요한 내용은 전반적인 만족에 대한 것으로, "퍼즐(인생의 이슈들)이 해결되고…… 관계에 대한 더 큰 자신감과 전반적으로 더 큰 진실성의 느낌이 있다. ……이제 그것이 바로 나다."라는 취지를 담고 있다. 하지만 신체상, 특히 성적인 매력(appeal)과 관련된 이슈가 제기될 때면 논쟁은 복잡해진다. "나는 눈에 띄지 않는 것처럼 느낀다. ……나는 남성에게 매력적이지 않다."와 같은 말을 할 수 있다. 마치 호감(desirability)과 로맨스에 대한 약점의 대가로 얻은 더 큰 자기주장성에 대한 거래가 있었던 듯하다. 따라서 이 연령 집단에 속한 여성들의 웰빙과 삶의 질에 관련된 이슈는 쉽게 측정할 수 없다. 이 장에서는 이 연령 집단에 속한 여성의 성-연령 역할(gendered-age role)에서의 변화와 그 결과로 나타나는 파편화된 웰빙 구조에 대해 논의할 것이다.

웰빙에 관한 중년 여성의 모든 논쟁이 개인적 이슈와 사회적 이슈를 포함한다는 것은 분명하다. 대부분 웰빙은 사회문화적 영향과 인간 주체 사이의 계속적인 상호 교환의 결과다(Blaikie, 1999). 이런 과정에서 여성은 강력한 사회문화적 요인에 의해 규정되는 개념 및 규범적 경계 내에서 개인 경험을 적극적으로 구성한다. 이러한 견해는 사회구성적 관점에 의해 지지되는데, 이는 문화인류학, 사회노인학, 사회심리학, 사회학, 여성주의 연구와 같이 다양한 분야에서 옹호되는 것이다(Gergen, 1985; Gergen, 1990; Kaufman, 1986). 사회구성주의의 기본 원리 중 하나는 사회적 구성 개념이 자연의 힘의 직접적이고 불가피한 결과(자주 '본질주의자(essentialist)' 로 지칭되는 관점이자, 정치 · 문화적 관심사에 의해 유도된 생물학적 편향을 나타내는 말)가 아니라는 것이다. 그것들은 오히려 '사회적 구성물, 즉 역사적인 상황에서 사람 간에 발생한 상호 교류의 산물' 이다(Gergen, 1985, p. 267). 따라서 심리사회적 경험과 웰빙을 조직하는 주요 원리는, 그중 성(gender)과 연령이 상당한 이론적 관심과 정치적 주의를 끌었고, 어떤 맥락에서는 민감한 주제로 간주되기도 하였다.

여성주의 연구자와 이론가는 지배적인 문화가 매우 다양한 심리사회적 경험과 성별에 따른 의미를 부여하는 방식과 그것에 의해 여성의 삶의 모든 측면에 영향을 주는 것에 대한 선구적인 연구를 하였다. 이러한 문화적으로 구성된 의미가 성 역할로 구체화되었는데, 그것은 사람들의 삶에 너무나 기본적인 것이어서 그것이 어떻게 만들어졌는지에 초점을 맞추려면 의식적인 노력이 요구된다(Lorber, 1994). 성 역할의 구성과 유지, 성별 위계, 그것과 연합된 심리사회적 문제가 연구되고 있는 주요 이슈에 속한다(Collins, 1998). 여성 사이에서 발견되는 유사성(예, 힘이 있는 영역과 힘이 없는 영역)은 개인차에도 불구하고, 성별에 대한 공통된 문화적 개념이 웰빙과 가능한 삶의 방식에 대한 기대를 확립하는 데 중요한 역할을 한다. 그럼에도 불구하고, 성별은 권력 구조에서 끊임없이 진화하는 문화적 의미와 변화에 영향받기 쉬운, 기본적으로 융통성 있는 사회적 범주다. 결과적으로 성별에 주어진 의미에 관한 구성된 합의조차 개인적인 수준에서나 제도적 수준에서나 계속되는 변화와 수정의 과정(점진적이고 급진적이든 빠르고 명백하든)이 존재함을 배제하지 못한다.

연령 역시 중요하면서도 핵심적인 사회문화적 구성 개념인데, 신기하게도 현재 성별에 대한 초기의 관심과 유사하게 유래 없는 관심을 끌고 있다. 이처럼 연령은 인구통계학적 · 사회적 · 문화적 변화와 연결되어 있지만, 구성주의의 방향은 다시 노화와 사회문화적 변화의 상호 의존성을 강조하는데, 각각은 서로를 변형시킬 수 있기 때문이다. 아울러 연령 집단과 커져 가는 중년의 뚜렷함(salience) 간의 경계를 재정의할 필요성에 대해 자주 언급되고 있다(Neugarten & Neugarten, 1996). 이는 '젊은-나이 든(young-old)'과 같은 새로운 용어가 변화하는 현실을 반영하고 있다. 따라서 연령은 성별의 특성처럼 지각의 변화가 일어나기 쉬운데, 연령 또한 사회문화적 발달과 권력 구조의 조정에 영향을 받기 때문이다(Blaikie, 1999).

지난 40년 동안의 주요한 문화적 변화는 새로워진 성-연령 역할에 분명히 반영된다. 이러한 변화는 특히 중년 여성에게서 잘 드러난다(Friedman, 1996). 시간이 경과하면서 사회적 환경이 변화함에 따라 자기-정의와 생활 방식의 선택이 재정비된다는 가정을 고려할 때, 성-연령 역할에서의 변화는 중년 여성의 웰빙에 상당히 중요하다. 여기서는 성-연령 역할의 새로운 사회문화적 의미와 성-연령 권력 균형에서의 사회적 변화로부터 유래된 웰빙 간의 연결관계를 보여 줄 것이다. 권력(power)은 그 자체로 복잡한 구성 개념인데, 사람들의 자존감과 자신감을 향상시킬 뿐만 아니라 "성취 가능한 것의 범위를 증가시킨다"(Mosedale, 2005, p. 250). 그러므로 권력의 역할(특히 이 집단 중

특권이 있는 사람들에게 접근 가능한)은 긍정적인 기능과 전반적 웰빙에 필요한 필수적 행동 레퍼토리의 중요한 특징을 구성하는 것으로 가정된다. 결과적으로 연령과 성별 역할을 흐리게 하고 다양화하는 현재의 과정은 권력 구조에 더 잘 접근할 수 있도록 해 주며, 50세 이상 여성의 심리적 웰빙에 긍정적인 영향을 미치는 데 도움이 된다.

중년 여성의 '새로운' 정체성에 대한 현대적 강조는 인생 단계를 축하하기 위해 의도되었지만, 몇 가지 제한점이 남아 있다. 이러한 제한점은 남녀를 구분하는 현대사회에서 특별히 눈에 띈다(Arber et al., 2003). 대부분 50세 이상 여성의 성적 매력에 대한 일반적인 개념은 여전히 도전받지 않고 있으며, 남성의 관점에서 계속 비춰지고 있다. 파월과 무어스(Powell & Moores, 2001)는 이러한 경향이 여성에게 매력에 대한 문화적 기준을 따르도록 하는 압력의 지표이자, 사회에서 남성 지배의 정도를 나타낸다고 말하였다. 이에 더해, 친밀한 관계와 파트너십의 패턴은 50세 이상 여성의 성-연령 역할에 의해 여전히 부정적인 영향을 받고 있다. 이것은 특히 웰빙의 관점에서 걱정스러운데, 친밀한 관계에 대한 욕구는 기본적으로 인생 여정 동안 바뀌지 않으며, 그러한 관계는 자존감과 자기-정체성을 유지하는 것과 연합되기 때문이다(Davidson & Fennell, 2002).

대중매체(예, 텔레비전, 인터넷, 광고, 신문, 영화)는 50세 이상 여성에 대한 지각에서 변화의 단편적인 예를 풍부하게 제공한다. 실제로 성별과 나이에 대한 매체의 표상과 사회문화적 구성 개념 간 결합은 매우 뚜렷해서, 이것들을 정리하면 이해가 보다 쉬울 것이다. 이 점에 유념하면서, 로젠과 도지어(Lauzen & Dozier, 2005)는 2002년도 총수익 100위까지의 미국 영화를 분석하였는데, 그 결과 나이 먹은 여성에 대한 오래된 이중적 기준의 증거를 발견하였다. 그들은 여성 캐릭터가 대부분 20대와 30대에 영원히 멈춰 있다고 보고하였다. 하지만 더 신선한 접근으로 보이는 더욱더 혁신적이고 대담한 경향도 많이 있는데, 여기에서는 성-연령 전통주의가 설 자리를 잃어 가고 있다. 그래서 대중매체는 성-연령 역할에 대한, 특히 50세 이상 여성의 성-연령 역할에 대한 지각에서 혼란스러운 변화를 반영하고 있다.

여성적인 성 역할에 대한 전통적 지각의 불완전한 변화

수년 동안 대중적 혹은 학술적 담화에서 50세 이상의 여성은 대체로 전통적 이데올로기의 맥락에서 표현되었는데, 그것은 그들의 생식과 양육 기능을 강조한 것이었다. 생물학적 존재로서 여성에 대한 배타적 초점은 교과서와 다른 전문서적의 고찰에서도 마찬가지였다(Gergen, 1990). 여성의 성인기 발달에 대한 설명에서 생물학적 편향은 일반적인 권력 구조와 연결된다. 파월과 무어스(2001)는 지배적인 권력의 관습이 여성의 위치를 생식에서의 역할과 젊은 외모와 연결시키도록 만든다고 주장하였다. 결과적으로, 생식 능력의 중지와 자녀들이 독립하여 가정을 떠나는 것은 거의 배타적으로 노화와 상실의 측면에서 설명되었다. 이와 유사하게, 인생의 과정에서 자연스럽게 발생하는 젊은 외모의 점진적 상실은 사회적 평가절하, 그리고 주변인화와 연결되었다. 사회적으로 가치 있는 역할로부터의 이탈을 강조하는 것은 50세 이상 여성의 건강과 주관적 안녕감에 부정적인 영향을 미쳤다.

문화적 표상과 핵심적 성 역할, 자기 개념, 자존감, 웰빙 간 상호 연결성의 복잡성이 거의 출발 시점에서부터 여성주의 저작물의 핵심에 있었지만, 그것이 50세 이상 여성에게 미친 현저한 영향력은 대부분 간과되었다. 바네트와 바루크(Barnett & Baruch, 1978)는 1970년대 말에도 중년에 대해서 상대적으로 거의 알려진 것이 없으며, "특히 여성에 관한 이론적 작업은 유아기에 해당되며 경험적 결과는 흩어져 있고 축적되지 않은 경향이 있다."라고 주장하였다(p. 187). 그들은 또한 생식 기능과 폐경, '빈 둥지'의 중요성을 과장하는 중년 여성에 대한 특정 연구에 내재하는 생물학적 가정에 주의를 기울였고, 연구 결과가 여성이 이러한 사건에 부여하는 의미와 일치하지 않는다고 지적하였다.

중년 여성에 대한 구습타파적인 접근은 느리게 진행되었다. 하지만 그런 접근의 영향을 받아, 중년 여성의 우울증 유병률에 대한 관심(Bart, 1971)에서 벗어나 중년기를 '인생의 황금기(Mitchell & Helson, 1990)'로 보는 변화는 그 본질상 혁명적인 것이었다. 미첼(Mitchell)과 헬슨(Helson)은 50대 초반을 향상된 개인적 자원과 성장한 자녀들이 가정을 떠남으로써 가능해진 더 자유로운 생활 방식 간의 결합으로 기술하였다. 그들은 이 기간을 '자율성과 관계적 안전함이 함께 결합된 건강한 양성적(androgynous) 시기'라고 일컬었다(p. 451). 번스와 레오나르드(Burns & Leonard, 2005)는 이익에 대한 여성의 지각(삶에 대한 만족감과 스트레스 감소의 측면에서)이 60대 중반까지 지속되는데, 이러한 이익은 부분적으로 역할의 변화와 시간 경과와 관련 있다고 보고하였다. 추가적 연구들(Helson & Moane, 1987; Helson & Wink,

1992)은 또한 폐경 이후 기간과 모성적(mothering) 역할의 감소에 대하여 새로운 해석을 가능하게 하였다. 이러한 연구에서 50대 여성은 자신감 있고 확고하며 관계에 더 잘 적응하는 것으로 밝혀졌다.

한편으로는 전통적 성 역할에서의 이탈과 개인 자원의 축적, 그리고 다른 한편으로 중년기의 삶의 질, 이 둘의 연합은 여성의 삶에서 이러한 발달에 대한 이전의 지각과 날카로운 대조를 이룬다. 명백하게 50세 이상 여성의 주관적 안녕감과 삶의 방식을 선택할 기회에 대한 시사점은 엄청나다. 오늘날 여성은 종종 월경의 중단을 환영하며, 자녀들이 가정을 떠날 때 그들에게 가능한 새로운 선택안을 찾는다. 되돌아보면, 이러한 변화는 사회적 변화와 개념적 변화의 강력한 혼합에서 그 원인을 찾을 수 있는데, 그것은 권력 구조 균형에서의 부분적인 변화에서 초래되었으며, 대부분은 성 역할과 연령 역할의 많은 다양성과 성-연령 정체성에 대한 맥락화된 접근의 광범위한 수용에 의한 것이다(Denmark, 1994; Ryff, 1987).

많은 여성의 삶의 질 패턴이 새로운 방향으로 발전하는 것은 매우 분명하며, 그것은 여성이 권력과 자기-지원(self-support)의 영역에 포함된 진지한 이슈들에 직면하도록 도와준다. 헬슨(1997)에 따르면, 그의 연구 결과는 자기 기술과 관찰자 평정에 토대를 두고 있는데, 여성의 자신감은 30세에 비해 60세에 유의하게 증가하였다. 스튜어트와 오스트로브(Stewart & Ostrove, 1998)는 또한 중년기에 더 효과적인 도구적 성격이 발달한다고 말하였다.

그럼에도 불구하고 어떤 핵심적인 관심사들이 여전히 대부분 간과되고 있다. 이러한 것들에는 신체상, 성적 매력, 성관계, 낭만적 애착 등의 이슈가 포함된다. 50대 여성(특히 사회적인 특권을 지닌 여성)의 제도적 · 개인적 권력에 대한 문헌들은 그녀들의 더 큰 전반적 안녕감에 대해 설명하지만 이런 여성을 비성적이고 성적 욕구가 결핍된 것처럼 묘사하곤 한다. 주류의 대중매체는 이런 이미지를 강화한다. 울프(Wolf, 1998)는 여성이 어느 때보다도 더 많은 돈과 권력을 갖고 더 많은 인정을 받고 있지만, 신체적 방식의 측면에서는 오히려 더 나빠졌다고 주장하였다. 그는 체중과 나이에 대한 숭배가 노화에 대한 공포를 키운다고 하였다. 이에 더해서, 여성의 성욕에 대한 문화적 구성개념은 남성에 대해서보다 여전히 여성을 더 제한적인 기준에 잡아두고 있다(Peach, 1998). 이러한 성차별적인 이중 기준은 중년기에 상당히 뚜렷한데, 이때 남성은 성적으로 적극적이 되도록—종종 훨씬 더 어린 여성과—권장되는 반면, 여성은 성 활동에 적합한 연령을 이미 지난 것으로 간주된다. 울프는 이러한 이중 기준은 여성을 또 한 번 공격하는 것이라고 주장하였다.

50대 여성의 웰빙에 대한 두 가지 견해

50세 이상 여성의 삶의 질과 웰빙 이슈를 바라보는 데 한 가지 이상의 관점이 있다는 것은 명백하다—확장적 관점(expansive view)으로는 여성들이 강조된 자기 의식, 상대적 안정성, 자신감, 성장과 기회의 느낌을 즐긴다. 그리고 축소적 관점(contractive view)으로는 여성이 증가된 취약성과 자신감 상실을 경험하는데, 이는 주로 신체적—성적 매력의 감소에 대한 느낌과 불충분한 친밀한 관계의 결과다. 예컨대, 한 연구에서 로시(Rossi, 2004)는 매력의 상실이 이 연령 집단에 속한 피면접자의 2/3에서 걱정거리의 근원이었음을 발견하였는데, 그것은 폐경 전환기의 사회적 · 심리적 의미가 생식 능력의 상실보다 노화의 경험에 있음을 보여 준다. 실제로 현대 대중문화에 나타난 50세 이상 여성에 대한 문화적 표상에 대한 어떤 고찰(예, Peach, 1998; Strinati, 1995)도 중년 여성에 대한 확장적 관점과 축소적 관점에 관한 뜨거운 논쟁을 드러낸다. 따라서 웰빙에 대한 이 두 가지 대조적인 개념을 어떻게 조화시킬 것인가가 문제다.

건강과 심리적 웰빙을 나타내는 한 가지 지표는 다양한 욕구를 통합하고 성공적으로 타협하도록 하는 능력이다. 리프와 싱어(Ryff & Singer, 1998)는 '인간의 건강을 배타적으로 마음이나 혹은 신체에 관한 것으로만 생각하는' 경향성을 비판하였으며, '마음과 몸을 통합한, 긍정적인 연속적 변화'로의 방향성 전환을 요구하였다(p. 1). 하지만 웰빙에 대한 중년 여성의 확장적 관점과 축소적 관점에 반영된 파편화되고 분리된 패러다임은 이러한 통합을 촉진하지 못한다. 개인의 권력의 획득과 현실 삶의 성취는 종종 경쟁력 있는 위치로 개인을 끌어올리지만 신체적 매력과 관련된 스트레스와 불안을 경감시키지는 못하며, 낭만적 애착과 성적 활동의 발생 가능성에도 영향을 주지 못한다. 따라서 확장적 관점과 연합된 욕구들만이 충족된다. 주의를 받지 못한 욕구들은 부정적 생각과 감정을 일으킬 수 있고 안녕감에 부정적인 영향을 줄 수 있다. 따라서 분리(예, 인지와 정서에서의 불균형)가 여성의 현실 삶의 경험에서도 반복된다고 기대하는 것이 합리적이다. 이러한 분리는 50세 이상 여성의 웰빙에 대해 분명하고 일차원적인 평가를 하려는 시도를 복잡하게 만든다.

확장적 관점

웰빙과 성 역할 웰빙의 의미는 전형적으로 다차원적이고(Ryff & Keyes, 1995), 모호하고, 논쟁의 여지가 있으며(Schmuck & Sheldon, 2001), 상대적이다(Ryff, 1991). 다시 말해, 개인은 시간이 지남에 따라 자신을 더 나아진 것으로 혹은 더 나빠진 것으로 보는 경향이 있다. 하지만 대부분의 이론가는 두 가지 주요 측면의 중요성을 인식한다. 첫째는 전반적인 삶의 만족감과 긍정적인 정서, 상대적으로 적은 부정적 정서(Cheng, 2004), 행복(Ryff & Keyes, 1995; Schmutte & Ruff, 1997)의 어떤 결합이다. 둘째는 성장과 자기 충족감, 자율성, 숙달감의 지표인 전반적이고 긍정적인 기능 수행(functioning)이다(Keyes et al., 2002). 웰빙의 긍정적인 기능적 측면과 연합된 숙달감과 자율성, 자기 효능감의 개념은 우리가 전통적으로 남성적인 사회문화적 구성 개념이라고 알고 있는 것과 쉽게 조화를 이룬다. 이런 관점에서 로젠크란츠 등(Rosenkrantz et al., 1968)과 브로버만 등(Broverman et al., 1970)이 남성적 성 역할과 여성적 성 역할의 차별적인 사회적 바람직성, 그리고 그것과 정신건강에 대한 임상적 판단과의 관련성을 확립하였는데, 그들이 1960년대 말과 1970년대에 보고한 고전적인 결과 이후로 많은 변화가 없었다.

더 최근의 연구에서도 성 역할은 계속해서 웰빙 분석을 위한 기준점이다. 하지만 강조점은 이제 양성성, 즉 전형적인 남성적 성격 특성과 여성적 성격 특성을 결합한 균형 잡힌 정체성(예, Helgeson, 1994; Helson & Picano, 1990; Woodhill & Samuels, 2003)으로, 그리고 다양한 사회적 역할(일반적으로 더 큰 성적인 균형의 지표인)과 웰빙 간의 관계로 바뀌었다(예, Pietromonaco et al., 1986; Thoits, 1983). 전반적으로, 50대 여성의 웰빙에 대한 확장적 관점은 성별 특성과 성 역할에 대해 더 균형 잡힌 구성을 획득하는 것과 관련 있다고 말할 수 있다.

성 역할과 인생 과정 그리고 웰빙 인생 과정에 걸친 변화에 관심이 있는 발달심리학자들은 초기 성인기의 과업이 성 역할과 관련하여 가치와 행동을 양극화하는 경향이 있다고 오랫동안 주장해 왔다. 이러한 경직된 성 역할 제도는 종종 본성에 있어 제한적이지만, 중년에 특히 자녀가 가정을 떠난 후에는 더 큰 융통성을 띠게 된다. 구트만(Gutmann, 1975)은 관습적으로 성 역할을 구분하는 구조는 부모 역할(parenthood)을 구분하는 데 기본적인 필수 사항이라고 주장하였다. 이러한 사항은 자녀들이 다 성장하여 초기 부모 역할 패턴에 따른 지지적 행동을 필요로 하지 않을 때 끝난다. 인생 과정의 한 단계와 연합된 과제를 완수하면 다른 가치와 행동의 등장과 재개를 위한 길이 열린다. 따라서 중년기에 여성은 남성성 극단의 방향으로 나아가는 경향이 있고(예, 증가된 도구성과 주장성 쪽으로), 초기 성인기에 억제되었던 공격적인 경향성이 나타날 수 있다(Neugarten & Gutmann, 1968). 리브슨(Livson 1976, 1981)은 "전통적인 성 역할은 초기 성인기에는 당연한 것으로 받아들인다 해도 달라지거나 새로운 정의를 요구할 수 있다. ……양육과 관련하여 정체성을 형성하였던 여성은 이제 새로운 역할과 만족의 근원을 찾도록 동기화될 수 있다."(Livson, 1981, p. 196)라고 하였다. 그는 중년기에 변화하는 성 역할 기대가 많은 여성으로 하여금 성장하고 그들의 심리적 지평을 확장하도록 만든다고 주장하였다. 따라서 발달적 관점에서 볼 때, 여성에게 매우 의무적으로 요구되었던 부모 역할의 시기가 끝난 다음에 이어지는 기간은 성 역할의 교체와 관련하여 중요하다. 이것은 여러 측면에서 관습적으로 남성적인 성 역할과 관련된 것으로 간주되었던 여성 자신의 한 부분에 대해 더 유연하게, 더 많이 수용할 수 있게 한다.

하지만 성 정체감과 역할 기대에서의 변화가 모든 세대에서(Parker & Aldwin, 1997; Stewart & Healy, 1989), 혹은 모든 사회적 맥락에서 동일하지 않다는 것은 두말할 필요도 없다. 따라서 중년의 성격 발달과 웰빙에 대한 시사점은 훨씬 더 광범위한 사회문화적 관점에서 고려되어야 한다. 발달적 과정(특히, 인생 단계 및 역할 수행과 관련된 변화들)과 더 큰 사회문화적 맥락(코호트와 기간 효과) 사이의 연결이 결코 단순하지는 않지만, 그러한 연결이 50대 여성의 웰빙이나 삶의 질과 관련된 이슈들을 더 잘 이해하도록 만든다.

성 역할 정체감과 사회 · 역사적 발달 그리고 웰빙 50세 이상 여성의 웰빙에 대한 확장적 관점은 여성주의 운동의 거대한 영향력을 고려한다면 더 쉽게 이해될 수 있다. 지금 50대 여성은 여성주의 운동의 제2의 물결이 다른 연령 집단의 엄청난 관심과 참여를 끌어들이면서 갑자기 등장하였을 때 청소년이거나 젊은 성인이었다. 여성주의 운동과의 관련성은 특히 이 연령 집단의 성 정체감 형성에 있어 뚜렷하였다.

그 운동의 주요 목표 중 하나는 여성이 관계를 다시 정의할 수 있도록 확장된 기반 위에서, 즉 가정과 직장 모두에서 평등의 기초 위에 여성의 역할을 재구성하는 것이었다. 스튜어트와 힐리(Stewart & Healy, 1989)는 성인기로의 전환기에 있는 동안 여성주의 운동을 경험한 여성(오늘날 50대 여성이 한 것처럼)은 여성주의 운동에 깊은 인상을 받으며,

그러한 견해를 받아들이고 평생 동안 견지한다고 주장하였다. 실제로 그들은 여성주의 운동의 가치(caliber)라고 어떤 코호트가 정의하는 사건은 그 특별함을 진화하는 코호트 규준에 귀속시키는 경향이 있으며, 그래서 초기에 만들어진 효과에 추가적인 힘을 더하게 된다고 주장하였다.

앞에서 말한 것처럼 여성운동이 가져온 사회적 변화의 결과 중에는 여성에게 적절한 역할에 대한 사회의 관점 변화가 있었다. 웰시와 스튜어트(Welsh & Stewart, 1995)는 많은 여성이 하는 선택은 그 어머니의 역할 선택 및 경험과는 달라졌으며, 그들 아버지의 역할 선택과 경험과 가까운 것을 반영한다고 주장하였다. 따라서 현재 50세 이상 여성들의 코호트는 성인기로의 전환 시기(이때는 또한 직업적 정체감이 공고해지는 단계다.)에 있을 때 성인 역할을 선택할 자유를 누렸으며, 그들의 선택은 이전 어느 때보다 남성의 역할을 많이 닮았다.

1960년대에 성인기에 접어든 여성이 취할 수 있는 다양한 성 역할 레퍼토리의 성장은 정체감 이론의 관점에서 볼 때 특별히 의미가 있다. 토이츠(Thoits, 2003)는 "우리는 우리의 지위와 역할을 정체감(즉, '역할 정체감')으로 받아들인다."라고 주장하였다(p. 179). 다시 말해 정체감은 개인이 자신과 타인에 대해 생각하고 느끼는 방식에 영향을 주기 때문에 정신건강에 중요한 시사점을 갖는다. 결과적으로 여성이 취할 수 있는 성 역할의 확장된 선택은 역할-정체감 획득과 축적을 위한 기회에 영향을 주었고, 결국 그들의 웰빙을 위한 자원을 만들어냈다. 역할-정체감의 축적은 여성으로 하여금 종종 전통적인 책임감을 유지하면서도, 자신의 능력과 흥미, 목표를 확장하고 제도적·개인적 자원을 강화할 수 있도록 하였다. 그 결과, 최근에 중년이 된 여성들 또한 이전 세대와는 다른 방식으로 노동시장을 경험하게 되었다.

성 정체감과 사회 · 역사적 발달 그리고 웰빙 1960년대는 여성주의 운동의 출현뿐만 아니라 성 혁명을 목격하였다. 성 혁명은 성의 이중적 기준을 제거하는 데 성공하지는 못하였지만(Peach, 1998), 여성들의 태도와 행동에 강력한 영향을 미쳤다. 에렌라이히 등(Ehrenreich et al., 1986)은 성 혁명의 결과로 근본적으로 바뀐 것은 남성이 아니라 여성이었다고 보고하였으며, 이는 관련 연구에 대한 바우마이스터(Baumeister, 2000)의 광범위한 고찰로 확인되었다. 이 세대를 성 혁명 이전에 성인이 된 나이 든 여성과 비교할 때 이러한 변화는 분명하다(Laumann et al., 1994).

그럼에도 불구하고, 성 혁명과 이후 발달의 이익이 일반적으로 나이 든 사람, 특히 나이 든 여성에게까지 확장되지는 않았다. 오래 지속되어 온 고정관념이 계속해서 중년 여성, 특히 노년 여성을 성적 세계의 바깥에 두고 있다(Hawkes, 1996). 여성은 여전히 성-연령 규준에 따르고, '그들의 나이에 맞게 행동할 것'을 기대받고 있다(Ginn & Arber, 2002, p. 8). 이러한 배척은 남성과 여성이 비슷하게 인생 후반기에 사랑을 표현하고 친밀한 정서적 관계를 촉진하는 데 있어 성을 중요한 도구로 간주한다는 것을 나타내는 연구 결과에 반하는 것임을 고려할 때 특히 눈에 띄는 것이다. 고트와 힌칠리프(Gott & Hinchliff, 2003)는 사람들이 평생 동안 성 파트너를 가지고 있을 수 있다고 생각하는 한, 성이 삶의 질의 중요한 구성 요소가 된다는 것을 발견하였다. 이와 유사하게, 멀바우어와 제마크(Muhlbauer & Zemach, 1991)는 안정적인 친밀한 관계를 유지하는 것이 모든 연령의 사람에게 행복감과 전반적인 삶의 만족감을 높인다고 보고하였다.

현재 50세 이상의 여성 코호트는 성 혁명 이후 성적인 전성기에 이르렀다. 사실상 그들은 중년으로의 전환을 성적인 면에서 자유롭고 허용적인 메시지에 의해 정의되도록 만든 첫 번째 세대다(Laumann et al., 1994). 결과적으로 그들의 현재 성적 태도와 행동은 이러한 사회역사적 맥락 안에서만 이해할 수 있다(Gott & Hinchliff, 2003). 따라서 앞에서 우리가 보았던 관점에서 50세 이상의 여성은 한편으로 중년과 노년 여성과 관련된 우스꽝스러울 정도로 비합리적이고 제한적인 성적 규준과 다른 한편으로 초기 성인기 동안 형성된 그들 자신의 성 정체감 사이에서 오도가도 못하는 경향이 있다(Pearlman, 1983). 그 결과로서 중년과 이후 삶으로의 전환은 그들의 성 정체감에 부정적으로 영향을 주고, 심각한 취약성과 거절의 느낌을 갖게 한다. 그래서 이전 세대가 경험하였던 것과는 다른 방식으로 생활 방식의 선택과 웰빙에 영향을 준다.

연령 정체감과 사회 · 역사적 발달 그리고 웰빙 여성주의 운동과 성 혁명이 오늘날 50세 이상 코호트의 초기 성인기에 일어났던 반면, 중년과 노년에 대한 관점의 변화는 여전히 진행 중인 과제다. 현재 논쟁의 핵심에는 일반적으로 중년에, 특히 중년 여성에게 부여된 의미와 관련된 이슈들이 있다(Arber & Ginn, 2002). 우리가 이미 살펴본 것처럼 사회구성주의자들은 노화가 단순히 생물학적 과정이라는 관점을 거부한다. 그러면서 노화는 대체로 사회문화적 요인에 의해 만들어지는 것이라고 주장한다(Blaikie, 1999). 베르거와 루크만(Berger & Luckmann, 1991)이 제안한 모형은 노화와 같은 문화적 창조물이 어떻게 실제 현실이 되는지, 그리고 때로 자연스러운 것으로 받아들이고 있는지를 보여 준다. 그다음 이러한 현실은 대상(targeted) 연령 집단에 흡수된다. 이것은 노년에 관한 문화적 가정들(또는 어떤 다른 사회적 구성개념들)이 무비판적으로 수용된다는 것을 말하려는 것이 아니다. 그와 반대로, 각 세대는 그들의 역사적 기간에 존재하는 특정한 가치에 그들 자신의 의미를 새겨 넣는다. 실제로 허시바인(Hirshbein, 2001)은 나이 먹는 것에 대한 문화적 의미가 다른 코호트에게는 어떻게 달라지는 경향이 있는지를 보여 주었으며, 노년의 개념은 아마도 중년과 노년기의 경험이 달라짐에 따라 계속 수정될 것이라고 하였다.

현재 노화에 대한 논쟁에 내재되어 있는 기본 강령(tenet) 중 하나는 지금 중년과 그 이후 삶을 살고 있는 사람들의 경험의 특수성과 관련이 있다. 제2차 세계대전 이후에 성장한 연령 집단이 이전 세대와는 매우 다른 인생 과정을 경험하였다는 것에는 대부분 동의한다(Arber et al., 2003). 특히 여성들의 경우가 그러한데, 그들은 여성운동과 성의 혁명이 불러일으킨 성 역할 변형의 시기에 성장했다. 그들에게는 정체감을 전통적인 가족의 역할과 관계에 기반하여 형성하도록 하는 압력이 더 적었기 때문에, 이미 초기 성인기가 된 이 여성들은 이전 어느 시기보다도 훨씬 더 균형 잡힌 성 역할 요인으로 구성된 다양한 역할을 경험하였다. 밴더워터 등(Vandewater et al., 1997)에 의하면, 다양한 역할의 조기 경험은 이후 인생에서 만족스러운 중년기의 기초를 다지는 방식으로 성격을 형성한다. 연구자들은 28세 때 경험한 역할의 수가 43세 때의 정체감 달성을 예언하고, 이것은 다시 48세 때 맡게 된 역할의 질과 다양성을 예언한다고 보고하였다. 연구자와 일반 대중의 관심을 끈 것은 이러한 중년 여성의 '새로운' 정체감과 그들이 이전 코호트와는 다른 면이었다. 그리고 다양화된 성인 역할의 광범위한 레퍼토리에서 나온 성-연령 정체감의 재구성을 강조할 때면 언제나, 그것은 향상된 안녕감과 연합되는 경향이 있다.

현재, 중년과 노년에 대한 관점 변화의 결과 중 하나는 연령 집단과 연령 집단의 규준 및 기대의 해체 사이에 있는 구분선의 변화다. 어떤 사례에서 동일한 연령 집단 내 차이는 다른 연령 집단 간 차이보다 더 클 수 있다. 연령 집단의 경계를 가로질러 나타나는 이런 생활 방식의 풍부함을 *Guardian* 전자판에서 발표된 인터뷰에서 영국 문화부 장관인 티사-조웰(Tessa Jowell)이 언급한 바 있다(Hinsliff, 2004). 조웰은 "그들 중 일부는 상대적으로 어린 자녀를 키우고 있고, 어떤 이는 이미 할머니가 되었다. 어떤 사람은 여전히 일하고 있고, 다른 사람들은 조기은퇴를 하였다."라고 하여, 현대의 나이 든 여성은 더 이상 쉽게 분류, 정리되지 않는다고 주장했다. 그리고 그녀는 영국 노동당이 이런 여성들의 특별한 관심사에 충분히 관여하지 않았는데, 그것은 그들의 관심사를 명확히 정의하기가 너무 어렵기 때문이라고 덧붙였다. 그녀는 노동당이 이 연령 집단의 여성에게 일어난 변화에 충분히 준비되지 않았으며, 중년 여성의 욕구와 선호에 부응하기 위해서는 이들의 성향과 이슈를 이해하는 것이 필수적임을 인정하였다. 코넬 대학교(Cornell University)의 카우프만(Kaufman, 2000)이 주도한 토론에서도 연령 집단의 범주화를 새롭게 할 필요성이 핵심을 이루었는데, 이 토론에서는 노년으로 간주되던 것이 지난 수십 년에 걸쳐 문화와 맥락의 함수로서 극적으로 변화하였다고 결론지었다.

따라서 연령 집단 간의 차이를 나타내는, 시간 순서적으로 관련된 생활 사건의 조절자로서 나이의 중요성은 줄어들었다. 달리 말하면,

발달이론가 뉴가튼(Neugarten, 1968)이 '사회적 시계' [예, (결혼, 부모가 됨, 은퇴와 같은) 개인의 중요한 인생 사건을 조직화하는 사회적으로 구성된 기대들]라고 정의한 현상은 대체로 폐물이 되었다. 결과적으로 사회의 배타적인 수직적 계층은 곧 적어도 어떤 면에서 수평적 계층으로 대체될 수 있고, 그럼으로써 연령 집단을 구별하는 성질이 없어지게 된다. 실제로 신체적 · 사회적 · 심리적 변인의 더 복잡한 결합이 어쩌면 개인의 생활양식과 웰빙에 대한 더 나은, 그리고 더 정확한 지표일지도 모른다.

대중매체에서 나타나는 시대에 뒤떨어진 성-연령 정체감과 생활양식: 50대가 새로운 흔들리는 세대인가 매체에서 나타나는 것처럼 현재의 대중문화는 사람들의 삶에 엄청난 영향을 미친다. 포스터모던 이론가들은 매체의 힘은 그것이 현실과 비현실 간의 구분을 없앤다는 사실에 있다고 주장한다. 예를 들어, 스트리나티(Strinati, 1995)는 "매체 이미지는 점차 우리의 현실감과 우리가 자신을 정의하는 방식을 지배한다."라고 주장하였다(p. 224). 이런 관점에서 매체는 사회화의 진행 과정에서 중요한 역할을 하는데, 이 과정에서 성 역할의 선택과 표상의 문제는 매우 중요하다. 최근의 관심은 특히 여성의 문화적 지위에 맞추어져 있고(Peach, 1998), 대중매체에 반영된 것처럼 50대 여성의 진화하는 사회문화적 현실의 흥미로운 발달을 잘 보여 준다. 이 연령 집단의 '새로운 정체성'에 대해 강조한다. 예를 들어, 주류 영화인 **달력 소녀들**(Calender Girls)은 여성의 본질과 매력이 젊음에 있다는 오랫동안 유지된 확신을 거부한다. 이 영화는 자선운동을 위해 돈을 벌려고 50세 이상 여성이 달력에 실릴 누드 자세를 취하는 모습을 보여 주는

데, 이들은 매 순간순간을 분명하게 즐기고, 비성적인 존재로서 중년과 나이 든 여성의 늙은 이미지에 도전한다. 이와 유사하게 예술가 메츠킨(Matzkin, 2003)은 자신의 웹사이트를 만들고 그곳에 일련의 아크릴 초상화인 〈벗은 늙은 숙녀들(Naked Old Ladies)〉 공개하였는데, 그는 58~87세 모델을 활용해 나이가 몇 살이든지 체형이 어떻든지 간에 여성에게는 아름다움이 있음을 보여 주려고 시도하였다. 노년 여성들의 벗은 몸을 둘러싼 금기는 베네통과 같은 영리 회사에 의해 깨졌다. 2001년 10월 'UN 자원봉사자의 해'에 상을 탄 베네통 광고는 캘리포니아의 작은 나체촌에서 살고 있는 퇴직한 독일 사진작가를 출연시켰고, 고화질 광고가 베네통 웹사이트에 탑재되었다. 같은 해에 벗은 노년 여성의 사진을 잡지 광고와 고급 주택가의 광고판에 사용하였다. 그에 따라 대중문화는 50세 이상 여성의 매력을 선전하고 있는 것처럼 보이는데, 이런 경향은 이 세대의 자기상에 긍정적인 영향을 미칠 가능성이 높다.

대중매체, 주로 영화에서 관심을 갖는 또 다른 이슈는 나이 든 여성들의 리비도 혹은 성적 욕구의 지속성이다. 영국 영화 〈**어머니**(The Mother)〉는 딸의 연인과 바람을 피우는 과부에 대한 이야기다. 남편의 사망이 오랫동안 억제되었던 의미 있고 성적으로 충만한 관계에 대한 그녀의 열망을 일깨웠던 것이다. 성과 노인에 대한 연구(Demeter, 발표일 미확인)는 여성이 남성보다 더 일찍 성에 관심을 잃게 될 것으로 기대됨을 보여 준다. 그래서 여성들이 실제 삶에서 느끼는 어려움은 대체로 감소된 성 추동이나 성 기능보다는 여성의 성에 대한 문화적 신화와 비우호적인 일반인의 태도와 관련이 있다.

덴마크의 일부 은퇴자 공동체에서 개방적인 생활 방식이 등장하고 있는데, 그곳에서 노인 거주자들은 자치단체의 텔레비전으로 포르노를 보거나 매춘부의 정기적 방문을 선택할 수 있다. 한 거주지 관리자는 다음과 같이 설명하였다. "다른 모든 가정에서처럼 우리는 거주자 회의를 합니다. 만약 그들이 거실에서 일주일에 한 번씩 포르노를 보길 원한다고 결정하면, 우리는 그렇게 할 수 있지요. ……우리는 어떤 제안도 거절하지 않습니다"(www.ananova.com). 이와 비슷한 맥락에서 독신 이성애 노인들의 성생활에 대한 *The Washington Post*의 한 기사(Nicolosi, 2001)에는 안전한 성생활의 비결과 자원에 대한 방대한 목록이 함께 제시되었다.

여전히 많은 나이 든 이성애 여성이 섹시하다고 느끼는 것과 인생 후반기에 성관계를 맺을 방법과 능력을 갖는 것이 반드시 그들에게 적극적인 성생활의 선택을 열어 놓는 것은 아니다. 가장 큰 장애는 가용한 남성 파트너의 부족이고, 이 문제는 여전히 남아 있다. 통계는 진부한 결과를 보여 준다. 나이 든 남성은 친밀한 관계를 맺을 훨씬 더 많은 기회를 가지고 있고, 파트너는 그보다 상당히 젊은 경향이 있다. 하지만 대중문화, 특히 영화산업은 중년 성인 사이의 바람직한 이성애 파트너에 대한 흔한 믿음에 의문을 제기하기 시작한다. 다이안 키튼과 잭 니콜슨이 주연을 맡은 〈Something' s Gotta Give〉라는 제목의 로맨틱 코미디는 두 명의 중년 성인 사이의 로맨스와 신체적 매력에 대한 이야기를 다루고 있다. 여자 주인공은 이혼한 극작가로, 더 젊은 경쟁자를 따돌리고 파리에서 로맨틱한 만남을 즐긴다. 중년기와 그 이후에 같은 나이의 성 파트너를 선호하는 것에 성원을 보내는 것은 궁극적으로 나이 든 여성에게 자신의 성욕을 적극적으로 해소할 기회를 만들어 줄지도 모른다.

신문과 인터넷 토론란은 중년 여성의 태도와 행동에서 나타나는 추가적인 변화에 대해 언급한다. 애슈턴과 아스타나(Ashton & Asthana, 2004)는 점점 더 많은 수의 여성이 인생의 후반기에 엄마가 되는 것의 부정적 낙인을 무시하는 선택을 하고 있다고 보고하였다. 40세 이상 여성의 임신율은 1990년대에 41%까지 올라갔다. 그들은 이런 경향이 특히 유명 인사들('유행 창조자들') 사이에서 뚜렷하다고 하였고, 부모가 되려는 결정은 많은 요인을 고려하여 내려져야 하는데, 나이는 그중 하나일 뿐이라는 피면접자들의 말을 인용하였다.

50세 이상 여성에 대한 매체의 표상에서 보이는 현재의 탈구조적(deconstructionist) 경향성과 이 연령 집단의 삶의 질 향상을 위한 가능한 시사점과 관련하여 학술적 문헌이 거의 없다는 것은 놀랍다. 앞에서 말한 것처럼 매체는 현실인 것과 현실이 아닌 것을 복잡하게 엮어 내는 데 엄청난 힘을 가지고 있다(Berger & Luckmann, 1991). 따라서 코호트에 기반을 둔 규준에서 점차 변화를 보이는 최근의 문화적 이미지는, 특히 성욕과 친밀한 관계 영역에서 새로운 선택을 강조하고 있어, 성적 매력과 로맨스와 관련된 전통적인 관습의 배타성을 약화시킬 수 있다. 이러한 발달은 자신의 성욕에 대한 지각이 성 혁명의 진보적인 메시지에 의해 확립된 여성들에게 특별한 의미를 가진다. 이런 점에서 여성의 매력을 그들의 젊음과 연결시키는 전통적인 관습에 저항하는 역할 모델에 대한 매체 표상은 50세 이상 여성의 실제 삶의 경험에 새로운 길을 열어 줄 수도 있다. 성적인 만남과 로맨틱한 애정에 대한 많은 영화 장면은 경험과 세련된 제스처, 개인적인 힘, 그리고 기꺼이 대담한 삶의 방식을 선택하는 것과 함께 그려지는데, 이런 모든 것이 웰빙의 다양한 차원과 연결된다.

축소적 관점

중년 여성의 성욕, 즉 성적 욕망 및 성 활동과 관련된 제한은 웰빙에 부정적인 영향을 준다(Aber et al., 2003). 이런 불이익은 특히 현대 젊은이들의 성 문화에서 뚜렷하게 나타난다. 여성(과 남성)이 50세라는 경계를 넘어설 때 즉각적인 변화를 경험하지 않는다는 것은 지극히 상식적이지만, 이러한 진실도 표준적인 성적 매력과 연령에 적합한 성 활동이라는 널리 퍼진 전통적 관념에 대항하여 그 자신을 주장할 수 없는 것처럼 보인다. 그래서 지금 50대인 여성 코호트는 심리적·생리적 욕구로서 그들이 경험하는 것과 그러한 욕구에 대한 사회문화적 제한 사이의 긴장에 둘러싸여 있다. 이러한 문제가 조앤 크리슬러(Joan Chrisler)와 모린 맥휴(Maureen McHugh)가 집필한 장에서 더 철저하게 다루어졌기 때문에, 여기에서는 이 주제에 대해 간단히 언급하려고 한다.

앞에서 확인한 것처럼 현재 50세 이상 여성 코호트의 웰빙에 대한 평가는 지난 40년에 걸친 성-연령 역할의 포괄적인 사회문화적 변화를 고려해야 한다. 사회구성주의적 관점은 많은 성차와 연령차가 사회적 맥락에 의해 조건화되며, 따라서 세대가 달라지면 이 또한 달라지는 경향이 있다는 개념을 지지한다(Stewart & Ostrove, 1998). 여성주의 운동과 성 혁명과 연합된 가치 및 행동 양식에 마음을 빼앗겼던 50세 이상의 여성은 이제 '심장에서 젊음'을 느낀다. 실제로 리프(Ryff, 1991)는 웰빙의 모든 차원에서 젊은 성인과 중년 사이의 닮은 점을 발견하였고, 두 집단은 모두 앞으로 몇 년 동안 지속적인 웰빙의 증가를 기대하였다. 이것은 성적 제한과 상실에 직면해서 나이 든 여성이 경험하는 분노와 공포에 대한 하나의 설명이 될 수도 있다.

마커스와 누리우스(Markus & Nurius, 1986)가 소개한 '가능한 자기들(possible selves)'의 개념 또한 성욕의 관점에서 중년 여성의 어려움을 다루는 데 유용하다. '가능한 자기들'은 '희망과 공포, 목표, 위협의 인지적 요소들'로 정의된다(p. 954). 젊은 성인기에 개방적인 성적 메시지에 노출되었던 여성은 쉽게 접근할 수 있고 바람직한 자기의 구조에 그런 성적 메시지를 포함시킨다. '가능한 자기들'의 범위에서 성적 자기를 제외하는 문화적 장벽과 갑자기 직면하게 될 때 유일하게 그들을 좌절시킬 것으로 기대된다.

현재 중년 여성의 감정과 기대가 지배적인 사회적 규범과 문화적 표상에 의해 지지받지 못한다는 사실은 데이비슨과 펜넬(Davidson & Fennel, 2002, p. 4)이 '문화지체(cultural lag)' (예, 여성이 현실에서 자신의 성욕을 경험하는 방식의 변화와 그에 따른 행동에 대한 기대를 문화적 개념이 따라잡지 못하는 것)라고 부른 것에서 잘 나타난다. 하지만 앞에서도 지적한 것처럼 적어도 대중매체의 일부는 성 윤리뿐만 아니라 중년 여성의 몸과 성적 매력, 성 활동에 대한 새로운 문화적 표상에 대해 개방적인, 때로는 파격적인 담론까지 허용한다. 앞으로의 연구에서는 50세 이상 여성의 웰빙과 삶의 질이 각기 확장적 영역과 축소적 영역에 남아 있는 것 사이의 상호작용을 조사할 필요가 있다.

결 론

이 장에서는 성과 연령 같은 사회적 구성 개념에서 문화적 변화의 긍정적인 효과를 강조하면서, 사회문화적 관점에서 바라본 50대 여성들의 웰빙에 초점을 맞추었다. 중년 여성은 오늘날 웰빙평가척도에서 젊은 여성과 비슷한 점수를 얻는 경향이 있는데, 이는 부분적으로 젊은 성인기에 획득한 진보적인 가치와 행동 양식을 유지하는 경향이 있기 때문이다. 이런 의미에서 나이 든 여성뿐만 아니라 이전 세대의 중년 여성과도 다르다. 후자와의 차이는 사회구성주의적 관점으로 설명할 수 있다. 그것은 성 역할과 연령 역할에 대한 표준적인 기대에서의 변화 이외에도, 구조적 기회, 주로 교육과 고용에서의 변화와 연결된다(Parker & Aldwin, 1997). 다른 말로 하면, 이 연령 집단 여성에게서 최근 몇 년 동안 발견되었던 웰빙의 확장과 성장은 때때로 문화적 표상과 기회에서의 극적인 발전과 함께, (발달적 관점에 따라) 인생의 이 단계에서 기대할 수 있는 가용한 개인 자원의 증가(그리고 개인적 구속의 감소)와 관련 있다.

지난 40년 동안 사회의 권력 균형에서 일어난 중요한 변화가 종종 성과 연령의 교차 지점이나 집단 간 흐려진 경계선에 반영되곤 하는데, 이러한 변화를 촉진하였다는 것은 분명하다. 50대 여성은 이전 어느 때보다도 오늘날 더 많은 권력을 가지고 있고 결과적으로 더 긍정적인 기능을 하고 있다(현대 이론들이 정의하는 것처럼, 예 Keyes et al., 2002; Ryff & Keyes, 1995). 이것은 개인적 수준과 제도적 수준 모두에서 웰빙의 구조와 권력의 구성 개념 간 연결성에 질문을 하게 만든다. 실제로 웰빙은 개인적 함의뿐만 아니라 중요한 정치적 함의를 가지는 것처럼 보인다.

그럼에도 불구하고, 중년 여성의 신체적 매력과 성적 활동 같은 이슈에 대한 문헌은 완전히 다른 관점을 드러낸다. 문화는 여전히 표준적인 호감(desirability)과 성적 관계의 한계를 정한다. 따라서 50대 여성들은 능력이 있고 존경받을 만하지만 반드시 호감이 가는 대상은 아니다. 그 결과, 향상된 긍정적 웰빙(Ryff & Keyes, 1995)에 비해 해로운 심리적 반응의 증가(예, 취약성, 불안, 좌절, 외로움)가 발견되었다(Gott & Hinchliff, 2003). 이처럼 중년 여성에 대한 문화적으로 분리된 표상이 웰빙의 파편화된 구조를 매우 잘 설명해 줄 수 있다.

하지만 현재 중년인 여성의 이야기는 여전히 진행 중이다. 이런 여성은 성욕에 대한 새로운 이해와 그들 자신의 성적 욕구와 선호에 대한 지각에 기반을 둔 친밀한 관계를 형성하고 있다. 그들은 또한 친밀한 관계를 재개념화하고 함께 따로 사는 것(living apart together)과 같은 함께함(togetherness)의 새로운 형태를 실험하는 데 있어 적극적인 역할을 맡고 있는 것처럼 보인다(Borell & Karlsson, 2003). 그래서 중년 여성을 둘러싼 성적 매력과 친밀한 애착에 관한 사회문화적 구속이 곧 없어진다고 결론 내릴 수는 없더라도, 그들의 삶의 질이 여전히 뚜렷하게 향상될 수 있다고 생각하는 것은 가능하다고 생각된다.

6/ 다시 돌아와 즐기기: 50세 이후 여성의 우정

Suzanna M. Rose

50세 이후의 여성은 우정에서 새로운 활력을 보인다. 인생의 두 번째 장은 자신이 어디에 있었는지에 관해 돌아보고 심사숙고하게 만들며, 또한 때때로 남은 수십 년을 이끌어 갈 개인적 우선 사항을 결정하고 변화를 일으킨다. 그리고 자기 자신과 친밀감에 대한 새로운 관점이 등장한다. 시간이 더욱 가치가 있어지면서, 시간을 어떻게, 그리고 누구와 보낼 것인가에 대한 선택이 더욱 절박한 문세가 된다. 여성들이 자신의 삶을 평가할 때, 우정의 현주소에 충격을 받고 어디에 정서적 투자를 늘리고 줄인 것인가에 대해 신중하고도 분명한 결정을 하곤 한다. 오랜 우정이 재조명되고 자기 자신과 관계에 대한 신선한 관점을 얻기 위해 새로운 우정을 찾을 수도 있다. 변하지 않는 것은 여성이 우정에 부여하는 커다란 중요성이다. 친구 역할에의 헌신은 나이 든 여성의 삶의 만족을 결정하는 데 있어 소득이나 결혼 상태보다도 훨씬 더 중요하다(Trotman & Brody, 2002).

이 장에서는 50세 이후 여성의 우정에 대한 기대와 기능, 발달에 대해 가설을 세우고 탐색하게 될 것이다. 이것은 심리학 연구의 관점에서 볼 때 상대적으로 새로운 영역인데, 기존의 심리학 연구는 젊은 사람이나 노인의 우정에는 많은 관심을 기울였으나 중년에는 거의 주의를 기울이지 않았다. 따라서 심사숙고해야 할 것이다. 역사적 영향력과 성, 성적 지향성, 인종과 민족, 개인차, 문화를 포함해서 전형적으로 우정에 영향을 주는 것으로 알려진 요인 역시 고려될 것이다. 그리고 갈등과 거짓된 친구 같은 우정의 부정적인 측면에 대한 논의, 50세 이후 여성의 우정에 대한 체계적인 탐색을 시작하기 위한 생산적인 연구 방향이 제안될 것이다.

우정에 대한 역사적 영향력

여성의 우정에 대한 현재 관점은 100년 전의, 그리고 최근까지도 만연하였던 관점과 첨예하게 대조를 이룬다. 현재 여성이 다른 여성과 쌓는 우정은 행복과 건강, 웰빙에 기여하는 심리적 자산으로 간주된다. 많은 웰빙 연구는 여성이 동성 친구와 맺는 우정이 남성의 우정보다 더 친밀하고 지지적이라는 결과를 보여 준다(Bank & Hansford, 2003). 여성은 남성보다 동성의 우정을 즐기는 경향이 있는데, 그 이유는 여성 친구들 사이의 더 큰 친밀감 때문이다(예, Bank, 1995). 이와 대조적으로, 아리스토텔레스 시절부터 1970년대까지의 지배적인 견해는 여성은 진정한 우정을 나눌 능력이 없다는 것이었다. 여성은 유전적으로 서로 유대를 맺도록 프로그램화되어 있지 않다는 주장도 있었다. 어떤 사람은 성적인 질투와 남성의 승인을 바라는 욕망이 불가피하게 여성들 사이의 적대감을 낳고 우정을 가로막는다고 주장하였다. 여성들의 우정은 종종 '두 얼굴을 가진' 혹은 '수다스러운' 혹은 '아이 같은' 것으로 하찮은 대우를 받았다(O'Connor, 1992).

1970년대부터 1980년대까지 여성 연구와 '관계의 과학'이 성장하면서, 여성의 우정에 더 긍정적인 관심이 집중되었다. 여성의 우정에 영향을 미치는 맥락적 요인이 강조되었는데, 예를 들어 사회적 제도로서 결혼 제일주의(primacy of marriage)가 특히 여성에게 우정의 기회를 줄이는 것으로 인식되었다(O'Connor, 1992). 여성주의 역사가들은 또한

1800년대에 있었던 여성 친구들 사이의 낭만적 우정의 수많은 사례를 밝히면서, 여성들의 우정에 대한 부정적인 견해에 도전하였다(예, Faderman, 1981). 하지만 이런 분석에서 유래된 연구들은 일차적으로 그들의 권리로서 여성의 우정에 대한 본질을 이해하기보다 성차를 확인하는 것에 목적을 두었다. 따라서 여성들의 우정은 계속해서 결혼의 유대감과 비교해서 이차적인 부속물로 간주되었다. 이러한 견해는 여성들의 우정에 대한 중요성을 논하는 데 있어 이성애자들의 가부장적인 견해를 암묵적으로 반영하는 것이다(Rose, 2000).

더 최근에는 여성들의 우정에 대한 이차적 지위에 의문을 제기하는 경향이 등장하였다. 예를 들어, 여성들의 우정의 정서적인 힘이 남편이나 연인과의 관계와 전혀 다르지 않음이 발견되었다(Goodenow & Gaier, 1990). 선진국에서는 여성이 남성보다 평균 수명이 더 길고, 그로 인해 남편보다 오래 살 확률이 높기 때문에 우정의 중요성을, 특히 삶의 후반기에 다시 생각해 보게 되었다(Allan, 2001). 여성의 우정에 대한 이러한 새로운 관심은, 이 중요한 관계에 대해 알려진 것이 거의 없다는 사실을 더욱 부각시킨다. 50세 이후 여성의 우정과 인생의 수렴 단계에 대해서 탐색해야 할 것이 매우 많이 남아 있다.

친구에 대한 기대

서구의 산업화된 문화에서 친구에 대한 기대가 이상화되는 경향이 있다. 우정은 전형적으로 친밀감과 즐거움, 의존할 수 있음, 수용과 보살핌을 포함한다. 이에 더해서, 우정에 대한 여성의 기대는 매우 높은 경향이 있다. 굴드너와 스트롱(Gouldner & Strong, 1987)은 그들의 연구에서 중년 여성이 '우정에 대한 간절한 동경'을 표현하였고 낭만적 관계에 사용되는 것과 비슷한 용어로 이상화된 우정을 표현하였다고 보고하였다.

> 완벽한 친구는 무엇보다도 신뢰할 수 있음, 흔들림 없는 성실함, 비밀을 지키는 능력과 같은 특성을 가지고 있는 것으로 생각되었다. 그녀는 한 인간이며 동시에 좋은 경청자이자, 유쾌한 동료이며, 수다를 떨고 심각한 문제를 털어놓을 수 있는 사람이었다. 이상적으로 그녀는 공감을 제공하고, 기분 전환과 재미와 함께 카타르시스와 자기통찰의 기회를 제공하곤 할 것이다(p. 105).

우정의 '자발성'이 다른 사회적 관계와 우정을 구분할 뿐 아니라 우정의 이상화된 지위를 부여한다. 제도적 틀로 묶인 부부나 가족관계와 달리, 우정은 선택된 것이다. 우정은 사회적 역할에 의해 촉발되거나 강요된 것이 아니다. 우정의 다른 독특한 특징에는 자율성, 감성, 구조적 제약으로부터의 자유가 포함된다. 뿐만 아니라 우정은 상호 성과 평등함의 규범에 의해 지배되는 경향이 있다. 이러한 특징은 우정에 자발적이고 비공식적인, 사적이면서 자율적인 둘의 관계라는 일반적인 개념을 부여한다(Bell & Coleman, 1999).

중년 여성의 우정이 앞에 제시된 설명과 다른지는 알려져 있지 않다. 그녀들이 이상을 꿈꾼다 해도, 자기 자신과 타인 안에 있는 진실성에 더 많이 감사할 것이 분명하며, 이것이 친구와 자신의 약점과 실패를 더 잘 견딜 수 있도록 할 것이다. 한편, 죽음에 대한 자각이 50대 여성에게 더 뚜렷해짐에 따라, 그들은 규정된 역할에서 벗어나거나, 자기의 새로운 혹은 거부된 측면을 발견하거나, 또는 더 큰 전체감(sense of wholeness)을 추구하고자 소망하게 될 수 있다. 만약 친구들이 현재 상태를 유지하고자 원해도 무언가 의미 있는 것을 할 수 있는 시간은 '지금 아니면 없다.' 는 느낌이 우정에 부정적인 영향을 줄 수도 있다.

우정의 기능

모든 연령의 성인이 우정의 여섯 가지 기능을 인정하고 있다(Argyle & Henderson, 1984). 최소한 친구들은 서로를 대신하고(심지어 친구의 부재 시에도), 성공의 소식을 나누고, 정서적 지지를 제공하고, 서로 믿고 비밀을 털어놓고, 필요할 때 자발적으로 돕고, 함께 있을 때 친구가 행복해지도록 노력할 것이라고 가정하게 된다. 게다가 가까운 친구는 빚과 은혜를 대신 갚고, 친구의 다른 친구를 인정하고, 공식적인 자리에서 친구를 비판하는 것을 피하며, 비밀을 지키고, 다른 관계에 대한 질투와 비판을 하지 않고, 잔소리를 하지 않고, 프라이버시를 존중할 것으로 가정하게 된다.

우정은 성인의 삶에서 독특하고 결정적인 역할을 한다. 개인적 특성과 생활양식의 측면에서 친구들의 유사성은 서로의 정체감을 인정하고, 추억을 이야기하고, 조언을 하고, 사교적 모임을 제공하고, 여가활동을 함께하고, 비전문적인 과제를 돕도록 해 준다. 친구는 나이가 들어감에 따른 상실과 변화를 감당하는 데 필요한 동료애와 정서적 지지를 제공할 것이라고 기대하게 된다.

평등함(equality)은 우정의 가장 뚜렷한 특성이다. 우정이 '서로 주고받는' 관계라는 측면에서 동등한 것으로 지각될 때 친구들은 가장 만족한다(Roberto, 2001). 물질적 자원이나 대인관계에서의 힘은 친구 사이에서 균형을 이루어야 하며, 그렇지 않으면 우정은 지속되지 못할 수 있다. 또한 상호성이 중요한데, 특히 초기 단계에서 그렇다. 확립된 우정은 '교환' 관계라기보다 '공동(communal)' 관계일 것으로 기대된다(Clark & Mills, 1993). 공동 관계는 교환 관계에서 기대되는 것처럼 일정한 빚을 그에 상응하는 혜택으로 되돌려 주는 것을 요구하지 않는다. 교환의 동등함보다는 정서의 동등함이 공동 관계를 지배한다.

오랜 친구들은 과거와의 연속감을 제공하고, 시간이 지남에 따라 가족으로 간주될 수도 있는데, 그것은 연결감을 높여 준다(Lewittes, 1989). 여성(그리고 남성)은 어떤 다른 사람보다도 친구와 시간을 보내는 것이 더 행복하다고 보고한다(Larson & Bradney, 1988). 다행히, 나이 든 여성들 사이의 우정은 신체건강과 정신건강뿐만 아니라 심리적 성장에도 크게 기여한다(Patrick et al., 2001).

성 역할

우정은 성 역할에 강한 영향을 받는다. 여성은 남성보다 친구에게 위안과 공감, 세련된 형태의 정서적 지지를 더 잘 제공하는 경향이 있다(예, Basow & Rubenfeld, 2003). 이런 행동들은 인생 초기에 학습된다.

소녀들은 소년들보다 훨씬 더 많이 타인에게 양육적인 방식으로 행동하고, 자신의 감정에 대해 말하고, 동정심을 표현하도록 격려받는다. 성인기에 여성은 양육과 지지를 더 잘 제공할 뿐만 아니라 양육과 지지를 제공할 준비가 되어 있고, 기꺼이 제공할 것으로 기대된다.

여성은 친구에게서 위로를 주고받는 것에 높은 가치를 두는데, 이는 위로를 제공하지 못하는 여성이 부정적으로 지각되거나 거부될 것임을 시사한다(Holmstrom et al., 2005). 평생 동안 성 역할은 변함이 없지만, 중년기의 보상작용이 여성 친구로부터의 무조건적인 지지에 대한 고정된 기대를 낮출지도 모른다. 일화에서 나타나는 증거는 중년의 여성들이 젊었을 때보다 진실을 말하는 것에 더 큰 가치를 두게 된다는 것을 시사한다. 레바인(Levine, 2005)은 이것을 '새로운 친밀감'이라고 하였다. 그에 따르면, "우리는 자신의 실패와 실수에 대해 훨씬 더 많이 솔직하고, 충고를 더욱 기꺼이 구하고 받아들이며, 조언을 할 때에 아는 체하지 않으며, 자신에 대한 공감을 불러일으키는 것에 훨씬 더 적게 관여한다."고 하였다.(p. 145). 더 높은 수준의 정직함에 대한 기대는 여성들로 하여금 자유롭게 친구들의 곤경에 대해 다양한 반응을 하게끔 할 수 있다. '그 일 때문에 흥분하지 마라.' 혹은 '너는 행동을 잘 추스르는 게 더 좋겠다.' 와 같은 공감은 적고 더 직접적인 조언을 제공하게 되고 감사히 받아들일 수도 있다.

우정의 발달

일반적인 우정의 발달 경로는 비슷한 태도와 활동, 사회적 계층의 여성들이 인생의 과정에서 자주 만남에 따라 친구가 되는 것이다(Fehr, 1996). 처음에는 이런 관계가 피상적일 수 있고, 의례적인 인사나 초대, 어떤 활동의 '동등한 교환'에 기반을 둘 수 있다. 시간이 지남에 따라 서로의 관심사가 통하면, 일련의 친밀하고 개인적인 개방이 점차 증가하면서 점진적인 변화가 일어날 것이고, 더 긴밀한 우정으로 발전한다. 신뢰와 자기 개방이 증가함에 따라, 우정은 주고받는 것에 대한 공식적인 상호성보다는 서로의 관심사와 같은 공동 규범에 더 많이 기초하게 된다(Clark & Mills, 1993).

친구 사귀기

우정의 형성은 성인이 잠재적 친구를 만나고 우정을 증진시키는 기회에 영향을 주는, 적어도 세 가지 요인에 의해 제한을 받는다. 첫째, 인구통계학적 변인이 우정을 제한하는 경향이 있다. 모든 연령대에서 여성은 나이와 인종, 사회적 계층, 성적 지향성, 비슷한 지역에서 살고 일하는 사람이라는 측면에서 유사한 여성들과 만나게 되는 경향이 있다. 어린 자녀를 둔 여성은 자녀 친구들의 어머니와 친구가 되곤 한다. 로베르토(Roberto, 2001)는 나이 든 여성은 친한 친구들과 가까이에서 사는데, 그들은 거의 비슷한 나이와 사회적 지위를 가지며 사회적 · 인종적 배경이 비슷한 경향이 있다고 보고하였다.

둘째, 우정에서 평등함의 규범은 사회적 거리를 만드는 사회경제적 지위나 정체감 범주에 따라 우정의 발달을 제한하는 경향이 있다. 예를 들어, 한 여성과 그녀 집에서 일하는 노동자 사이의 우정은 사회적 계층에서 지위의 불평등함 때문에 발생하는 경제적 장벽과 사회적 장벽을 극복해야 한다. 이와 비슷하게 흑인과 백인 여성의 우정, 혹은 레즈비언과 이성애 여성 간의 우정은 사회적 거리를 연결하고 동등한 기반에서 우정을 쌓기 위해 추가적인 기준을 충족시켜야 할 것이다(예, Hall & Rose, 1996).

여성의 위치에 대하여 남성에 이차적이고 남성에게 도움을 주는 것이라는 가부장적인 정의가 여성의 우정 형태를 결정한다. 이성애 부부 중에서, 남성의 선호와 우정이 종종 부부의 사회적 삶을 지배한다. 남성보다 더 자주 여성들이 데이트나 결혼으로 동성 간의 우정을 상실하게 된다는 보고가 있다(Gullestad, 1984; Rose, 1984). 아내는 남편과 독립적으로 여성 친구와 우정을 유지하기를 원할 수도 있지만, 부부 활동과 별도로 여성 친구를 만나기 위해 약속을 잡는 것은 추가적인 노력을 필요로 하고 우정을 유지하기가 더욱 어렵다. 여성의 우정에 대한 결혼의 부정적인 영향은 이혼이나 사별 후에도 계속된다. 이혼 여성과 사별한 여성은 모두 우정 네트워크를 재구축해야 한다고 보고한다(예, Armstrong & Goldsteen, 1990). 남편이 더 이상 존재하지 않게 되면, 남편의 친구들은 남은 여성을 친구로 여기지 않을 것이다.

남성 우월주의에서 발생하는 상황적인 요인과 성 역할이 여성들의 우정에 커다란 제약이 된다. 엔라이트와 롤린슨(Enright & Rawlinson, 1992)은 "가정의 한복판은 우정을 위한 옥토가 아니다."(p. 96)라고 지적하였다. 여성들은 계속 가사와 자녀양육 책임의 약 70%를 짊어져야 하고, 대부분 자신의 여가를 위한 자유 시간을 거의 갖지 못한다(예, Green et al., 1990). 또한 남성보다 평균적으로 더 적은 돈을 벌고 우정을 쌓고 유지하는 데 사용할 자원이 더 적다. 여성들은 공원과 바, 사회클럽, 운동시설, 아케이드를 포함한 공공 장소에 남성보다 더 적게 가고 통제력도 더 적다. 남성의 폭력에 대한 공포 때문에 여성들이 혼자서 집 밖으로 나가는 것이 제한된다. 따라서 인구통계학적 · 사회적 · 물리적 제약이 우정의 선택과 상호작용을 제한한다.

50세가 되면, 앞에서 언급한 여성들의 우정에 있어 일부 제한점이 줄어들 수 있다. 50대에 일하는 여성들은 자신만의 재정적 자원을 가지고 있을 가능성이 높다. 또한 자녀들이 성장하여 집을 떠나면서 가족과 가사에 대한 책임이 줄어들어 더 많은 여가 시간을 보낼 수 있다. 사실상 50대는 여성의 자신감이 절정에 이르고(예, Neugarten, 1968), 재정적 안정성과 상대적으로 여전히 건강 상태가 좋다는 점을 고려할 때, 여성 우정의 '황금기'라 할 수 있다. 그때가 여성들이 '우정을 그 자체로 선물로 생각하는 것'을 완전하게 배우는 시기가 될 수 있다(Paul, 2004, p. 164).

우정 유지하기

중년기 우정에 관한 연구들은 우정을 유지하기 위해 사용되는 전략에 대해 이야기하지 않았다. 친구들은 가정과 지역사회 활동에서 상호작용한다. 모여서 이야기를 나누는 것이 가장 흔한 사회적 활동이지만, 친구들은 또한 운송, 쇼핑, 심부름 해 주기에서 서로를 돕는다(Adams, 1997). 의사소통 전략은 친구와 평생 동안 우정을 유지하는 데 매우 중요하다. 긴장을 만들어 내는 의사소통의 측면은 우정에서 독립과 의존 간의 상호작용, 우정의 보호적 기능과 표현적 기능 간의 상호작용을 말한다. 우정은 여성들에게 개인적 목표와 흥미를 추구할 공간을 제공하지만, 필요한 경우 상호 의존성을 요구한다. 우정의 이러한 두 가지 특성은 우정이 균형을 유지하도록 계속적인 협상을 요구한다. 이와 마찬가지로 친구들은 표현성과 보호성 사이에서 균형을 잡아야 한다. 정직과 솔직함, 자기 개방은 친구에게 상처를 주지 않기 위해서 주의 깊게 조정되어야 한다.

우정 끝내기

우정은 많은 이유 때문에 끝날 수 있지만, 이에 관해서는 젊은 성인이나 나이 든 성인에 대한 소수의 연구에서만 경험적으로 조사되었다. 20대 여성과 남성이 이야기한 친구와의 결별 원인은 사회적 기술이나 상호성의 부족, 부적절한 자기 개방, 감정을 표현하지 못함, 친구에 대해 혐오적인 뭔가를 알게 된 것 등이 있었다(예, Rose, 1984). 여성들은 연애관계가 한동안 우정과 경쟁을 하기 때문에 남성보다 우정을 잃기가 더 쉽다. 20대 중반에서 30대 중반의 성인은 우정이 끝나는 이유를 사생활에 대한 존중 부족과 개인적 충고에 대한 너무 많은 요구 때문이라고 하였다(Argyle & Henderson, 1984). 노년기에 우정의 적극적인 종결은 친구의 사망 때문이 아니라면 거의 보고되지 않는다. 여러 해에 걸친 생활 방식이나 인생 경로의 변화, 이사, 우정의 기준에서의 중대한 위반에 기인한 '멀어짐' 때문에 우정이 줄어들거나 끝이 난다(Bleiszner & Adams, 1992).

현재 중년 여성들이 우정을 어떻게, 그리고 언제 끝내는지에 대해 언급한 연구는 존재하지 않는다. 하지만 중년 여성에 관한 발달 연구는 그들이 만성적으로 불만족스럽다면, 오래된 우정도 끝낼 수 있음을 시사한다. 예를 들어, 저시크와 크램(Gersick & Kram, 2002)은 중년기에 많은 것을 성취하는 전문직 여성을 대상으로 연구하였는데, 새로운 과업을 자신의 것으로 만드는 것이 50세 전환기의 특징이라고 보고하였다. 이런 과업은 자신의 능력에 대해 자신감을 얻는 것, 사람들이 원하는 것을 아는 것, 뭔가를 열심히 추구할 수 있는 것과 관련된다. 여성들의 이야기는 자신의 삶을 추구하는 에너지의 원천이 50세 전환기에 분출됨을 시사하였다. 가설적으로는 자신이 원하는 것을 요청하는 자신감의 증가와 함께, 이 기간 동안 이루어지는 관계의 재평가가 불만족스런 우정을 끝내도록 결정하게 만들 수 있다. 예를 들어, 최근 25년 된 우정을 끝낸 50세가 다 되어 가는 한 여성은 다음과 같이 설명하였다.

> "당신이 나이가 들면 들수록 자신의 성격과 당신이 기꺼이 타협하고자 하는 것에 대해 더욱 현명해진다. 당신은 더욱 선택적이 된다. 우정에서 공통의 목표를 갖고 있지 않은 사람에게 시간을 허비하려 하지 않을 것이다. 만약 단지 얻어 가기만 하는 친구가 있다면, 그에 대해서는 잊어버려라! 만약 당신이 주고, 주기만 하는 우정 관계에 처해 있다면, 당신은 머지 않아 지치게 될 것이다. 멀리 떨어져 있는 친구와의 관계는 악의가 쌓이는 데 여러 해가 걸릴 것이다. 그것이 로이스에게 일어난 것이다" (개인적 의견 교환, 2006).

우정에서의 이런 불만족감은 서로를 방문하고 친구의 삶과 관계에 관심을 보이는 데 있어 상호성의 부족에서 발생한다.

중년기에 문제가 되는 우정이나 우정 상실에 대한 반응에서 성차가 어느 정도 있는지는 알려져 있지 않다. 여성은 남성보다 평생에 걸쳐 우정을 맺고 유지하는 데 더 좋은 이력(history)을 가지고 있다. 여성은 나이를 먹음에 따라, 우정이 끝난다 해도 남성보다 더 적게 화를 내는데, 그 이유는 새로운 우정을 만들기가 더 쉽기 때문이다. 혹은 인생 후반기에 여성의 자기 개념이 관계에서 잘해야 한다는 필요성에 덜 매여 있기 때문일 수도 있다. 50세가 넘어가면 우정의 문제나 결별에 대한 반응에서 성차가 사라지는지, 혹은 역전되는지 아직까지는 뚜렷하게 알려져 있지 않다.

우정의 다양성

우정에 대한 거의 모든 연구는 미국 내 백인이면서 중류층인 여성, 특히 젊은 백인 대학생을 대상으로 이루어졌다. 따라서 유색인 레즈비언 여성들이나 노동계층의 가난하거나 부유한 여성의 삶 또는 우정에 대해서는 아주 조금만 알려져 있다. 활용할 수 있는 소수의 연구만이 중년 여성들의 우정에 영향을 미칠 수 있는 몇 개의 변인에 관해 일부 제한된 통찰을 제공하고 있다.

인종과 민족

흑인 여성에 대한 연구는 그들이 우정에 대해 다소 다른 기대를 가지고 있을지도 모르며, 가족의 역할이 우정과 상충할 수도 있음을 시사한다. 이를 테면, 여성들은 친구로부터 공감을 주고받는 것에 최고의 가치를 두지만, 이것은 흑인 여성보다는 백인 여성에게 더욱 맞는 말이다. 대학생(흑인과 백인) 연구는 다른 여성에게 공감 능력이 부족한 여성이 비슷하게 공감 능력이 떨어지는 남성보다 다른 여성에게 더 호감을 주지 못한다고 지적한다(Holmstrom et al., 2005). 젊은 흑인 여성은 이런 규칙에서 예외로 입증되었다. 그들은 백인 여성이 젊은 흑인 여성을 '객관적인 위로자'로, 충고하되 더 민감하고 효과적인 사람으로 분류한다는 메시지를 발견하였다.

또한 다른 연구에서는 흑인이 감정을 억압하기보다 표현하는 능력에 가치를 두며, 열정적이고 솔직하고 진보적이며 적극적인 우정을 선택한다는 것을 보여 준다(Samter et al., 1997). 젊은 아시아계 미국 여성 또한 백인 여성보다 우정에서 매우 개인-중심적인 위로 전략을 유의하게 덜 민감하고 덜 효과적인 것으로 지각하였다(Samter et al., 1997). 아직까지 이러한 기대가 다양한 인종 집단 출신의 50세 이상 여성에게도 적용되는지를 결정하기 위한 어떤 연구도 실행된 적이 없다. 하지만 젊은 여성을 대상으로 한 이전 연구는, 만약 백인 여성은 공감을 기대하고 흑인과 아시아 여성은 그렇지 않다면, 흑인과 아시아계, 백인 여성 사이의 인종을 뛰어넘은 우정에 문제가 생길 수 있음을 시사한다.

가사 노동의 분할이 흑인 여성의 삶의 만족에 영향을 미치며, 나아가 우정에도 영향을 미칠 수 있다는 것이 발견되었다. 탱그리 등(Tangri et al., 2003)은 대학 교육을 받은 중년의 흑인 여성을 연구하였고, 그들 삶에 대한 개인적인 만족이 가사 부담에 의해 영향을 받는다고 보고하였다. 가사 부담은 가정 내 노동의 불공평한 분할을 뜻한다. 가사 부담이 적은 사람은 더 많은 만족을 보고하였다. 이는 가사 부담이 친구와 보내는 시간과 역상관이 있다고 추측할 수 있다. 따라서 가사 부담은 흑인 여성의 중년기 우정 연구에 포함되어야 하는 중요한 변인이 될 수 있다.

다양한 인종 집단의 핵심 가치가 우정에서 중요한 영향력을 가질 수 있다. 이런 것들은 이제 탐색되기 시작하였다. 예컨대, 라틴계 사람들은 가족이 미국 문화에 적응한 경우에도, 친구나 동료 근로자, 이웃에게서 도움을 구하기보다 가족에게서 지지를 얻는 것에 높은 가치를 둔다(Keefe et al., 1979). 하지만 젊은 라틴계 여대생들은 학업 및 사회적 스트레스에 대처하기 위해 가족보다는 친구에게 더 많이 의존하는 것으로 밝혀졌다(Rodriguez et al., 2003). 중년의 라틴계 사람들은 또한 인종집단의 기대와 지배적 문화의 규준 사이에서 불일치를 경험할 수 있다. 하지만 그것은 아직 해결해야 할 질문으로 남아 있다.

사회적 계층과 우정

사회적 계층은 여성들의 우정에 영향을 미친다. 첫째, 우정을 형성하는 패턴이 사회적 계층에 따라 다르다. 중류층이 친구를 만드는 패턴은 상호작용이 일어나는 맥락을 넓히는 것을 포함한다. 예를 들어, 이것은 요가 수업에서 친하게 된 사람을 자신의 집 저녁식사에 초대할 수도 있다는 것을 의미한다. 그러면 관계는 특정한 맥락(예, 운동수업)에 의해 정의되는 것이 아니라, 처음 맥락을 넘어 관계의 우선성(primacy)을 강조하는 방식으로 확장될 것이다(Allan, 1998).

노동 계층의 우정은 다르게 조직화되는 경향이 있다. 맥락과 장면이 더욱 강조되며, 유대감의 중요성은 당연히 덜 강조된다(Allan, 1998). 우정은 초기 맥락, 예를 들면 교회 모임, 내에 한정되는 경향이 있고, 그러한 특정 활동에 함께 참여하는 것에 더욱 의존한다. 따라서 노동 계층의 관계는 우정으로 쉽게 분류되지 못할 수가 있는데, 왜냐하면 우정에 대한 문화적 정의는 특정 맥락 밖에 존재하는 관계로 정의되기 때문이다.

노동 계층 여성들 사이의 우정은 주로 비공식적인 상호 도움에 의

존한다(Greenberg & Motenko, 1994). 전형적으로 노동 계층 가족은 가까이에서 살면서 일상적인 지원을 제공하는 일차 친족에게 더 많이 의존하고, 친구라고 부를 수 있는 사람을 상대적으로 더 적게 가지고 있을 것이다(Allan, 1998). 이와 대조적으로, 중류층 여성은 친구와 더 자주 상호작용하고, 친구에게 더 많은 도움을 제공하고, 그들이 되돌려 받는 지원에 더 만족한다(Krause & Borawski-Clark, 1995). 사실상 우정은 중류층 사람의 삶에서 친족보다 더 큰 역할을 한다(Allan, 1998). 중류층 여성은 가동성이 높아 주위에 친족이 더 적고, 그것은 친구에게 더 많이 의지하게 만든다.

사회적 계층을 넘어선 우정은 형성하기도, 유지하기도 어려운 경우가 많다. 앞에서 언급한 노동계층과 중류층의 규준에서의 차이가 하나의 장벽이다. 친구는 서로를 사회적으로 동등한 존재로 존중하고 대우하려고 한다. 각 사람이 동등한 사회적 가치를 지니고 있다는 의미를 약화시키지 않는다면 차이는 극복될 수 있다. 교환이 받은 만큼 되돌려준다거나 즉각적으로 되돌려줄 필요는 없다고 하더라도, 상호성 또한 우정에서 기대되는 것이다. 하지만 만약 두 여성이 동등하지 않은, 혹은 제한된 자원을 가지고 있다면, 동등한 사회적 가치에 대한 균형과 상호성은 크게 흔들린다(Allan, 1998). 예를 들어, 노동계층 여성은 집에서 식사 대접을 할 자원이나 중류층 여성이 갈 수 있는 정도의 레스토랑에서 저녁을 먹을 자원을 가지고 있지 않을 수 있다.

중년기 여성의 경우, 사회적 계층의 규준이 견고하게 구축되어 있다. 이것은 50세 이상 노동계층 여성이 중류층 여성보다 친족 네트워크에 더 파묻혀 있을 것임을 시사한다. 이와 대조적으로 중류층 여성은 이전 어느 때보다 중년기에 우정을 키우는 데 더 자유로울 것이다. 그 결과 사회적 계층을 뛰어넘는 중년기 우정을 만들기는 쉽지 않다.

중년기 레즈비언의 우정

레즈비언의 우정은 연구가 부족한 또 하나의 영역이다. 레즈비언들에게 우정은 긍정과 지지, 사랑의 주요(유일한 것은 아니지만) 원천이다(Stanley, 1996). 이성애 여성들보다 레즈비언에게는 친구가 더욱 중요한데, 그 이유는 친구들이 그들을 거부한 친족 네트워크를 대신해서 대리가족이 되기 때문이다(Weinstock, 2000). 따라서 중년기에 우정은 레즈비언에게 중요한 역할을 한다. 툴리(Tully, 1989)는 대부분이 백인이자 전문직 종사자이며 중년인 레즈비언 표본을 연구하였는데, 이들이 여성 친구들에게서 가장 많은 사회적 지지를 찾고 받는 것으로 확인되었다고 보고하였다. 많은 나이 든 레즈비언들이 지지적인 우정 네트워크를 유지하고 있는데, 그것은 레즈비언들이 우정에 두는 높은 가치에 의해 동력이 제공된다(Weinstock, 2000). 중년의 레즈비언들은 연인, 이전-연인, 친구를 포함해서, 그들 나이의 다른 레즈비언과 시간을 함께 보내고 그들에게서 지지를 받는 경향이 있다(예, Bradford & Ryan, 1991; Sang, 1991). 로스블럼 등(Rothblum et al., 1995)은 중년이 친구의 중요성에 대해 새로운 지각을 갖게 만들 수 있다고 지적하였는데, 그것은 특히 레즈비언들이 나이를 먹음에 따라 공식적인 보호 서비스 체계로부터 충분한 지원을 받을 수 있다고 예상하지 않기 때문이다.

이전-연인도 레즈비언에게는, 특히 중년기에 중요한 우정의 원천이다(Weinstock, 2004). 위크스 등(Weeks et al., 2001)과 웨스턴(Weston, 1997)은 레즈비언이 그들의 가까운 친구 집단의 일원으로 현재 연인

뿐만 아니라 이전-연인까지 포함하는 것을 발견하였다. 레즈비언들은 게이 남성보다 두 배 더 가장 친한 친구가 이전-연인이라고 밝히며(Nardi & Sherrod, 1994), 또한 이성애 여성보다 두 배 더, 이전 연인과 가깝다고 보고한다(Fertitta, 1994, Kimmel & Sang, 1995에서 인용함). 이것은 이성애 관계에서의 규준과는 상당히 거리가 있는데, 이성애 관계에서 이전-연인 사이의 우정은 비일상적이며, 최근까지도 '역기능적 의존성'의 증거로 간주되었다(Masheter, 1997).

레즈비언의 우정은 우정의 본질과 이전 연구에서 숨겨진 가정에 대해 질문을 제기하였다. 레즈비언들이 우정을 평생 지속되고 매우 중요하게 생각하는 것은 우정이 '이차적 애착'이라는 생각에 이의를 제기하고, 이성애 연인 관계에 비해서 레즈비언 여성들의 우정을 경시하는 이성애자들의 가정에 도전한다. 예를 들어, 키칭거(Kitzinger, 1996)는 언어가 종종 우정을 하찮은 것으로 만듦을 지적하였다.

> 만약 성적인 관계가 '일차적 관계'라면, 이것은 우정이 '이차적'임을 의미하는가? 만약 성 파트너가 '중요한 타인'이라면, 친구는 '중요하지 않은 타인'인가? 그리고 '당신들 둘은 함께 지내는가 아니면 단지 친구인가'라는 질문은 어떠한가? 우리가 '함께 지내는 것'과 '친구' 둘 다라면, 거기에서 '단지'라는 것은 없다" (p. 296).

어쩌면 가장 중요한 것은 여성들의 애정에 대한 성차별주의자들의 제약에 의해서 제한받은 적이 없는 우정을 연구함으로써 더 많은 것을 얻을 수 있음을 중년 레즈비언의 우정은 시사한다.

개인차

우정에 대한 모든 논의는 개인차를 고려해야 한다. 여성은 다른 성격을 가지고 있고 우정에 같은 방식으로 접근하지 않을 것이다. 우정에 영향을 미칠 수 있는 성인 성격 발달의 세 가지 요소는 정체감과 생산성, 그리고 자신감이다(Stewart et al., 2001). 연구는 정체감 발달이 중년 여성의 자존감과 삶의 만족에 긍정적으로 관련되며, 잘 규정된 정체감의 조기 획득은 여성의 중년기 웰빙과도 관련 있음을 보여 준다(Vandeventer et al., 1997). 생산성은 에릭슨(Erikson, 1968)이 가정한 성인기의 두 번째 단계를 말한다. 생산성 시기에 "여성과 남성은 자신이 무엇을, 그리고 누구를 돌보게 되었는지, 잘 돌보기 위해 무엇에 신경을 써야 하는지, 그리고 그들이 시작하고 창조한 것을 돌보기 위해 어떤 계획을 세워야 하는가를 스스로 정의해야 한다"(Erikson, 1968, p. 395). 이 단계를 잘 마치지 못하면 침체라는 부정적인 결과가 발생한다. 뉴가튼(1968)은 수월성과 유능감 같은 실행과정(executive processes)이 중년기 성격의 핵심을 구성한다고 제안하였다. 연구는 중년 여성이 다른 연령대의 성인보다 그의 세계와 자신을 통제할 수 있다고 더 많이 느낀다는 것을 확인해 준다(예, Cartwright & Wink, 1994). 구체적으로 여성들은 초기 성인기부터 중년까지 자신감과 지배성, 대처기술이 증가한다고 보고한다(예, Stewart et al., 2001).

성격과 우정 사이의 연결에 대해서는 더 탐색해야 한다. 이 영역에 속한 연구의 관점에서 다음 단계는 정체감과 생산성, 자신감이 중년 여성의 우정에 어떻게 영향을 미치는지를 연구하는 것이 될 것이다. 자기를 실현한 여성들에게서 이미 확립된 우정은 중년기에 중요하고도 분명한 것이 될 것이라고 예상할 수 있다. 우정을 확립하는 것은 중년기에 더 어려워지거나, 덜 간절히 바라며 접근된다는 것 역시 사실일 것이다. 폴(Paul, 2004)은 중년기가 되면 우정을 시작하는 데 어떤 노력이 필요한지를 더 잘 알고 있다고 설명하였다.

> 요리잡지에서 초콜릿 케이크가 즉각적으로 나를 유혹했다. 3단으로 된 검은 악마의 음식—내가 좋아하는—은 풍부하고 달콤한 가나슈로 윤기가 흘렀다. 나는 초콜릿 케이크를 간절히 원하고 있었다. 나는 거의 그것을 맛볼 뻔했다. 아마도 가족과 그것을 나누어 먹을 수도 있고 어쩌면 아닐 수도 있다. 그때 나는 카탈로그에서 특별히 주문해야 하는 아티산 초콜릿을 포함하여 구성 성분의 긴 목록을 발견하였다. 조리법이 복잡했다-초콜릿을 이중냄비에 넣어 주의 깊게 녹이고 달걀 흰자위를 휘젓는다. 방법이 너무 어려웠다. 맛있을 것이라는 것은 잘 알지만, 나는 페이지를 넘겼다. 새로운 우정은 그와 비슷하게 느껴질 수 있다(p. 90).

비교-문화적 관점

다양한 문화의 사람이 우정의 과정을 친밀감의 수준을 높이는 것 중 하나라고 생각한다. 그런 과정의 보편성에도 불구하고, 우정의 성질은 문화마다 다르다. 우정의 어떤 규칙은 문화를 초월하는 것처럼 보이는데 비해 다른 규칙은 문화적 가치의 차이가 우정에 영향을 미칠 수 있음을 시사한다. 아가일과 헨더슨(Argyle & Henderson, 1984)은 영국과 홍콩, 일본, 이탈리아 출신 성인들(18~25세와 30~60세)이 우정의 네 가지 공통 규칙을 인정하였다고 보고하였다. 즉, 타인의 사생활을 존중한다, 서로를 믿고 신뢰한다, 필요한 경우 자발적으로 돕는다, 친구의 다른 관계를 질투하거나 비판하는 것을 피한다는 것이다. 하지만 일본 성인들은 친구에게 관습적인 의무를 이행하는 것과 요청받을 때 도움을 제공하는 것, 정보와 관심을 주는 것을 다른 세 집단보다 더욱 중요하게 생각하였고, 언어적 친밀감과 지지에 대해서는 다른 집단보다 덜 중요하게 생각하였다.

우정을 포함하여 대인관계 행동에서의 많은 차이점을 설명하기 위해 개인주의-집단주의 차원이 사용되었다. 앞에 제시한 일본과 다른 문화의 차이는 개인주의-집단주의 차원에서 설명될 수도 있다. 아마도 친밀감은 개인주의적인(서양의) 사회에서 더욱 중요하게 여겨지고, 공식적인 의무의 이행은 집단주의적인(동양의) 사회에서 더욱 중요하다.

이 연구를 더욱 확장한다면, 우리는 집단주의 사회의 여성이 개인주의 사회의 여성보다 더욱 가까운 친구를 가지고 있을 것이라는 가설을 세울 수 있다. 대안적인 가설은 집단주의 문화의 여성이 개인주의 문화의 여성보다 수는 더 적지만 더 친밀한 친구들을 가지고 있을 것이라는 것이다. 성차의 효과가 따로 보고되지는 않았지만, 후자의 가설은 부분적으로 서아프리카(가나)와 북미 출신 성인 연구에서 도출되었다(Adams & Plaut, 2003). 서아프리카인들은 북미 사람들보다 더 적은 수의 친구를 가지고 있었고, 두 집단의 우정에 대한 기대는 역시 달랐다. 서아프리카인들이 물질과 실제적 지원, 안내, 교정, 경고를 유의하게 더 많이 기대한 반면, 북미 사람들은 정서적 지지와 신뢰, 존중을 더 많이 기대하였다. 따라서 제한된 수의 비교문화 연구는 성차와 문화 모두가 다른 문화의 여성들 사이의 우정 패턴을 결정하는

데 있어 중요한 요인임을 시사한다.

갈등, 잘못된 친구, 그리고 나쁜 친구

"친구가 기쁨인가 아니면 고통인가?"라고 에밀리 디킨슨(Emily Dickinson)이 물었다(Enright & Rawlinson, 1991, p. 317). 친구는 보상뿐만 아니라 갈등의 주요 원천이기도 하다. 갈등은 우정의 규칙이 깨질 때 발생하기 쉽다. 네 개의 다른 문화에서 자란 성인에 따르면, 우정에서 지켜야 할 가장 중요한 규칙은 다음과 같다. 즉, 성공의 소식을 함께 나누라, 정서적 지지를 보여 주라, 필요할 때 자발적으로 도움을 주라, 같이 있을 때 친구가 행복해지도록 노력하라(Argyle & Furnham, 1983)는 것이다. 우정에서의 갈등은 또한 한 명의 파트너가 공동의 규준보다는 교환의 규준에 의존하는 것에서 비롯될 수 있다(Clark, 1981). 만약 한 친구가 우정이 명백하게 동등한 교환에 기초해야 한다고 고집한다면, 매번의 전화나 초대가 다음으로 넘어가기 전에 반드시 한 번씩 주고받아야 한다고 기대하는 것처럼 우정은 손상될 수 있다. 잘 확립된 우정은 동등한 교환이라는 경직된 체계에 따르기보다는 능력과 필요에 따라 주는 것을 기대하는, 공동의 규준에 토대를 두고 작동하는 경향이 있다. 따라서 더 많은 자유 시간을 가진 친구가 모임을 조직화하는 데 있어 주도적인 역할을 하고, 반면 바쁜 친구는 우정에 다른 방식으로 기여하려고 할 것이다.

갈등에 대한 반응

갈등에 대한 반응이 우정의 결과를 결정할 수도 있다. 갈등에 대한 네 가지 유형의 반응, 즉 떠남, 의견 제시, 충성, 방치가 있다(Rusbult et al., 1982). 떠남(exit) 반응은 우정을 끝내겠다고 위협하는 것이며, 우정을 끝내는 것에 대해 논의하는 것, 차를 타고 가 버리는 것, 또는 실제로 우정을 끝내는 것을 일컫는다. 의견 제시(voice)는 문제에 대해 이야기하는 것, 해결책을 권고하는 것, 타협하는 것, 혹은 친구나 자신을 바꾸려고 시도하는 것과 같은 반응을 포함한다. 충성(royalty) 반응은 상황이 나아지는지를 보기 위해 기다리는 것이나 우정 혹은 자신을 계속해서 믿는 것을 말한다. 마지막으로, 방치(neglect) 반응은 친구를 무시하거나, 함께 보내는 시간을 줄이거나, 문제에 대해 이야기하는 것을 거부하거나, 해결책을 제안하지 않고 불평하는 것을 말한다.

전형적으로 친구들은 우정에서 갈등이 생기면, 불만족에도 불구하고 우정을 충실하게 지속하거나, 그 친구를 무시하는 식의 수동적인 반응을 택하는 경향이 있다(예, Fehr & Harasymchuk, 2005). 수동적인 반응이 표준적이기 때문에, 우정을 끝내겠다고 위협하거나 그 이슈에 대해 의견을 제시하는 것과 같이 갈등에 대한 적극적인 반응은 상황을 처리하는 일상적인 방식의 와해로 간주될 수도 있다. 사람들은 우정이 '스스로 유지' 되길 기대하고, 그래서 갈등에 더 적극적으로 반응하는 친구는 일종의 놀라움을 줄 수 있다. 한편, 불만족의 표현에 친구가 주의 깊게 반응하면 우정이 견고해질 수도 있다.

갈등에 대한 연구는 아직 이야기되지 않은 원숙한 여성의 우정에 관해 적어도 두 가지 문제를 제기한다. 첫째는 나이 든 여성이 젊은 여성보다 우정에서의 갈등에 더 빨리 반응하는가, 갈등을 해결하려는 데 더 적극적인가? 예상은 다양하다. 나이 든 여성은 갈등이 자연스럽게 해결되기를 기다리는 데 더 인내심이 있을 수 있다. 이와 대조적으로 우정에 보상이 없다면, 젊은 여성보다 더 기꺼이 우정을 끝내려고 할 수도 있다. 둘째는 친구의 반응을 더 잘 예측하는가, 특정 친구와의 갈등을 처리하는 데 가장 성공적인 방법을 선택하는가? 오랜 기간 우정을 유지해 온 나이 든 여성은 문제에 성공적으로 대처하는 방법을 잘 발달시켰을 것이라고 예상할 수 있다. 오랜 친밀감을 기반으로 한 안정적인 대인관계 각본이 우정을 지배할 것이다. 한 여성은 어떤 친구가 방치에 반응을 하고 어떤 친구가 문제에 대한 적극적 접근에 대해 감사히 여기는지를 알 것이다. 다른 말로 하면, 나이 든 여성은 삶의 경험과 친구에 대한 깊이 있는 이해를 바탕으로 갈등을 다루는 방법에 관한 그들의 레퍼토리를 넓혔을지도 모른다.

잘못된 친구와 나쁜 친구

연구에서 강한 우정을 가진 사람들은 친구가 없는 사람보다 더 적은 스트레스를 경험하고 심장 발작에서 더 빨리 회복되고, 더 오래 사는 경향이 있는 것으로 나타났다. 그들은 심지어 흔한 감기에도 더 저항적이다(Pressman et al., 2005). 나아가 스트레스 상황에 대한 반응으로 친구와 친밀한 교제를 나눌 때 개인에게 더 긍정적인 건강 결과가 일어난다. 여성들은 스트레스가 있을 때 '배려하고 도움을 주는' 경향이 남성보다 더 크다(Taylor et al., 2000). 하지만 어떤 친구는 좋은 것보다는 해로운 것이 더 많을 수도 있다. 우정이 한 사람의 건강에 어느 정도까지 파괴적이거나 나쁜 영향을 줄 수 있는지는 이제 탐색되기 시작하였다(Yager, 2002). 다른 깊은 관계에서처럼 지속적인 우정에서 분노와 질투, 부러움, 다른 괴로운 정서가 나타날 수 있다. 또한 어떤 친구들은 거짓말하거나 집착하거나 비판적이거나 배신한다. 이것이 단지 우정의 지나가는 한 단계일 뿐이고 이겨낼 수 있는 것인지, 아니면 이것이 영속적인 상황이고 우정을 끝내야 할 것인지를 결정을 해야 할 경우도 있다.

우정에서 배신은 특히 상처가 클 것이다. 신뢰를 깨는 것은 우정에 대한 심각한 모욕으로 간주되는데, 야거(Yager, 2002)는 나쁜 친구의 20가지 추가적 유형을 제시하였다. 두 번째로 가장 해로운 유형은 친구가 이유를 설명하지 않고 갑자기 차갑게 변하는 것이다. 이것은 단순한 버림보다 더 심한 것으로 지각된다. 말 없는 묵살은 악의적이다. 나쁜 친구의 세 번째 유형은 모욕하는 사람을 말한다. 가장 흔한 유형은 약속을 지키지 않는 사람, 즉 필요할 때 거기에 있겠다고 약속하고서 그러지 않는 사람이다. 친구들 중 한 명이 다른 사람을 싫어할 만한 이유를 갑자기 혹은 점차적으로 알게 될 때 우정에 금이 간다. 우정관계에서 친구가 자신이 '싫어하는 기준'을 넘어오는지에 대해 충분히 알기까지, 즉 친구가 믿을 수 없는 거짓말쟁이이거나 우정의 대가가 보상을 크게 넘어서는지를 발견하기까지 때로는 오랜 시간이 걸릴 수도 있다.

요약하면, 좋은 우정은 심리적 건강에 도움이 되는 것으로 알려져 있지만, 잘못된, 그리고 나쁜 우정은 스트레스를 만들고 해를 끼친다는 것이 명백해지고 있다. 중년 여성이 스트레스가 되는 우정이나 해로운 우정을 젊은 여성이나 더 나이 든 여성보다 더 깨기 쉬운지에 대해서는 앞으로 연구를 통해 탐색되어야 한다.

연구에 대한 제언

여성의 우정에 대해 상당히 많은 부분이 여전히 설명되지 않고 있다. 미래 연구를 위해 가능성 있는 여러 방향이 있다. 중년 여성을 포함하여 우정 연구의 어떤 주요 영역을 확장하는 것도 좋은 출발점이 될 것이다. 예를 들어, 중년 여성을 대상으로 한 우정 연구에서 기대나 친밀감, 의사소통, 갈등, 유지, 성차에 대한 연구는 성인 여성의 우정에 대한 프로파일을 만들기 시작할 것이다. 여성이 우정을 형성하고 유지하기 위해 사용하는 전략과 우정의 한 단계에서 다른 단계로 넘어가는 과정에 대한 연구가 특히 부족하다(Bleiszner & Roberto, 2004). 이에 더해서, 지역사회 프로그램을 개발하는 것을 자발적으로 돕거나 멘토의 역할을 제공하는 것과 같은, 생산성 목표를 달성하는 데 있어 친구의 중요성에 대해서는 거의 알려진 바가 없다(Antonnuci & Akiyama, 1997).

내러티브 분석을 사용한 종단 연구는 사회적 인지와 인생 단계, 우정 발달이 수렴하는지를 탐색하기 위한 풍부한 맥락을 제공할 수 있다. 내러티브는 사람들이 만들고 재창조한 이야기를 말하는데, 관계를 해석하고 설명하는 데 도움이 된다. 그것은 사람들이 자신의 삶을 이해하도록 도와주기 때문에 중요하다(Knapp & Miller, 1994). 많은 여성이 오래된, 심지어 평생 지속되는 우정을 가지고 있어서 그런 우정에 관하여 내러티브나 스토리를 사용해서 시간에 따른 변화를 추적할 수 있으며, 정체감과 인지가 우정의 과정 및 의미와 어떻게 상호작용하는지를 조사할 수 있다.

그러나 또 다른 독특한 접근은 여성의 중년기 우정을 다른 관계 및 과정에 대한 연구의 표준적 모형으로 사용하는 것이다. 특히 여성의 우정이 전통적으로 부부관계와 부모-자녀관계, 가족관계, 직장 관계에 이차적인 것으로 간주되어 왔기 때문에 이것은 새로운 작업이 될 것이다. 하지만 이 영역의 많은 연구는 문제를 어떻게 피할 수 있는가 혹은 그런 관계를 어떻게 더욱 효과적으로 만들 수 있는가에 목표를 두고 있다. 여성들의 중년기 우정은 낭만적 관계와 부부관계에서 경험되는 실망과 갈등의 수준에서 어느 정도 보호받는 것처럼 보이기 때문에, 우정이 결혼을 더 긍정적이고 충만하게 만드는 데 필요한 조건에 대한 통찰을 일부 제공할 수도 있다고 말한다. 다른 말로 하면, 좋은 우정은 많은 관계 유형에 있어 가장 좋은 기초가 될지도 모르며, 여성의 중년기 우정은 어떻게 가장 좋은 관계를 맺는지의 한 예로 작용할 수도 있다.

50세 이후 여성의 우정

50세 이후 여성의 우정의 가까운 미래는 네 가지 힘의 교차, 즉 평생 발달, 인생 과정의 전환, 인생 과정 동안 돌보는 경험, 사회역사적 맥락에 의해 영향을 받는다(Bleiszner, 2006). 평생 발달(lifespan development) 관점은 전 생애에 걸쳐 가장 중요한 도전이 자녀가 집을 떠나고 과부가 되고 이혼하는 것과 같은 발달적 성취와 상실에 적응하는 것임을 시사한다. 예컨대, 과부가 되는 것은 외로움과 상실을 동반할 수 있지만, 그것은 다른 관심사와 우정을 발달시킬 기회를 제공한다(Adams, 1987). 또한 인생의 전환(life transition)은 50세 이후 여성의 우정에서 중요한 역할을 한다. 인생 전환의 영향력은 그것이 발생하는 나이에 따라 달라진다. 나이 든 부모를 돌보는 50대 여성은 그렇지 않은 같은 나이의 또래보다 우정에서 더 많은 제약을 가질 수 있다. 반면에 부모의 사망은 친구에 대한 여성의 의존을 증가시킬 것이다. 돌봄(caring)은 타인에 대한 걱정과 공감을 느끼고 표현하는 것을 말한다. 평생 관점은 초기 성인기와 중년기에 긍정적인 돌봄 경험을 가진 여성이 인생의 후반기에 친밀하고 돌봐 주는 우정을 형성할 가능성이 더 높음을 시사한다. 현재의 사회역사적 영향력(sociohistorical influences) 또한 여성의 우정에 중요한 역할을 할 것으로 기대된다. 예를 들면, 베이비붐 세대는 이전 세대와는 노년의 우정을 다르게 바라볼 가능성이 있다. 베이비붐 세대는 베트남 전쟁처럼 함께 겪은 강력한 역사적 사건 때문에 유년기에 형성된 강한 코호트 정체감으로 인해 주로 나이가 같은 사람과 우정을 형성할 가능성이 크다(Bleiszner, 2006).

21세기의 시작과 함께 우정에 계속해서 영향을 미칠 수 있는 엄청난 변화가 뚜렷하게 나타났다(Allan, 2001). 거대한 규모의 전 세계적인 전자 의사소통 방식과 지속적인 세계화의 도입이 여성의 일상적인 삶과 관계에 영향을 미쳤다. 더 많은 여성이 집 밖에서 일하고, 산업화된 나라의 경우 여성이 거의 100년을 살 것으로 기대된다. 결혼은 덜 표준적인 것이 되었고, 이혼은 곧 다수의 패턴이 될지도 모른다. 전반적으로 여성이 더 적은 수의 자녀를 낳고, 남성에 대한 의존성은 줄고 있다. 그 결과 "어른들이 만들어 놓은 가정의, 성적인, 가족 간의 합의는 이제 훨씬 더 관련 당사자들의 개인적인 문제이며, 타인이 영향을 미칠 강한 권한을 가지고 있는 문제가 아닌 것으로 지각되고 있다" (Allan, 2001, p. 329).

이러한 변화는 우정과 같은 비공식적인 관계에도 커다란 함의를 지닌다. 여성들이 더 자유롭게 그들의 삶에서 가사 외의 측면을 개발할 수 있게 됨에 따라, 우정이 사회적 정체감의 훨씬 더 중요한 부분이 될 확률이 높다. 우정은 또한 그들이 내린 새로운 결정이나 변화를 확증하는 데 있어 점차로 중요한 역할을 하게 될 것이다. 레즈비언의 정체감이 좋은 예를 제공한다. 친구가 그들의 '선택된 가족'을 나타내는 많은 레즈비언에게 우정은 매우 중요하다(Weeks et al., 2001). 신뢰하고 의지할 수 있는 것은 친구들이다. 과부가 되거나 이혼한 이성애 여성은 나이를 먹음에 따라 친구들로 구성된 '선택된 가족'을 만드는 식의 유사한 모형을 채택하기 시작할 가능성이 있다.

50세 이후 여성이 우정에 대해 새로운 방향으로 나아가려는 징후가 이미 나타나기 시작하였다. 수십 개 도시에 지부를 가지고 있는 빨간모자협회*는 50세 이후 여성에 대한 더 긍정적인 문화적 관점을 증진하기 위해 여성들이 우정의 연대를 사용하는 한 예다. 빨간모자협회 회원들은 50세 이상 여성이 유행하는 것을 스스로 선택할 것임을 상징적으로 보여 주기 위해 빨간색 모자를 쓰고 보라색 옷을 입는다. 창시자 수 엘런 쿠퍼(Sue Ellen Cooper)는 다음과 같이 설명하였다.

> 빨간모자협회는 소수의 여성이 열정과 유머, 활기를 가진 중년 여성을 만나기로 결정한 결과로 시작되었다. 우리는 어리석음이 삶의 희극적인 위안이라고 믿으며, 우리가 모두 희극 안에 함께 살고 있기 때문에, 손에 빨간 장갑을

빨간모자협회 Red Hat Society, 50세 이상 여성을 위해서 1998년에 창립된 사회 조직 – 역자 주

> 끼고 만나서 함께 즐거움을 얻고자 한다. 중요하지 않은 일에 열중하면서 애정의 결속력을 나눈다. 이러한 결속력은 삶이 다음에 우리를 어디로 데려가든지 간에 공통적인 삶의 경험과 진정한 열정에 의해 만들어진 것이다(http://www.redhatsociety.com).

삶의 후반부 수십 년 동안 여성 대비 남성의 성비가 감소하는 것에 대한 반응으로, 여성 친구 집단에 의해 조직된 계획적인 공동체 혹은 은퇴 공동체의 창설이 또한 50세 이후에 등장한다. 레즈비언의 우정과 관계망에 기반을 둔 공동체가 이미 플로리다와 애리조나, 워싱턴에 만들어졌다(Rabin & Slater, 2005). 플로리다 지역의 공동체는 1995년에 창립되었고, 현재 문이 있고 울타리가 있는 50에이커 땅 안에 278개의 집에서 330명의 거주자가 살고 있다(Rabin & Slater, 2005). 또한 레즈비언의 거주지/은퇴 공동체 모형은 앞으로 이성애 여성 친구를 위한 실용적인 형태의 공동체 구조가 될 것이다.

앞으로 여성의 우정에 대한 여성주의의 영향력은 좀 더 두고 보아야 한다. 이리가레이(Irigaray, 1985)는 여성들 사이의 상호작용이 가부장적인 언어와 문화가 여성에게 부여한 한계를 뛰어넘어 자아를 정의할 수 있게 만든다고 주장하였다. 여성들 간의 상호작용이 항상 다정한 것은 아니지만, 여성이 남성의 욕구와 욕망, 환상에 의해 정의될 때에는 나타날 수 없는 새로운 다른 존재 방식을 여성에게 허용한다. 만약 나이를 먹음에 따라 여성들의 우정이 더욱 중요해진다면, 그것은 여성의 삶에서 남성이 중심이 되는 것에 도전할 잠재력을 갖게 될 것이다. 이것은 공적인 영역에서 여성이 자신의 힘을 인식하고 사용하도록 이끌 수 있다. 여성의 우정 기능은 친밀감과 자아 지지를 넘어서, 남성의 우정이 그러한 것처럼 경제적 · 정치적 자원에의 접근과 같이 도구적인 것을 포함하는 것으로 확장될 수 있다(O'Connor, 1998). 따라서 50세 이후 여성의 우정은 여성주의 운동과 정치적 실천주의에 잠재적으로 중요한 함의를 가진다. 구텐탁과 시코드(Guttentag & Secord, 1983)는 여성의 수가 남성의 수보다 크게 앞설 때 여성주의 운동이 발전하는 경향이 있다고 이론화하였다. 만약 그렇다면, 앞으로 50세 이상의 여성이 정치적 영향력과 사회적 변화의 중요한 기반이 될 수도 있을 것이다.

결론적으로, 여성의 우정이 가부장제에서 정의되는 것처럼 사적 영역에서 여성의 입장을 계속 강화할 것인지 아니면 공적 영역으로 들어가는 촉매제가 될 것인지는 좀 더 두고 보아야 할 것이다. 하지만 현재의 추세는 앞으로 우정을 점차 평생에 걸쳐 중요하게 여길 것임을 시사한다. 특히 세상에서 자신의 위치를 구축할 가장 커다란 기회를 가지게 될 50세 이상의 여성들 사이에서는 더욱 그렇다.

7/ 현대의 중년 조부모

Liat Kulik

할머니/할아버지 되기(grandparenthood)는 항상 기본적인 인간 경험으로 간주되었고, 이는 대개 긍정적인 경험이었다. 거의 모든 나이 든 사람에게 조부모 역할은 매우 중요하다(Cherlin & Furstenberg, 1985). 일부 학자들은 개인과 가족에게 미치는 조부모 역할의 영향력이 점차 커질 것이라고 주장하기도 하였다(Uhlenberg & Kirby, 1998). 오늘날 조부모 기간은 10대 임신의 경우 30대에서부터 극단적으로 장수하는 사례에서는 100세 이상에 이르기까지 수십 년의 범위를 가질 수 있다(Hagestad, 1985). 조부모의 역할이 배우자와 부모 역할보다 더 중요한지를 결정하는 것은 어려운 일이지만, 조부모가 되는 것이 인생의 주기에서 중대한 사건임은 부인할 수 없다. 그러므로 자기 정체감과도 상당한 관련성을 지닌다. 발달적 관점에서 보면, 조부모로의 전환이 인생의 새로운 단계를 상징하며, 이러한 전환은 특히 연령 정체감의 중요한 구성요소가 된다(Bastida, 1987; Giarrusso et al., 1996). 심리사회적 관점에서 보면, 조부모의 경험은 나이 든 사람의 삶에서 동시에 발생하는 다른 사건들에 의해 영향을 받는다(Troll, 1985). 따라서 조부모 역할을 하는 개인의 행동과 조부모 역할에 주어지는 중요성은 결혼과 직업 상태에서의 변화처럼 다른 주요한 인생 주기 사건의 영향을 받는다.

조부모 역할은 '역할이 없는 역할' 혹은 부모의 역할과 같은 정도의 권리와 의무로 지배받지 않는 역할이라 정의되어 왔다(Clavan, 1978). 문헌에 제시된 관점을 결합하여, 카하나와 카하나(Kahana & Kahana, 1971)는 조부모 되기에 대한 복잡한 개념화를 제안하였다. 이 개념화에 따르면, 조부모 되기는 가족과 사회와 관련하여 역할 수행에 대한 할당된 지위와 기대를 포함하는 사회적 역할이다. 또한 조부모 되기는 정서적 상태나 정신내적 경험으로 여길 수 있으며, 이것은 개인 발달의 일부가 된다(Kornhaber & Woodward, 1981). 그러한 맥락에서, 조부모는 손자와 조부모 사이의 교류로서 상호성을 포함한다(Werner, 1991). 또한 조부모 되기는 가족 내에서 집단 과정의 일부로 여길 수도 있는데, 그것은 3세대 사이의 관계와 상호 의존성을 포함한다(Cohler & Gruenbaum, 1981). 마지막으로, 조부모 되기는 하나의 상징으로 간주될 수 있다. 그것은 사회의 연속성과 잠재력, 유용함의 반영이다(Troll, 1983; Werner, 1991). 어떤 관점에서 보든, 현대사회에서의 광범위한 변화가 조부모 역할에도 반영된다는 것은 분명하다.

앞에서 설명한 발달적 · 심리사회적 접근과 같은 맥락에서, 조부모 역할과 조부모 양육 방식에 주어지는 중요성은 통상 사회문화적 환경과 그 사건이 발생하는 인생 단계에 영향을 받는다. 이 장에서는 기존 연구에서 간과되었던 측면, 즉 50대 할머니에 강조점을 두고, 현대에서 조부모 되기의 중요성에 대해 밝히려고 한다.

빠르게 변화하는 환경에서 조부모 역할 수행하기

현대사회의 사회적 · 이데올로기적 · 기술적 · 정치적 발전은 삶의 모든 영역에 반영된다. 이러한 발전은 조부모 역할 수행하기(grandparenting)를 포함하여, 개인이 가족 내에서 수행하는 역할에도 영향을 미쳤다. 조부모 역할 경험에 영향을 준 변화와 관련하여, 몇몇 영역은 주목할 만한 가치가 있다.

연장된 수명

의학 기술의 발전과 건강한 생활 방식에 대한 높은 관심은 서구에서 평균 수명의 유의한 증가를 가져왔다. 1세기 전에는 매우 적은 수의 아이들에게만 살아 있는 조부모가 있었지만, 오늘날은 상황이 달라졌다. 북미에 사는 10세 어린이 중 90%와 20세 청년 중 75%에게 적어도 한 명의 살아 있는 조부모가 있다. 동시에 대부분의 나이 든 사람들에게 손자가 있다. 1970년대 후반에 모든 나이 든 성인의 약 75%가 조부모가 되었고(Barranti, 1985; Hagesrad, 1985), 오늘날 일부 나이 든 사람들은 심지어 고조할머니/고조할아버지가 되었다. 캐나다의 연구자들에 따르면, 나이 든 캐나다인들의 75~80%가 적어도 한 명의 손자를 가지고 있고 대다수는 더 많은 실정이다. 미국에서 자녀를 둔 모든 나이 든 사람의 90% 이상이 또한 손자를 가지고 있다(이를 확인하려면 Schlesinger & Schlesinger, 1998을 참조하라). 수명이 연장된 결과, 많은 사람이 일생의 절반 동안 조부모 상태에 있을 것이다(Barranti, 1985). 이것은 30년 이상 지속될 수도 있다. 하지만 조부모-손자 관계가 더 오래 지속되고 더 강렬해지더라도 출산율 감소 때문에 가족당 손자의 수는 더 적어질 것이다. 따라서 조부모는 잠재적으로 지난 시기보다 한 명 한 명의 손자들에게 더 강력한 영향력을 미칠 수 있다.

다중적이고 동시적인 가족 역할

수명이 연장된 결과, 인생의 어느 시점에서 우리는 다양한 역할을 수행할 수 있다. 이를테면, 동시에 부모이자 조부모이자 증조부모가 될 수 있고, 심지어 고조부모가 될 수도 있다. 이스라엘에는 어린 나이에 결혼하고 종종 매우 오래 사는 예멘 유대인이 있는데, 그중에는 고

조부모가 **하미스**(hamis)라고 알려진 5세대 가족도 있다. 한 명의 개인이 동시에 여러 가지의 가족 역할을 수행할 수 있으며, 각 역할은 다양한 특성과 패턴의 특징을 가지게 된다. 예를 들어, 수십 년 전 가족 내 자녀의 나이 범위는 상대적으로 동질적인 경향이 있었다. 오늘날 어떤 사람은 기혼 자녀를 둔 부모일 수 있으며, 동시에 여전히 집 안에 살고 있는 청소년이나 심지어 유아를 자녀로 두고 있는 부모일 수도 있다. 이것은 복잡한 상황을 만들어 내는데, 한 개인은 다른 인생 단계를 살고 있는 자녀들의 욕구를 만족시키기 위해 다양한 양육 기술을 사용할 필요가 있다. 흔한 일은 아니지만, 한 개인이 같은 나이의 손자와 자녀를 두는 상황이 있을 수 있다. 부모 기간이 길어지고 다양한 연령대의 자녀를 두게 된 것에는 다음과 같은 몇 가지 이유가 있다. 첫째, 이혼과 재혼율 증가의 측면에서 볼 때, 재혼한 부부는 각 배우자가 초혼에서 낳은 자녀에 더해서 그들 자신의 자녀를 가지고 싶어 할 수 있다. 특히 의학 기술의 진보로 인해 여성들이 중년에 아이를 낳는 경향이 증가하고 있으며, 가임 기간 역시 길어지고 있다. 따라서 여성이 조부모가 될 나이에 이르렀을 때, 자신의 여성성을 입증하려는 욕망에서, 혹은 새로운 결혼을 공고히 하려는 욕망에서, 혹은 모성성을 최대로 연장하려는 욕망에서 자신의 마지막 자녀를 임신할 수도 있다. 이스라엘에서 중년(심지어 조부모 나이)에 아이를 낳는 경향은 극단적인 정통파 유대인 여성들 사이에서 특히 중요한데, 이들은 출산을 신의 명령으로 여기고 가임 기간 동안 가능한 많은 자녀를 가지려고 한다. 나아가 이스라엘 사회의 지속적인 군사적 긴장을 생각해 보면, 전쟁이나 테러리스트 공격에서 아들을 잃은 부부가 많은데, 이런 경우 부부는 그 공백을 메우고 가족을 재건하려는 시도에서 상대적으로 인생의 후반기에 자녀를 임신할 수도 있다.

본질적인 가족 역할의 다양성은 또한 이혼과 별거, 재혼, 가족의 결합 결과로 인한 가족 구조의 변화에서 발생할 수 있다. 따라서 한 시기에 조부모는 생물학적인 손자와 양손자(step-grandchildren)를 모두 가질 수 있다. 예컨대, 중년에 재혼한 경우 새 배우자의 자녀들에게는 양부모의 역할을 할 수 있고, 새 배우자의 손자에게는 양조부모의 역할을 할 것이다. 더군다나 이혼한 자녀가 재혼할 때, 조부모는 양손자뿐만 아니라 양자녀(그들 자녀의 새로운 배우자)를 얻게 될 수 있다. 이러한 다중적이고 다양한 가족의 역할은 현대사회에 살고 있는 일부 개인(조부모를 포함)에게 기쁨의 원천이 될 수도 있지만, 스트레스와 자기 정체감의 혼란을 낳기도 한다.

가족 구성의 다양성 증가

포스트모던 사회의 가족 특성 중 하나는 가족 구성의 다양성이다. 다른 구성에는 한부모 가족(때로는 선택에 의해, 반드시 별거나 이혼의 결과가 아니라), '복합(blended)' 가족(이전 결혼에서 낳은 남편의 자녀, 이전 결혼에서 낳은 아내의 자녀, 그들이 함께 낳은 자녀), 레즈비언이나 게이 가족, 동거 가족이 포함된다. 이에 더해서, 돈을 버는 패턴과 노동 분담이 과거에 알려진 전통적인 것과 다른 가족이 있다. 예를 들어, 두 배우자가 모두 자신의 경력을 발달시키는 것에 초점을 두지만 한 배우자가 가사를 돌보는 데 주요 책임을 지는 맞벌이 부부 가족이 있다. 어떤 경우에는 두 배우자가 모두 거의 같은 수준의 소득을 벌고('현대적' 가족), 다른 경우에는 아내가 주요 부양자이고 남편이 때때로 가사를 돌보기도 한다['혁신자(innovators)', Izraeli, 1994]. 이러한 구성이 심적 고통을 받지 않거나 위험성이 없는 가족, 심지어 상대적으로 풍요로운 가족을 포함하기도 하지만, 부모 중 한 사람이나 부모 두 사람 모두에게 지워진 과도한 짐 때문에, 그리고 애매한 성 역할이나 부모 역할 때문에 어느 정도의 불안정성을 경험하는 가족도 있다. 이런 상황에서 조부모는 실제적인 도움을 주고 가족 내 안정성을 유지하도록 도와달라는 요청을 받곤 한다(Kornhaber, 1996).

조부모의 다양한 기능

할머니는 항상 가족 안에서 지지적인 역할을 해 왔다(Robertson, 1977). 그들은 손자와의 협상과 교환에 자발적으로 참여하거나 교육비를 원조해 주기도 했다(Sussman, 1953, 1962). 하지만 현대사회에서 가족 단위를 약화시키는 사회적 변화와 가족에 대한 압력의 증가, 위기 자녀의 비율 증가로 인해 조부모의 역할은 보다 확대되고 강화되었다. 따라서 조부모(특히 할머니)는 자신의 자녀와 손자를 도와주도록 가족과 사회로부터 점점 더 많은 요청을 받는다(Kornhaber, 1996). 10대 임신과 무능한 부모, 자녀 학대, 이혼, 질병 때문에 조부모가 맡아 관리하는 가정이 명백하게 증가하는 추세다(Burton, 1992; Creighton, 1991; Minkler & Roe, 1993).

조부모 역할에 커다란 영향을 준 최근의 또 다른 사회적 현상은 약물 중독과 에이즈, 투옥이다(Burton, 1992; Dressel & Barnhill, 1994; Minkler & Roe, 1993). 그러한 경우, 조부모가 손자들에게 대리부모로서 일차적인 역할을 한다. 투옥과 관련하여 수감된 여성의 비율이 지난 10년 동안 20% 증가했으며(Dressel & Barnhill, 1994), 수감된 어머니의 자녀 중 약 53%가 그들의 조부모와 함께 산다(Bahr, 1994). 이에 더해서 조부모는 만성적인 곤란(예, 발달장애, 신체적 질병)을 가진 손자를 도와 달라는 부탁을 받을 수 있다. 이러한 경우, 조부모는 스트레스 완충제의 역할을 하며, 자녀의 삶에서 부정적인 힘을 막아 주는 데 중요한 기여를 한다(Denham & Smith, 1989). 따라서 조부모는 종종 아이돌보미(Lejewski, 1959)나 대리부모(Kornhaber, 1996)의 역할을 할 수 있고, 위기와 재난의 시기에 개입할 수도 있다(Young, 1959). 동시에 선물을 줌으로써 가족의 수입을 보충할 뿐만 아니라, 가족 역사와 전통의 보유자 역할을 할 수 있고(Boyd, 1967), 부모가 아프거나 출산을 하거나 휴가 중일 때 가사를 도와줄 수 있다(Sussman, 1962). 다소 다른 맥락에서 조부모는 또한 가족 내 긴장을 완화시키는 것에 더해서 손자들의 동료이자 막역한 친구의 역할을 할 수도 있다(Neugarten & Weinstein, 1964).

전통적인 할머니 고정관념 깨기: 스타일의 다양성

그렇게 멀지 않은 과거에는 할머니의 역할이 상당히 표준적이고 분명하게 정의되었다. '할머니'는 상대적으로 동일한, 동질적인 인물로 간주되었고, 돈 때문에 일하는 것이 아닌 여성으로 매체나 아동문학에서 그려졌다. 할머니가 한 번도 직장생활을 한 적이 없든지, 퇴직을 했든지 간에, 할머니의 주요 역할은 집안을 관리하고 손자 돌보기를 도와주는 것이었다. 같은 맥락에서 나이 든 할머니의 고정관념이 여러 해 동안 유행하였다(Smith, 1995). 1961년과 1983년 사이에 북미 어린이를 대상으로 수행된 한 연구(Jannelli, 1988)는 연구 참여자의 55%가

할머니를 희거나 회색빛 머리카락을 하고 있는 것으로 묘사하였고, 31%는 안경을 쓴 것으로, 31%는 앞치마를 두른 것으로 묘사했다고 밝혔다. 할머니들의 다른 양육 방식을 확인하려 했던 연구자들은 대개 한 가지 주요 차원, 즉 할머니-손자 관계에 초점을 맞추었다(Deutsch, 1945; Robertson, 1976). 이와 연결해서, 뉴가튼과 웨인스타인(Neugarten & Weinstien, 1964)은 할머니들의 고전적인 유형을 공식화하였는데, 즉 할머니의 양육 방식을 할머니-손자 관계의 연속선상에서 확인하였고, 다음과 같은 주요 유형을 밝혔다. 먼저, **형식적 유형**(formal type)으로 이것은 그들이 '해야 하는 것을 하는' 조부모를 말한다. 둘째, **즐거움 추구자**(fun seekers)는 손자와 함께 놀아 주는 조부모로, 대개 상대적으로 젊다. 셋째 **대리인 조부모**(surrogate grandparents)는 그들의 손자들을 부모가 없는 동안 돌봐 주는 사람들이다. 넷째, **가족 지혜의 저장고**(reservoir of family wisdom)는 권위가 있는 인물로 특별한 기술을 가르치는 조부모를 말한다. 그리고 **거리감이 있는 인물**(distant figure)은 관대하지만 정서적으로 멀리 있는 조부모를 말한다.

어떤 할머니는 에어로빅에 갈 때 조깅복을 입고, 또 다른 할머니는 정장을 입고 성공적인 경력을 가지고 있는 것으로 매체에 그려지는 것처럼, 오늘날 할머니의 이미지와 조부모의 스타일은 다양하다(Hagestad, 1985). 이스라엘에서 *Grandma in Jeans*라는 제목의 인기 있는 아동도서가 있는데(Orbach, 2001), 그 책은 고전적인 할머니 고정관념에 정반대되는 마음을 지닌 한 젊은 할머니를 묘사하고 있다. 그래서 할머니에 대한 이미지는 이전 어느 때보다 더 다양하고, 모든 할머니가 자신에게 가장 잘 어울리는 이미지를 선택할 수 있는 사회적 정당성이 증가하고 있다.

'행복한 할머니' 신화 깨기

과거에 유행하였던 할머니에 대한 또 다른 고정관념은 할머니가 되는 것이 전적으로 행복한 경험이라는 것이다. 많은 연구(예, Timberlake, 1986)에서 조부모들은 손자와의 관계를 충만한 것으로 표현하였다. 그들은 긍정적인 관점에서, 즉 안정성과 연속성, 돌봄, 일관성의 근원이자 손자에게 일상적인 존재로서 자신의 역할을 묘사한다. 그런 관점에서 존슨(Johnson, 1983)은 다음과 같이 조부모 경험에 대해 두 가지 설명을 제시하였다. "그것은 부모와 자녀 사이보다 더 깊은 사랑이다. 왜냐하면 그것은 사랑받는 이(아이)에게서 나오는 것이며, 사랑하는 것과 사랑받는 것의 결과이기 때문이다"(p. 554). "조부모가 되는 것은 모든 좋은 점들을 가지고 있다. 즉, '당신이 원할 때 그들(손자)을 머물게 하고, 그들이 말썽을 피울 때면 집으로 돌려 보낼 수 있다"(p. 553). 어떤 사람들은 조부모 역할을 축복이라고 기술하였다. "데프너(Daphna)의 할머니가 되는 것은 궁극적인 축복이자 가장 달콤한 경험이다. 작은 데프너가 '할머니, 할머니' 라고 외치면서 문을 열 때, 나는 행복으로 가득 차게 되는데, 이에 견줄 만한 감정은 아무것도 없다"(Kulik, 2005).

오늘날 이러한 감정에 다른 목소리가 수반되는 것처럼 보이는데, 이는 궁극적인 행복 경험이라는 조부모 역할에 대한 일반적인 이미지를 깬다. 이러한 목소리는 변화하는 열망뿐만 아니라 여성들의 자기 실현에 대한 지각의 변화를 반영하며, 할머니 되기에 대한 더 균형 잡힌 견해를 나타낸다. 존슨(1983)에 따르면, 어떤 여성은 할머니로서의 역할에 대한 갈등을 말하며 삶에 대한 다른 관심사와 열망을 강조한다. "나는 그런 할머니 유형이 아니다. 나는 여행하고 강의를 듣고 나만의 관심사를 가지고 있다. ……나는 내 삶을 이끌어 가야 하고, 내 손자도 자신의 삶을 이끌어 가야 한다"(p. 554). 이와 비슷한 맥락에서 굿펠로(Goodfellow, 2003)는 다음과 같은 반응을 인용했다. 즉, "내 친구는 어린 손자와 문제가 있었는데, 그 손자가 하루에 12시간 이상을 할머니와 함께 지냈기 때문에 집으로 가려고 하지 않았다"(p. 5). 할머니 경험에 대한 또 다른 반응은 다음의 글에 반영되어 있는 것처럼 나이 먹는 것에 대한 두려움이다. "나는 할머니가 되기에는 너무 젊다."(Johnson, 1983, p. 554), "만약 나에게 충분한 배짱이 있다면, 나는 자녀에게 가족을 만들기 전에 조금만 기다리라고 말할 것이다. 손자는 나에게 또 다른 인생의 단계를 가져다 줄 것인데, 나는 아직도 내 자신이 아이인 것처럼 느껴진다"(Kulik, 2005). 어떤 할머니들은 손자와 함께 있을 때 지루하다고 불평하기도 한다. "나는 그녀(손녀)와 앉아서 놀고, 그림을 그리고 놀이용 반죽덩어리를 가지고 노는 것이 지루하다"(Goodfellow, 2003, p. 6). 때때로 중년기에 할머니로의 전환은 여성에게 더 이상 아이를 임신하지 못할 것이고, 아이를 갖는 기능이 다음 세대로 넘어갈 것이라는 사실에 직면하도록 한다. 어떤 할머니는, "첫 번째 손자가 태어났을 때, 나는 내 삶의 생물학적인 단계가 끝났다고 느꼈다. 임신 가능한 단계…… 하지만 낯설어 하면서 나는 아이를 낳고 길렀던 내 경험으로 돌아갔다. 나는 그때의 기억으로 가득하다. 노스탤지어…… 그것은 내 인생에서 가장 아름다운 시기였다. 그리고 이제 손자의 출생과 더불어 나는 어떻게 해도 그 바퀴를 되돌릴 수 없다는 것을 깨닫는다……."(Kulik, 2005)라고 표현하였다. 할머니 역할로의 전환은 또한 내적 갈등을 낳을 수 있는데, 예를 들어 굿펠로(2003)가 설명한 것처럼 신참 할머니가 자신의 자녀가 그녀를 이용하고 있다고 생각할 때 그렇다. "나는 손자에게 아침을 먹이고, 식사를 제공하고, 밤에는 씻기고, 잠자리에

들도록 준비시킨다. 그런데 손자의 어미는 무엇을 하는가"(p. 6)?

굿펠로(2003)는 또한 할머니가 손자를 돌보는 책임감 때문에 소진되었다고 느낄 때 발생하는 과부하에 의한 중압감을 다음과 같이 묘사하였다. "나는 때때로 옴짝달싹 못하게 묶여 있다고 느낀다. 손자를 돌보는 것은 정말로 힘들다. 특히 자녀의 부모(할머니)가 (사회적으로) 나가고 싶어 할 때 혹은 나에게 하고 싶은 어떤 것이 있을 때 그렇다"(p. 8). 또 다른 스트레스의 출처는 할머니가 되는 것의 제약에서 자신을 자유롭게 하려는 할머니의 욕망일 수 있다. "질병이나 그와 비슷한 어떤 것이라면, 나는 (도와야) 할 것이다. (도울) 것이다. ……그러나 단지 그들에게 맞춰 주기 위해 자발적으로 그들을 도울 것이라고는 생각하지 않는다. 왜냐하면 나 역시 자유를 좋아하기 때문이다"(Cotterill, 1992, p. 613). 마지막으로 행복한 할머니 역할에 대한 합의를 약화시키는 스트레스 감정에 관하여, 로버트슨(Robertson, 1977)은 할머니의 역할이 삶의 만족과 유의하게 관련되어 있지 않다고 밝혔다. 사실상 로버트슨(1977)의 발견은 블라우(Blau, 1973)의 결과와 일치했는데, 블라우는 "어려울 때 사기를 유지하는 데는 12명의 손자보다도 한 명의 좋은 친구가 더 중요하다."라고 주장하였다(Johnson, 1983, p. 549). 분명히, 할머니 역할이 모두 좋다는 합의는 더 이상 존재하지 않는다. 표현의 자유와 개방성, 신화를 깨는 것에 대한 강조가 커져서 여성은 할머니 역할에 대해 더 균형 잡히고 복합적이고 다양한 관점을 발달시킬 수 있게 되었다.

중년기 할머니 역할로의 전환

조부모로의 전환에서 가장 전형적인 특징 중 하나는 누군가 다른 사람(예, 아들이나 딸)에 의해 시작되고, 자신에 의해 통제되지 않는다는 것이다. 그런 점에서 조부모로의 전환은 자신이 주도한 결혼이나 자녀 출산과 같은 사건과는 반대로, 고아가 되거나 과부가 되는 사건과 비슷할 수 있다.

할머니로의 전환에는 두 가지 주요 유형이 있는데, 때에 맞지 않은(off-time) 전환과 때에 맞는(on-time) 전환(Burton & Bengston, 1985)이다. 때에 맞지 않은 전환은 10대 임신의 경우처럼 예정되었거나 예측 가능한 사건이 아니며, 30대에도 조부모가 될 수 있다. 조부모가 되는 것은 과부하, 계획의 차단, 정상적 발달 과정과의 충돌, 동료집단의 부족과 같은 많은 스트레스 요인을 발생시킬 수 있다(Burton et al., 1995).

이 장에서는 때에 맞는 조부모 되기에 대해 다룰 것인데, 그것은 정상적인 인생 주기에 따라 통상 45~50세 사이, 중년기에 발생하는 예상 가능한 전환이다(Burton & Bengston, 1985; Matthews & Sprey, 1984). 조부모로의 전환은 가족에게 가장 포괄적인 변화 중 하나며, 모든 가족원의 역할에 영향을 준다. 이런 인생의 전환 과정에서, 가족원은 이전의 가족 내 역할을 포기하거나 상실하지 않는다. 오히려 그들은 기존 역할에 새로운 역할을 추가하게 된다. '자녀'는 부모가 되고, 어머니는 할머니가 되고, 조부모는 증조부/증조모가 된다. 또한 손자의 탄생은 조카와 삼촌과 같이, 가족에게 새로운 역할을 추가하게 된다.

조부모로의 전환이 조부모와 성인 자녀 둘 다에게 발달적으로 적절한 시기에 일어난다면, 그때는 조부모의 위상이 정체감 확인의 원천이 되고 대개 만족을 낳는다(Kivett, 1998). 할머니로의 정상적인 전환은 획일적인 과정이 아니며, 그러한 전환이 일어나는 사회적 · 개인적 · 대인관계적 맥락에 의해 영향을 받는다. 조부모의 역할에 대한 영향을 이해하려면 이러한 맥락에서 각각 발생하는 사건을 조사하는 것이 필수적이다(Elder, 1994).

개인적 맥락

조부모로의 전환에 영향을 미칠 수 있는 개인적 맥락에 관하여, 연구자들(Kivett, 1998)은 할머니의 건강이 중요한 요인이라고 언급하였다. 상대적으로 건강한 조부모는 건강이 안 좋은 조부모보다 그러한 전환에 더 잘 적응한다. 조부모의 경험에 영향을 줄 수 있는 또 다른 개인적 요인은 경제적 상태다. 재정적 문제를 안고 있는 조부모들은 손자에게 선물을 적게 사 주고, 전화와 직접 방문에도 그만큼 많이 투자하지 못한다(Troll, 1985). 이것이 조부모와 손자 사이의 관계에 영향을 준다는 것은 분명하다.

마지막으로, 조부모 되기와 동시에 발생하는 사건들이 개인적 맥락 내에서 조부모 역할의 구조와 기능에 변화를 만드는 데 기여할 것이다(Troll, 1985). 예를 들어, 조부모 되기는 중년의 경력 변화와 동시에 일어날 수 있는데, 그것은 조부모 경험에 강력한 영향을 미칠 것이다. 구체적으로 경력의 변화가 요구하는 시간과 노력, 자원이 손자와의 관계에 그만큼 투자를 못하게 할 수 있다. 조부모로의 전환에 영향을 줄 수 있는 또 다른 개인적 맥락 요인은 조부모 역할에의 사회화

(socialization) 정도다. 집중적이고 점진적인 사회화는 역할 정체감과 수행을 높일 수 있다(George, 1980). 이와 유사하게, 친구들 또한 조부모 역할을 경험하고 있다면 처음 조부모가 된 사람은 조부모 역할의 역동을 더 잘 이해한다(참고 자료로서 Kivett, 1998을 보라). 이에 더해서, 의학 기술의 진보로 조부모가 예상되는 사회화의 과정을 미리 경험할 수 있게 되었다. 예를 들어, 오늘날 아이의 성을 미리 알고 임신 기간 동안 태아의 사진을 볼 수 있는데, 조부모는 심지어 출산 이전에도 손자와의 관계를 발달시킬 수 있다.

대인관계적 맥락

다른 가족과 손자와의 관계가 또한 조부모로의 전환에 영향을 줄 수 있다. 이와 관련하여 연구자들은 손자의 특성이 조부모 경험에 영향을 준다는 것을 발견하였다. 예를 들어, 만성적으로 아픈 손자는 조부모가 지속적으로 돌보아야 하고 다른 자원들을 제공하도록 할 수 있다(Dilworth-Anderson, 1994). 나아가 성인 자녀가 경험하는 특정 사회적 문제가 오늘날 조부모 역할에 영향을 줄 수 있다. 성인 자녀의 사회적 · 경제적 위기의 결과(예를 들어, 성인 자녀가 알코올 중독인 경우)로 조부모가 손자들의 양육을 떠맡게 되는 예상하지 못한 역할들은 상당한 스트레스가 될 수 있다(Bahr, 1994). 이에 더해서, 조부모들은 그들의 자녀가 최저 임금을 받거나 실업과 같은 경제적 문제를 겪을 때 조부모 역할에 더욱 깊이 참여하게 된다(Dressel & Barnhill, 1994).

이와 반대로, 조부모 경험은 자녀가 그들의 부모를 대하는 방식에 의해서도 영향을 받는다. 커티릴(Cotterill, 1992)의 연구에 따르면, 시어머니보다는 친정어머니의 도움을 받는다 해도, 대부분의 여성이 아이의 친조부모를 아이 양육의 최선의 자원으로 생각하고 있음이 드러났다. 아이 양육에 관한 한, 젊은 여성이 시어머니보다는 친정어머니와 더 많은 것을 공유한다는 것은 명백하다.

사회적 맥락

사회적 맥락이 할머니가 되는 경험과 할머니가 된다는 기대뿐만 아니라 할머니로의 전환에도 영향을 미친다. 사회적 맥락의 주요 특징 중 하나는 인종인데, 그것은 할머니에 대한 관점과 조부모가 되는 것에 부여된 상징성에 영향을 준다(Schlesinger & Schlesinger, 1998). 예를 들어, 연구들은 아프리카계 미국인과 유럽계 미국인을 대상으로 조부모 되기 경험을 비교하였다. 스톰과 스톰(Storm & Storm, 1993)은 조부모 역할에 대한 조부모와 손자의 지각을 연구하였는데, 아프리카계 미국인 조부모들은 교사의 역할을 그들의 주요 강점 중 하나로 생각한다는 사실을 발견하였다. 그러한 입장에서, 조부모들은 타인에 대한 배려와 예절, 옳고 그름을 식별하는 법, 종교적 신념을 아이들에게 가르친다. 마찬가지로 손자들 또한 교사로서의 조부모가 있는 것이 중요하다고 지적하였다. 따라서 아프리카계 미국인 조부모와 손자들은 유럽계 미국인 조부모와 손자들보다 조부모 역할을 더 중요시하는 경향이 있다(Storm & Storm, 1993). 구체적으로, 아프리카계 미국인 조부모들은 권위자의 위치를 점하고 아이들을 훈육하고 지도한다. 흑인과 백인 대학생에 대한 케네디(Kennedy)의 연구 또한 조부모 역할 행동에 대한 기대에서 인종적 차이를 밝혔다(Kennedy, 1990). 흑인들은 백인들보다 조부모가 양육을 돕고 재정적 지원을 제공해야 하며, 손자들이 조부모의 지도에 따라야 한다고 더 많이 주장하는 경향이 있다. 이와 대조적으로, 백인들은 조부모의 집을 방문하고 그들의 활동에 대한 정보를 나누는 것이 중요하다는 것에 더 많이 동의하고 있다. 또한 백인들은 부모와 조부모 역할을 구분하는 경향이 더 크다(예, 조부모는 손자를 응석받이로 만들면 안 되며, 조부모와의 만남을 유지하지만 양육은 부모에게 맡겨야 한다).

매우 다양한 인종과 민족 집단이 통합된 이스라엘 사회의 다문화 맥락에서, 할머니 역할에 대한 인종의 영향력은 특히 중요하다. 예컨대, 가족주의와 집단주의적 관점이 특징인 이스라엘의 아랍인과 아시아-아프리카계 유대인 사이에서, 조부모는 서구의 개인주의적 문화에서 자란 자녀와 손자들이 그들의 부모와 조부모에게 하는 것보다 그들의 자녀와 손자에게서 더 많은 지지와 존경을 받는다. 더군다나, 지난 10년 동안 옛 소련에서 이스라엘로 온 이민자 중에서 바부시카(babushka, 할머니)는 많은 사랑과 존경을 받는다. 사실상 옛 소련에서 최근 이민 온 사람들 중에서, 조부모들은 종종 그들이 모국에서 고수하던 삶의 방식 그대로 자신의 자녀와 손자들과 함께 아파트를 사용하는 한편, 이민국에서의 경제적 어려움을 함께한다(이스라엘 중앙통계청, 2005). 따라서 조부모들은 핵가족의 핵심 부분으로 지각되곤 하며 그에 맞춰 대우받는다. 중년 할머니의 경험에 특별하고 상징적인 의미를 제공하는 것은 개인적 · 대인관계적 · 사회적 요소의 결합인 것이다.

50대 할머니: 여러 모자를 쓴 곡예사

오늘날 50대 할머니들은 그들 자신의 할머니와 다르며, 심지어 그들의 어머니와도 다르다. 그들은 더 건강하고 더 많은 교육을 받았으며, 더 젊게 보이고, 더 패션 감각이 있고, 더 유식하기 때문에 더 많은 힘을 가지고 있다(Kornhaber, 1996). 또한 그들은 자기 스스로에게 더 많은 것을 기대하고, 그들의 삶의 질은 대개 더 높은 편이다. 오늘날 할머니가 상징하는 것은 더 이상 단순한 헌신이 아니며, 50대의 많은 할머니들은 전일제 근로자이거나 직업이 있는 여성들이다. 따라서 50대 할머니들은 이전 세대의 같은 여성들과 비교해서뿐만 아니라 그들이 자신의 삶에서 이전 단계에 수행하였던 역할과 비교할 때에도, 과거보다 더 많은 사회적 역할을 수행한다. 실제로 여성들이 인생 주기 동안 수행하는 역할의 수에 대한 홀(Hall)의 고전적인 연구는 여성들이 중년기에 인생의 어느 단계에서보다 더 많은 역할을 수행한다고 밝혔다(Hall, 1975).

현대의 빠른 변화와 앞에서 기술한 것처럼 서구 사회에서 일반적으로 나타나는 수명의 증가를 고려할 때, 늙은 부모를 돌보는 것은 여성의 삶에서 오랜 기간 동안 지속된다. 이스라엘에서, 특히 종교 공동체와 아시아-아프리카계 유대인 사이에서, 확대가족의 노인들(예, 시아버지나 시어머니)을 돌보는 것에 대한 책임은 종종 여성들의 두 어깨에 그대로 떨어진다(Izraeli, 1994). 따라서 중년 여성들이 떠맡았던 전통적인 돌보는 역할은 과거 어느 때보다, 혹은 인생 주기의 어떤 단계에서 보다 더 확장된다. 현대에 나이 50세인 여성은 집에서 살고 있는(때로는 매우 어린) 자녀를 돌보는 것과 집을 떠난 자녀를 지원하는 것에 더해서, 그 자체로 신체적으로나 정서적으로 큰 부담이 되는 늙은 부모를 돌보아야 하는 책임을 질 가능성이 있다. 나아가 이스라엘에서는 50세쯤 되는 많은 여성에게 군대에 복무 중인 자녀가 있는데, 이것 역시 스트레스가 크다. 가장 좋은 경우에도 군인의 부모가 되는 것은 상당히 많은 집안일을 만들어 내는데, 예컨대 아들이나 딸이 휴가로 주말을 보낼 때 빨래를 하고 요리를 하고 다림질을 하는 것들이 있다 (Izraeli, 1999). 또한 이스라엘의 지속적인 군사적 긴장 상태는 특히 전투부대에서 복무하고 있는 젊은 남성의 부모에게 커다란 스트레스가 된다. 이러한 것을 포함한 모든 긴장은 50세 여성이 할머니가 되었을 때 '더 젊은 세대'가 그들의 직장에서 승진할 수 있도록 손자를 돌봐 달라고 부탁을 할 경우 더욱 심해진다. 미국에서 수행된 한 연구 (Kornhaber, 1996)는 320만 명이 넘는 아동들에게 조부모가 대리(전일제)부모 역할을 해 온 것으로 밝혀졌다. 조부모가 부모를 대신하는 상황은 극단적이지만, 조부모들은 손자를 돌봐 달라거나 그런 짐을 덜어 달라는 전화가 올 경우 자신들이 '대기 중'에 있음을 자주 발견한다. 따라서 그런 짐이 종종 할머니의 부담이 되곤 한다.

다양하고 동시적인 가족 역할에 더해서, 50대에 할머니가 된 여성들은 광범위한 사회적 역할을 수행하기도 한다. 많은 경우 인생의 이 단계에 있는 여성은 수년 동안 집중적으로 노력하고 열심히 일한 결과 그들 경력의 정점에 이른다. 종종 그들 삶의 변화와 관점의 변화 (예, '빈 둥지' 효과, 시간 조망의 변화) 때문에 50대 여성은 자신의 경력에 더 많은 추진력을 더하는 방향으로 결정을 내릴 수 있다. 중년의 변화와 평가는 학교로 돌아가거나, 강의를 듣거나, 그들이 항상 추구하고 싶어 했던 취미를 발전시키거나(심지어 새로운 전문직을 배우는 정도까지), 자원봉사 경력을 쌓는 등의 새로운 활동에 대한 동기를 제공할 수 있다(Lieber, 1990).

연구자들(예, Friedman, 1987)은 부부의 권력관계가 변화하기 시작하는 중년기에 여성의 힘이 증가한다고 주장하였다. 나이를 먹음에 따라 보고된 힘의 변화에 대해서는 다양한 설명이 있다. 뉴가튼(1968)은 나이 든 남성은 더 여성적이 되고 나이 든 여성은 더 남성적이 되기 때문에, 그것이 나이에 따른 성 역할의 반전을 반영한다고 주장하였다. 이런 주장을 확장해서 구트만(Gutmann, 1987)은 생물학적으로 결정된 생식 능력이 각 성에 따라 다른 측면의 성격이 표현되거나 억제되도록 만든다고 주장하였다. 남성과 여성 둘 다 양육적이고 힘을 행사할 수 있는 잠재력을 가지고 있지만, 구트만(1987)이 '부모의 비상사태(parental emergency)' 라고 부른 것이 여성들로 하여금 공감과 연민, 양육의 특성을 발달시키도록 강제한다. '부모의 비상사태' 의 끝에서 여성은 억제되었던 자신의 측면을 표현할 수 있다. 같은 맥락에서, 융(Jung, 1971)은 여성들이 잠재된 성격 특성을 표현하려는 소망으로 인해 중년기에 더 남성적이 된다고 제안하였다. 대안적으로 로시(Rossi, 1980)는 여성의 힘의 증가는 생물학적 변화의 결과라고 주장하였고, 다른 연구자들은 변화하는 부부, 가족 및 사회적 역동에서 반영되는 것처럼 심리사회적 요인의 역할을 강조하였다(참고 자료로서 Friedman & Todd, 1994를 보라). 그런 맥락에서 중년의 할머니들은 현대사회에서 동시적이고 다중적인 역할에 대처하기 위해 강해져야 하고 적절한 기술을 발달시켜야 하기 때문에, 힘에서의 이런 변화를 이용해야 한다고 볼 수 있다.

따라서 50대 할머니들은 어머니, 아내, 시어머니, 할머니, 지역사회

자원봉사자, 직장 여성, 학생과 같은 많은 역할을 절묘하게 다루는 곡예사와 비슷하다. 종종 그들은 자신이 수행하고 있는 역할에 따라 하루 중 여러 번 모자를 바꿔 쓴다. 하지만 한 번에 그들의 모자를 모두 써야 하는 때도 있다. 어떤 모자도 떨어뜨리지 않고 역할을 절묘하게 수행하는 것은 그 자체로 하나의 예술이다. 이런 모든 역할을 성공적으로 수행하기 위해 요구되는 노력과 용기는 정말로 초인적인 것이다.

결 론

이 장은 50대 중년 할머니에 초점을 맞추어, 현대의 조부모 되기에 관해 개관한 것이다. 이 연령 집단에서 할머니들의 특징은 부분적으로 현대의 발전에서 유래하고, 부분적으로는 중년을 특징짓는 심리사회적 과정에서 유래한다. 여기에서 나타난 것처럼 50대 할머니의 뚜렷한 특징 중 일부는 다양한 할머니 역할 수행 방식을 포함하는데, 그것은 전통적인 할머니상과는 다른 것이다. 할머니의 양육 방식의 다양한 범위는 할머니 역할과 많은 여성이 중년에 수행하는 다른 역할 간의 관계에서 비롯된다. 과거에 우세하였던 손자와의 관계에 초점을 두는 전통적인 할머니 양육 방식과는 대조적으로, 현대 할머니의 양육 방식은 할머니 역할(이것이 한 차원이고)과 직장, 여가활동, 자원봉사와 같은 다른 역할 간의 관계의 산물이다.

오늘날 50대 여성 중 중년 할머니들은 여러 이미지를 통해 그려질 수 있다. 즉, 할머니들은 더 많은 자유와 그들에게 맞는 이미지나 스타일을 선택할 정당성을 가지고 있다. 중년 할머니들은 앞서 인생의 여러 해를 보냈기 때문에 다양한 방식으로 그 세월에 의미와 내용을 부여하고자 시도한다. 어떤 여성은 전통적인 할머니상을 고수하고 손자에게 헌신한다. 하지만 선택할 수 있는 다양한 스타일 중에서 그들은 자신에게 더욱 적합한 대안적 양식을 선택할 수 있다. 이런 관점에서 굿펠로(2003)는 할머니의 스타일 선택을 설명하기 위해 하킨(Hakin)의 '선호이론(preference theory)' 을 채택하였다(Hakin, 2000). 하킨(2000)은 일하는 여성들의 생활 방식 선택에 대해 고찰하였는데, 오늘날 여성들은 생활 방식을 채택할 때 직장과 가족 사이에서 실제적인 선택을 하는 입장에 있다고 제안하였다. 선호이론은 직장과 가족, 생활 방식 결정의 본질과 관련해서 여성들의 선택에 초점을 맞추고 있다. 선호이론과 일치하게, 오늘날 중년 조부모들은 과거 어느 때보다도 그들이 선호하는 조부모 양육 방식을 선택하는 데 더 자유롭다고 할 수 있다. 심지어 이런 역할을 몹시 하고 싶어 하지만 자녀(혹은 손자)가 없는 여성들은 조부모가 없는(혹은 주위에 아무도 없는) 이웃집 아이를 '입양' 하거나, 미국 내에서 아동과 나이 든 사람을 연결해 주는 '수양 조부모' 와 같은 단체에 가입하는 것을 선택할 수도 있다.

요약하면, 이 개관의 주요 결론 중 하나는 50대 할머니들이 더 이상 동일한 상을 따를 필요가 없다는 점이다. 현대의 많은 역할과 현상을 특징짓는 다양성 또한 할머니 되기에 적용된다. 할머니 역할은 여성들이 중년에 수행하는 다른 역할과 통합되고, 가능한 결합은 끝이 없다는 것에 주목할 만하다. 따라서 여성들이 역할 세트 내에서 할머니 역할에 할당하는 가중치는 다를 수 있고, 모든 여성이 자신에게 적합한 할머니 스타일을 자유롭게 창조할 수 있다.

앞으로의 연구에 대한 권고 사항

오늘날 조부모 되기의 복잡성과 현대에 일어난 빠른 변화에 비추어 볼 때, 이 영역에서 이루어진 현재의 발전에 대한 광범위한 연구가 필요하다. 이런 맥락에서 미래 연구에서 몇 가지 주요 연구 방향이 강조되어야 한다. 첫째, 50대 여성들에게 인생의 전환으로서 할머니 되기에 대한 연구가 부족하다. 현대 중년 여성들의 위상에 일어난 변화는 생물학적 · 심리적 · 직업적 관점에서 광범위하게 조사되었다. 하지만 삶의 전환으로서 조부모 되기는 충분히 연구되지 않았다. 이런 전환은 강렬한 정서를 불러일으키고, 그것은 종결 대 새로운 시작, 상실 대 희망과 도전 같은 상충하는 과정을 포함한다. 할머니 역할 수행 방식의 다양한 범위를 생각하면, 할머니가 되는 여성들에게 이러한 전환의 상징적 의미를 조사하는 것이 중요하다. 이에 더해서 할머니 되기의 다른 양식을 반영하는 새로운 유형을 발전시키는 것도 가치가 있다. 이런 유형은 할머니-손자 관계의 전통적인 차원을 넘어서 여성들이 중년기에 수행하는 다른 역할에서 파생되는 차원들도 검토해야 한다.

마지막으로 흥미로운 연구 방향은 50대 남성에게 미치는 할아버지 역할의 영향과 그 인생 단계에서 할아버지 되기 스타일이 될 것이다. 공적인 담화와 학술적 담화는 '새로운 아버지' 역할을 포함해서 남성적 역할에서의 변화를 광범위하게 다루었다(Laqueur, 1992; Marsiglio, 1993). 따라서 같은 맥락에서, 더 많이 감정을 표현하고 과거 할아버지들보다 손자에게 더 많이 관여하는 '새로운 할아버지'의 모습이 나타날 것이다. 한편, 남성들이 감정을 표현하는 것이 점점 더 허용되고 있는 실정이다. 다른 한편으로 오늘날 중년 남성들은 조기 은퇴와 더 짧아진 주중 근로 때문에 더 많은 자유 시간을 가지게 되었다. 따라서 '새로운 할아버지 되기'가 50대 할머니들의 역할에 미치는 영향력을 조사하는 것은 가치가 있을 것이다. 전반적으로 50대 여성들의 할머니 역할에 대해서 많은 것이 연구되어야 한다. 그런 의미에서 이 분야는 임상가뿐만 아니라 연구자들에게도 새롭고 다양한 도전을 제공한다.

8/ 50세 이상의 여성: 돌봐 주는 문제

Rosalie J. Ackerman and Martha E. Banks

티나(가명), 아버지를 돌보는 것에 대하여

> 모든 돌봐 주기가 전화로 시작되는가? 나의 경우는 그랬다.
>
> 티나(30대 중반): "생일 축하합니다. 생일 축하합니다. 사랑하는……."
>
> 아버지(60대 초반): "내가 암에 걸렸단다."

첫 번째 전화 이후 당시 60대 중반이었던 어머니가 아버지를 돌보게 되었다. 아버지의 암은 6개월마다 정기검진을 하였음에도 불구하고 뒤늦게 진단되었다. 그 결과 어머니는 집에서 아버지를 돌보게 되었다. 처음 6주의 예후는 좋지 않았지만, 아버지는 16개월을 더 살았다. 아버지가 아픈 동안, 어머니는 자신이 할 수 있는 만큼 오랫동안 집에서 아버지를 돌보았다. 동생과 내가 방문하였지만, 우리는 명백하게 일차적인 보호자가 된 어머니에게 지지적인 역할을 할 뿐이었다. 1년 후, 어머니는 역시 60대 중반인 이모에게 도움을 요청했고, 이모는 필요할 때까지 도움을 주기 위해 서인도제도의 바베이도스에서 미국으로 날아왔다. 그 두 분은 곧 자신들이 이 상황을 감당할 수 없음을 알게 되었고 나에게 집으로 와 달라고 요청했다. 이틀 후, 우리 셋이 아버지에게 필요한 모든 돌봄을 제공할 수 없다는 사실을 알게 됐다. 간호지원을 받는 것이 불가능했고, 종양학자는 요양소에서 아버지가 돌봄을 받도록 결정했다. 어머니는 아버지가 돌아가실 때까지 아버지 옆에서 하루에 약 18시간 동안을 지켰다. 어머니는 남편의 의학적 필요를 보살피는 동안 매우 제한된 사회적 네트워크 활동을 가질 수밖에 없었다.

돌봄은 관계를 맺는 익숙한 방식을 상실하게 할 수 있다. 우리 가족은 지적인 힘으로 잘 버텨 냈다. 우리는 교육적 성취에 스스로 자부심을 느끼면서 논쟁하고 토론하였다(부모님은 내가 대학과 대학원을 다닐 때 석사학위 과정에 입학해서 석사학위를 받으셨다). 돌봄은 활발한 대화의 상실과 나와 동생의 성취에 대한 그들의 자랑스러운 지지를 상실하는 것을 의미했다. 나는 부모님이 살아 계시는 동안 그러한 상실에 준비가 되어 있지 않았다. 또한 계획에 없던 요양소 입소에 대한 아버지의 분노와 극단적인 실망에도 준비되어 있지 않았다.

어머니는 한 어른을 돌보는 것에 준비가 되어 있었을까? 여러 해 동안 어머니는 돌봄에 대해 안정적인 지원을 필요로 하는 가족을 돕는 노인사회사업가로 일했다. 어머니는 간단히 말해 '샌드위치 세대' 로, 40대 중반일 때 우리와 함께 살았던 친할머니가 암 진단을 받게 되었다. 친할머니의 진단은 너무 때늦은 것이어서 진단 후 겨우 몇 주밖에 살지 못했다. 어머니는 친할머니의 마지막 입원 전 약 2~3주 동안 집에서 친할머니를 보살폈다. 지난 2년 사이에 외할아버지가 돌아가셨고 그다음 외할머니가 돌아가셨다. 어머니는 외할아버지가 돌아가시기 전에 자신의 아버지와 시간을 보낼 수 없었고, 생명유지장치를 떼내기 전 아주 잠깐 자신의 어머니를 보았을 뿐이다. 외할머니, 외할아버지와 함께 살고 있었던 어머니의 동생, 독신의 40대 중반 이모가 서인도제도의 세인트 빈센트집에서 외할머니와 외할아버지를 보살폈었다. 이모는 그곳에서 간병인과 간호사의 지원을 받았다. 어머니가 남편의 간호를 도와달라고 이모에게 전화했을 때, 그녀 또한 60대 중반이었는데, 이모는 아픈 어른들을 신체적으로 돌보는 것에는 상대적으로 전문가였다.

나는 어른을 돌보는 것에 준비가 되어 있었는가? 나는 노인재활기관에서 임상 업무를 맡고 있었지만, 나의 아버지를 돌보는 것에는 전혀 준비가 되어 있지 않았다. 내가 관찰하기로 1주일에 5일 동안 각 전문 분야의 훈련된 직원들이 개인적 지원을 제공하였다. 부모님의 집에 있는 3명의 훈련받지 않은 여성은 아버지를 돌보는 것에 적절히 준비가 되어 있지 않았다.

우리 가족 내에서는, 인종적 배경은 차이가 있었지만, 역사적으로 장녀에게 가족을 돌보는 역할을 기대했다. 내가 아이였을 때, 증조할머니의 가장 나이 든 사촌이 다른 나이 든 친척들을 돌보는 것을 본 적이 있다. 나는 그들이 서로 가까이에서 사는 커다란 확대가족의 일부로서 서로에게서 배웠을 것이라고 가정했다. 나는 할머니를 포함한 핵가족에서 성장했다. 같은 주 내에 확대가족은 전혀 없었다. 아버지가 병에 걸렸을 때, 나는 직업이 있는 미혼 장녀였다. 나는 일부 먼 친척들로부터 경력을 포기하고 모든 노력을 아버지 간호에 쏟으라는 압력을 받았다.

내가 아버지 간호에서 가장 잘 할 수 있는 것은 건강 관리 전문가들과 이야기를 나누고 아버지와 그들의 직접적인 의사소통을 촉진하는 것이었다. 이에 더해서, 아버지의 통증 관리를 도와줄 수 있었다. 아버지는 약물에 중독되는 것을 피하기 위해 통증 약물치료 스케줄을 따르고자 하였다. 그 결과, 아버지는 심각한 통증 주기를 경험하였다. 나는 통증을 조절하기 위해 더 자주 약물을 투여할 필요가 있다고 설명하였다. 다시 나는 처방전에 쓰인 스케줄보다 'prn(필요할 때)'이 우선이라는 것을 더 잘 설명해 달라고 종양학자에게 부탁했다.

때때로, 돌봄은 전화로 끝이 난다. 나의 경우도 그랬다.

티나의 여동생(20대 중반): "아빠가 방금 저 세상으로 가셨어."

아버지가 돌아가셨을 때 어머니의 슬픔의 정도는 부분적으로 그러한 일이 일어날 수 있다는 것을 믿지 못함을 보여 주었다. 어머니는 돌보는 동안 개인적 지원에 대해 준비가 되어 있지 않았던 것처럼 돌봄의 끝에 대해서도 준비가 되어 있지 않았다.

베키(가명), 친구를 돌보는 것에 대하여

50대 초반 내내, 나는 응급 수술을 받은 친구를 돌봐 주는 사람의 역할을 수행했다. 나는 단지 1~2주 동안 사는 공간을 제공할 뿐일 거라고 예상했었지만 약 6개월간 보호자가 되었다. 우리 집은 1층에 있었고, 친구는 자신의 집에 있는 층계를 오르내릴 수 없었다. 내 집에서 지내자고 친구에게 제안했을 때, 나는 친구의 병이 얼마나 심각해질지 몰랐다. 나는 그녀가 병원에서 퇴원하였을 때 자신을 스스로 돌볼 수는 있을 것이라고 가정했었다. 그러나 그녀는 식사 시에 도움이 필요했고, 병원 진료 약속을 위한 이동에도 도움이 필요했다. 또한 나는 일부 의학적 결정에도 도움을 주어야 했다. 나는 그러한 수준의 돌봄을 제공할 계획이 없었고 그녀를 돌보는 것과 내 직장과 사회생활 사이에서 곡예를 해야 한다는 것을 알았기 때문에, 그것은 우정에 긴장 요인이 되었다. 나는 화가 났지만 내 분노를 표출할 마땅한 대상은 없었다.

티나, 어머니를 돌보는 것에 대하여

돌봄을 시작하게 된 전화

> 어머니(60대 후반): "운전하러 나왔다가 집으로 돌아가는 길을 잃어버렸단다."

여러 해가 지난 후 어머니에게서 전화를 받았을 때, 나는 당시 40대 초반이었는데 아버지가 편찮으셨을 때보다는 준비가 더 잘 되어 있었다. 어머니는 돌봄과 살아 있는 상황에 대해 바라는 바에 대해서 매우 구체적인 내용의 사망 선택 유언을 써서 그러한 준비에 도움을 주었다. 만약 내가 어머니의 지시를 따른다면, 나 자신의 물리적인 개인적 지원에 대해서는 책임이 없겠지만, 대신 대안적 상황에서 전문가를 모니터하는 것에는 책임을 져야 할 것이다.

어머니를 돌보기 위해 동생들과 책임을 나누었는데, 동생들이 먼저 일차적 보호자가 되었다. 전 과정 동안, 동생들과 나는 서로의 보살피는 노력을 지지했다. 내가 어머니를 돌보는 정도는 해마다 달랐고 몇몇 개인적 지원, 정서적 지지, 의학적 평가와 살아 있는 상황, 건강 관리를 위한 조정, 진행 상황 모니터하기, 치료진을 훈련하고 재훈련하기 등을 포함했다. 어머니의 소망에 따랐음에도 불구하고, 나는 어머니가 적절한 신체적 돌봄을 받고 있는지를 확실하게 하기 위해 내가 해야 하는 모니터의 수준을 두고 갈등했다.

어머니의 사망이 이틀 정도 앞으로 분명하게 다가왔을 때, 나는 어머니가 정말로 돌아가실 것이라는 충격과 어머니가 돌아가시는 것을 막을 수 없는 건강 관리 전문가로서의 자신에 대한 실망, 특별한 조치를 하지 말라는 어머니의 요청을 따른 것에 대해 다른 사람들이 어떻게 생각할 것인가에 대한 갈등으로 싸우고 있는 자신을 발견했다. 어머니의 사망은 언론과 의회, 대법원이 테리 샤이어보(Terry Schiavo)의 사망에 몰두했던 일이 몇 주 지난 다음 일어났기 때문이다. 하지만 내가 어머니 앞에서 안녕이라고 말하고 숨김없이 슬퍼할 수 있는 것은 단지 임박한 사망의 그 순간뿐이었다.

나는 저녁을 간단히 해결하기 위해 어머니가 계신 요양소를 떠났다. 내가

차에 탔을 때, 모차르트의 진혼곡이 라디오에서 흘러나왔다. 나는 "그들이 어떻게 알았지?"라고 말했다. 이후 내가 저녁을 준비하면서 동생에게 어머니의 최근 상황을 알려 주기 위해 전화했을 때, 나의 다른 전화가 울렸다.

> 간호사: "어머니가 방금 돌아가셨음을 알려 드리게 되어 유감입니다."

가족 보호자들은 고통을 받으며 죽어 가고 있는 그들에게 소중한 사람과의 관계뿐만 아니라, 일과 인생의 근본적인 질문, 즉 자신의 유한함과 씨름하게 된다(Ziemba & Lynch- Sauer, 2005, p. 111).

돌봐 주기란 무엇인가

돌봐 주기(caregiving)는 지역사회에서 비공식적 돌봄을 받거나 기관에서 공식적 돌봄을 받는 사람들의 건강과 복지에 대한 일차적 책임뿐 아니라, 직접적인 개인적 지원[일상생활 활동(activities of daily living: ADLs[1])과 일상생활의 도구적 활동(instrumental activities of daily living: IADLs[2])에 대한 지원]을 포함한다. 50세 이상의 많은 여성이 돌봄을 제공하고 있다. 이런 이슈는 여성들의 관심사인데, 여성들이 주로 다른 사람들을 돌보기 때문이다

1 일상생활 활동(ADLs)은 개인적 돌봄과 관련된 활동이며, 목욕하기나 샤워하기, 옷 입기, 잠자리에 들기나 깨우기, 의자에 앉기나 의자에서 일어나기, 화장실 사용하기, 식사하기를 포함한다(미국 보건복지부, 질병관리 및 예방센터, 국립건강통계센터, 2004a).

2 일상생활의 도구적 활동(IADLs)은 독립적 생활과 관련된 활동들이며 식사 준

비하기, 돈 관리하기, 식료품이나 개인 물품 사기, 가벼운 혹은 힘든 집안일하기, 전화하기 등을 포함한다(미국 보건복지부, 질병관리 및 예방센터, 국립건강통계센터, 2004b).

(Adams et al., 2002; Banks & Ackerman, 2006; Browder, 2002; Farran, 1997; Fuller-Thomson, 2005; Hunt, 2003; Kiecolt-Glaser & Newton, 2001; Minkler, 2005; Minkler & Fuller-Thomson, 2005; Sleath et al., 2005; 미국인구통계청, 2004a, 2004b). 게다가 돌봐 주기 과정이 남성의 경우보다 여성의 건강에 더 심하게 부정적으로, 그리고 더 오랜 기간 동안 영향을 미친다는 일부 증거가 있다(Vahtera et al., 2006). 부모와 성인 자녀, 손자, 중요한 타인, 친구를 돌보는 여성들이 직면하는 문제 중 일부는 돌봐 주는 사람의 역할, 돌봐 주기의 준비, 가족 역할의 다양성, 지지와 자기 관리, 돌봐 주는 관계에서의 상처, 돌보는 과정과 마지막에서의 상실감 등에서 자신을 발견하는 방식과 관련 있다.

어떤 이들에게 '돌봐 주기' 란 용어는 돌봄의 수동적인 제공과 수혜를 가리키는 것으로 인식되어 왔지만(Mona, 2003), 돌봐 주기는 적극적인 관계를 포함한다. 그 뒤앙스상, '돌봐 주기' 는 유아와 어린 자녀를 양육하는 것을 제외한다. '양육' 은 일반적으로 축하받는 경향이 있는 반면, '돌봐 주기' 는 종종 부정적이고 부담스러운 것으로 간주된다. 하지만 '돌봐 주기' 와 '양육' 이 모두 또 다른 사람의 복지를 위해 개인적 지원을 제공하고 책임지는 것을 포함한다는 것을 고려하는 것이 중요하다.

그동안 돌봐 주기에 대해 상당히 많은 연구가 있었다. 많은 연구가 돌보는 사람에게 미치는 돌봐 주기의 부정적인 영향력에 초점을 맞추었다. 이 장에서 우리는 돌보는 과정에 내재된 현실적인 어려움을 인정하면서도, 돌봐 주기의 긍정적인 측면에 대해서도 고찰할 것이다.

연구는 돌봐 주기에 대한 모형과 효율적이면서 상호 유익한 돌보는 관계에 대한 권고안을 제공한다.

돌봐 주기의 시작

티나와 베키의 돌봄의 예는 돌봐 주기의 분명한 시작을 보여 준다. 하지만 돌봐 주기가 항상 분명한 시작을 갖는 것은 아니다. 어떤 집안이나 지역사회에서 구성원의 건강은 점진적으로 쇠퇴하고, 여성은 돌보는 것에 대한 자신의 기여를 깊이 생각하지 못하면서 점점 더 많은 개인적 지원을 제공하고 있는 자신을 발견하게 될 수 있다. 개인적 지원(personal assistance)과 돌봐 주기(caregiving) 사이에 분명한 경계는 없지만, 돌봐 주기는 개인적 지원보다 전반적인 책임이라는 더 넓은 의미를 포함한다. 예를 들어, 할랜드와 커스켈리(Harland & Cuskelly, 2000)는 돌봐 주기를 선천적인 장애를 가지고 성인으로 성장한 자녀의 어머니들에 의해 제공되는 것으로 설명하였다. 그런 자녀의 형제들은 개인적 지원을 제공하는 데 제한적인 기회를 가지는 것으로 인식되는 반면, 어머니들은 일차적인 돌보는 사람으로 간주되었다. 그런 형제들은 어머니가 더 이상 돌보는 사람의 역할을 할 수 없게 되었을 때 자신이 돌봐 줄 준비가 되어 있지 않음을 발견하였다.

돌봐 주기의 준비

사례에서 티나와 티나의 어머니는 베키가 친구를 돌봐 줄 준비가 되어 있지 않았던 것처럼 티나의 아버지를 돌볼 준비가 되어 있지 않았다. 어머니의 주의 깊은 계획과 아버지를 보살피려고 시도했던 경험은, 이후 티나가 어머니를 보살펴 주는 사람이 되는 데 기초를 제공하였다.

돌봐 주기에 대한 많은 심리학 문헌은 돌봄의 일부인 다양한 개인적 지원 과제에 대해 돌보는 이들이 어떻게 지각하는지를 조사한다. 부담과 화남, 그리고 더 적지만 유익함과 상호성의 이슈에 관심이 주어졌다. '준비'에 대한 돌봐 주기 문헌을 검색한 결과, 신체적 돌봄 과제로서 '식사 준비'에 대한 논문과 책들을 주로 찾을 수 있었다. 돌봐 주기의 심리적 부분에 대한 준비와 관련된 문헌은 훨씬 더 적었다. 파란(Farran, 1997)은 또한 돌봐 주기가 자유로운 선택을 포함하는지에 대해 질문을 제기하였다.

잉글랜드(England)와 트립-라이머(Tripp-Reimer, 2003; Riley & Bowen, 2005에서 인용함)는 그들 연구에서 "상당수의 참여자들이 자신의 행동과 정서가 장기적인 돌봐 주기에 대해 바람직하지 않은 준비 수준에 있음을 보여 주었다."고 제안하였다(p. 55). 할랜드와 커스켈리(2000)는 많은 경우 가족 내에서 돌봐 주는 사람이 다른 사람으로 바뀌는 것은 성 역할 기대 때문에 방해를 받는다고 하였다. 장애를 가진 자녀를 길렀던 어머니들은 자녀가 어른이 되고 어머니 자신이 노화와 건강 문제에 직면하게 됨에 따라, 그 책임을 포기하거나 다른 가족원이 대신 돌봐 줄 준비를 하도록 허용하는 데 때때로 어려움을 겪는다. 다른 여성들은 도와줄 수 있는 가족이 부족한 것과 보호가 필요한 의존적인 성인에 대한 책임을 넘겨 줄 지지 서비스의 제한 때문에 허덕거린다(Tryssenaar & Tremblay, 2002).

젬바와 린치-소어(Ziemba & Lynch-Sauer, 2005)는 부모를 돌보는 데 따르는 몇 가지 심리적 걱정을 설명하였다. 이에는 진행 중인 슬픔, 다양한 상실 처리하기, 역할 반전, 가족 역할의 왜곡, 부모 지지의 상실, 자신의 죽음 혹은 혈족의 마지막을 직면하는 것 등이 포함된다. 루스와 보우드(Loos & Bowd, 1997)는 사회적 · 오락적 상호작용의 상실, 인생사건에 대한 통제, 웰빙, 직업에 대해 설명하였다. 젬바와 린치-소어(2005)는 돌봐 주는 이들이 특히 돌보는 상황에 대한 심리적 반응에, 심지어 이전의 돌봐 주기 경험 이후에도, 준비되어 있지 않음을 느끼며, 특히 추가적인 슬픔을 처리할 때 더욱 준비되어 있지 않다고 느끼는 것을 발견하였다. 예를 들어, 알츠하이머성 치매에 걸린 사람들의 신체적 · 인지적 쇠퇴에 대해 책을 읽고 아는 것은 가능하지만, 그러한 쇠퇴가 안정적이지 않다는 것을 인정하기란 어렵다. 증상이 줄어들고 행동이 통제되는 것처럼 보이는 '좋은' 날들이 있지만, 증상이 극적으로 나빠지는 다른 날들도 있다. 때로 좋은 쪽에서 나쁜 쪽으로의 변화가 몇 시간이나 몇 분 사이에 일어나기도 한다. 그러한 변화에 적응하는 것은 매우 어렵다. 어떤 사례에서 보호자들은 자신의 행동을 더 많이 통제할 수 있는 환자가 실제 그런 것보다 의도적으로 증상을 나타낸다고 생각하기도 한다(Williamson et al., 2005).

예를 들어, 티나는 그녀가 성장할 때 돌봐 주었던 사람들(부모)의 보호자가 되었을 때, 그들과의 지적인 대화의 상실을 경험하였다. 그녀는 경력을 쌓아 가면서 가졌던 부모에 대한 자부심을 잃어 버렸고 잠재적으로 인생을 위협하는 유전적 취약성에 대한 걱정에 직면하게 되었다. 베키는 친구를 돌보는 동안 동등한 동료 관계를 잃어 버렸다.

브라우더(Browder, 2002)는 돌봐 주기가 또한 어려운 의사결정(예를 들어, 재정 문제 처리하기, 우선순위 정하기, 일자리 선택하기, 지원찾기)을 포함한다는 것을 지적하였는데, 그중 일부는 성취의 문제와 관련되며, 다른 일부는 결정을 내린 뒤에도 보호자들이 선택과 씨름하도록 만든다. 통증 관리는 암이나 외상성 뇌손상 후유증, 수술, 퇴행성 질병을 가진 사람들을 돌볼 때 발생하는 또 다른 너무나 중요한 문제다(Kiecolt-Glaser & Newton, 2001; Riley- Doucet, 2005). 티나는 아버지의 통증관리 요법에 개입해야 했다.

준비의 한 영역은 돌보는 관계를 정의하고 이해하는 토대로서 영성의 역할이다(Davis et al., 1998). 종교와 영성은 또한 돌봐 주기에 선행하거나 돌봐 주기에 뒤따르거나 혹은 돌봐 주기와 동시에 발생하는 비탄의 기간 동안 정서적 고통을 감소시키는 데 기여한다(Winston, 2003).

심리학자들은 돌봐 주기를 준비하는 것을 도울 수 있다. 젬바와 린치-소어(2005)는 잠재적인 또는 새로운 보호자들에게 관련된 시간에 대한 정보와 ADL과 IADL 돌봄 걱정을 해결하기 위한 자원, 예상되는 슬픔에 대한 안내, 예상되는 사건에 대한 '만약 ~하다면 어떻게 할 것인가' 계획의 수립, 예상하지 못한 신체적·정서적 반응에 대한 위기 개입을 제공할 것을 권고하였다. 보호자들에게 충분한 지지 네트워크와 돌보는 임무에서 쉴 기회를 가능한 많이 확보해 주는 것이 유용하다(Banks, 2003; Banks et al., 2005; Eisdorfer et al., 2003).

다양한 역할 중 하나로서 돌봐 주기

50세 이상 여성들의 돌봐 주기를 탐색할 때 그런 여성들의 가족 내 지위를 고려하는 것이 유용하다. 돌보는 사람으로서의 여성에 대한 많은 문헌이 '샌드위치 세대'에 초점을 맞추고 있는데, 즉 여성들은 가정에서 나이 든 가족을 돌보면서 여전히 자신의 자녀들을 키우고 있다. 이런 문헌은 중요한 타인을 돌보고 있는 여성과 그들의 자녀가 의존적인 성인인 여성, 자녀가 없는 여성, 베키처럼 친구를 돌보고 있는 독립한 성인 자녀를 가진 커리어 여성 등을 간과하는 경향이 있다.

제2차 세계대전 이래로, 미국은 '정상적인' 이상적 모형으로 핵가족을 지지했다. 그러한 가족에 대한 기대는 결혼한 두 명의 이성애 성인이 적은 수의 자녀와 함께, 가정에 다른 사람은 없이, 일부일처제로 살고 있는 것이다. 이러한 '이상'은 가족의 전형적인 모습이 되었고, 대체로 그러한 가족의 그림은 유럽계 미국인들에게서 나타난다. 2004년 인구조사에서 대부분의 가정이 핵가족과는 다르다는 사실이 나타났는데, 즉 미국 가정의 단 22%만이 핵가족이었다(미국 인구조사국, 2004a, 2004b).

20세기 대부분과 21세기 초에 아프리카계 미국인 가족은 핵가족과 확대(extended) 가족(조부모, 숙모, 삼촌, 사촌과 같은 다른 혈족 포함), 확장된(augmented) 가족[친한 친구, 이웃, 사회적 네트워크(예, 종교단체, 지역 정치집단, 지역사회기반 조직) 구성원 포함]의 형태를 포함하였다(Boyd-Franklin & Franklin, 2000; Hayles et al., 2004; Tatum, 1999). 존스와 쇼터-구든(Johns & Shorter-Gooden, 2003)은 자녀를 키우는 데 있어 '다른 친족(otherkin)'의 결정적 역할에 대해, 노인을 돌보는 데 있어 확장된 가족의 유사한 참여에 대해서는 잘 연구되지 않았지만, 지지적 요인으로 간주된다고 기술하였다.

> 확대가족과 가짜 친족(fictive kin)의 역할이 특별히 눈에 띄는 것으로 간주되는데, 이는 나이 든 아프리카계 미국인들이 공식적 서비스 사용에 대한 대안으로서 핵가족을 넘어 지지를 얻을 수 있는 가능성과 돌보는 네트워크의 구성을 의미한다(Cagney & Agree, p. S317).

레즈비언들은 종종 파트너와 친구를 포함하는 '선택된 가족'을 가지고 있다(Fredriksen, 1999). 그러한 가족 구성을 통해 얻을 수 있는 경험과 지지는 잠재적인 보호자들이 다양한 돌보는 환경을 인식하고 준비할 수 있는 기회를 증가시킨다.

이러한 유사한 연구에서 빠뜨린 것은 일부 가족에서 관찰되는 전통인데, 즉 장녀가 비공식적으로 가족의 보호자로 정해지는 것이다. 이러한 일이 티나의 원가족에서도 나타났다. 그러한 가족에서, 장녀는 평생 독신이거나 아이를 출산하는 나이가 지나서 결혼을 한다. 그녀가 직업을 가지고 있다고 해도, 돌봐 주기가 필요한 어떤 가족 상황이 발생하면 장녀가 가장 유용한 가족원으로 기대된다. 일부 가족은 그녀의 직업을 상대적으로 중요하지 않은 것으로 생각한다. 나보스와 페티(Nabors & Pettee, 2003)는 자신은 가족의 보호자로 지정되지만 자신이 심각한 신체적 조건 때문에 도움이 필요할 때에는 가족들로부터 최소한의 지지만 받는 여성들의 딜레마에 대해 설명하였다. 그러한 여성들은 뇌졸중이나 사고 직후에만 아픈 것이라 받아들였으며, 가족들은 그 여성이 다른 가족을 돌봐야 하는 책임을 얼마나 빨리 재개할 수 있는가에만 초점을 맞추었다.

50세 이상 여성 보호자에 대한 많은 문헌은 돌봄을 제공하는 여성들이 이성애자이고 기혼이라고 가정한다. 프레드릭센(Fredriksen, 1999)은 게이와 비교해서 레즈비언이 자녀와 노인을 더 많이 돌보는 경향이 있음을 발견하였다. 모든 보호자가 직면하는 많은 문제에 더해서, "레즈비언과 게이 보호자들은 심각한 질병이나 장애를 가진 파트너나 친구, 다른 가족을 만날 기회가 제한적일 수 있다"(Fredriksen, 1999, p. 151). 돌봐 주기는 다른 사람에 대한 공식적 · 비공식적 책임을 포함하기 때문에 레즈비언들은 보호자의 역할을 하지 못하게 될 위험이 있다(Riggle et al., 2005).

50세 이상의 어떤 여성은 장애가 있는 성인 자녀나 형제를 돌보기도 한다(Harland & Cuskelly, 2000). 윌리엄스와 로빈슨(Williams & Robinson, 2001)은 한 여성이 심각한 학습장애를 가지고 있는 성인 아들과 딸, 둘을 돌보는 가정을 묘사하였다. 그녀는, 예를 들어 욕조에서 나올 때 자녀 둘로부터 도움을 받았다. 멜버그(Melberg, 2005)는 시골 노르웨이 가족 중에도 비슷한 상호 원조가 있음에 주목하였다.

어떤 보호자들은 가족 내에서 비공식적인 보호자의 역할과 건강 관리 제공자로서의 전문적인 의무, 둘 사이에서 갈등을 겪는다(Ward-Griffin, 2004). 노인 심리학자인 티나가 그러한 갈등을 경험하였는데, 그런 갈등의 일부는 어떤 병은 치료가 안 되며 불가피한 죽음이 실패로 이해되어서는 안 되는 현실을 인정하기보다 치료에 집요하게 초점을 맞추는 비현실적인 의학 모형과 관련이 있다. 새로운 약물과 치료법을 사용할 수 있게 됨에 따라 실제적인 '치료' 없이 증상을 일부 완화할 수도 있는 실험적 치료법의 도입에 대해 보호자들이 결정을 해야 하는 추가적인 갈등이 발생한다.

조부모 역할 수행하기

손자를 키우는 조부모, 특히 할머니의 수가 점차 늘어나고 있는 것에 최근 관심이 모아졌다. 자신의 젊은 시절을 지배했던 돌봐야 하는 책임 없이 즐거운 은퇴시기를 보내는 부부로서 조부모에 대한 신화와 핵가족의 신화는 일치한다. 그러나 거의 600만 명의 조부모들이 자신의 손자와 함께 집안에서 생활하며, 약 250만 명의 조부모들이 자녀를 돌볼 수 없는 부모 때문에 대신 손자들을 키우고 있는 것이 현실이다(Minkler & Fuller-Thomson, 2005). 그런 손자를 키우는 조부모의 절반 이상(62.8%)이 여성이다. 이런 조부모들의 많은 수가 심리적 부담과 역할 과부하, 지지의 부족을 호소한다. 그들은 일상생활 활동에서 기능적 제한뿐만 아니라 시각적 · 청각적 문제를 포함한 자신의 건강 문제도 다루어야 한다. 신체적 문제를 가지고 있고 가난하게 살고 있는 할머니들이 건강 상태도 더 양호하고 더 많은 자원을 가지고 있는 할머니들보다 손자를 돌보는 데 더 많은 어려움을 가지며 우울증도 더 많이 경험한다(Li, 2005). 조부모 역할 수행하기에 관한 더 많은 정보를 원하는 독자들은 리아트 쿨릭(Liat Kulik)이 쓴 장을 참조하기 바란다(이 책의 7장).

돌봐 주는 관계의 본질

유럽인 중심의 사회에서 돌봐 주기의 모형은 긍정적인 속성과 결함 또는 부정적인 속성을 모두 포함한다. 어떤 모형은 돌보는 과정에 대해 말할 때 상호성뿐만 아니라 더 실제적이고 적절한 이슈에 대해 구체적인 예를 들어 설명한다(Elsdorfer et al., 2003; Farran, 1997; Kiecolt-Glaser & Newton, 2001; Lyons et al., 2002).

파란(1997)은 돌봐 주기의 긍정적인 측면이 잘 정의되지 않았다고 지적하였다—아마도 '스트레스'와 '긍정적인 측면'이란 용어는 화해할 수 없는 정반대의 개념이다. 스트레스는 뭔가 잘못된 것을 의미한다. 한편, 실존적 패러다임은 가치와 선택의 자유, 책임감, 행동의 결과를 지지한다. 가치는 돌봐 주는 사람이 그들의 상황을 창조적으로 다루는 것으로 표현할 수도 있다.

> 스트레스/대처 패러다임은 "돌봐 주기 과제라는 측면에서 건강을 해친 가족을 돌봐 주는 것이 무엇을 의미하는가(스트레스 평가), 돌봐 주는 사람이 어떤 자원을 사용할 수 있는가, 그리고 이런 경험은 돌봐 주는 사람에게 어떤 효과를 미치는가(결과)?"를 가장 흔히 질문한다. 실존적 패러다임에서는 "내가 어떻게 의미를 발견하고 창조할 수 있는가?"를 질문한다(Farran, 1997, p. 254).

파란(1997)에 따르면, 몇몇 연구자들이 돌보는 과정을 설명할 때 반복되는 주제가 있다고 제안하였다. 적응(adaptation)은 치매에 걸린 사람을 돌보는 스트레스에 대한 반응으로 발생하는 전체 과정을 정의한다.

이에 더해서, 대처기술과 개인적 통제, 자기 효능감, 지식, 강인함과 같은 자원 변인, 일차평가와 이차평가, 그리고 정서적 · 신체적 건강 상태가 중요하다. 티나는 돌봐 주기가 자신을 길러 준 부모에게 은혜를 되갚는 수단임을 발견하였다. 되돌아보면 베키는 자신과 친구가 대부분의 친구들이 가지지 못하는 경험을 공유하였기 때문에 그 친구와 더 가까운 유대감을 느꼈다. 그들은 서로의 강점과 약점에 대해 더 많이 알게 되었다.

돌봐 주기에 대한 문헌 고찰에서, 헌트(Hunt, 2003)는 지배적인 초점이 부정적이거나(보호자 부담이나, 보호자 긴장, 보호자 스트레스), 긍정적이거나(보호자 존중감이나, 돌봐 주는 것의 장점, 만족, 돌봄을 통한 의미 발견, 돌보는 경험에서 얻는 것), 중립적임(보호자 평가)을 발견하였다.

돌봐 주기를 이해하는 데 파란의 실존적 접근은 긍정적인 틀을 제공한다. 반면 초점이 돌봐 주기의 부담스러운 측면에 있다고 해도, 많은 연구는 사람들이 돌봐 주기를 조절할 수 있도록 하는 완충 요인이나 조절 요인에 관심을 가진다. 예를 들어, 라이언스 등(Lyons et al., 2002)은 "노인 친척을 돌보는 것은 보호자의 신체건강과 정신건강을 해칠 위험이 있다는 광범위한 합의가 돌봐 주기 문헌에서 나타난다." (p. 195)라고 하였고, 길리 등(Gilley et al., 2005)은 "치매 증후군을 보이는 가족을 돌보는 것의 정서적 대가는 상당할 수 있다." (p. 173)라고 지적하였다. 셔우드 등(Sherwood et al., 2005)은 돌봐 주기의 부담에서 생길 수 있는 우울증에 초점을 맞추었다.

라이언스 등(2002)은 개별 관계와 집단 표본에서 돌보는 쌍들(caregiving dyads)을 대상으로 상호작용 맥락의 긍정적인 특성과 부정적인 특성에 대해 조사하였다. 우울증의 지각, 주관적인 사회적 부담, 시간이 지남에 따른 의학적으로 부정적인 건강 상태, 돌보고 돌봄을 받는 역할로 인한 제한적인 사회적 활동의 부담, 쌍의 심리적 웰빙이 중요한 비교 사항이었다. 쌍의 관계는 보호자 긴장이라는 부정적인 결과를 예측하였는데, 돌보는 사람과 돌봄을 받는 사람 모두 돌봄을 받는 사람의 일상생활 활동과 그 필요성에 대해 일반적으로 같은 평가를 하였다. 돌봄을 받는 사람보다 돌보는 사람이 더 많은 돌봄과 관련된 어려움을 보고한 경우, 더 안 좋은 관계의 질을 나타냈다. 돌보는 사람의 상황적 스트레스를 감소시키기 위해 대처 훈련이나 다른 치료적 개입이 사용될 수 있다.

키에콜트-글래서와 뉴턴(Kiecolt-Glaser & Newton, 2001)은 부부관계에서 신체적 건강과 심리적 건강에 영향을 미치는 돌봐 주기의 측면에 대한 경로모형을 개발하였다. 그들은 "사회적 관계의 부정적인 측면은 종종 긍정적인 측면과 독립적이며…… 심리적 기능과 신체적 기능에 대한 중요한 독립적인 예측 요인이다."라고 지적하였다(p. 474). 리와 셀처(Li & Seltzer, 2005)는 부모-딸 관계의 긍정적인 측면(부모에 대한 딸의 친밀감)과 부정적인 측면(부모와 상호작용할 때 딸의 긴장감)이 비슷하게 독립적으로 딸의 자존감에 영향을 미침을 발견하였다. 두 연구 결과는 돌보는 사람과 돌봄을 받는 사람 간의 관계에서 긴장 감소가 돌보는 관계의 성공에 결정적임을 시사한다.

돌보는 과정 중에 돌봄을 받는 사람의 건강 변화는 살아가는 상황에서 변화의 필요성을 발생시킬 수 있다. 진행성 장애를 가진 사람들의 경우, "가족 보호자들이 결국 시설 수용이 필요하게 될 수도 있다는 것을 점점 더 깨닫게 될 가능성이 높다. 이러한 인식은 어떤 인지적 부조화를 발생시킬 수 있는데, 특히 보호자가 시설 수용에 관하여 부정적인 태도를 가지고 있을 때 그러하다"(Gilley et al., 2005, p. 185). 요양

시설에서 노인 사회사업가로 일했던 티나의 어머니는 자신이 독립적으로 살아갈 수 없게 되면 곧 시설로 보내지길 바란다는 사망 선택 유언을 표명함으로써 티나가 그녀를 돌보는 것을 도와주었다. 하지만 티나의 어머니는 더 이상 그녀의 집에서 충분한 보호가 제공될 수 없음이 명백했을 때에도, 남편을 요양소에 보내는 것을 원치 않았다.

돌봐 주기의 부담 중 하나는 직접적인 개인적 지원을 제공하는 가족이 유급 직장에 고용될 기회가 제한된다는 점이다. 이것은 돌봄을 받는 사림과 그 가족이 높은 긴강 의료비용에 직면하게 될 때 재정적 압박의 증가를 초래한다(Hirst, 2005). 미국은 보편적인 건강 관리를 고려하거나 수행하는 데 느리다. 보편적인 건강 관리를 실시하는 한 나라에서, 베나넨 등(Vaananen et al., 2005)은 자신이 친밀한 타인에게 지지를 제공하고 있는 것으로 지각한 핀란드 여성들이 그러한 자기-지각을 가지고 있지 않은 사람보다 직장 결근도 더 적고 건강도 더 좋음을 발견하였다. 아칸사스 주는 65세 미만의 저소득자/신체장애자 의료지원제도 대상자에게 개인적 지원 구매를 위한 현금 수당을 제공하는 프로그램을 제정하였다(Simon-Rusinowitz et al., 2005). 그러한 수당은 가족이 ADLs와 IADLs에 지원을 제공하기 위해, 배우자가 아닌 가족을 고용할 수 있도록 해 주었다. 이것은 더 많이 돌봐 주기 위해 돌보는 사람들이 더 적은 시간을 일하거나 자신의 직업을 그만둘 수 있게 하였는데, 만일 이러한 제도가 없었다면 가능하지 않았을 것이다. 시몬-루지노비츠 등(Simon-Rusinowitz et al., 2005)는 친척이 낯선 사람들보다 양질의 지원을 제공할 것이라는 믿음에서 가족이 종종 돌보는 사람으로 친척을 고용하는 것을 발견하였다. 그리고 돌보는 사람과 돌봄을 받는 사람 사이에서 만족 수준이 높았다. 가족들이 재정적인센티브 없이 돌보는 사람의 역할을 했으며, 봉사를 강요받는다고 느끼지 않았다는 점에 주목하는 것이 중요하다. 표본 가족의 40%가 아프리카계 미국인이었는데, 이것은 그들의 문화가 친척이 돌보는 것을 매우 가치 있는 활동으로 여긴다는 사실을 반영하는 것일 수 있다. 펠드 등(Feld et al., 2005)은 아프리카계 미국인 중 배우자를 돌보는 부부가 유럽계 미국인 중 배우자를 돌보는 부부보다 돌보는 네트워크에 다른 사람을 포함시킬 확률이 63% 더 높음을 발견하였다.

돌봐 주는 관계에서의 위험

돌봐 주기에서 한 가지 문제는 돌보는 사람과 돌봄을 받는 사람 사이의 어려운 대인관계와 관련된다. 예를 들어, 치매를 포함하는 일부 사례에서 돌봄을 받는 사람들이 공격적이 될 수 있고 돌보는 사람에게 상해를 입힐 수도 있다(Bank & Ackerman, 1992, 2002; Banks et al., 1995; Beach et al., 2005; Bruce et al., 2005; Garand et al., 2005; Sleath et al., 2005). 펄츠 등(Fultz et al., 2005)은 그러한 공격성을, 돌봐 주는 아내 또한 요실금이 있을 때, 요실금 문제를 가진 남성에게서 관찰하였다. 보호자에 대한 공격성을 나타낼 수 있는 다른 증상에는 환각과 망상, 정신 혼란이 포함된다. 어떤 보호자는 자신의 그들의 성인기 대부분 동안 친밀한 파트너나 다른 가족 폭력의 희생자였다. 가해자가 돌봄을 받는 사람이 되었을 때라고 해서 폭력이 항상 끝나는 것은 아니다(Bergeron, 2005; Kwong et al., 2003).

신체적 질병과 장애 문제, 정신건강 퇴화의 위험 증가와 관련된 연구에서, 키에콜트-글래서와 뉴턴(2001)은 결혼에서 나타나는 부부 갈등에 의한 높은 스트레스가 백신의 효과를 감소시키고, 상처 치유를 느리게 하고, 감염 질환의 위험을 높이고, 혈압을 상승시킬 수 있음을 발견하였다. 스트레스로 인한 돌보는 사람의 건강 저하는 복지와 건강 관리 절차를 효율적이고 유익하게 제공하거나 감독하는 능력을 손상시킨다.

돌보는 것을 짐으로 지각하는 보호자나 피보호자의 공격성의 희생자가 된 보호자는 종종 우울과 불안을 경험한다(Adams et al., 2002; Banks et al., 1995; Bruce et al., 2005; Rysberg, 2005). 공격적인 피보호자에 대한 분노는 보호자가 그런 공격성을 질병 과정의 결과로 보는가 아니면 의도적인 행동(즉, 아마도 돌봄의 필요성 이전에 피보호자에 의해 표현되는 것)으로 보는가에 따라 달라지는 것 같다(Williamson et al., 2005). 보호자에게 부정적으로 영향을 미칠 수 있는 피보호자의 행동을 평가하는 것이 중요하다(예, 쉽게 흥분함, 정신 혼란, 부적절한 웃음, 파국적 반응, 낮은 좌절 인내력). 어떤 최신 심리검사는 그러한 행동에 대한 평가를 통합하였다(예, Ackerman-Banks 신경심리 재활종합검사; Ackerman-Banks, 2006). 뇌손상이 쌍 간 공격성의 촉발자이거나 결과일 수 있기 때문에, 돌보는 쌍에서 공격성이 있을 때 임상가들은 신경심리평가를 고려해야 한다(Ackerman & Banks, 2003, 2006; Banks, 2003; Banks & Ackerman, 1992, 2002; Banks et al., 1995).

돌봐 주기의 끝: 사망과 이별

사망이나 돌보는 관계의 다른 상실로 인해, 돌봐 주기가 끝나는 것의 심리적 영향 또한 문헌 연구에서 빠진 부분이다. 리(Li, 2005)가 지적한 것처럼 "돌봐 주기와 사별은 종종 상호 관련되어 있다. 미국에서 나이 든 사람 대부분의 사망은 일정 기간의 만성 질병과 장애, 가족의 돌봄 이후에 발생한다. ……하지만 문헌은 이러한 사건을 개별적으로 다루는 경향이 있다"(p. 190). 종종 돌봐 주기와 긴 애도 기간이 일치하는 것이 현실이다.

건강이 쇠약해지는 사람을 돌보는 것은 그것이 임박한 상실과 관련될 때, 보호자의 세계관에 의문을 제기하고 돌보는 경험의 의미를 두고 내적으로 씨름하게 할 수 있다. 데이비스 등(Davis et al., 1998)은 "종교적 신념 체계가 상실을 더 이해할 수 있게 만들 수도 있지만(p. 571)", 그러한 신념 체계는 상실을 이해하거나 가족을 잃는 경험에서 유익을 얻는 것과 관련된 정서적 고통의 수준을 예측하지 못함을 발견하였다.

죽음의 임박성은 21세기에 종종 생명유지 치료의 적용이나 보류, 철회와 관련하여 보호자들의 결정을 촉구한다. 그러한 결정은 결코 쉽지 않지만, 어머니와 관련된 티나의 상황에서처럼 돌봄을 받는 사람이 의사결정에 참여할 수 있을 때 미리 계획을 세움으로써 도움을 줄 수 있다. 한센 등(Hansen et al., 2004)은 돌보는 사람이 겪는 과정을 의사결정에 있어 긴장 혹은 상대적인 '편안함'과 관련된 것으로 설명하였다. 그들은 긴장이나 '편안함'의 의미가 실제적인 의사결정 전과 중간, 이후에 변할 수 있다고 지적하였는데, 실제적인 의사결정은 오랜 시간에 걸쳐 일어날 수 있으며 갑작스러운 신체적 변화가 있을 때는 빨리 일어날 수도 있다. 그러한 의사결정은 생명 연장과 관련된 극단적인 상황에 대한 대중매체 보도에 의해 더욱 복잡해질 수 있다(Terry Schiavo, 2005).

보나노 등(Bonanno et al., 2005)은 돌보는 동안과 그 이후의 애도 관리에서 탄력성의 중요성에 대해 설명하였다. 어떤 사회에서 죽음을 논하는 것에 대한 금기와 (기적적인) 치료에 대한 비현실적인 초점은 돌보는 사람이 슬퍼하고 돌봄을 받는 사람과 그들의 슬픔을 나누는 것을 특히 어렵게 만든다. 티나와 그녀의 어머니는 둘 다 돌보는 과정 동안 숨김없이 상실에 대해 이야기하고 슬픔을 다룸으로써 어려움을 잘 견뎌 냈다.

돌보는 사람을 위한 자원

50세 이상의 돌봄을 제공하는 여성들이 사용할 수 있는 지지 서비스가 있다. 많은 여성이 그러한 서비스를 필요한 것으로 지각하지 않거나 사용할 수 있다는 것을 모르기 때문에, 혹은 접근할 수 없어서 그러한 지지 서비스를 사용하지 않는다(Brodaty et al., 2005). 아이스도퍼 등(Eisdorfer et al., 2003)은 돌보는 사람의 우울증을 감소시키기 위해 가족치료와 통합된 컴퓨터-전화 의사소통 체계를 조사하였다. 이는 친척과의 접촉을 향상시키고 가족을 심리치료에 포함시키기 위한 것이다.

여러 번 개정된 표준적인 자기계발 서적(self-help book)으로 *The*

*36-Hour Day*가 있다(Mace & Rabins, 2001). 인터넷을 사용할 수 있는 여성들이 접근할 수 있는 한 가지 자원은 *Health Compass*(2005)인데, 이것은 노화연구재단과 노화 및 건강에 대한 머크(Merck) 연구소의 합동 프로젝트다. 여러 주나 시들이 서비스 조정을 지원해 줄 수 있는 노년 사무국이나 유사 감독기관을 가지고 있다. 알츠하이머성 치매처럼 장애별로 조직된 지지집단도 있다. 우리는 그러한 보호자들에게 다음을 추천한다(미국심리학회, 2004에서 수정함).

- 당신을 돌봐 주고 당신의 말을 경청하는 사람들에게서 도움과 지지를 받으라.
- 돌봐 주기가 필요한 환경에 대한 당신의 해석을 바꿔라.
- 현재의 위기를 넘어 미래 환경이 어떻게 좀 더 나아질 수 있을 것인지를 고려하라.
- 그러한 변화가 인생의 한 부분임을 수용하라.
- 당신 자신을 위한 목표를 세우고 (작은 성취처럼 보이더라도) 자신의 목표를 향해 갈 수 있도록 하는 무언가를 정기적으로 하라.
- 낙관적인 전망을 발전시키고 스스로 자신의 삶에서 좋은 것이 일어날 것이라고 기대하라. 긍정적인 자기상을 유지하려고 노력하라.
- 정기적으로 운동하고 당신의 마음을 편안하게 하는 것을 찾으려고 노력하라. 자신을 돌보는 것은 힘을 필요로 하는 상황을 다루는 데 있어 당신의 몸과 마음이 준비되도록 도울 것이다.
- 관계를 만들고 희망을 되살리기 위해 명상을 하거나 다른 영적 훈련을 하라.

9/ 일과 은퇴: 50세 이상 여성의 도전과 기회

Judith A. Sugar

나이는 나를 당황하게 만든다.
나는 그것이 조용한 시간이었다고 생각했다.
나의 70대는 흥미롭고 정말로 평온했지만,
80대는 열의에 차 있다.
나는 나이가 들수록 더욱 열정적이 된다.
심리학자이자 작가, 극작가, 여성참정권론자인 플로리다의
스콧-맥스웰(Scott-Maxwell, 1968)은
50세에 새롭게 분석심리학에서의 경력을 시작했다.

대부분의 사람에게 일(work)이라는 단어는 월급을 받기 위해 어떤 직업에 고용된 누군가의 이미지를 떠올리게 한다. 하지만 여성들이 하는 많은 일은 월급을 받지 못하며, 결과적으로 일로서 인정받지도, 정의되지도 않는다. 월급을 받지 못하는 여성들의 노동을 무시하는 것은 여성들이 노동인구에 속해 있는 동안 그들의 재정적 안녕에 해로운 영향을 미치며, 이후 은퇴 시에도 그러하다. 월급을 받지 못하는 여성의 일을 무시하는 것의 심리적 · 사회적 · 정서적 비용은 대부분 조사되지 않았다. 나아가 여성은 노동시장에 처음 발을 들여놓은 직장에서 누적되는 차별에 직면하며, 고용 내내 월급과 승진에서 차별이 지속되는 것은 물론 은퇴 시 재정적 자원과 이득에도 영향을 받는다.

은퇴는 여성에게 무척이나 흥미로운 개념인데, 이는 여성이 월급을 받지 못하며 하는 많은 일이 월급받는 노동인구에서 빠져나온 후에도 지속되기 때문이다. 사실상 여성에게 은퇴의 개념은 몇 가지 이유에서 문제점으로 설명되었다. 여기에는 여성의 월급을 받는 일과 월급을 받지 못하는 일이 종종 상호 연결되어 있다는 사실이 포함된다(Onyx & Benton, 1996). 게다가 많은 사람이 노동인구에서 빠져나올 여유가 없을 수 있다. 그럼에도 불구하고 2000년 초기, 대부분의 미국인이 가지고 있는 개념에 맞는 은퇴의 정의는 전일제 직업의 중단에 따른 여유로운 기간이라 할 수 있다. 여기에서도 역시 여성들의 경험에 대한 연구가 부족하다.

여성은 남성보다 더 오래 산다. 그렇다면 여성이 노년 분야에서 연구의 주요한 초점이 되어야 한다는 것은 현명한 견해일 것이다. 크로

제(Crose, 1997)가 지적한 것처럼 나이 든 여성의 삶을 연구하는 것은 모두에게 유익한 잠재력을 가지고 있다. 하지만 어떤 이는 나이 든 여성의 문제에 대한 연구가 풍부하다고 주장하는 반면(예, Adams, 1994), 어떤 이는 연구자들이 대부분 나이 든 여성을 무시해 왔다고 말한다(예, Hooyman & Rubinstein, 1997). 이러한 상반된 주장을 평가하는 첫 번째 연구에서, 슈거와 동료들(Sugar et al., 2002)은 1995~2001년 사이에 출판된 25개의 노년학 교재와 참고문헌, 그리고 1996~2000년 사이에 5개의 주요 노년학 저널에 출판된 1,200개 이상의 논문을 조사하였다. 교재와 참고문헌의 경우, 수집된 자료에는 여성과 관련된 단어가 제목에 들어 있는 장(chapter)의 수와 색인을 기준으로 여성 문제에 대한 어떤 내용이든 다루어진 페이지의 수가 포함되었다. 저널에 실린 논문의 경우, 수집된 자료는 제목에 여성과 관련된 단어가 들어 있는 논문의 수를 포함하였다.

조사 결과는 분명했다. 대부분의 자료가 여성의 문제에 대한 내용을 거의 다루지 않았다. 단 2개의 노년학 교재(조사된 10개 중)와 단 1개의 노년학 핸드북(조사된 13개 중)만이 여성의 문제에 한 개의 장을 할애하였다. 이 책들은 독립된 장이 없는 교재와 핸드북에서 다룬 것보다 여성의 문제에 유의하게 더 많은 페이지를 할애하였다(13.3% 대 4.5%). 따라서 후자의 책들이 특정한 장에서 여성 문제에 집중하기보다 전체 페이지를 통해 여성에 대한 내용을 통합하였다고 주장할 수는 없다. 전반적으로 수는 적었지만[1,207개 논문 중 단지 241개(7.5%)만이 여성의 문제에 초점을 맞추었다.], 저널들이 여성에 대한 내용을 더 많이 포함하였다. 조사된 5개 저널 중 나이 든 여성의 문제에 대한 논문은 *Journal of Gerontology: Medical Sciences*(논문의 14.3%)에 가장 많이 발표되는 경향이 있었고, *Journal of Gerontology: Psychological Sciences*(논문의 2.5%)에 가장 적게 발표되는 경향이 있었다. 물론, *Journal of Women & Aging*과 *Handbook on Women and Aging*(Coyle, 2001)과 같은 전문 출판물을 포함해서, 노인 여성에 대한 훌륭한 학술서적들이 있다. 하지만 우리의 초점은 일반적인 노년학 교재와 핸드북 같은 주요 참고 문헌에 있다. 그 이유는 이러한 책들이 노년학 분야와 그 중심 변인을 정의하고(Katz, 2000; McAuley, 2000), 그들의 내용이 노인의 다수를 차지하는 여성과 관련된 주제를 반영하는지가 결정적으로 중요하기 때문이다. 이와 유사하게 저널들은 어떤 분야의 최신 연구를 출판하므로, 역시 연구자들과 편집자들이 여성의 노화 과정을 연구하는 것의 중요성을 인식해야 한다. 중년 여성에 대한 내용이 연구의 초점이 되지는 못하였지만, 출판된 노년학 교재와 저널에 중년에 대한 연구가 있다. 분명히, 최근 노년학 문헌에 대한 슈거(sugar) 등의 조사 결과는 연구자들이 나이 든 여성을 대부분 무시해 왔다는 휘만과 루빈스타인(Hooyman & Rubinstein, 1997)의 말이 옳았음을 나타낸다. 따라서 여성의 노화는 미래 연구와 출판을 위한 풍요롭고도 중요한 영역으로 남아 있으며, 이러한 연구는 정책과 관행이 향상될 수 있는 기반을 제공한다.

직장 여성과 은퇴한 여성에 대한 인구통계학적 자료

미국의 직장 여성과 은퇴한 여성에 대해 사용할 수 있는 자료들은 이 책의 목적에 가장 알맞은 모집단을 반영하지 못하는 연령 범주로 보고되고 있다. 구체적으로, 고용 자료는 대체로 25~54세와 55세 이상 또는 65세 이상으로 구분하여 보고된다. 이와 비슷하게 은퇴 자료가 보고된 가장 젊은 나이는 55세다. 경제지표에 관한 자료는 단순히 50~54세에 대해 분리해서 보고하지 않는다. 그래서 비교 가능한 인구통계학적 자료와 고용 자료, 은퇴 자료를 제공하기 위해 저자는 이 책에서 관심이 있는 모집단에 가장 가까운 연령 범주, 즉 55세 이상의 여성을 선택하였다.

가장 최근의 인구조사에 따르면, 미국에는 55세 이상의 여성이 3,500만 명 이상 살고 있다(미국 인구조사국, 2004). 〈표 9-1〉은 연령 집단과 인종별로 이러한 여성의 수를 보여 준다. 미국에는 50~54세 사이에 900만 명의 여성이 더 있다는 것에 주목하여야 한다.

〈표 9-1〉 연령과 인종별 55세 이상 미국 여성의 수

	연 령			
인 종	55~64	65~74	75+	전 체
백 인	13,120,000	8,469,000	8,964,000	30,553,000
흑 인	1,660,000	1,015,000	802,400	3,477,000
아시아인	605,000	341,500	278,300	1,224,800
기 타*	277,000	156,500	96,300	529,800
전 체	15,662,000	9,982,000	10,141,000	35,785,000

주의) 미국 인구조사국(2005)의 자료임.

*히스패닉/라틴계, 미국 인디언, 알래스카 원주민, 태평양 섬 주민들, '기타' 인종 등을 포함한 것임.

경력 문제

코호트 차이가 여성의 직업 경험에 있어 중요한 역할을 한다. 초기 여성운동 이래로, 직장에서 일하는 여성의 수가 상당히 증가하였다. 미혼 여성과 흑인 여성이 항상 월급을 받는 노동인구에서 높은 비율을 나타내고 있지만, 기혼 여성, 특히 자녀가 있는 기혼 여성의 수적 증가는 극적이다. 1978년에 6세 미만의 자녀가 있는 기혼 여성의 44%가 노동인구로 참여하였고, 1998년경 그 비율은 65%가 되었다(Costello & Stone, 2001). 이러한 여성의 노동인구 참여에서 보이는 코호트의 차이는 여성 베이비붐 세대의 고용 패턴에 지속적인 영향을 줄 것이고, 그들이 나이를 먹음에 따라 미래에도 영향을 미칠 것이다. 그들의 많은 수로 인해 여성 근로자는 이제 다른, 더 좋은 직장 환경의 설계자가 될 정도의 힘을 가지게 되었다.

2005년에 거의 1,100만 명의 55세 이상 여성이 노동인구로 고용되었으며(〈표 9-2〉), 그 외 38만 명의 여성이 고용되지는 않았지만 일을 찾고 있다. 〈표 9-2〉에서 분명하게 나타나는 고용의 패턴은 연령과 관련이 있다. 구체적으로 살펴보면 여성이 나이가 많을수록 더 고용되지 않는 경향이 있다. 사실 이것은 여러 인종에 걸쳐 일치되는 결과인데, 2005년 노동인구에 포함된 55세 이상 대부분의 여성은 55~64세 사이에 있었다. 이러한 패턴은 몇 가지 요인에 기인한다. 그중 한 가지 요인은 오늘날 나이 든 여성의 코호트로, 대다수가 중년기에 유급 노동인구로 일을 하였던 적이 없었다. 따라서 이런 여성 중 많은 사람이 나이가 듦에 따라 고용되지 않는다는 사실은 놀라울 것이 없다. 나이 든 여성의 고용 상태에 영향을 줄 수 있는 다른 요인에는 고용되기를(혹은 고용되지 않기를) 바라는 그들의 소망, 건강, 그들을 고용하려는

〈표 9-2〉 2005년 미국 노동인구에서 연령과 인종별 55세 이상 여성의 수

	연 령			
인 종	55~64	65~74	75+	전 체
백 인	7,317,000	1,539,000	391,000	7,317,000
흑 인	844,000	164,000	29,000	1,037,000
아시아인	335,000	58,000	16,000	409,000
기 타*	139,000	35,000	5,000	179,000
전 체	8,635,000	1,796,000	441,000	10,872,000

주의) 미국 인구조사국(2005a)의 자료임.
*히스패닉/라틴계, 미국 인디언, 알래스카 원주민, 태평양 섬 주민들, '기타' 인종 등을 포함한 것임.

(혹은 고용하지 않으려는) 고용주의 취향, 그들이 살고 있는 곳에서 적당한 일자리가 있는지 등이 포함된다. 2005년 우리의 관심 모집단 중 고용된 여성의 대다수가 65세보다 젊었지만, 그와 동시에 65세가 넘는 2,000만 명 이상의 여성이 고용된 상태였다는 것에 우리는 주목해야 한다.

유급 직장은 소득과 개인적 정체감(특히 미국에서), 지역사회에서의 위상, 성취감, 사회적 상호작용 같은 것들의 원천으로서 몇 가지 잘 알려진 의미가 있다(Friedmann & Havighurst, 1954). 이러한 의미는 프리드만(Fridemann)과 해비거스트(Havighurst)의 뒤를 잇는 많은 연구뿐만 아니라 일차적으로 백인 남성의 직장 경험에 기초하고 있었다. 여성의 삶에서 유급 직장의 중요성은 지난 반세기에 걸쳐 상당히 증가하였는데, 이런 많은 부분이 한동안 남성과 관련이 있었던 것처럼 이제 여성의 삶과도 관련이 있다. 한편, 직장 안에서나 밖에서 여성의 삶은 남성

의 삶과 다르며, 결과적으로 유급 직장의 다른 의미를 이끌어 낸다. 소득의 출처인 것에 더해서, 남성으로부터의 재정적 독립이 많은 여성에게 노동인구 참여의 중요한 의미인 것으로 나타났다. 이러한 독립의 필요성은 때로 남성에게 재정적으로 의존하는 것의 위험성에 대한 걱정이나 혹은 버림받고 학대당하는 것에 대비한 보험의 필요성 때문에 발생하기도 한다(Altschuler, 2004). 과거 역사적으로 여성이 직장을 구할 기회가 부족했던 것과 결혼해서 집에 있는 부모가 되라는 압력이 여성에게 유급 직장의 또 다른 의미를 낳았다—잃어버린 꿈과 무언가 되었을지도 모르는 것에 대한 미련. 이러한 의미는 종종 학교로 되돌아가는 중년과 인생 후반기의 여성, 그리고 자녀, 특히 딸에게 의미 있는 직장을 가질 수 있도록 교육을 받게끔 격려하고 지원하는 중년 및 인생 후반기의 여성에 의해 더욱 강조되곤 한다(Altschuler, 2004). 이미 발생한 고용 환경에서의 극적인 변화와 앞으로 일어날 더 많은 변화와 함께, 직장의 의미 문제는 연구와 실제적이고 정책적인 관점에서 계속 관심 사안이 될 것이다.

월급과 직업

2000년도에 들어서서 여성의 월급과 관련하여 좋은 소식이 있는데, 여성과 남성 간에 오래 지속되어 온 월급 차이가 점차 좁혀지고 있다는 것이다(〈표 9-3〉 참조). 여성의 유급 노동인구 참여 증대에 미친 여성운동의 효과가 여성과 남성의 월급 차이를 감소시키는 데 기여하였다. 1970년에 여성은 평균적으로 남성이 받는 수입의 40% 이하를 벌었다. 2004년에 그러한 차이는 23%로 줄어들었다. 차이가 가장 크게 준 것은 연소득에서의 성차가 11% 정도 감소한 1980~1990년 사이에

〈표 9-3〉 미국 전일제 근로자의 연봉에서의 성차: 1970~2004[a]

	1970	1980	1990	2004
여 성	22,918달러	25,167달러	28,857달러	32,101달러
남 성	38,691달러	41,630달러	40,612달러	41,667달러
차 이	15,773달러	16,463달러	11,755달러	9,566달러
차이의 비율	41	40	29	23

주의) 미국 인구조사국(2004)의 자료임.
*2004년 소득 중앙치.

발생다. 그러나 이러한 변화에도 불구하고 여성의 임금은 여전히 남성의 임금보다 더 낮다. 그리고 2004년에 여성은 여전히 30여 년 전 남성이 번 것보다 더 적게 벌고 있는데, 그것은 여성의 임금은 증가했지만 남성의 임금은 그 기간 동안 상대적으로 정체되었다는 사실을 반영한다.

어떤 이는 월급의 성차가 여성의 직업과 남성의 직업에서의 차이에서 기인한다고 주장한다. 〈표 9-4〉가 보여 주듯이 직종에 따라 여성과 남성 근로자의 비율도 차이가 있다. 여성은 남성보다 판매와 사무직에 유의하게 더 많이 고용되는 경향이 있고, 생산/운송직과 자연자원/건설직에는 유의하게 더 적게 고용되는 경향이 있다(그들은 관리/전문직과 서비스직에는 똑같이 고용되는 경향이 있다.). 직종 내에서도 봉급의 차이가 존재한다는 것은 의심할 바 없는 일이지만, 분명한 것은 여성 근로자가 모든 직업 범주에서 남성 근로자보다 더 적게 번다는 것이다([그림 9-1] 참조). 월급 중앙치(median salaries)에서의 성차는 생산과 운송직의 경우 연 2,000달러에서, 관리와 전문직의 경우 연 1만

〈표 9-4〉 2004년 직종과 성별에 따른 미국 전일제 근로자의 수와 비율

직업, 범주[a]	근로자의 전체 수	근로자의 비율(%)	
		여 성	남 성
판매, 사무직	24,950,000	62.3	36.6
관리, 전문직	36,149,000	50.3	49.7
서비스직	13,763,000	49.2	50.8
생산, 운송	15,082,000	21.9	78.1
자연자원, 건설	11,280,000	3.9	96.1

주의) 미국 인구조사국(2005b)의 자료임.

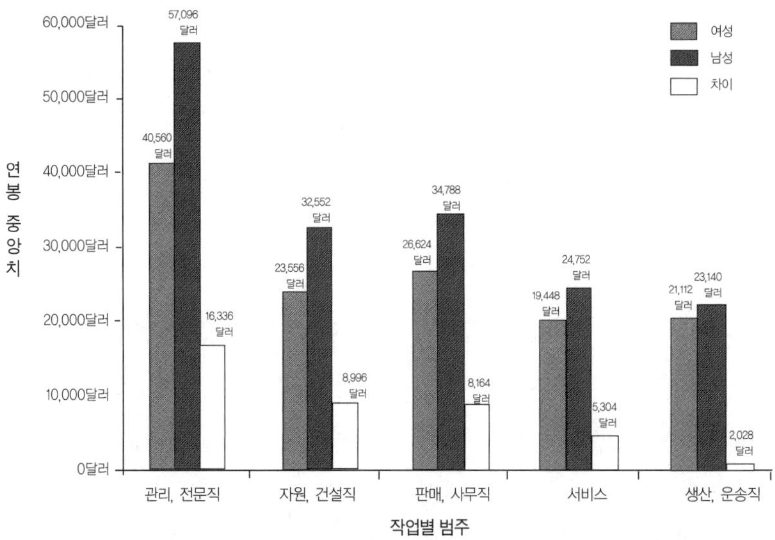

[그림 9-1] 2004년 미국 근로자의 직업 범주별 연봉 중앙치에서의 성차

6,000달러를 훨씬 넘는 정도까지 다양하다. 성차가 가장 적은 2개의 직업 범주는 가장 월급이 낮은 2개 범주다.

따라서 남성의 월급에 비해 여성의 월급 향상에서 일부 진보가 있었지만, 여전히 여성은 임금에서 불리한 위치에 있다. 여성이 첫 월급과 월급 인상을 협상하게 될 때 그들이 받는 조언과 지도가 부족한 것에 부분적으로 책임을 돌릴 수 있다. 다행스럽게도 연구자들이 월급 협상 과정과 '적정한(nice)' 월급 수준에 대해 명시적으로 다루면서 이런 문제에 대해 이야기하기 시작하고 있는데(예, Babcock & Laschever, 2003; Rose & Danner, 1998), 이는 앞으로 이런 문제를 쉽게 풀어나가는 데 도움이 될 것이다.

지난 40년 동안, 여성은 직업을 갖기 위해 고집스럽게 교육을 받아 왔는데 이런 이에게는 더 많은 구직 기회가 제공되었다. 이제 여성은 미국에서 수여되는 절반 이상의 학사학위와 석사학위를 받고 있다(Hussar, 2005). 그들은 전통적인 여성 직업에서 주요한 근로자로 남아 있다[(여성들은 여전히 간호사(93%), 치과 보조사(98%), 초등학교 교사(84%), 사서(84%)의 대부분을 차지하고 있다.)]. 그러나 일부 전문직에서는 상당한 증가세를 보이고 있는데, 건축가, 치과의사, 의사, 재정 관리자, 법률가에서 여성의 수가 적어도 2배, 많게는 4배가 늘었다(Costello & Stone, 2001). 심지어 전통적으로 남성이 종사하는 일부 높은 월급의 노동직, 예를 들어 항공기 엔진기술자, 트럭 운전사, 경찰과 탐정, 산업용 트럭과 트랙터 장비 운전사에도 길을 뚫었다(Costello & Stone, 2001). 하지만 많은 직업 영역에서의 발전은 성숙한 것이라기보다는 초보적인 수준에 놓여 있는 경향이 있다. 학문이 그러한 영역 중 하나로, 여성은 이제 조교수의 45%를 차지하고 있지만 여전히 정교수는

24%뿐이다(고등교육연감, 2006).

여성의 다양한 직업 패턴과 승진

직장 경력(work history)의 패턴은 다양한 형태를 취할 수 있다. 종종 표준 혹은 규준으로 사용되는 패턴은 교육 기간 이후에 직장 기간이 뒤따르고 그런 다음 은퇴 기간이 오는 선형적인 것이다. 이것은 백인 남성에게 우세한 패턴이었다. 한편 많은 여성은 아이를 낳거나 자녀를 입양하고, 어린 자녀나 나이 든 친척 혹은 아픈 친척을 돌보기 위해 휴직하는 경우가 많다. 최근까지 베이비붐 세대 여성에게 가장 큰 가족 문제는 자녀 돌보기였다. 즉, 자녀를 돌볼 수 있는가, 자녀 양육을 감당할 수 있는가, 유급 직장과 자녀 돌보기의 책임 사이에서 어떻게 '균형'을 맞출 것인가 등이었다. 하지만 수명이 늘어나면서 여성의 삶에 가장 큰 도전으로 자녀 돌보기를 능가하는 새로운 가족 문제가 등장하였는데, 그것은 바로 부모 돌보기다.

베이비붐 세대는 미국 역사상 자녀의 수보다 부모의 수가 더 많은 첫 번째 세대를 구성한다. 이 세대는 또한 자녀보다 부모를 돌보는 데 더 많은 시간을 보낼 가능성이 높은 첫 번째 세대다(Dychtward, 1999). 사실상 베이비붐 세대 여성은 자녀를 돌보는 데 18년이라는 시간을 보내는 것과 대조적으로, 부모를 돌보는 데 20년 혹은 30년을 보낼 수도 있다. 그리고 여성들—어머니, 딸, 며느리, 숙모, 할머니—은 압도당할 수도 있겠지만, 노인 세대와 젊은 세대 둘 다의 보호자가 된다(Stone et al., 1987). 많은 여성이 중년에 이르렀을 때 자녀 보호와 부모 보호라는 두 가지 일을 모두 처리해야 하는 와중에 있는 자신을 발견한다는 사실 때문에 그들에게는 '샌드위치 세대'라는 다른 이름이

붙었다. 돌봄이 중년 여성의 삶에 어떤 영향을 주는지에 대한 논의는 8장을 보라.

자녀 돌보기 문제가 가정 밖에서 일하는 어머니에게 미치는 영향력에 대해 여러 해 동안 연구되었다. 하지만 나이 든 친척을 돌보기 위해 전일제 직장에서 시간을 빼는 것이 어느 정도로 여성의 소득이나 경력 발달에, 혹은 둘 다에 영향을 미치는지에 대해서는 연구가 거의 수행되지 않았다. 어떤 종류든 돌봐야 하는 책임은 여성에게 근무시간을 줄이거나, 근무 일정을 조정하거나, 돌보는 일의 편의를 봐 줄 수 있는 융통성 있는 직업으로 바꾸도록 만든다. 여성이 젊었을 때는 자녀 돌보기 때문에 일정 기간 동안 노동인구에서 떠나 있을 수 있다. 그러나 여성이 좀 더 나이가 들었을 때 부모나 시부모, 다른 친척을 돌보는 것이 어떻게든 승진에서 밀려나거나 직업을 바꾸거나 조기 은퇴를 하도록 만들 수 있다는 것을 우리는 이제야 겨우 배우기 시작하였다.

전일제 대 파트타임 직업 오늘날 여성이 전일제(full-time)보다 파트타임(part-time)으로 일하려고 하는 주요 이유 중 하나는 파트타임이 여성이 가족 돌보기의 책임을 수행할 수 있도록 하기 때문이다. 모든 연령층의 더 많은 미국 여성이 파트타임보다 전일제로 고용되어 있지만(전일제 5,200만 명 대 파트타임 1,800만 명), 여성은 남성보다 전일제 근로자가 될 확률이 훨씬 더 낮고 파트타임 근로자가 될 확률이 훨씬 더 크다. 사실상 소득과 승진, 쌓이는 퇴직금에 있어 그 경력의 성장 시기인 25~54세 사이의 결정적인 기간 동안, 고용된 여성의 단지 80%만이 전일제로 일하고 있다. 이에 비해 남성의 95%가 전일제로

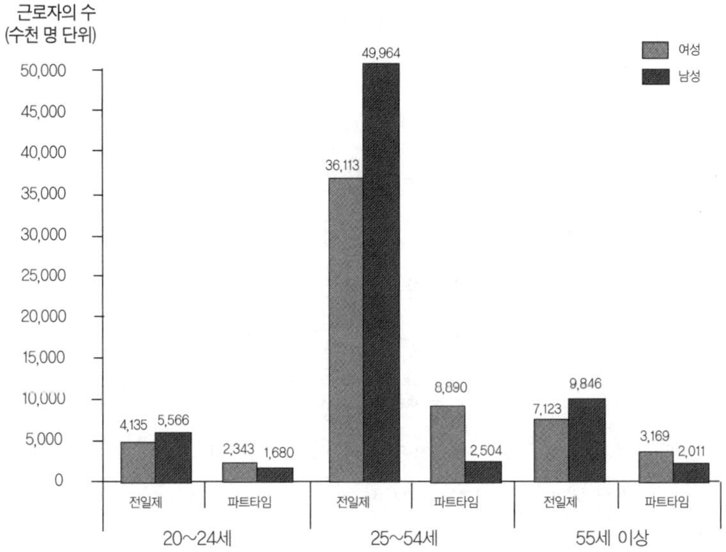

[그림 9-2] 연령과 성별 2004년 전일제 및 파트타임 미국 근로자 수

일하고 있다([그림 9-2] 참조). 물론, 파트타임 근로자는 은퇴를 위해 투자하고 저축할 근로 소득이 더 적을 가능성이 높고, 파트타임직은 거의 승진이 없기 때문에 더 적게 승진할 것이다. 파트타임으로 일하는 것은 전일제와 반대로 여성이 나이가 듦에 따라 적어도 두 가지의 추가적인 문제를 초래한다. 즉, 여성이 사회보장제도와 기타 은퇴제도에 낼 수 있는 금액의 양이 전일제 근로자일 때보다 더 적을 것이며, 전일제 근로자로서 받게 될 연금, 특히 건강 관리연금과 근로자연금을 더 적게 받을 것이다.

소득과 승진 최근 고급 학위를 가지고 있는 2,400명 이상의 여성을 대상으로 국가적 규모의 대표성 있는 집단 조사가 실시되었다. 일설에 의하면 이것은 오늘날 전문직 여성의 뚜렷한 경향인, 영원히 전일제 노동인구에서 탈퇴하는 '선택적 실직(opt-out) 혁명'에 대해 자세히 알아보기 위한 것이었다(Hewlett & Luce, 2005). 여러 질문 중에 여성이 일정한 기간 동안 휴직을 한 후 직장에 복귀하였던 경험을 답하는 질문이 있었다. 월급에 미치는 효과는 매우 놀라운 것이었다. 휴직을 하지 않았던 여성에 비해, 1년이나 그 이하의 기간을 휴직하였던 여성은 월급이 평균 11% 깎였고, 3년이나 그 이상의 기간을 휴직하였던 여성은 월급이 평균 37% 깎였다. 또한 직장에 복귀한 후 승진할 확률은 유의하게 적었다.

휴렛(Hewlett)과 루스(Luce)는 또한 신세대 젊은 여성이 직업을 포기하고 장기간 전통적인 주부의 역할로 되돌아가고 있다는 최근 대중매체 보도의 정체를 폭로하였다. 물론 가족에게 시간을 전적으로 할애하기 위해 직장생활 도중 휴식기를 갖는 것은 많은 여성에게 현실적인 선택안이 아니다. 하지만 휴식기를 갖는 전문직 여성조차 대부분(93%)이 직장을 원하거나 직장으로 되돌아갈 계획을 세운다는 것은 분명하였다.

은퇴 문제

미국 은퇴자들에 대한 사용 가능한 대부분의 인구통계학적 자료는 사회보장연금에 기반을 둔 보고서를 통해서 찾을 수 있다. 미국에서 대다수의 남성 근로자는 62세가 되면 사회보장연금을 받을 자격이 되기 때문에 이런 숫자가 남성 은퇴자에 대한 좋은 추정치라는 것은 합리적이다. 하지만 이러한 숫자는 현재 50세 이상의 여성 은퇴자 코호트에게는 만족스럽지 못한 추정치인데, 왜냐하면 그런 여성 중 많은

〈표 9-5〉 2005년 미국 노동인구에 포함되지 않은 연령과 인종별 55세 이상 여성의 수

	연 령			
인 종	55~64	65~74	75+	전 체
백 인	5,578,000	6,878,000	8,562,000	21,018,000
흑 인	769,000	839,000	773,000	2,381,000
아시아인	250,000	281,000	262,000	793,000
기 타*	131,000	119,000	91,000	341,000
전 체	6,728,000	8,117,000	9,688,000	24,533,000

주의) 미국 인구조사국(2005b)의 자료임.
* 히스패닉/라틴계, 미국 인디언, 알래스카 원주민, 태평양 섬 주민들, '기타' 인종 등을 포함한 것임.

사람이 사회보장제도의 연금을 받을 자격이 없으며, 사용 가능한 자료는 여성 자신의 고용연금과 남편이 사망함으로써 자격이 되어 받는 연금 간의 구분을 하지 않기 때문이다. 현재 50세 이상 여성 은퇴자 수에 대한 정확한 자료는 얻을 수 없다. 다만 사용 가능한 가장 좋은 인구통계학적 자료가 〈표 9-5〉에 제시되어 있는데, 그것은 노동인구에 포함되지 않은 여성에 대한 것이다.

미국 노동통계청(2005a)에 의하면 2,400만 명 이상의 55세 이상 여성이 2005년에 노동인구에 포함되지 않았다. 〈표 9-2〉에 보고된 노동인구 자료와 비슷하게, 더 젊었을 때보다 64세 이후에, '기타' 범주(여기에는 히스패닉/라틴계, 미국 인디언, 알래스카 원주민, 태평양 섬 주민, '기타' 인종이 포함된다.)를 제외하고, 더 많은 여성이 노동인구에서 배제되었다. 유색인 여성의 경우 숫자가 계속해서 증가하지 않는 주요한 이유는 현재 그의 수명이 백인 여성의 수명보다 더 짧기

때문이다.

65세가 대체로 '전통적인' 은퇴의 나이로 간주되지만 하나의 전통으로서 은퇴를 생각하는 것은 모순이다. 은퇴는 상대적으로 새로운 현상이다. 그것은 20세기 중반에 시작되었고, 주로 서구의 산업화된 나라에서 발생하였다. 그리고 많은 미국인이 아직 은퇴를 경험하지 못하고 있는데, 이는 그들의 직업이 충분한 은퇴연금을 제공하지 않기 때문이다. 여성의 경우 전일제 직업에서 은퇴를 하더라도, 불충분한 연금의 문제에 더해서 집안일이라는 '두 번째 전환'과 가족을 돌보는 책임으로부터 거의 은퇴를 하지 못한다.

여성의 은퇴에 영향을 미치는 정책

은퇴에 영향을 준 20세기 미국에서 채택된 모든 정책 중에서 사회보장제도가 가장 큰 영향력을 미쳤다. 1935년에 시행된 사회보장제도는 노년층 미국 근로자에게 안전망을 제공하기 위해 만들어졌지만(Roosevelt, 1935), 많은 사람에게 그것은 그 이상의 것이었다. 사실 사회보장제도는 소득이 가장 낮은, 하위 10%에 속하는 노인 소득의 80% 이상을 반영한다(미국 인구조사국, 2002). 나아가 대부분의 미국인이 사회보장제도를 노인에게만 가치가 있는 것으로 간주하지만 실제로는 모든 연령층의 미국인에게 이득이 된다. 왜냐하면 사회보장제도는 노인을 노동인구에서 제외시키고 젊은 사람에게 일자리를 충분히 제공하기 때문이며, 그것은 종종 가족이 가족 내 노인을 돌봐야 할 필요성을 제거하고 그럼으로써 시간과 자원을 다른 곳에 자유롭게 쓸 수 있도록 해 주기 때문이다.

대부분의 미국인 근로자에게 강제적인 은퇴는 1978년 「고용연령차별금지법(Age Discrimination in Employment Act: ADEA)」의 통과로 폐지되었다. 1994년 1월에는 강제 은퇴의 마지막 요새 중 하나가 무너졌는데, 즉 대학 교수들이 더 이상 70세에 은퇴해야 할 필요성이 없어졌다. 따라서 노인 근로자가 수행하기에 안전하지 않은 것으로 여겨지는 소수의 직업(예, 비행기 조종사, 경찰, 소방수)을 제외하고, 근로자는 더 이상 특정한 나이에 이르렀을 때 자신의 직장을 떠나야 할 필요가 없게 되었다. ADEA 이후에 은퇴 나이가 점점 낮아지고 있는 것은 흥미로운데, 최근에야 은퇴 나이가 약간 올라가기 시작했다. 1980년대와 1990년대에는 기업 합병과 기업 축소의 물결 속에서, 중년과 노인을 노동인구에서 제외시키기 위한 하나의 방법으로 비공식적인 은퇴 압력과 은퇴에 대한 새로운 인센티브가 강제 은퇴를 대신하였다(Robertson, 2000).

앞으로 수많은 정책과 관행의 변화는 21세기 여성의 은퇴 전망에 영향을 줄 것이다. 아울러 이러한 변화 중 하나가 사회보장제도에서 소득에 대한 벌칙을 제거한 것이다. 1997년 이전에는 은퇴자들이 계속 일하는 것을 선택하면 매년 사회보장연금의 상당한 비율을 잃었다. 1997년과 2002년의 「사회보장법」 개정으로, 새로운 은퇴자 코호트는 재정적 벌금 없이 사회보장연금을 보충하기 위해 상당한 연소득을 올릴 수 있을 것이다(2002년에는 30,000달러까지, 이후에는 임금 성장에 연계됨). 미래 은퇴자 코호트의 은퇴 전망에 영향을 줄 또 다른 변화는 규정된 이익(defined-benefit) 은퇴 계획에서 규정된 분담금(defined-contribution) 은퇴 계획으로의 사적 영역의 움직임이었다.

규정된 이익 은퇴 계획과 규정된 분담금 은퇴 계획 규정된 이익 은퇴 계획은 은퇴자의 매년 연금이 직장에 다닐 때 받은 월급과 고용주에게 일해 준 햇수에 기초한 계획이다. 이런 종류의 계획에서 규정되는 것은 은퇴 시 피고용인이 받을 연금 소득의 수준이다. 연금은 같은 고용주를 위해 일한 최소한의 햇수에 따라 달라지기 때문에 순차적인 경력이 적은 여성은 이런 계획에서 불리한 입장에 놓인다.

한편, 규정된 분담금 은퇴 계획은 고용주가 피고용인의 연봉의 일정 비율을 그의 개인 과세-유예(tax-deferred) 연금에 예금하는 방식이며, 이러한 비율은 보통 피고용인에 따라 맞춰진다. 이런 종류의 계획에서 규정되는 것은 고용주가 피고용인의 연금에 기여할 양이지, 은퇴하는 피고용인이 그 연금에서 받아야 할 소득이 아니다. 이런 계획은 이동이 가능하지만(예, 같은 고용주에게 머물러 있는 것에 달려 있지 않음), 이런 종류의 계획에서 받는 연금 소득은 사용 가능한 선택안 중에서 그러한 분담금을 어떻게 투자할 것인가에 대한 피고용인의 결정과 그러한 투자에 영향을 주는 국가 경제의 일시적 변동에 달려 있다(예, 인플레이션, 이자율, 주식시장의 성장). 사적 영역에서 규정된 이익 계획을 규정된 분담금 계획으로 대체함으로써 점차 연금 계획의 위험 부담을 피고용인에게로 넘기고 있다. 1985년부터 1998년까지 규정된 이익 계획의 수는 67%까지 감소한 반면, 규정된 분담금 계획의 수는 46%까지 증가하였다(미국 연금위원회, 2004). 나아가 규정된 이익 연금과 달리, 규정된 분담금 연금은 「피고용인 은퇴 소득 안전보장법률(Employee Retirement Income Security Act: ERISA)」에 의해 보장되지 않는다. 따라서 규정된 이익 계획을 통해 조기 은퇴자가 활용할 수 있었던, 알려진 은퇴 소득 수준에 대한 이중 보장은 대부분의 미래 은퇴자에게 해당되지 않을 것이다.

가난과 여성의 장수

우리 사회에 대한 이야기 중 하나는 너무나 많은 여성이 노년기에 가난하게 살아간다는 것이다. 노년학 문헌은 나이 든 여성이 가난한 원인으로 많은 부분 그들의 장수에 돌리고 있다. 이러한 주장은 여성이 남성보다 더 오래 살기 때문에 여성이 남성보다 재정적 자원이 모자라게 될 가능성이 높다는 것이다. 평균적으로 여성이 남성보다 더 오래 산다는 것은 확실히 맞는 말이지만, 나이 든 여성의 가난을 그들의 장수 탓으로 돌리는 것은 정직하지 못할 뿐만 아니라 더 근본적인 원인을 감추고 있다. 사실상 우리 사회의 차별적인 정책과 관행은 남성보다 여성이 훨씬 더 적은 재정적 자원을 가지고 은퇴 시기를 시작하도록 만들고 있다. 왜냐하면 미국 노인을 위한 대부분의 소득과 연금은 노동인구에서 백인 남성의 전일제 고용과 장기적 고용 모형에 기반을 두고 있기 때문이다. 은퇴 정책은 파트타임으로 일하거나 가족을 양육하고 노인 가족을 돌보기 위해 휴식기를 갖는 여성들을 효과적으로 불리하게 만든다. 상황을 악화시키는 것은 여성이 직장에서 지속적으로 더 낮은 월급을 받는 것이다.

여성의 임금이 직장생활 내내 얼마나 더 낮은가를 이해하기 위해서 저자는 1975년에 전일제 직장을 다니기 시작해서 2015년에 은퇴하기를 원하는 사라(Sarah)라는 가상적인 사례를 만들었다. 저자는 1970년과 1980년, 1990년, 2000년의 평균 월급에서의 성차를 사용해서 40년간의 전일제 직장생활 동안 사라의 연봉 부족액을 결산해 보았다. 그 결과 총 부족액은 48만 달러를 훌쩍 넘어섰다. 이 액수에는 사라가 남자 근로자였다면 벌었을 '초과' 연봉의 투자로 발생할 잠재적인 추가 소득이나 이자를 포함하지 않았다. 나아가 그녀의 사회보장제도에서 나오는 수입과 개인연금(만약 그녀가 개인연금에 들었다면)은 둘 다 근로 소득에 기초하기 때문에, 그것들은 모두 그녀의 낮은 소득의 영향을 받는다. 그리고 고용주들이 종종 피고용인의 분담금을 개인연금 계획에 맞추곤 하기 때문에 사라의 고용주 또한 그녀의 월급이 더 높았을 경우보다 그녀의 연금 저축에 유의하게 더 적은 액수를 분담할 것이다. 보수적으로 보더라도 사라의 더 낮은 소득의 순수한 효과는 남성이 받았을 것보다 은퇴 시 적어도 100만 달러를 더 적게 받는 것으로 끝나게 될 것이라고 추정할 수 있다. 모든 은퇴 여성에게 그러한 액수는 나이 든 여성이 가난에서 벗어나기 어렵게 만든다.

여성을 위한 은퇴의 미래

오늘날 중년 여성은 직장에서 여성을 위한 새로운 길을 열었고, 그린 신구자들에게 모든 희망이 아직 실현되지는 않았지만, 상당한 성취가 있었다. 이러한 여성은 다시 한 번 새로운 길을 열 것이다. 이번에는 여성이 은퇴해서 할 수 있는 것에 대한 모델을 만들 것이다. 분명히 은퇴한 여성 앞에 여러 난제가 있지만, 동시에 그 의미와 구조를 정의할 새로운 기회가 있다. 다양한 입법 조치(예를 들어, 연금에 대한 권리를 향상시키기 위한)에 수반하여, 여성 스스로의 노동인구 참여는 이전 여성 세대가 가졌던 것보다 훨씬 더 많은 독립성을 부여하였다. 그들 중 많은 사람이 새로운 직장을 찾는 것(Bronte, 1995)에서부터 여행처럼 누구나 좋아하는 여가활동에 참여하는 것, 친구와 가족과 더 많은 시간을 보내는 것, 정치에 참여하는 것까지의 다양한 활동을 선택할 수 있는 자유를 가질 것이다.

또한 과거에 있었던 사회보장연금의 재정적 벌칙 없이 은퇴 후 계속해서 돈을 벌 가능성이 있다. 하지만 미래의 개인연금은 규정된 분담금을 활용하는 피고용인의 투자 솜씨에 따라 크게 달라질 가능성이 있으며, 동시에 잠재적으로 노인 미국인이 은퇴 후 혼자 힘으로 생활을 꾸려 나가도록 이끌 확률이 높다. 그러한 결과로 사회보장제도가 계속해서 미국의 노인에게 안전망의 역할을 해 줄 여력은 점차 감소할 수도 있다. 따라서 빠르게 증가하는 건강 관리 비용과 은퇴자를 고용주의 건강 관리연금의 축소, 의료 관리의 불안한 미래는 대부분의 미국인에게 그들이 노년기에 합리적인 삶의 질을 유지하기 위해 은퇴를 보류하는 방향으로 결정하도록 유도할 수 있다.

은퇴에 대한 생각은 종종 여가활동에 참여하고 있는 은퇴자의 이미지를 떠올리게 한다. 이런 이미지는 과거 많은 근로자에게 은퇴에 대한 좋은 인상을 주었을 것이다. 예를 들어, 1996년에 65~69세의 노인 중 단 17%의 여성과 27%의 남성이 노동인구에 참여하고 있었다(Purcell, 2000). 하지만 은퇴가 베이비붐 세대 코호트에게는 상당히 다를 것이라는 증거가 쌓이고 있다. 2001년 50~70세의 피고용인에 대한 전국 규모의 조사를 토대로, AARP(2003a)는 은퇴 전 사람들의 63%가 65세 이후에 **적어도** 파트타임 일자리를 계획하고 있으며, 또 다른 5%는 은퇴할 계획이 전혀 없다고 보고하였다. 이러한 은퇴 전 사람들의 은퇴에 대한 개인적 정의는 부분적으로 미래 은퇴자 코호트의 새로운 재정적 현실을 반영한다. 〈표 9-6〉은 은퇴의 어떤 측면이 자신의 은퇴에 대한 개인적 정의의 '매우 많은' 혹은 '약간의' 부분이라고 답했던 조사 응답자의 비율을 보여 준다. 그들이 선택한 것 중 많은 것이 '느리게 살고 더 적은 시간 일하는 것'과 '계산서를 지불하기

〈표 9-6〉 50~70세의 은퇴 전 미국인의 은퇴에 대한 개인적 정의

은퇴의 가능한 측면	응답자 비율*
가족 및 친구들과 더 많은 시간을 보내는 것	78
쉴 수 있는 기회	73
더 많은 즐거움을 경험할 수 있는 기회	73
전혀 시간을 낼 수 없었던 일을 할 수 있는 기회	72
사회보장제도나 연금지급기관으로부터 퇴직수당을 받는 것	72
여행을 갈 수 있는 기회	67
자원봉사나 자선사업을 하는 것	57
느리게 살고 더 적은 시간 일하는 것	56
돈을 위해서가 아니라 즐거움을 위해 일하는 것	53
월급을 위해 일하는 것을 완전히 그만둘 기회	48
계산서를 지불하기 위해 어떤 일을 해야 하는 것	42
주된 직업을 그만두고 다른 종류의 일을 해 볼 기회	28
덜 쓸모 있거나 덜 생산적이라고 느끼는 것	20

주의) AARP(2003a), p. 13에서 인용함.
*비율은 각각의 가능한 측면에서 그것이 개인적인 은퇴에 대한 정의의 많은 부분, 혹은 일부라고 지적한 응답자(N=1,637)에 기초한 것임.

위해 어떤 일을 해야 하는 것', '주된 직업을 그만두고 다른 종류의 일을 해 볼 기회' 등 은퇴 후 직업과 관련이 있다. 그럼에도 불구하고, 중년의 미국인은 가족 및 친구와 더 많은 시간을 보내는 것과 쉬는 것, 더 많은 즐거움을 경험하는 것, '당신이 전혀 시간을 낼 수 없었던 일을 하는 것' 등 현재 은퇴자들이 누리고 있는 은퇴의 많은 측면을 고대하고 있다.

이와 유사하게, 50세를 넘긴 미국인이 은퇴 이후 일하는 것에 대해

말하는 이유는 다양하다. 그들이 단 하나의 이유를 선택해야 한다면 재정적 걱정이 가장 크지만, 대부분의 미국인은 정신적으로나 신체적으로 활동적이고자 하는 소망과 생산성, 즐거움, 사회적 상호작용 등 다른 이유를 가지고 있다(AARP, 2005a; 〈표 9-7〉 참조).

매우 다양한 자원봉사와 여가활동 선택은 이미 존재하며, 은퇴자가 자신의 지역사회에 참여하고 새로운 경험을 찾을 가능성을 시장이 더

〈표 9-7〉 **미국 노인들이 은퇴 후 일하는 주요 이유**

이 유	응답자 비율*
재정적	
소득	61
건강의 이익	52
인지적	
정신적인 민첩성을 유지하려고	54
새로운 것을 배우려고	17
신체적	
신체적인 활동성을 유지하려고	49
생산성	
생산적이 되고 쓸모 있음을 유지하려고	47
다른 사람을 도우려고	29
기쁨	
재미있는 활동을 즐기려고	37
꿈을 추구하려고	14
사회적	
다른 사람들 곁에 있으려고	24

주의) AARP(2005a, 3월)에서 인용함.

*숫자는 각 이유에 대해서 그것이 그들에게 중요하다고 지적한 응답자의 비율임.

욱 충분히 인식함에 따라 더 많은 것을 기대할 수 있다. 2002년에 55세 이상 미국인은 자원봉사와 돌봐 주기 활동을 통해 사회에 1,600만 달러 이상을 기여하였다(Johnson & Schaner, 2005). 나아가 노인의 시정 참여와 사회적 참여 기회를 증가시키기 위한 *Civic Engagement in an Older America*에 대한 미국 노년학협회의 연구 시작과 지역 일자리 목록을 포함한 직업 자원을 제공하는 선도적인 온라인 직업 사이트인 *Monster*와 AARP의 연합(AARP, 2005b)은 50세 이상 여성의 일과 은퇴에 있어 어떤 흥미진진하고 새로운 가능성이 있을 것인지를 보여 주는 시작점에 불과하다.

일과 은퇴에 대한 연구 및 정책을 위한 권고 사항

50세 이상 성인의 일과 은퇴 문제에 대한 최신 연구의 상당 부분은 AARP에 의해 수행되었다(예, AARP, 2002, 2003a, 2003b, 2005a). AARP의 타깃 시장이 50세 이상 미국인 모집단이기 때문에, AARP가 이 모집단의 이런 쟁점에 대해 주요 관심을 가지고 있다는 것은 이해할 만하다. 그럼에도 불구하고, AARP의 보고서가 여성 자체에 관해서 너무나 적은 정보를 가지고 있다는 것은 실망스러운 일이다. AARP의 보고서는 몇 가지 측정치에서 성차의 분리된 예를 포함하지만, 그들이 여성 응답자에게서 수집한 자료의 분석은 눈에 띄게 부족하다. 예를 들어, 중년의 베이비붐 세대에 대한 보고서(AARP, 2003b)에서, 96개 표 자료 중 단지 9개만이 여성의 반응을 보여 주고, 인종과 관련된 16개의 표 자료 중에서는 어떤 것도 여성의 반응을 분리해서 보여 주지 않는다.

은퇴 문제를 다룰 때, 매우 많은 수의 연구가 은퇴한 남성이나 곧 은퇴할 남성에 초점을 맞추고 있다는 것은 그리 놀라운 일이 아니다. 은퇴는 대개 전일제 직장을 그만두는 것으로 정의되며, 최근까지도 대부분의 여성은 은퇴를 논하거나 자신의 사회보장연금을 받을 자격이 될 정도로 오랫동안 전일제에 고용되어 있지 않았다. 나아가 연구자들은 노동인구에서 여성의 다양하고 복잡한 유동성과 그에 수반되는 은퇴의 시사점에 대해 다루고 싶어 하지 않았다.

남성에 초점을 맞추는 것에 더해서, 은퇴 연구는 또한 전일제 노동인구에서 떠나는 것의 재정적 문제, 즉 은퇴의 재정적 계획과 부를 축적하는 방법, 은퇴 후 자산 관리에 중점적으로 초점을 맞추었고, 사회적 · 정서적 · 심리적 문제는 대부분 무시하였다. 고용주 역시 피고용인을 위한 은퇴에 대한 세미나나 워크숍을 제공할 때, 전형적으로 재정 문제에 시간을 할애한다.

여성의 직업과 직장 경험에 대해 상당히 많은 문헌이 있지만, 여전히 이 분야의 자료는 매우 적으며 빠르게 변화하는 직업 환경에서 우리가 아는 것의 많은 부분이 재개념화되거나 완전하게 정밀 조사될 필요가 있다(Moen & Roehling, 2005). 우리는 또한 많은 최신 출판물(예, Hall, 2002; Mellor & Rehr, 2005; Riggs, 2004)을 갖고 있음에도 불구하고, 아직 여성의 은퇴에 대해 배워야 할 것이 많다. 여성의 은퇴와 관련된 문제에 대해서 더 많은 연구가 필요하다. 인종과 성욕, 능력, 배우자와 부모의 지위를 포함해서, 여성 사이의 다양성에 관심을 가져야 한다. 심지어 기초적인 인구통계학적 자료도 부족하다. 덜 탐색되었거나 전혀 탐색되지 않은 주제에는 은퇴에 관한 의사결정, 은퇴 이후 활동과 일이 포함되며, 일과 은퇴가 개인 정체감과 자기 존중감, 사회적 안녕감에 미치는 영향, 일의 심리적 효과와 '전통적인' 은퇴 연령을 지나 일하는 것의 심리적 효과, 은퇴의 심리적 효과도 앞으로 연구해야 할 과제다.

전일제로 일하는 것을 개척한 여성은 이제 전일제 근무를 넘어서 인생 단계를 개척하고 있다. 역할모델이 거의 없다. 여전히 여성에게 불리하게 작용하는 고용과 은퇴 정책뿐만 아니라, 여러 해 동안 직장에서 동등한 권리를 위해 싸웠지만 여전히 임금과 연금에서 커다란 차이가 있을 수 있다는 것에 많은 여성이 실망하고 좌절한다. 임금 차이는 그 자체로도 충분히 바람직하지 않지만, 그것은 또한 여성이 나이를 먹음에 따라 삶의 질에 장기적이고 커다란 영향을 미친다.

다루어야 하는 정책 문제에는 현재의 사회보장제도 규정과 발의된 사회보장제도 조항, 그리고 사회보장법의 개정이 포함되는데, 이는 여성에 대한 뿌리 깊은 차별을 극복하기 위한 것이다. 사회보장제도의 변화는 배우자가 유족의 보험 적용 범위를 선택할 수 있는 가능성을 제거하는 것과 자녀 양육과 부모 부양의 결과로 발생한 직장생활의 중단에 대한 정산을 허용하는 것을 포함해야 한다. 직장생활 내내 더 낮은 월급 때문에 여성은 남성보다 나이가 들면서 가난해질 가능성이 훨씬 더 크다. 따라서 여성의 월급을 올려 주는 것 또한 우선 사항이 되어야 한다. 물론 그러한 변화는 여성에게만이 아니라 모든 사람에게 긍정적인 영향을 줄 것이다.

일과 은퇴 다시 생각하기 교육, 그다음에 직장, 그다음에 은퇴로 이어지는 선형적인 인생 패턴 대신 순환적인 인생 패턴이 더 적합하고 매력적인 것처럼 보인다. 특히 여성과 남성 모두 수명이 연장되고 있음을 고려할 때 그러하다. 순환적인 인생 패턴은 교육과 직장, 여가가 섞여 있는 것이다. 예를 들면, 한동안 교육 이후 직장을 다니고, 그런 다음 더 교육을 받고, 그러고 나서 여가 시간을 갖고, 그런 다음 더 많이 일하고, 그런 다음 다시 여가 시간을 갖는 식이다.

선형적 인생 패턴

교육	직장	은퇴/여가

순환적 인생 패턴

교육	직장	교육	여가	직장	여가	교육

이런 생각은 물론 미국 여성에게 새로운 것이 아니며, 사실상 많은 이에게 상당히 공통적인 것이었다. 하지만 새로운 것은 평생에 걸친 교육과 직장, 여가의 순환적 패턴을 하나의 모형으로 사용하고, 그것을 지지할 정책과 관행을 개발한다는 점이다. 이에 더해서 전일제의 '영구적인' 일자리가 아닌, 다른 직업을 위한 새로운 기회를 확장하고 창조하는 것이 유리할 것이다. 의미 있고 자신을 충족시키는 제한된 시간의, 파트타임의, 프로젝트 중심의 일자리가 많은 사람에게 바람직할 것이다. 만약 모든 연령대의 여성이 공적 영역과 사적 영역에서 지원받는다면, 그리고 그들이 직장생활과 은퇴 상황에서 삶의 질을 향상시킨다면, 이러한 새로운 선택에서 이득을 얻을 것이다.

우리는 근무환경에 대해 다시 생각하고, 만약 수백만 명의 중년 여성과 남성이 사회보장연금이나 개인연금, 혹은 둘 다를 받기 시작하는 나이에 이르렀을 때 노동인구에서 완전히, 그리고 영원히 빠져나오기를 원하지 않는다면, 그들을 위한 기회를 만들어 줄 새로운 정책과 관행을 개발할 필요가 있다. 대부분의 미래 노인이 바라는 기회를 제공하기 위해서는 모든 유형의 파트타임 피고용인의 편의에 맞추어 직장이나 직업의 형태를 바꾸는 것이 요구된다. 어떤 사람은 일주일에 며칠을 전일제로 일하기를 원할 것이고, 어떤 사람은 주중에 매일 몇 시간씩, 아마도 다른 사람과 나누어서 일하기를 원할 것이며, 어떤 사람은 매년 몇 달 동안만 시한이 정해진 프로젝트에 전일제로 일하기를 원할 것이고, 그 밖에도 여러 예가 있을 것이다. 전례가 없는 많은 수의 여성이 은퇴를 준비하고 있다. 이전 세대보다 인생에서 건강하게 살 수 있는 시간을 더 많이 가진 이 '중간 단계'의 여성(Moen, 2003) 앞에 미래는 활짝 열려 있다.

> 노화는 '젊음을 잃는 것' 이 아니라 기회와 힘의 새로운 단계다.
>
> 베티 프리단(Betty Friedan, 1994)

10/ 능력 부여: 50세 이상 여성의 전성기

Florence L. Denmark and Maria D. Klara

이 장을 준비하면서, 첫 번째 저자(Florence L. Denmark)는 "50세 이후에 다양한 임무를 달성하고 많은 상을 받은 사람으로서, 나는 내 삶의 많은 부분에 대해 통제감을 느꼈지만, 타인을 통제할 수 있다거나 통제하기를 원한다고는 전혀 느끼지 않았다."라고 지적하였다. 즉, 능력 부여(empowerment)와 권력(power)이 서로 밀접하게 연관되어 있다는 것을 이해하는 것은 중요하지만 이 두 가지 개념은 전혀 다르다.

권력은 종종 다른 사람에게 그들의 바람이나 흥미와는 관계없이 우리가 원하는 것을 하도록 만드는 능력과 관련이 있다. 대부분의 사람에게 '권력'이란 단어는 전형적으로 통제 및 지배와 관련된 생각을 떠올리게 한다(Page & Czuba, 1999). 전통적인 사회과학은 권력을 영향력과 통제로 규정하며, 종종 권력을 인간 행동과 분리된 구조로 다룬다. 이런 식으로 권력은 변하지 않거나 변화될 수 없는 것으로, 그리고 선택된 소수에게만 사용 가능한 것으로 간주될 수 있다(Page & Czuba, 1999).

이와는 달리, 능력 부여는 개인이 자신의 운명에 대해 명령권을 갖는 것(American Heritage Dictionary, 2000), 그리고 타인 또한 이런 통제력을 갖도록 돕는 것을 말한다. 능력을 부여하는 것은 개인에게 자신이 스스로의 삶을 통제하고 있다는 자신감을 더 많이 느끼도록 한다. 능력 부여는 우리가 누구이고 무엇을 할 수 있는지를 재정의하고, 자신의 목소리로 말하고, 제도화된 권력과의 관계를 지각하는 방식을 변화시키는 것 등을 배우는 것을 포함한다(Chamberlin, 1997). 일반적으로 한 개인이나 어떤 집단도 능력 부여를 통해 상대적인 '권력 없음' 상태에서 '권력 있음' 상태로 이동한다(Pillai, 1995). 이런 과정은 자기에 대한 태도와 가치관, 신념을 포괄하며, 특히 자신의 운명에 대해 통제력을 발휘할 수 있는 능력에 대한 신념을 포함한다(Chadiha et al., 2004).

타인에게 능력을 부여하는 것은 사람들에게 새로운 의미를 구성하고 자유롭게 세상에 반응하는 새로운 방식, 종종 타인에게 이득이 되는 방식을 선택하도록 지지하는 과정이다. 타인에게 능력을 부여하는 것은 자신감과 자존감을 향상시키고, 리더십 기술을 발달시키고, 개인적 성공과 직업적 성공을 위해 노력하도록 적절한 도구와 자원을 개인에게 제공하는 것과 관련된다. 타인에게 능력을 부여하는 것은 상호 이익을 위해 권력을 사용하도록 더 많은 정보와 지식, 지지, 기회를 타인에게 제공하기 위해 체계적이고 지속적인 노력을 만들어 내는 것을 필요로 한다.

요더와 칸(Yoder & Kahn, 1992)은 권력의 재개념화를 제안하였다. 이런 관점에서 능력 부여는 **권력 위로**(power-over)가 아니라 **권력으로**(power-to)로 간주될 수 있다. 권력 위로는 한 집단에 대한 또 다른 집단의 강요와 지배를 말한다. 이런 권력 구조는 사회적 · 조직적 · 대인관계적 · 개인적 수준에서 나타날 수 있으며, 그것은 한 개인이 원하는 것을 어떤 사람이나 실체에게 강요하기 위해 사용된다. 한편, 권력으로는 개인의 능력 부여와 같은 개념이다. 이 개념에서 개인은 자신의 감정과 생각, 행동을 통제할 힘을 가지고 있다. 초점은 타인을 통제하는 것에 있는 것이 아니라 자신의 삶을 향상시키고 스스로 성공을 이루기 위해 개인적 힘을 사용하는 것에 있다. **권력으로**의 접근은 능력 부여를 어떤 실체로 보기보다 하나의 과정으로 간주한다. 즉,

초점은 지배와 강요, 경쟁과 반대되는 것으로서 에너지, 잠재력, 능력으로서의 권력에 있다(Browne, 1995). 그러한 권력에 대한 평가는 여성과 남성의 능력 부여를 여성과 남성이 스스로에게 능력을 부여하는 것(예, 개인적 힘을 개발하는 것)뿐만 아니라 더 넓은 사회적 구조를 변화시키는 것(예, 집단적 실천주의)을 포함하는 것으로 간주한다. 브라운(Browne, 1995)에 따르면, 이러한 형태의 능력 부여는 자신과 타인의 해방 과정이다. 즉, 그것은 삶의 힘과 잠재력, 가능성, 어떤 형태의 성장과 에너지이며, 그곳에서 우리는 단지 개인의 선을 성취하기 위해 애쓰기보다는 공동체와 타인과의 연결을 확립하기 위해 일한다. 이러한 정의는 권력이 강요와 지배 훨씬 이상의 것임을 가리킨다. 이것은 관계적인 것으로 사회의 힘에 의해 지탱되는 역동적인 과정이다(Yoder, 2003).

또한 능력 부여는 여성주의 치료의 일차적인 목표로 간주될 수 있으며, 그러한 과정은 치료자와 내담자가 치료 관계에서 동등하다는 가정을 가지고 시작된다(Denmark et al., 2005). 임상심리학과 상담심리학은 개인적 능력 부여(예, 힘)를 향상된 심리적 안녕감을 위한 한 단계로 간주하지만, 여성주의 심리학자는 개인주의적 독립과 공동체적 상호 의존, 둘 다를 그들의 개념에 통합시킨다. 여성주의 심리학자는 지배나 통제, 타인에 대한 영향력을 강조하는 권력에 대한 전통적인 심리학 개념이 불편하다는 것을 발견하고는, 권력이 관계적인 것으로 이해되어야 한다고 강조한다. 따라서 권력은 사람이나 상황 사이의 관계 맥락 내에서 존재한다. 권력은 고립되어 존재하는 것도 아니고 개인이 선천적으로 타고나는 것도 아니다(Page & Czuba, 1999). 이런 맥락에서 여성은 자신의 내부에서, 스스로에 의해, 그리고 그들의 관계 내에서 능력을 갖게 되었다고 느낀다(Yoder, 2003).

이 장은 능력 부여와 관련된 문제를 다루는데, 여성주의 심리학자가 능력 부여를 어떻게 보는가, 능력 부여에 미치는 문화와 인종, 계층의 효과, 다른 여성이 능력을 갖도록 여성이 어떻게 도울 수 있는가, 여성 조직의 역할, 여성의 능력 부여를 촉진하는 국제적 정책 등을 포함한다. 또한 중년의 관점에서, 그리고 점점 나이를 먹는 것이 인생의 각기 다른 단계에서 여성의 능력 부여에 대한 느낌에 어떤 영향을 주는지의 측면에서 능력 부여에 대해 논의할 것이다. 여성주의자인 여성들에게 능력 부여에 대한 그들의 견해를 말해 달라고 요청하였으며, 그들의 관점이 이 개념의 예를 설명하는 데 사용된다.

능력 부여에 대한 여성주의자 여성의 시각

여성주의자 정신분석가가 능력 부여를 어떻게 바라보는가를 밝히기 위해 100명의 여성주의자 여성에게 질문지를 배부하였는데, 그중 25명의 여성이 응답하였다. 대다수는 여성이 40~60세 사이의 중년기 동안 가장 많이 힘을 갖게 되는 것으로 생각한다고 보고하였다. 이와 대조적으로 남성에 대해서는 응답자들이 훨씬 더 폭넓은 범위를 지적하였다. 남성은 30~70세 사이에서 가장 많은 힘을 갖게 된다. 응답자들은 여성이 30세 이하와 70세 이상에서 가장 적게 힘을 가진다고 지적했으며, 남성에서는 80세 이상이 가장 적게 힘을 가진다고 응답자의 대다수가 확인하였다. 이러한 성차에 대한 지각은 주목할 만한 가치가 있다. 힘을 가진 남성의 연령 범위가 여성의 연령 범위보다 두 배나 더 크며, 최소한의 힘을 가진 남성이 최소한의 힘을 가진 여성보다 적어도 10년은 더 나이가 많다.

우리는 어떻게 여성의 능력 부여를 증가시킬 수 있는가

능력 부여와 관련해서 응답자들이 가장 중요한 것으로 보고한 성차 이외에 다른 요인은 교육과 직업, 사회경제적 지위, 정치적 직책을 갖는 것, 조직적 활동, 인종이었다. 이 질문에 대한 답은 다양하겠지만, 모든 것이 여성 삶의 다양한 측면에서 능력 부여의 중요성을 지적하였다. 다음은 응답자들이 여성의 능력 부여를 증가시키기 위해 제시한 제안 중 일부다.

첫째, 많은 응답자가 정치적 조직 내에서의 능력 부여의 필요성에 대해 말하였다. 이런 능력 부여를 통해 여성이 집단적으로 더 조직화될 수 있고, 그럼으로써 중요한 사회적 이슈에 영향을 줄 수 있다. 이런 의미에서 능력 부여는 적극적 실체의 특징을 갖는다. 즉, 그것은 자신의 생각과 태도를 알리는 것뿐만 아니라, 좋은 입법을 위해 투쟁하는 것과 자신을 사회의 모든 측면에 관여시키는 것, 입법자에게 영향을 미치는 것 등을 포함한다. 실천주의의 이런 관점에서 많은 응답자가 더 젊은 세대를 관여시키고, 적극적이고 힘을 가진 입장에서 변화를 만들어 낼 수 있다고 가르칠 필요성에 대해 말하였다. 높은 지위를 가진 사람들은 자신의 영향력을 사용해서 다른 사람들에게 능력을 부여하고 모든 사람의 평등을 가져올 사회적 변화를 추진해야 한다. 그래서 능력 부여와 변화 사이의 관계가 참여자의 반응에서 반복적으로 이야기되었다.

많은 응답자를 꿰뚫는 두 번째 전제는 이것이 더 많은 능력 부여를 위한 필수적 활동이라는 믿음과 격려였다. 응답자들은 여성이 먼저 권한을 가질 권리가 있다는 것을 인식할 필요가 있다고 믿었다. 다른 말로 하면, 능력 부여는 여성에게 자신을 권력의 중심으로 볼 수 있게 격려하고, 그러한 권력을 사용하는 방법을 가르쳐 주고, 자신이 하고 싶어 하는 것을 성취할 수 있다고 믿게 하는 방법을 알려 준다.

응답자들의 제안에서 공통된 주제 중 하나는 여성과 남성 모두를 위한 교육의 중요성이었다. 여성과 남성은 서로에게 해를 끼쳐서는 안 된다. 오히려 둘 다의 유익을 위해 자신의 자원을 사용하도록 격려되어야 한다. 어떤 이들은 상호성(mutuality)이 모든 사람을 위한 목표라고 믿는다. 따라서 능력 부여가 '그들에 대항하는 우리' 정신이 되어서는 안 된다. 여성과 남성 모두를 위한 교육이 능력 부여를 강화하는 데 결정적인 것으로 간주되었다. 립스(Lips, 2005)에 따르면, 성 고정관념을 조금 더 유연하게 만드는 것이 유능감과 자기 실현을 증가시키기 때문에 여성과 남성 둘 다에게 능력을 부여하는 일이 될 것임이 분명하다. 많은 응답자는 사람들이 서로의 능력 부여를 위해 협력하고 조직을 만드는 것이 중요하다고 믿는다고 보고하였다.

응답자들이 지적한 것처럼 중년은 종종 여성이 가장 많이 힘을 갖게 되는 연령 시기로 간주된다. 중년은 여성이 자신의 삶에서 많은 것을 성취하였고, 자신과 다른 사람을 성공적으로 보호하는 데 필요한 세상에 대한 교육과 지식을 갖추고 있음을 인식하는 시기다. 중년기의 많은 여성이 리더십 역할을 맡고 권력과 리더의 지위에 있는데, 그것은 스스로를 성공적으로 옹호하는 데 도움이 되는 것은 물론(따라서 스스로에게 능력을 부여하고), 타인의 능력 부여를 돕는 데에도 도움이 된다(Babladelis, 1999).

중년, 노화, 그리고 능력 부여

중년기에 여성이 처하게 되는 정치 · 경제 · 문화 · 사회적 상황을 이해하는 것이 여성의 능력 부여에 도움이 된다. 미국 사회에서 나이 든 여성은 대체로 가치 있고 생산적인 삶을 이끌어 왔음에도 불구하고, 부정적인 고정관념의 희생양이 된다. 중년기 이후 여성은 전형적으로 흰머리에 주름지고 더 이상 성적 매력이 없는 존재로 간주된다. 그들은 대부분 사회적 상황에서 배제되고 고용주에게서 저평가 받는다. 노화는 덮어서 가려야만 하는 어떤 것이다—흰머리는 염색할 수 있고 처진 얼굴은 수술을 하여 올릴 수 있다. 텔레비전은 나이 든 여성이 아스피린과 제리톨(노인용 강장약)을 먹고, 손자를 위해 고구마를 굽는 모습을 보여 준다(Lott, 1987). 일단 텔레비전에 등장하면, 이 연령 집단의 여성은 자주 완고하고 무력하고 잘 잊어버리고 의존적인 것으로 묘사된다.

서구 사회에서 노화는 종종 쇠약해지는 건강, 사회보장제도, 복지와 관련된 문제와 연합되곤 하였다. 이런 문제는 노화 연구를 지배하였는데, 그것은 노후 생활에 대해 과도하게 부정적인 설명을 끌어냈다. 노년기의 성취는 신체적 변화와 사회적 변화를 받아들이고 그에 적응하는 개인의 능력에 달려 있다고 가정함으로써, 우리는 불가피한 쇠퇴 또는 상실의 시기, 그리고 뭔가 감내해야 하는 시기라는 고정관념을 계속 가지고 있다. 성격과 생리적 적응을 너무 많이 강조하고 중년기에 시작되는 사회적 불평등에 대해서는 충분히 강조하지 않는다(Wray, 2004).

많은 사람이 여성의 중년기 발달을 회의적으로 바라보지만, 다른 사람들은 긍정적인 측면에서 이 발달 시기 동안 여성에게서 변화가 가능함을 인식하고 있다. 대다수의 여성에게 중년은 능력의 퇴화가 아니라 오히려 그 반대의 특징을 띤다—중년기는 생산성과 행복의 시간이다(Denmark et al., 2005). 50대 이상의 많은 여성이 삶의 전성기에 있고 가정과 가족, 직장, 친구 등을 포함한 많은 인생 영역에서 성공적으로 타협할 수 있다. 중년기를 생산성의 시기로 보는 사람들은 중년기 동안 유능감의 증가와 더 커진 정체감과 같은 여성의 잠재력에 초점을 맞추는데, 그것이 능력 부여의 본질이다(Stewart et al., 2001).

발달 단계: 중년

정체감은 전형적으로 청소년기나 초기 성인기에 형성되는 것으로 간주된다. 하지만 일부 심리학자들, 특히 에릭슨은 여성과 남성이 발달의 같은 지점에서 정체감을 성취하는 것은 아닐지도 모른다고 제안하였다. 오히려 에릭슨은 여성이 친밀한 관계의 맥락에서 삶의 후반기까지 정체감을 획득하지 못할 수도 있다고 제안하였다. 정체감 발달은 중년기 웰빙에 중요한 시사점을 가진다. 예를 들어, 연구는 정체감 발달이 여성의 중년기 자존감과 삶의 만족도에 긍정적으로 관련된다고 지적하였다(Stewart et al., 2001).

에릭슨의 이론은 또한 중년기 성인들이 '생산성 대 침체'의 갈등에 직면하고 그것의 해결에서 돌봄이라는 자아의 힘(예, 덕목)을 획득한다고 가정한다. 에릭슨은 남성처럼 여성도 중년기 생산성 위기를 경험하는데, 그것은 다음 세대에게 기여해야 한다는 어느 정도 나이와 관련된 사회적 압력에서 유래한다고 제안하였다. 이러한 위기는 이상과 문화적 산물, 제도, 가치, 다른 사람을 돌볼 수 있는 능력과 헌신이라는 결과를 낳는다(Stewart et al., 2001).

생산성은 최근에야 폭넓게 논의되었다. 그것은 자녀를 낳고 양육하는 것뿐만 아니라 창조성(예, 새로운 작품과 사물의 생산)과 새로운 생각의 창출을 포함한다. 따라서 생산성은 창조적인 것과 돌보는 것, 둘 다를 포함한다(De St. Aubin et al., 2004). 생산성에 대한 관습적인 성별 패턴은 여성의 직업에 대한 포부와 남성의 가사 책임감이 증가하는 것을 포함하여, 시간이 지나면서 성 역할에서의 상당한 변화로 인해 달라졌다. 여성주의자들은 성인 발달에서 나타난 이러한 새로운 개념의 결과로 생산성의 전통적인 정의에 도전하고 있다(De St. Aubin et al., 2004).

연구자들은 중년 여성과 남성 사이에서 많은 차이를 발견하였다. 중년 남성과 여성의 태도에서 나타나는 가장 큰 차이는 여성이 남성보다 미래에 대해 2배 더 희망적이라는 것이다. 점점 더 많은 여성이 중년을 위기가 아니라 도전으로, 혹은 더욱 긍정적인 측면에서 더 나은 자신을 위한 기회로 본다. 또한 그들은 타인을 돕거나 더 큰 선을 위해 기여하려는 강력한 욕구를 가지고 있다. 여성은 전형적으로 더 큰 융통성과 도전, 만족을 찾아 완전히 새로운 어떤 것을 시도하려는 경향성이 남성보다 크다. 또한 여성은 노화로 인한 장해물에도 불구하고 더 낙관적인 경향이 있다. 중년 여성은 이전 세대 여성보다 더 오랫동안 건강할 것이라고 믿는다. 그들은 남성 동년배보다 2배 더 많이 체육관에서 시간을 보낸다(Gibbs, 2005). 이에 더해서, 나이 든 여성의 전일제 대학 등록이 지난 10년 동안 31%로 올라갔다(Gibbs, 2005). 브랜다이스 대학교(Brandeis University)의 국립 여성 및 노화센터(Gibbs, 2005에서 인용함)는 50세 이상 여성이 생각 외로 점점 나이 드는 것이 더 행복하게 느껴진다고 했다고 보고하였다. 이렇게 중년 여성은 자신의 대처기술에 더욱 자신감을 느끼게 되는데, 이것은 인생에 대한 숙달감을 높여 준다.

왜 중년기와 그 이후가 능력 부여의 시기인가

능력 부여 질문지에 대한 응답은 발표된 연구 결과와 일치하며 같은 결론을 보여 준다. 중년기와 그 이후가 여성의 삶에서 특히 힘을 갖게 하는 시기일 수 있다. 이런 현실은 이 시기 여성의 삶에 대한 문화에 존재하는 고정관념과 정반대다. *The Times*의 최근 어떤 기사(Gibbs, 2005)는 현 세대의 중년 여성이 자신을 재창조하기 위해 이 결정적인 인생 시기를 어떻게 활용하고 있는지에 초점을 맞추었다. 중년의 장해물들에 희생양이 되기보다 여성은 도전을 기회로 바꾸는 방법을 생각해 내고 있다. 더 높은 수입과 더 좋은 교육, 여러 역할을 해낸 매우 많은 경험의 결과로, 여성은 실제로 '중년의 위기' 를 겪는 지금보다 더 좋은 시기가 없었음을 인정할지도 모른다. 아주 많은 여성이 중년을 경험하고 있기 때문에(예, 40~60세에 해당하는 약 4,300만 명의 미국 여성이 있다.), 어떤 규칙은 재작성되어야 할지도 모르며 그에 맞추어 경계가 바뀔 수도 있다. '위기' 라는 단어는 이 세대 여성들의 중년에 적용될 수 없을지도 모르는데, 그들은 중년이 어떤 모습일 수 있는지의 새로운 모델을 창조하고 있기 때문이다.

기브스(Gibbs, 2005)는 여성, 더 구체적으로는 중류층 및 중상류층 여성과 전문직 여성이 50대 이후부터 종종 가장 결실이 많고 만족스러운 인생 시기를 경험함을 발견하였다. 이 시기에 있는 많은 여성이 이전에는 결코 개발하거나 실행하지 못했던 기술과 강점을 인식하게 된다. 다른 사람들은 이 시기를 엄청난 성장의 시기로 경험하고, 자신의 성격을 재정의한다. 어떤 사례에서는 수년 동안 결혼과 가족에 대한 책임 때문에 쉬었던 직업적 · 사회적 추구를 재개한다. 여성들은 이런 인생의 활기찬 시기 동안 여행과 일, 사교, 공부와 같은 것을 간절히게 원한다. 중년기는 새로운 것을 시도하고, 전에 결코 가 본 적이 없는 장소에 가 보고, 이전에 한 적이 없는 것을 하는 시기다. 책과 잡지 기사들은 50세가 된 여성에게 자신에게 무엇이 가장 중요하고 삶의 나머지 시간 동안 무엇을 이루기 원하는지를 심각하게 생각하는 시간을 가지라고 촉구한다.

직장에 남아 있는 것과 자원봉사에 참여하는 것은 노년 여성이 영향력을 행사하고 목소리를 내는 하나의 방법이다. 물론, 계속해서 직업을 유지하는 것이 가장 큰 영향력을 갖는다. 학문 분야의 수장이거나 고위 관리자이거나 작은 사업의 사장인 대다수의 여성이 또한 이 나이대에 있다.

중년은 또한 놀라운 기회와 자유의 시기이며, 많은 여성이 정치적으로 자신의 영향력을 행사한다. 현재 전체 인구에서 중년 여성의 수는 이전 어느 때보다도 많은데, 이것은 점차 공적인 삶에서 나이 든 여성의 중요한 역할이 늘어남을 의미한다. 많은 나이 든 여성 활동가들이 이런 맥락에서 여성주의를 중요하게 생각하고, 그들의 활동을 타인을 돌보는 수단으로 지각한다. 50대 이상의 여성은 지역, 국가, 심지어 세계적 차원에서 커다란 영향력을 행사할 완벽한 위치에 있다. 예를 들어, 미국 의회의 거의 모든 여성이 적어도 50세다(의회 연구 서비스, 2004).

시대는 일반적으로 여성에게 유리하게 바뀌고 있고, '오늘의 여성의 딸들' 은 그들 어머니보다 더 잘 교육받고, 여러 개인적인 선택안을 탐색하고, 더 긴 고용 경험을 가질 확률이 높다. 따라서 그들은 흰머리와 주름이 나타날 때, 젊은 사람들 옆에 밀쳐지는 것에 저항할 가능성이 더 높다(Lott, 1987). 현재 미국과 전 세계의 적극적인 나이 든 여성은 그들을 둘러싼 세상에 영향을 줄 수 있고 실제로 영향을 주고 있으며, 적어도 부분적으로 그들 나이의 덕으로 그렇게 하고 있다. 여성은 나이를 먹음에 따라 개인적 힘과 위신, 영향력을 얻는다. 여성의 삶의 후반기에 대인 파워에 대한 균형감의 지각은 나이 든 여성에게 유리한 방향으로 증가한다. 이러한 증가는 또한 여성 발달의 이후 단계 동안 남성과 여성 사이의 평등이라는 측면에서 명백하게 나타난다. 여성의 권력에 영향을 주는 것은 여성의 사회적 지위이며, 중년기와 그 이후에 더 많은 지각된 권력을 가질 것으로 예상할 수 있는 사람은 더 높은 사회적 지위를 성취한 여성이라는 점이 흥미롭다(Todd et al., 1990). 50대와 그 이후 유능한 여성의 상황은 특별히 긍정적이다.

어떤 여성은 인생은 50세에 '시작된다' 고 말하고, 중년기의 여성이 새로운 재능과 흥미를 발견하고 성공적으로 취업하는 일은 드물지 않다(Allington & Troll, 1984). 한 연구(Mitchell & Helson, 1990)는 50대 초반 여성이 더 나이가 많거나 더 젊은 여성보다 자신의 삶에 대해 더 높은 만족감 점수를 주었다고 지적하였다. 점점 더 많은 여성이 수년간 자신의 삶을 오로지 가족에게만 헌신한 후, 중년기 혹은 노년기에 대학 공부를 시작하거나 대학으로 돌아가고 있다. 이런 여성은 '재등록

(reentry)' 여성이라고 불린다. 이런 여성이 직면하는 장해물에도 불구하고, 재등록 여성은 자신이 하는 일을 매우 잘하는 경향이 있으며, 대학에서 열심히 공부하고 교육에 적극적으로 참여한다. 한 연구(De Groot, 1980)는 나이 들어 대학에 다니는 여성이 더 주장적이고, 그러한 만큼 더 많은 배우자의 지지를 기대하고 실제 지지를 받고 있으며, 그것은 그들의 성공 가능성을 높인다는 것을 보여 준다. 이것은 특히 '직업' 이 있는 사람과 반대로 '경력' 을 쌓고 있는 사람에게 맞는 말이다. 한 연구(Coleman & Antonucci, 1983)에서 노동인구에 포함된 나이 든 여성이 동년배의 가정주부보다 더 큰 심리적 안녕감과 자존감, 건강을 경험하고 있다고 보고하였다. 이런 결과는 중년기 동안 여성에게 발생하는 가능성과 기회를 입증한다. 평균 수명이 길어지고 질 높은 건강 관리가 더 오래 지속됨에 따라 재등록 여성의 집단이 증가할 가능성은 높아진다.

이런 모든 요인이 결합해서 여성의 삶에서 중년기와 그 이후를 결실이 많고 생산적인 시기로 만들고, 이것이 힘을 갖게 한다. 여성은 중년기에 자신을 지적이고 주장적이며 확고하다고 지각하며, 자신과 타인의 능력을 부여하는 과제에 대해 진지하다(Babladelis, 1999). 중년 여성은 가족, 경제적 · 사회적 요인을 통해 자신의 욕구에 초점을 맞출 준비가 되어 있고, 종종 성공적으로 그것을 확인하는 수단을 갖고 있다.

전진하는 50대가 어떤 여성에게는 거의 전성기인 것처럼 보인다. 연구들(예, Mitchell & Helson, 1990)은 여성들이 안전감을 느끼고, 좋은 건강 상태를 즐기고, 상당히 자율적이고 양성적인 시간을 경험함을 보여 주었다. 삶의 질과 현재 삶의 만족도에 대한 조사에 참여한, 대학 교육을 받은 50대 초반 여성은 자신의 삶을 '1등급'으로 평가하였다(Mitchell & Helson, 1990). 이 시기의 양호한 건강과 증가된 수입이 또한 나이 든 여성의 안전감과 더 큰 자신감, 참여도, 성격의 활달함에 기여한다. 전진하는 50대를 여성들의 삶에서 능력을 갖추는 전성기로 간주하는 것은 적절한 분류다(Mitchell & Helson, 1990).

'빈 둥지' 증후군

소위 빈 둥지 증후군(예, 자녀가 집을 떠날 때)의 효과는 사람에 따라 다르다. 일하는 중년 여성은 직업적 발달과 재정적 자율성, 지적 자극, 확장된 사회적 집단, 가족에서 독립적인 느낌과 같은 이득을 즐길 수 있다. 이런 여성은 빈 둥지를 안도감과 더 큰 결혼 만족의 기회와 연합시킬 수도 있다(Rollins, 1989). 중년기 동안 관계가 더욱 성숙해지기 때문에, 주요 초점으로서 부드러운 애정과 신뢰감이 열정과 성적 친밀감을 대신하는 경향이 있다(Reedy et al., 1981). 따라서 어떤 결혼 관계는 초기 성인기에 갈등이 많았다 해도, 중년기 동안 더 적응적인 것으로 변화된다. 많은 여성이 자녀가 집을 떠나는 것에 대해 혼재된 감정을 가진다 하더라도, 전반적으로는 긍정적인 사건으로 본다(Troll, 1989). 빈 둥지는 외부에 대한 관심과 활동이 전혀 없이 자녀를 중심으로 자신의 삶이 돌아가던 여성에게만 실제로 문제가 된다. 이것은 절반 이상의 많은 미국 여성이 가정 밖에서 일하고 자신의 경력을 쌓아 가고 있는 오늘날의 상황에서, 빈 둥지 증후군이 점점 줄어들고 있음을 시사한다.

능력 부여의 개념: 인종, 계층, 비교-문화적 요인

특정 집단의 여성에게 능력 부여를 다소 어렵게 만드는 사회적으로 속박된 불평등의 구조를 능력 부여에 대한 모든 논의에 포함시키는 것이 중요하다. 미국에서 인종과 계층, 문화에 기반을 둔 차별이 모두 이런 집단의 여성에 대해 영향력을 발휘하며, 능력 부여가 그들 삶의 결정적인 힘이지만 성취하기는 어려운 것으로 만들고 있다.

능력 부여와 인종

성 차별에 더해서, 아프리카계 미국 여성은 인종 때문에 그에게 놓인 불이익을 반드시 조정하고 극복해야 한다(Parker, 2003). 따라서 유색인 여성은 다른 수준의 억압을 조정해야 하는데, 그것은 이런 여성의 삶에서 능력 부여를 이중으로 어려운 것으로 만들 수 있다.

사회의 성차별주의와 인종주의에 대한 방어 과정에서, 아프리카계 미국 여성은 스스로 능력을 부여하기 위해 자신만의 전략과 과정을 개발하였다. 가부장적 체계의 지배에만 직면하게 되는 유럽계 미국 여성과 달리, 아프리카계 미국 여성은 그런 현실의 일부이면서 또한 인종 차별적인 체계의 지배에 직면하게 된다. 이런 이중성이 아프리카계 미국 여성에게 독특한 방식으로 스스로 자신의 능력을 부여할 필요성을 만들어 냈다.

한 문헌 고찰(Parker, 2003)은 중년 아프리카계 미국 여성과 그의 능력 부여에 딱 맞는 5가지 주제가 있음을 보여 준다. 이것은 목소리를 개발하고 사용하는 것, 자기를 정의하는 것, 자기가 결정하는 것, 공동체와 연결하고 공동체를 만드는 것, 영성과 영적 재탄생을 추구하는 것이다. 아프리카계 미국 여성은 흑인 여성주의 관점을 발전시켰는데, 그것은 자기 정의(self-definition)와 자기 결정(self-determination)을 자신의 운명에 이름을 붙이고 스스로 결정하는 힘이라고 개념화한다. 공동체와 영성, 그리고 억압에 저항해서 크게 말하는 것이 또한 능력 부여를 달성하기 위한 도구와 방법으로 사용되었다.

특별히 일하는 맥락에서, 아프리카계 미국 여성은 "자신의 정체감이 지배와 복종이라는 가부장적 체계를 통해 (재)생산되는 아프리카계 미국 여성이라는, 내적으로 정의된 자기상을 분리해야 하는 모순과 협상하고 조화를 만들어 내야 한다"(Parker, 2003, p. 262). 아프리카계 미국 여성에게 스스로 능력을 부여하는 독특한 방식을 제공한 것이 바로 이런 정체감과 협상하는 과정이다. 그들은 가부장적 사회가 발전시킨 고정관념에 대항하여 작업하기 위해 앞에서 언급한 전략을 사용하려고 적극적으로 노력한다.

능력 부여의 모형은 사람에게서 자산과 강점, 탄력성을 촉진하는데 초점을 맞추는 사회 변화와 치료적 개입의 모형이다(Querimit & Conner, 2003). 이것은 중년 이후 유색인 여성에게 중요한 함의를 가진다. 퀘리밋과 코너(Querimit & Conner, 2003)는 젊은 유색인에게서 이 모형을 연구하였지만, 또한 나이 든 유색인 여성과 많은 비교가 이루어질 수 있었다. 50세 이상 여성은 여전히 사회적 불평등을 극복해야 하지만, 지금 의지할 수 있는 더 많은 기술과 자산을 성취하였다. 그들은 사회적 불평등과 삶에 존재하는 억압에도 불구하고 스스로 능력을 부여하기 위해 이러한 개발된 강점에 의존할 수 있다. 이런 면에서, 나이 든 유색인 여성에게 능력을 부여하는 데 있어 나이가 중재 요인이며 유용한 도움이 되고 있다.

다음은 자신에게 능력을 부여하기 위해 앞에서 언급한 많은 전략을 사용한 한 아프리카계 여성의 사례다. 리베리아의 대통령인 엘런 존슨-설리프(Ellen Johnson-Sirleaf)는 여성을 위한 능력 부여를 촉진한 50세가 넘은 여성의 가장 좋은 예다. 2005년 11월 투표에서 깜짝 놀랄 만한 60% 지지로 당선되어 아프리카 역사상 최초의 선출직 지도자가 된 존슨-설리프는 지금 그녀의 깨어진 나라를 호전시켜야 할 책임을 맡고 있다. 하버드대학교 경제학과 졸업생인 존슨-설리프는 현재 리베리아의 경제적 · 사회적 문제로 씨름하고 있다. 미국에 살고 있는 재미교포 리베리아인에게 입양된, 두 명의 리베리아인 부모에게서 태어난 그녀는 의리와 정직으로 충만했다. 한편으로 그녀는 리베리아 여성에게 중요한 문제를 잊지 않았다. 그녀는 아내 학대, 강간, 여성의 유산 상속권에 대한 문제에 대해 공공의식을 높이기 위해 일하고 있다. 자신이 강간 피해자인 그녀는 변호사 집단과 함께 강간범이 더 엄격한 선고로 처벌받도록 하는 법을 제정하기 위해 일했다. 해머(Hammer, 2006)에 따르면, 존슨-설리프는 권좌에 올라 여성의 능력 부여안 발의를 위해 일하는, 늘어나고 있는 아프리카 여성 중 한 사람이다. 아프리카 여성은 "의회, 내각, 법원, 다른 정부기관에서 남성의 억압을 깨고 있다. 그들은 법을 만들고 태도를 변화시키고 그들을 따르는 다른 여성에게 영감을 주고 있다"(Hammer, 2006, p. 32). 다른 말로 하면, 존슨-설리프는 여성의 능력 부여 개념을 실현하고 있다.

능력 부여와 계층

계층에 대한 논의는 분명히 능력 부여와 관련이 있다. 많은 유색인 여성이 가난하게 살고 있고 자신과 가족을 부양하기 위해 분투하고 있다. 이민 온 여성과 최저 생활 유지에 필요한 소득 수준 이하의 가족에서 태어난 모든 인종의 여성은 금전적 불이익이 부분적으로 그들이 경험하는 권한 박탈로 이끌었다고 보고한다(Darlington & Mulvaney, 2003). 달링턴과 멀바니(Darlington과 Mulvaney, 2003)는 자신을 히스패닉, 쿠바계 미국인, 스패니시, 백인 스패니시, 백인 쿠바계 미국인, 그리고 '혼혈'이라고 말한 25명의 여성에게 질문지를 배포하였다. 질문은 미국에서 이런 여성의 권력과 능력 부여에 대한 견해를 알아보는 것을 목적으로 하였다. 어떤 여성의 진술은 계층과 능력 부여의 연결을 분명하게 보여 준다. 미국에서 오늘날 권력이 무엇을 의미한다고 생각하는지에 대한 반응으로, 한 여성은 미국 사회에서 권력은 "백인인 것과 돈이 있는 것"이라고 진술하였다(모두 p. 131에서 인용함). 다른 반응으로 권력은 "부이며, 부자인 사람들만이 권력이 있는 것처럼 보인다.", "권력은 부와 관련 있다고 생각한다. 또한 무엇을 타고 다니고 무엇을 입고 있는가의 측면에서 당신이 얼마나 많이 가지고 있는가와 관련 있다." 그리고 "권력은 통제의 수단으로 간주된다."라는 말이 포함되었다. 남미 국가의 권력에 대한 정의에서 이런 여성은 권력이 통제와 관련 있다고 말하였다. 한 여성은 권력은 "높은 계층에 속하는 것, 좋은 사립학교에서 공부하는 것, 부유한 가족 출신인 것"이라고 말하였다.

앤드루 등(Andrew et al., 2003)은 가난하고 낮은 사회경제적 계층의 여성, 특히 미국 남부 출신 여성의 능력 부여 개념화에 대해 연구하였다. 이런 여성들은 지리적 고립과 실업, 낮은 교육적 성취, 제한된 서비스 접근을 감내해야 했다. 안젤라(Angela)라는 가상의 여성과 그녀의 인생 이야기에 대한 참여자들의 논평을 녹화했는데, 안젤라가 자신이 처한 어려운 상황에서 빠져나오기 위해 어떤 방법을 사용하는 것이 가능한지에 대해서 여성이 가지고 있는 신념을 분석하기 위해서였다(안젤라는 자원이 거의 없고 가난하다). 여성에게 안젤라의 삶과 그녀의 강점 및 한계에 대해 말해 달라고 요청했다. 그들의 대답에서 능력 부여가 나왔고, 대부분의 여성은 안젤라가 자신의 계층 때문에 직면하게 되는 여러 어려움에도 불구하고 자신의 삶을 통제할 필요가 있다고 생각하였다. 능력 부여에 대한 그들의 개념은 계층의 개념과 강한 관련이 있었고 낮은 사회경제적 지위가 초래하는 문제에서 빠져나올 필요성(예, 스스로 능력 부여하기)과도 강하게 관련이 있었다. 그들의 반응에는 낙관주의, 인내력, 상황을 지켜보는 능력, 도움을 구하고 받아들이는 능력, 영성과 같은 주제가 있었다. 그들의 반응은 능력을 부여하는 속성이 대인관계 및 환경적 요인과 밀접하게 관련되어 있고 일상에서 경험하는 것과 동떨어진 것이 아님을 보여 주었다.

그 연구 결과는 누가 권한을 가지며 누가 그렇지 못한가에 대한 여성의 개념에서 계층이 커다란 고려 사항임을 분명히 보여 주었다. 미국과 이민자들의 모국, 둘 다에서 상위 계층은 더 많은 권력을 가지며, 그들은 사회가 제공하는 더 큰 이득을 누릴 "자격이 있다." 따라서 미국과 그 외 다른 나라에서, 낮은 계층의 사람들은 구조적으로 그들에게 불리한 사회에서 스스로 능력을 부여하기 위해 더 열심히 노력해야 한다는 점에서 계층은 능력 부여와 관련되어 있다. 베커 등(Becker et al., 2004)은 또한 소득이 낮은 어머니를 대상으로 일하는 변호사 표본에서 능력 부여에 대한 개인적 개념을 조작적으로 정의하려고 시도하였다. 전반적으로 이런 연구자들은 능력 부여라는 용어를 철저하게 "목표를 설정하는 것, 정보를 수집하는 것, 욕구를 정의하는 것, 결정을 내리고 수행하는 것" 으로 사용하였다(p. 332). 이런 모든 것은 여성이 스스로 능력을 부여하고, 그렇게 하면서 자신의 계층 상태에 의해 자신에게 지워진 압박을 완화하도록 도울 수 있는 방법들이다.

능력 부여와 비교문화적 요인

능력 부여의 개념이 문화와 인종적 배경에 따라 다르다는 것을 기억하는 것이 중요하다. 힘(agency)과 자기 충족감이 '성공적인' 노화와 삶의 질의 이론적 지표이자 측정치로 종종 사용된다. 이런 맥락에서 성공은 개인적 잠재력이나 나이를 먹는다는 새로운 도전에 적응하는 능력과 연관이 있다. 하지만 이것은 두 가지 이유에서 매우 문제가 된다. 우선, 이런 개념은 무엇이 권력을 구성하는가에 대해서 사회적으로 우세한 입장에 있는 유럽계 미국인의 개념에서 파생된 것인데, 그것은 서구에 맞는 독립성 및 자율성의 개념과 종종 연합되어 있다. 이러한 개념은 시간과 공간에 따라 달라지며, 다른 인종과 문화, 역사적 시대에 따라 다른 의미를 제공한다. 둘째, 인생 후반기에 자율성과 독립성, 힘, 능력 부여를 구성하는 것에 대한 기존의 지식이 무비판적으로, 그리고 보편적으로 적용되는 경향이 있는데, 그것은 지배적인 가치와 인식을 승인하는 결과를 낳는다(Wray, 2004). 대신, 연구자들은 얼마나 다양한 사회적 · 문화적 · 역사적 배경이 성공적인 노화에 대한 인식과 경험을 형성하는지를 조사해야 한다. 구체적으로, 문화 및 인종적 결합이 힘과 능력 부여, 권한 박탈의 개념에 미치는 영향력을 평가해야 한다. 무엇이 힘과 능력 부여를 구성하는지를 이해하는 것은 가치와 신념, 문화적 집단을 구별짓는 규범의 분석을 필요로 한다.

또한 다양한 나라가 다른 문화적 수준의 성별 능력 부여를 하고 있음에 주목하는 것이 중요하다. 2004년에 UN 개발 프로그램은 여성이 의회에서 차지한 좌석 수, 여성 관료와 의장의 수, 여성 전문직 및 기술직 근로자 수, 남성 대비 추정된 여성의 소득 비율을 기초로 78개국의 순위를 매겼다. 결과는 노르웨이의 성별 능력 부여 수준이 가장 높은 것으로 나타났고, 미국은 14번째, 일본은 38번째, 사우디아라비아는 77번째였다(UN 개발 프로그램, 2004). 〈표 10-1〉을 보라.

레이(Wray, 2004)는 60~80세의 영국 여성 170명에게서 힘과 능력

〈표 10-1〉 나라에 따른 성별 능력 부여 수준

나 라	성별 능력 부여 측정(GEM) 순위	여성이 차지한 의회 좌석 (전체 중 %)	여성 입법부 고위직/위원회 의장 (전체 중 %)	여성 전문직/기술직 근로자 (전체 중 %)	남성의 소득 대비 추정된 여성 소득의 비율
노르웨이	1	36.4	28	49	0.74
캐나다	10	23.6	34	54	0.63
뉴질랜드	11	28.3	38	52	0.69
오스트리아	13	30.6	29	48	0.36
미 국	14	14.0	46	55	0.62
멕시코	34	21.2	25	40	0.38
일 본	38	9.9	10	46	0.46
베네수엘라	61	9.7	27	61	0.41
한 국	68	5.9	5	34	0.46
파키스탄	64	20.8	9	26	0.33
사우디아라비아	77	0.0	1	31	0.21

출처: UN 개발 프로그램(2004).

부여, 권한 박탈의 경험을 조사하였다. 이 여성들은 다양한 범위의 인종적 배경을 지녔는데, 그것은 그들 삶에서 힘과 통제력을 구성하였던 것에 대한 지각에 영향을 주었다. 예를 들어, 삶의 질은 의학적 건강 요인, 사회적 지지, 개인적 발달과 성취, 소득, 타인과의 관계 등 다양한 방식으로 정의될 수 있다. 하지만 결과는 양호한 건강이 삶의 질의 중요한 주제라는 것에 집단 간 일치가 있었음을 보여 주었다. 다수의 사람들이 자신의 건강과 기민함에 대해 어느 정도의 통제력을 갖는 것이 힘과 자율성을 발휘하는 데 중요하다고 생각하였다. 반면, 이런 결과에도 불구하고 건강과 관련된 문제들(예, 천식, 당뇨, 관절염)이 여성이 자신의 삶을 살아가고 즐기는 것을 가로막지는 못하였다(Wray, 2004). 이에 더해서 종교적 신념과 영적 신념이 여성의 삶의 질에 영향을 미치는 중요한 요인이었다. 하지만 집단적 힘과 능력 부여의 출처로서 신념에 부여된 중요성에 있어서는 인종 간 차이가 나타났다. 대다수의 사람은 자신의 신념에서 끌어낸 행복과 안녕감, 소속감, 희망, 능력 부여에 대해서, 그리고 이러한 감정이 일상생활에서 어떻게 나타나는지에 대해서 말하였다.

전반적으로 상호 의존은 능력 부여와 힘의 중요한 출처였다(Wray, 2004). 자녀의 삶에 기여하는 역할을 지속하는 것이 권위와 자기 가치감, 권력에 기여하였는데, 여기서 권력은 독립성과 자기 충족의 측면이라기보다는 상호 의존성과 상호 호혜성의 측면이다. 이런 유형의 협동적인 상호 호혜성의 부재와 부모 역할의 상실은 인종 간에 걸쳐 잠재적으로 권한을 잃는 것으로 언급되었다. 조부모의 역할 또한 문화에 따라 다르게 인식되었다. 일부 아프리카계 카리브 해안과 도미니카의 여성, 그리고 소수의 백인 영국계 여성에게, 조부모 역할은 자율적으로 행동할 기회를 제공하였다. 다른 여성의 경우, 아이를 돌보는 것과 가사에 대한 책임은 더 부정적인 측면으로 비춰졌다. 일부 영국계 이슬람 여성들은 가족에 대한 책임에서 벗어난 독립적인 삶을 바라기 때문에 자녀와 따로 사는 것을 선호한다고 말하였다. 많은 미국계 파키스탄 여성과 인도 여성들이 홀로 살고 그런 방식을 선호한다는 증거가 있다. 확대가족에서 사는 여성은 종종 그들의 삶의 방식이 권한을 주면서도 권한을 박탈한다는 것을 발견하였다. 한편, 가족원으로서 적극적인 역할을 하는 것은 긍정적인 측면으로 비춰졌다. 대신 다른 사람들은 자손과 함께 사는 것을 프라이버시에 대한 욕구 혹은 책임과 의무에서 자유로워지고 싶은 욕구 때문에 바람직하지 않은 것으로 보았다.

전체적으로 레이(2004)는 다른 배경 출신 여성이 나이를 먹음에 따라 적극적인 삶을 추구하고 통제력을 유지하기 위해 다른 전략을 사용함을 보여 주었다. 따라서 무엇이 중년과 그 이후 여성의 힘과 능력 부여를 구성하는가는 다양한 반응을 만들어 내는 질문이며, 그런 모든 것은 동등한 관심을 받고 연구를 진행할 만한 주제가 된다.

능력 부여를 촉진하는 조직

우리가 앞에서 보았듯이, 중년과 더 나이 든 여성은 사회적 변화를 위해 정치와 조직화된 노력에 더욱 적극적으로 참여하는 경향이 있다. 어떤 나이 든 여성은 자신의 노력을 여성주의와 연관된 것으로 본다(Galand, 1988). 사실상 중년 여성은 그레이 팬더스(Gray Panthers)나 여성을 위한 전국조직(NOW), 심리학 내 여성 연합(AWP), UN과 관련된 단체 등의 조직을 통해 자신의 입장을 향상시키는 데 기여하였다.

여성을 위한 전국조직(National Organization for Women: NOW)

NOW는 미국에서 가장 큰 여성주의 활동가 조직으로, 50만 명의 회비를 내는 회원이 있으며, 50개 모든 주와 콜롬비아 특별지구에 550개의 지부를 가지고 있다. NOW는 정치적 활동과 지역 활동가를 훈련시키고, 회원들에게 여성 권리에 대한 강력한 주장을 조직화하기 위한 자원을 제공하는 데 수십 년의 경험을 가지고 있다. NOW의 목표는 모든 여성을 위한 평등을 실현하기 위해 활동하는 것이다. 활동가들은 '권력의 여성화'를 위해 싸우며 연방정부와 주정부, 지역자치정부 선거에서 여성 후보자들의 권리를 지지한다. NOW는 직장과 학교, 법조계, 다른 사회 영역에서 차별과 성희롱을 없애기 위해 일한다. 또한 낙태와 출산 통제, 모든 여성의 기타 생식권을 보호하기 위해, 여성에 대한 모든 형태의 폭력을 끝내기 위해, 인종차별주의와 성차별주의, 동성애 혐오를 근절시키기 위해, 우리 사회에서 평등과 정의를 촉진하기 위해 일한다. NOW의 활동은 더 많은 여성을 정치적 직위에 배치하게 한, 광범위한 변화에 크게 기여하였다. NOW의 노력은 또한 여성에게 교육과 취업, 사업의 기회를 증가시켰다. 이에 더해서, NOW는 여성에 대한 폭력과 성희롱, 차별에 대해 더 엄격한 법을 만들기 위해 일하였다. NOW의 공식적으로 가장 중요한 사업은 여성에게도 동등한 권리를 보장하는 미국 헌법의 개정을 통해 경제적 평등을 이루어 내고 그것을 지켜 내는 것이다. 또한 낙태권과 생식의 자유, 다른 여성의 건강 문제를 옹호하고, 인종차별주의에 반대하고 레즈비언과 게이에 대한 편견과 싸우는 것이며, 여성에 대한 폭력을 끝내는 것이다. 그들은 광범위한 선거 및 로비 활동을 하고 소송을 제기한다. 그들은 대규모 행진과 집회, 피켓, 비폭력적인 시민 불복종 운동, 즉각적이고 반응적인 '번개' 활동을 조직한다(여성을 위한 전국조직, 2006).

그레이 팬더스(Gray Panthers)

그레이 팬더스는 노인들이 창립한 전국적인 다세대 풀뿌리 단체다. 회원들은 모든 연령의 사람에게 영향을 주는 많은 영역에서 점진적인 사회적 변화를 이루기 위해 애쓴다. 그러한 영역들에는 반차별주의, 사회적·경제적 정의, 적정한 가격의 주택, 보편적인 건강 관리, 평화, 교육의 향상, 환경 보존이 포함된다. 그레이 팬더스는 상호 의존적인 세계에서 모두의 복지는 평화를 유지하고, 상처 입은 환경을 치유하고, 정책을 결정하는 데 참여하는 모든 개인의 권리를 존중하는 정책에 의해 성취된다고 믿는다. 나아가 그들은 사회 정의의 증진과 연구를 위해 모든 인종과 경제적 배경을 가진 젊고, 늙은 여성과 남성을 연합시키고자 한다. 그들은 정부가 모두를 위한 사회 정의의 성취를 촉진하기 위해 존재한다고 생각한다(Gray Panthers, 2006).

심리학 내 여성 연합(Association for Women in Psychology: AWP)

각 조직들은 특정 이슈에 더 초점을 맞춘다. 예를 들어, 심리학 내 여성 연합(AWP)은 1969년 미국 심리학회 연차대회에서 창립되었다. 하지만 AWP는 미국심리학회 조직 바깥에서 활동하며 심리학보다 더 폭넓은 회원과 비전을 가지고 있다. AWP는 매년 몇 개의 상을 지원할 뿐만 아니라 여성주의 심리학에 대한 지역 학술모임과 전국 규모의 학술모임을 지원한다. 그들은 자주 연구와 강의, 정신건강에 대한 여성주의적 접근을 증진하기 위해 다른 조직과 협조하고, 다른 여성주의 조직이나 심리학 조직과 활발한 접촉을 유지한다. AWP는 공식적으로 1976년 이래로 UN의 비정부조직(NGO)이고 국제회의에도 참여한다.

AWP는 여성주의 심리학 연구와 이론, 활동을 장려하는 데 전념하는 비영리 과학/교육 조직이다. AWP는 차이를 지지하고 세상에 알리며, 진지하게 도전하고, 여성주의 단체로의 성장을 경험한, 강력한 역사를 가지고 있다. 또한 AWP는 심리학과 정신건강 분야가 일반적으로 여성의 삶 안에서 하는 역할을 재평가하고 재개념화하는 데 헌신한다. 그들은 여성과 남성에 대한 이해와 치료, 전문적 성취, 자기 결정을 제한하거나 탐탁치 않게도 인종이나 나이, 사회적 계층, 성적 지향성, 종교적 동맹에 기초하여 여성을 구분하는 데 기여하는, 의문시 되지 않은 가정과 연구 전통, 이론의 수행, 임상 및 학문적 관행, 제도적 · 사회적 구조에 도전함으로써 여성에 대해 책임감 있고 민감하게 행동하려고 한다. 따라서 AWP의 역할은 정신건강 전문가들의 교육과 민감화, 여성의 관심사 및 그것을 증진하는 사람들에 대한 인식과 격려, 심리학 내 관점의 재개념화와 확장, 전문적 · 제도적 관행에 대한 옹호와 비판, 창조적인 여성주의 논문에 대한 기회 제공, 여성주의 사상의 배포를 포함한다(심리학 내 여성 연합, 2006).

AWP에 의한 로비는 직접적으로 1973년 여성심리학회의 창립으로 이어졌으며(APA 35분과), AWP와 35분과의 공동 노력으로 APA 전국 본부에 여성 프로그램 사무소를 설립하게 되었다. AWP 의제에는 공적 조직과 사적 조직에서 인종차별주의를 제거하려는 노력이 포함된다. AWP의 한 가지 목표는 사람들이 여성심리학 안에서 성과 인종 간 상호작용(interface)을 인식하도록 만드는 것이다. AWP의 일차적인 목적 중 하나는 여성주의의 실천이며 이를 위해 다음과 같은 다양한 목적에 전념한다. 첫째, 여성과 남성의 심리적 '본질'에 대한 근거 없는 가정에 도전하기, 둘째 성과 젠더에 대한 여성주의 심리학 연구 장려하기, 셋째 유색인 여성에 대한 억압과 싸우기, 넷째 심리치료의 여성주의 모형 개발하기, 다섯째 심리학과 관련 분야의 전문 직종 내에서 여성을 위한 평등 달성하기, 여섯째 모든 인종과 나이, 사회적 계층, 성적 지향성, 신체적 능력, 종교를 가진 여성들 사이의 단합 증진하기, 일곱째 여성의 심리적 · 사회적 · 정치적 · 경제적 문제에 대해 대중과 전문가들을 민감하게 만들기, 여덟째 여성이 개인적 성 정체감을 창조하도록 돕기, 아홉째 유색인 여성의 관심사에 대한 연구 장려하기.

미국심리학회-35분과-여성심리학회

35분과는 여성의 심리에 초점을 맞추기 위해 1973년에 창립되었으며, 오늘날 2,400명 이상의 회원이 있다. 여성심리학회는 "여성심리학 강의나 연구, 실천에 관심이 있는 전 세계 국적의 모든 여성주의자, 여성, 남성을 위한 조직적 기반을 제공하는 데 전념한다"(미국심리학회, 2005). 35분과의 목적은 여성주의 연구와 이론, 교육, 실천을 증진하는 것이다. 또한 다문화 맥락에서 성별(gender) 관계의 사회적 구성에 대한 연구를 장려하고, 여성주의 학문을 심리학의 지식기반을 바꾸는 데 적용하고, 평등을 촉진하는 공공 정책에 대한 활동을 옹호하는 것이다. 따라서 능력 부여는 APA 내에서 이 분과의 목표 및 목적과 매우 높게 연결된다. 많은 다른 매체는 여성에게 능력 부여를 위해 싸우고 또한 미래 세대의 능력 부여를 이룰 수 있도록 구조적 변화를 위한 방안을 마련하라고 촉구하고 있다.

국가연합(UN)

전 세계 여성의 능력 부여 증진을 촉진할 수 있는 국제기구가 UN이다. UN은 전 세계의 평화와 안전, 개발, 인권의 증진에서 중심적 역할을 한다. UN의 창립 이래로, UN은 모든 사람의 근본적인 평등을 보장하고 모든 형태의 차별에 대항하기 위해 일하고 있다. UN의 노력을 통해, 정부는 세계를 우리 모두를 위한 더 많은 기회와 정의가 있는, 더 안전하고 건강한 장소로 만든다는 많은 다국적 동의안을 채택하였다. UN은 국제적 갈등을 해결하는 것을 돕는 수단을 제공하고 모든 사람에게 영향을 미치는 문제에 대한 정책을 만든다. UN에서 모든 회원국—크건 작건, 부유하건 가난하건, 다른 정치적 견해와 사회 체제를 가지고 있다 해도—은 이 과정에서 자국의 목소리를 내고 투표를 한다(UN, 2006). UN의 중심 강령 중 하나는 더 높은 삶의 표준과 완전 고용, 경제적 · 사회적 진보와 발전의 조건을 촉진하는 것이다. UN 체제에서 업무의 70% 정도는 이런 강령을 성취하는 데 할애된다. 이런 업무를 이끄는 것은 빈곤을 근절하고 모든 곳의 사람의 웰빙을 향상시키는 것이 지속적인 세계 평화를 위한 조건을 만들어 내는 데 필수적인 단계라는 신념이다. 세계은행과 UN 개발 프로그램을 포함해서, UN과 UN의 하위조직은 더 가난한 나라에서 발전을 촉진하는 최고의 수단이다.

UN의 사무총장 코피 아난(Kofi Annan)이 2001년에 발의한 새천년 개발 목표(Millennium Development Goals: MDGs)는 새천년 선언문을 수행

하기 위한 '로드맵'으로, 2000년 9월 UN 새천년 정상회담에서 제안되었다. 새천년 선언문은 여성의 능력 부여와 성 평등의 성취가 인권과 사회정의의 문제라는 널리 퍼진 국제적 인식을 반영한다. 평등과 여성의 능력 부여는 MDGs가 빈곤 퇴치든 환경 보호든 건강의료에의 접근이든 간에, 모든 MDGs의 달성에 기본적인 것이다. 성 평등을 함께 다루지 않고 MDGs를 이루려는 시도는 비용을 올리고 성공을 감소시킬 것이다. 어느 한 영역에서 성 평등을 향한 발전이 다른 목표를 촉진하는 데 도움이 되는 것처럼 MDGs는 상호 강화적인 것이기 때문에 그 목표의 성공적인 달성은 또한 성 평등에 긍정적인 영향을 줄 것이다.

2015년까지, 모든 191개 UN 회원국은 MDGs 목표를 실현할 것을 약속하였다. 8가지 MDGs에는 다음과 같은 내용이 포함된다. 첫째, 극단적 가난과 굶주림을 근절하기, 둘째 보편적인 1차 교육을 달성하기, 셋째 성 평등을 촉진하고 여성에게 능력 부여하기, 넷째 아동 사망률 줄이기, 다섯째 모성 건강 관리 향상시키기, 여섯째 HIV/AIDS, 말라리아, 기타 질병과 싸우기, 일곱째 환경의 지속성 보장하기, 여덟째 세계적인 파트너십 발전시키기(Millennium Project, 2006).

목표 3번은 성 평등을 증진하기 위한, 부분적인 것이 아니라 포괄적인 프로그램을 활성화시키는 것의 중요성을 분명히 한다. 따라서 목표 3번은 여성의 삶의 모든 측면, 즉 성에 기반을 둔 폭력, 문화적 고정관념, 매매춘, 무장 충돌, 정치적 삶, 건강 관리, 가족 계획, 빈곤, 환경, 시골 생활, 결혼과 가족관계 등에서의 성 평등을 포함한다. 성 평등과 여성의 능력 부여를 이루기 위해 고려해야 하는 모든 조치가 다른 국제기구의 주요 조항과 회의기록에서뿐만 아니라 여성에 대한 모든 형태의 차별 제거에 관한 회의(Convention on the Elimination of All Forms of

Discrimination against Women: CEDAW)와 베이징 행동 강령(Beijing Platform for Action)에서 이미 포괄적으로 상세하게 계획되었다 (UNIFEM, 2004).

UN의 국제 정책 프로그램과 기구에 더해서, UN 내 NGO들이 사회적 인식과 다양한 주제의 실천을 촉진한다. 2개의 특정 NGO, 즉 여성 지위에 대한 위원회와 노화에 대한 위원회가 여성의 능력 부여를 촉진하는 데 적극적이다. 여성 지위에 대한 위원회는 구체적으로 노년 여성의 하위 위원회(SCOW)인데, 주로 50세 이상인 여성의 단체로 이 연령 집단 여성과 관련된 이슈와 그런 이슈의 교육을 촉진한다. 여성의 지위에 대한 NGO 위원회(NGO CSW)는 UN 총회가 1975년을 국제 여성의 해로 선포하고, 다음과 같은 국제적 행동이 강화되기를 권고한 이후 창립되었다. 먼저, 남성과 여성 간 평등을 촉진하고, 모든 개발 노력에서 여성의 완전한 통합을 보장하고, 국가 간 우호적인 관계와 협력 발달에 여성의 증가하는 기여의 중요성을 인정하고, 세계 평화를 강화한다. NGO CSW 뉴욕 지부는 정보 교환과 교육, 인식, 그리고 다른 관련된 여성 관련 연구와 프로그램뿐만 아니라 UN이 고려하고 있는 여성과 관련된 이슈와 정책에 대한 본질적인 논의를 위한 포럼을 제공한다(여성의 UN 리포트 프로그램과 네트워크, 발표일 미확인). SCOW는 노년 여성을 위해 필요한 이슈, 그리고 변화와 관련된 성명과 행사를 준비하고 있다. 이 위원회에 속한 여성은 최선을 다해 능력 부여의 예를 보여 준다. 즉, 여성이 협력하여 핵심 문제의 해결을 촉진하고, 그렇게 하면서 모든 연령 외 여성을 위한 긍정적인 변화에 영향을 준다. 노화에 대한 NGO 위원회의 일 또한 여성의 능력 부여와 일치한다. 이 NGO는 노인—그중 많은 수는 여성이다—과 관련된 문제의 해결을 촉진하는 일을 한다.

UNIFEM, 혹은 여성을 위한 UN개발기금(United Nations Development Fund for Women)은 전 세계의 여성을 위해 일한다. 이들은 여성의 능력 부여와 성 평등을 지지하는 혁신적인 프로그램과 전략에 재정적 · 기술적 지원을 제공한다. 구체적으로 UNIFEM 아랍국 지역 사무소의 프로젝트와 프로그램은 경제적 권리, 인권, 정치적 과정에의 참여와 같이, 이 지역 여성의 삶의 다양한 측면을 타깃으로 한다. UNIFEM 프로그램은 여성에게 자신의 삶과 선택에 영향을 주는 정책을 만드는 데 있어 동등한 투표권을 제공한다는 목표를 가지고, 모든 영역에서 여성의 리더십을 촉진한다. 프로젝트와 활동을 통해서, UNIFEM은 여성의 리더십을 지원하기 위해 다음의 목적을 달성하는 것을 목표로 한다. 첫째, 평화와 안전–예방에서 성 초점(gender focus)을 강화하고, 평화 과정에서 성 관점을 중심적인 것으로 만들고, 갈등 후 평화 확립에서 성 정의를 지지한다. 둘째, 성 정의(gender justice)–리더십과 정치적 결정에서 여성의 능력 부여와 동등한 참여는 성 평등이 정책 수립과 헌법 및 선거, 사법 개혁에 통합되도록 보장하는 데 필수적인 요소다 (UNIFEM, 2004).

여성과 리더십: 다른 사람들의 능력 부여를 위해 리더십 사용하기

여성들은 점차 조직 내에서 더 큰 리더십을 발휘하고 회사 전략에 더 큰 영향을 주고 있다. 경영학 문헌은 미래 조직의 가치가 과거 여성에게 적용되었던 것보다 더 크게 여성에게 적합하게 될 것이라고 제안한다(Colwill & Townsend, 1999). 자기에 대한 지식, 관계 맺기, 촉진 기술, 타인에게 능력 부여하기는 모든 경영인에게 핵심 기술로 떠오르고 있다. 이런 기술은 점차 성공적인 관리자의 중심적 요소로 파악되고 있고, 1970년대의 전통적인 남성 독재자에서 벗어나는 추세다. 연구(Colwill & Townsend, 1999)는 '좋은 경영 기술'로 확인된 많은 특성이 또한 '전통적인 여성'에게 속하는 특성임을 보여 주었다. 이런 좋은 경영 능력 중 많은 것은 의사소통 패턴과 관련이 있다. 예를 들어, 대체적으로 여성은 공동의 목적을 향해 함께 일하는 것과 타인을 이해하는 것과 같이, 의사소통과 관계에 가치를 둔다(Colwill & Townsend, 1999). 여성은 남성보다 의사소통에서 더 탐색적이고 덜 도구적이다. 여성은 남성이 불필요한 것으로 판단하는 문제에 대해 의사소통하는 경향이 더 크지만, 그렇게 함으로써 다른 사람에게 더 폭넓은 이해를 나누어 줄 수 있다(Colwill & Townsend, 1999).

단지 리더로서 인식되는 것이 곧 권력을 갖거나(powerful) 권한을 부여받도록(empowering) 하지는 못한다. 예를 들어, 영국과 북아일랜드의 엘리자베스 2세 여왕과 덴마크의 마르그레테 2세 여왕, 네덜란드의 베아트릭스 여왕은 주로 상징적 수장이다. 마가렛 대처나 인디라 간디, 콘돌리자 라이스와 같은 지도자들은 권력은 있었지만 부여받은 권한은 없었다. 다른 여성에게 능력을 부여하기 위해 일하였던 여성 지도자에는 수전 B. 안소니, 베티 프리단, 글로리아 스타이넴, 힐러리 로뎀 클린턴, 오프라 윈프리, 마이애미 대학교의 총장이자 미국 보건복지부 장관이었던 도나 섈라라가 포함된다. 힐러리 클린턴은 미국의 영부인으로 알려졌지만, 50대가 되어서야 자신의 힘으로 미국

상원의원으로 선출되었다.

능력 부여는 정치적 영역에서만이 아니라 다른 영역에서도 찾아볼 수 있다. 미국인 화가인 할머니 모세(Moses)—그녀는 흔히 이렇게 불린다—를 예로 들어 보자. 안나 메이 로버트슨 모세(Anna May Robertson Moses)는 10명의 아이들 중 셋째였고, 어렸을 때 아버지로부터 그림을 그리라는 격려를 받았다. 그녀는 1887년 토마스 살롬 모세(Thomas Salom Moses)와 결혼할 때까지 열두 살부터 이웃 농장에서 일했다. 이 부부가 소유하고 함께 일했던 농장에 살면서, 할머니 모세는 집안의 특정 물건을 그림으로 장식하였는데, 그때 이미 70대였다. 그녀는 이전에 어떤 미술 교육도 받지 않았고 정식 수업을 듣지도 않은 채 유화로 그림을 그리기 시작했다. 현재 그녀의 그림은 전 세계 미술관에 전시되어 있고, 그녀는 50세 이상 여성이 성취할 수 있는 것의 한 예로서 최전선에 서 있다(ArtCyclopedia, 2005).

필라이(Pillai, 1995)에 의하면, 능력 부여는 여성에게 인생의 전 영역에서 완전한 정체감과 힘을 인식하게 하는 적극적이고 다차원적 과정이다. 여성을 위한 능력 부여는 여성의 관점에서 창조할 수 있는 것뿐만 아니라 말할 것을 가지고 있고 경청되는 것을 포함한다. 능력 부여는 여성이 자신이 누구인가, 그리고 무엇을 하고 있는가에 대해 평가받고 인정받아야 한다고 주장한다. 일단 인정을 받으면, 여성은 앞으로의 노력에서 더 효과적이 될 것이다. 또한 그들은 실제 상황인 사회적 사실에 대담하게 직면할 능력을 개발한다. 그들이 일단 자신의 삶의 진실을 자세히 검토하고 나면 자신과 환경에 대해 더 잘 이해할 수 있다. 권한을 갖게 된 여성은 사회적 · 문화적, 그리고 어쩌면 가장 중요한 심리적 장벽에서 자유로워지게 된다(Pillai, 1995).

매슬로(Maslow)의 이론에 따르면 많은 사람이 자기를 완전히 실현하지는 못하는 것처럼 많은 사람이 또한 충분하게 능력을 부여받지는 못한다(Maslow, 1943). 여성이 더 많이 능력을 부여받기 위해서는 다음과 같은 취해야 할 여러 단계가 있다.

- 우리의 삶에 대해 통제력 갖기(예, 충분한 교육, 자기 탐색, 흥미 찾기, 기술 개발, 만족스러운 직업과 생활 방식 선택하기, 치료받기 등을 통해서)
- 우리 자신의 상황, 권리, 사용 가능한 기회에 대해 인식하기
- 우리의 능력을 최적으로 사용하기
- 실현적인 삶을 살기
- 자신감과 자존감, 자기 존중, 자기 위엄을 높이기
- 경제적으로 독립하고 우리 자신의 자원을 관리하기
- 능력과 기술 개발, 특히 활동을 계획하고 결정하고 조직하고 실행하는 능력 키우기
- 우리 주위의 사람과 상황/제도에 대처하는 법 배우기
- 가정과 지역사회, 더 큰 사회의 의사결정에 참여하기
- 과거로부터 배우고 미래를 설계하기
- 주장적인 신념 체계 발달시키기
- 관계 형성하기(예, 연애, 우정, 직장 네트워크)
- 수동적인 비활동에서 적극적인 참여로 나아가기
- 전체 사회에 영향을 미치는 결정과 선택에 영향을 줄 수 있기
- 조직의 일원이 되고 기여함으로써 동등한 시민과 인간으로서 존중받기
- 자신을 넘어 타인의 능력 부여를 위해 기여하기

- 공동의 선을 위해 다른 여성과 협조하기

결 론

능력 부여는 모든 사회경제적 계층과 인종, 문화의 여성에게 적절한 이슈다. 중년의 중류층 여성이 흔히 자신의 삶에서 긍정적인 변화를 만들어 내고 권력의 균형을 그들에게 유리하게 바꾸는 데 필요한 능력을 가지고 있다는 점을 고려할 때, 능력 부여는 특히 중년 여성에 대한 논의에서 적절한 것이다. 이런 여성이 사용해 온 능력 부여로 가는 다양한 단계가 있다. 많은 사람이 자신의 삶에 대한 통제력을 얻고, 자신감과 자존감을 높이고, 자신의 상황을 인식하고, 주장적인 신념 체계를 발달시키는 데 성공하였다. 하지만 어떤 여성은, 특히 낮은 사회경제적 지위에 있거나 차별받는 소수 인종에 속한 여성은 능력 부여에 관한 한 특별히 도전적인 상황에 놓여 있는 자신을 발견하게 된다. 사회적 구조와 차별이 능력 부여를 너무나도 어렵게 만들지만, 이런 여성의 능력 부여를 위해 이런 단계를 밟는 것이 반드시 불가능한 것은 아니다.

능력 부여를 위한 한 가지 결정적인 구성 요소는 자신을 넘어 타인의 능력 부여를 위해 나아가는 것이다. 능력 부여는 개인적 능력 부여로서만이 아니라 다른 여성의 능력 부여로도 간주되어야 한다. 여성은 모든 여성의 능력 부여를 위해 노력해야 하고, 이것을 지지하는 한 가지 방법은 공동의 선을 이루기 위해 다른 여성과 협조하는 것이다. 이것이 달성되었던 한 가지 방법은 NOW와 AWP, 그레이 팬더스와 같이 여성 스스로 능력을 부여하도록 돕기 위해 만들어진 단체와 조직의 설립을 통해서다.

이에 더해서 정치 영역에서 세계 정책이 마침내 여성의 능력 부여를 지지하기 시작하였는데, 즉 여성에게 능력을 부여하고 가난과 차별, 불평등과 싸우는 것을 돕는 데 매우 필요한 자원들을 여성에게 제공하는 정책을 장려하고 있다. 중년의 여성은 대부분의 여성이 가지고 있는 생산적이고 유능하고 자원이 풍부한 특성의 예가 될 수 있다. 모든 연령대 여성의 협조적 참여뿐만 아니라 조직과 정부의 지원도 함께 늘어나고 있으므로, 여성의 능력 부여는 계속해서 확대될 것이다.

전반적으로 50세 이상의 여성은 자신과 다른 여성을 위한 능력 부여를 확대하고 그런 좋은 예가 될 수 있는, 그들 삶의 전성기에 있다. 자녀들이 다 성장하고 집을 떠났기 때문에 여성은 자신의 삶과 사회를 향상시키기 위해 노력을 기울일 수 있는 더 많은 시간을 가지고 있다. 그들은 또한 마음대로 쓸 수 있는 더 많은 재정적 자원과 목표를 설정하고 달성할 수 있는 수단을 가지고 있다. 여기에는 증가된 자신감이 포함되는데, 이것은 나이와 경험에서 온 것이다. 더 많은 인생 경험이 여성에게 새로운 전략을 배우는 핵심적 자산과 이런 전략을 실행할 수 있는 개인적 능력을 제공한다. 50세 이상의 여성은 모든 연령의 다른 여성의 능력 부여뿐만 아니라 자신의 능력 부여를 계속해서 촉진하기에 적절한 핵심적 요소를 풍부하게 가지고 있다.

참고문헌

서 문

Gerger, M. (1989). Talking about menopause: A dialogic analysis. In L. E. Thomas (Ed.), *Research on adulthood and aging: The human sciences approach* (pp. 65-87). Albany, NY: State University of New York Press.

Gergen, M. (1990). Finished at 40: Women's development within the patriarchy. *Psychology of Women Quarterly, 14*, 471-493.

Neugarten, B. (1979). Time, age, and the life cycle. *American Journal of Psychiatry, 136,* 887-894.

소개의 글

Ashmore, R. D., Deaux, K., & McLaughlin-Volpe, T. (2004). An organizing framework for collective identity: Articulation and significance of multidimensionality. *American Psychologist, 130,* 80-114.

Barnett, R. C., & Hyde, J. S. (2001). Women, men, work, and family. *American*

Psychologist, 56, 781-796.

Gergen, M. (1990). Finished at 40: Women's development within the patriarchy. *Psychology of Women Quarterly, 14*, 451-471.

Sampson, E. E. (1993). Identity politics: Challenges to psychology's understanding. *American Psychologist, 48*, 1219-1230.

01. 50세 이상 여성의 신체상 문제

Alderson, B. W. (1991, March). *An Overview of Emotional Issues Faced by Women Over 50.* Paper presented at the meeting of the Association for Women in Psychology, Hartford, CT.

Allen, K. E., and Wellard, S. J. (2001). Older women' s experiences with sternotomy. *International Journal of Nursing Practice, 7*, 274-279.

Arnold, E. (2005). A voice of their own: Women moving into their fifties. *Health Care for Women International, 26*, 630-651.

Banister, E. M. (1999). Women' s midlife experiences of their changing bodies. *Qualitative Health Research, 9*, 520-537.

Bernard, J. (1981). *The Female World.* New York: Free Press.

Bernstein, N. R. (1990). Objective bodily damage: Disfigurement and dignity. In T. F. Cash and T. Pruzinsky (Eds.), *Body Images: Development, Deviance, and Change* (pp. 131-169). New York: Guilford.

Burns, A., and Leonard, R. (2005). Chapters of our lives: Life narratives of midlife and older Australian women. *Sex Roles, 52*, 269-277.

Calasanti, T., Sleven, K. F., and King, N. (2006). Ageism and feminism: From "et cetera" to center. *NWSA Journal, 18*, 13-30.

Chapkis, W. (1986). *Beauty Secrets: Women and the Politics of Appearance.* Boston:

South End Press.

Chrisler, J. C. (2001). Gendered bodies and physical health. In R. K. Unger (Ed.), *Handbook of the Psychology of Women and Gender* (pp. 289-302). New York: Wiley.

Chrisler, J. C., and Ghiz, L. (1993). Body image issues of older women. *Women & Therapy, 14*(1/2), 67-75.

Chrisler, J. C., and Lamont, J. M. (2002). Can exercise contribute to the goals of feminist therapy? *Women & Therapy, 25*(2), 9-22.

Chrisler, J. C., Torrey, J. W., and Matthes, M. (1989, June). *Brittle Bones and Sagging Breasts, Loss of Femininity and Loss of Sanity: The Media Describe the Menopause.* Paper presented at the meeting of the Society for Menstrual Cycle Research, Salt Lake City.

Cornwell, C. J., and Schmitt, M. H. (1990). Perceived health status, self-esteem, and body image in women with rheumatoid arthritis or systemic lupus erythematosus. *Research in Nursing and Health, 13,* 99-107.

Davidson, T. E., and McCabe, M. P. (2005). Relationships between men's and women's body image and their psychological, social, and sexual functioning. *Sex Roles, 52,* 463-475.

Davis, D. M. (1990). Portrayals of women in prime-time network television: Some demographic characteristics. *Sex Roles, 23,* 35-332.

Deeks, A. A., and McCabe, M. P. (2001). Menopausal stage and age and perceptions of body image. *Psychology and Health, 16,* 367-379.

Dillaway, H. E. (2002). (Un)Changing menopausal bodies: How women think and act in the face of a reproductive transition and gendered beauty ideals. *Sex Roles, 53,* 1-17.

Donaldson, G. A. (1994). *Body Image in Women and Midlife.* Unpublished doctoral dissertation, Boston College.

Elson, J. (2002). Menarche, menstruation, and gender identity: Retrospective accounts from women who have undergone premenopausal hysterectomy. *Sex Roles, 46,* 37-48.

Fallon, A. E., and Rozin, P. (1985). Sex differences in perceptions of desirable body shape. *Journal of Abnormal Psychology, 94,* 102-105.

Foerster, G. (2001). *The Relationship between Body Image and Sexuality for Women in their Sixties: A Qualitative Study.* Unpublished doctoral dissertation, California School of Professional Psychology.

Fooken, I. (1994). Sexuality in the later years: The impact of health and body image in a sample of older women. *Patient Education and Counseling, 23,* 227-233.

Franks, V., and Fodor, I. (Guest Eds.). (1990). Women at midlife and beyond [special issue]. *Psychology of Women Quarterly, 14*(4).

Freedman, R. (1986). *Beauty Bound.* Lexington, MA: D. C. Heath.

Ganon, L., and Stevens, J. (1998). Portraits of menopause in the media. *Women & Health, 27*(3), 1-15.

Gerbner, G., Gross, L., Signorielli, N., and Morgan, M. (1980). Aging with television: Images on television drama and conceptions of social reality. *Journal of Communication, 30,* 37-47.

Gerike, A. E. (1990). On gray hair and oppressed brains. *Journal of Women & Aging, 1*(1/2/3), 35-46.

Giesen, C. B. (1989). Aging and attractiveness: Marriage makes a difference. *International Journal of Aging and Human Development, 29,* 83-94.

Gillen, M. M., and Lefkowitz, E. S. (in press). Gender role development and body mage among male and female first year college students. *Sex Roles.*

Glascock, J. (2001). Gender roles on prime-time network television: Demographics and behaviors. *Journal of Broadcasting and Electronic Media, 45,* 656-669.

Golub, S. (1992). *Periods: From Menarche to Menopause.* Newbury Park, CA: Sage.

Greenspan, M. (1983). *A New Approach to Women and Therapy.* New York: McGraw-Hill.

Gupta, M. A., and Schork, N. J. (1993). Aging-related concerns and body image: Possible future implications for eating disorders. *International Journal of Eating Disorders, 14,* 481-486.

Harris, M. B. (1994). Growing old gracefully: Age concealment and gender. *Journal of Gerontology, 49,* P149-P158.

Hays, K. F. (1999). *Working it Out: Using Exercise in Psychotherapy.* Washington, DC: American psychological Association.

Hyman, J. (1987). Who needs cosmetic surgery? Reassessing our looks and our lives. In Boston Women' s Health Book Collective (Eds.), *Our Bodies, Ourselves: Growing Older* (pp. 37-45). New York: Simon & Schuster.

Kasper, A. S. (1995). The social construction of breast loss and reconstruction. *Women's Health, 1,* 197-219.

Kriss, R. T., and Kramer, H. C. (1986). Efficacy of group therapy for problems with postmastectomy self-perception, body image, and security. *Journal of Sex Research, 22,* 438-451.

Lamb, C. S., Jackson, L. A., Cassiday, P. B., and Priest, D. J. (1993). Body figure preferences of men and women: A comparison of two generations. *Sex Roles, 28,* 345-358.

Latteier, C. (1998). *Breasts: The Women' s Perspective on an American Obsession.* New York: Harrington Park Press.

Lauzen, M. M., and Dozier, D. M. (1995). Maintaining the double standard: Portrayals of age and gender in popular films. *Sex Roles, 52,* 437-446.

Lewis, D. M., and Cachelin, F. M. (2001). Body image, body dissatisfaction, and eating attitudes in midlife and elderly women. *Eating Disorders, 9,* 29-39.

MacRitchie, K. J. (1980). Prenatal nutrition outside the hospital: Psychosocial styles of adaptation. *Canadian Journal of Psychiatry, 25,* 308-313.

Mahalik, J. R., Morray, E. B., Coonerty-Femiano, A., Ludlow, L. H., Slattery, S. M., and Smiler, A. (2005). Development of the Conformity to Feminine Norms Inventory. *Sex Roles, 52,* 417-435.

Markey, C. N., Markey, P. M., and Birch, L. L. (2004). Understanding women's body satisfaction: The role of husbands. *Sex Roles, 51,* 209-216.

Maoz, B., Dowty, N., Antonovsky, A., and Wijsenbeek, H. (1970). Female attitudes to menopause. *Social Psychiatry, 5,* 35-40.

McFarland, M. B. (1999). *A Descriptive Study of Body Dysphoria and Body Image in Midlife Women.* Unpublished doctoral dissertation, University of North Dakota.

McKinley, N. M. (1999). Women and objectified body consciousness: Mothers' and daughters' body experience in cultural, developmental, and familial context. *Developmental Psychology, 35,* 760-769.

McKinley, N. M. (2004). Resisting body dissatisfaction: Fat women who endorse fat acceptance. *Body Image, 1,* 213-219.

McKinley, N. M. (2006). The developmental and cultural contexts of objectified body consciousness: A longitudinal analysis of two cohorts of women. *Developmental Psychology, 42,* 679-687.

McLaren, L., and Kuh, D. (2004). Body dissatisfaction in midlife women. *Journal of Women & Aging, 16*(1/2), 35-54.

Meyerowitz, B. E., and Hart, S. (1995). Women and cancer: Have assumptions about women limited our research agenda? In A. L. Stanton and S. J. Gallant (Eds.), *Psychology of Women's Health: Progress and Challenges in Research and Applications* (pp. 51-84). Washington, DC: American psychological Association.

Miller, D. J. (2001). Weight satisfaction among Black and White couples: The role of perceptions. *Eating Disorders, 9,* 41-47.

Nett, E. M. (1991). Is there life after fifty? Images of middle age for women in *Chatelaine* magazine. *Journal of Women & Aging, 3*(1), 93-115.

Neugarten, B. L., Wood, V., Kraines, R. J., and Loomis, B. (1968). Women' s attitudes toward menopause. In B. L. Neugarten (Ed.), *Middle age and aging* (pp. 195-200). Chicago: University of Chicago Press.

O' Brien, J. (1980, April 24). Mirror, mirror: Why me? *Nursing Mirror,* pp. 36-37.

Ostenson, R. (2004). Who' s in and who' s out: The results of oppression. In J. C. Chrisler, C. Golden, and P. D. Rozee (Eds.), *Lectures on the Psychology of Women* (3rd ed., pp. 16-26). Boston: McGraw-Hill.

Pecor, M. J. (2004). *The Impact of Breast Cancer on Body Image in Ethnically Diverse Women.* Unpublished doctoral dissertation, Auburn University.

Pettus, M. (2001). Kudos for me: Self-esteem. In J. J. Robert-McComb (Ed.), *Eating Disorders in Women and Children: Prevention, Stress Management, and Treatment* (pp. 283-290). Boca Raton, FL: CRC Press.

Piercy, M. (2006). I met a woman who wasn' t there. *NWSA Journal, 18,* 1-2.

Platte, P., Zelton, J. F., and Stunkard, A. J. (2000). Body image in the Old Order Amish: A people separate from "the world." *International Journal of Eating Disorders, 28,* 408-414.

Pliner, P., Chaiken, S., and Flett, G. L. (1990). Gender differences in concern with body weight and physical appearance over the lifespan. *Personality and Social Psychology Bulletin, 16,* 263-273.

Pruzinsky, T., and Cash, T. F. (1990). Integrative themes in body image development, deviance, and change. In T. F. Cash and T. Pruzinsky (Eds.), *Body Images: Development, Deviance, and Change* (pp. 337-349). New York: Guilford.

Rackley, J. V., Warren, S. A., & Bird, G. W. (1988). Determinants of body image in women at midlife. *Psychological Reports, 62,* 9-10.

Roberto, K. A. (1990). Adjusting to chronic disease: The osteoporotic woman. *Journal of Women & Aging, 2*(1), 33-47.

Roberto, K. A., and McGraw, S. (1991). Self-perceptions of older women with osteoporosis. *Journal of Women & Aging, 3*(1), 59-70.

Rodin, J., Silberstein, L., and Striegel-Moore, R. (1984). Women and weight: A normative discontent. In T. Sonderegger (Ed.), *Nebraska Symposium on Motivation* (pp. 267-304). Lincoln, NE: University of Nebraska Press.

Ross, M. J., Tait, R. C., Grossberg, G. T., Hamdal, P. J., Brandeberry, L., and Nakra, R. (1989). Age differences in body consciousness. *Journal of Gerontology, 44,* P23-P24.

Rozin, P., and Fallon, A. (1988). Body image, attitudes toward weight, and misperceptions of figure preferences of the opposite sex: A comparison of men and women in two generations. *Journal of Abnormal Psychology, 97,* 342-345.

Saltzberg, E. A., and Chrisler, J. C. (1995). Beauty is the beast: Psychological effects of the pursuit of the perfect female body. In J. Freeman (Ed.), *Women: A Feminist Perspective* (5th ed., pp. 306-315). Mountain View, CA: Mayfield.

Schumacher, D. (1990). Hidden death: The sexual effects of hysterectomy. *Journal of Women & Aging, 2*(2), 49-66.

Segar, M., Spruijt-Metz, D., and Nolen-Hoeksema, S. (2006). Go figure? Body shape motives are associated with decreased physical activity participation among midlife women. *Sex Roles, 54,* 175-187.

Shaw, J. M., Ebbeck, V., and Snow, C. M. (2000). Body composition and physical self-concept in older women. *Journal of Women & Aging, 12*(3/4), 59-75.

Sontag, S. (1979). The double standard of aging. In J. H. Williams (Ed.), *Psychology of Women: Selected Readings* (pp. 462-478). New York: W. W. Norton.

Spencer, S. M., Lehman, J. M., Wynings, C., Arena, P., Carver, C. S., Antoni, M. H.,

Derhagopian, R. P., Ironson, G., and Love, N. (1999). Concerns about breast cancer and relations to psychosocial well-being in a multiethnic sample of early-stage patients. *Health Psychology, 18,* 159-168.

Stevens, J., Kumanyika, S. K., and Keil, J. E. (1994). Attitudes toward body size and dieting: Differences between elderly Black and White women. *American Journal of Public Health, 84,* 1322-1325.

Stokes, R., and Frederick-Recascino, C. (2003). Women' s perceived body image: Relations with personal happiness. *Journal of Women & Aging, 15*(1), 17-29.

Theisen, C. X., Mansfield, P. K., Voda, A. M., and Seery, B. (1991, June). *Predictors of Attitudes Toward Menopause among Midlife Women.* Paper presented at the meeting of the Society for Menstrual Cycle Research, Seattle.

Tiggemann, M., and Stevens, C. (1999). Weight concern across the life-span: Relationship to self-esteem and feminist identity. *International Journal of Eating Disorders, 26,* 103-106.

Toerien, M., Wilkinson, S., and Choi, P. Y. L. (2005). Body hair removal: The 'mundane' production of normative famininity. *Sex Roles, 52,* 399-406.

Vernon, J. A., Williams, J. A. Jr., Phillips, T., and Wilson, J. (1991). Media stereotyping: A comparison of the way elderly women and men are portrayed on prime-time television. *Journal of Women & Aging, 2*(4), 55-68.

Voda, A. M., Christy, N. S., and Morgan, J. M. (1991). Body composition changes in menopausal women. *Women & Therapy, 11*(2), 71-96.

White, J. W. (2005). *Psychology of Women Quarterly,* 2000-2004. *Psychology of Women Quarterly, 29,* 107-109.

Wilcox, S. J. (1996). *Sex and Age Differences in Body Attitudes Across the Adult Life-Span.* Unpublished doctoral dissertation, Washington University.

Wilkinson, S., and Kitzinger, C. (1993). Whose breast is it anyway? A feminist consideration of advice and treatment for breast cancer. *Women's Studies*

International Forum, 16, 229-238.

Wolf, N. (1991). *The Beauty Myth: How Images of Beauty are Used Against Women.* New York: Morrow.

Young, C. M., Blondin, J., Tensuan, R., and Fryer, J. H. (1963). Body composition studies of older women, 30-70 years of age. *Annals of the New York Academy of Sciences, 110,* 589-607.

02. 중년 여성과 성: 욕망, 기능장애, 다양성

American Psychiatric Association. (1994). *Diagnostic and Statistical Manual of Mental Disorders* (4th ed.). Washington, DC: Author.

Anderson, B. L., and LeGrand, J. (1991). Body image for women: Conceptualization, assessment, and a test of its importance to sexual dysfunction and medical illness. *Journal of Sex Research, 28,* 457-477.

Avis, N. E., Stellato, R., Crawford, S., and Johannes, C. (1995). How does menopause impact sexual activity? *Menopause, 2,* 245.

Bachmann, G., Leiblum, S., and Grill, J. (1989). Brief sexual inquiry in gynecologic practice. *Obstetrics & Gynecology, 73,* 425-427.

Bancroft, J., Loftus, J., and Long, J. S. (2003). Distress about sex: A national survey of women in heterosexual relationships. *Archives of Sexual Behavior, 32,* 193-209.

Banister, E. M. (1999). Women' s midlife experience of their changing bodies. *Qualitative Health Research, 9,* 520-537.

Barbach, L. (1975). *For Yourself: The Fulfillment of Female Sexuality.* New York: Anchor Books.

Basson, R. (2001). Human sex response cycles. *Journal of Sex and Marital Therapy,*

27, 33-43.

Basson, R. (2002). Women' s sexual desire: Disordered or misunderstood. *Journal of Sex and Marital Therapy, 28*(Supple), 17-28.

Bernard, J. (1981). *The Female World*. New York: Free Press.

Blumstein, P., and Schwartz, P. (1983). *American Couples*. New York: Morrow.

Boston Women' s Health Book Collective. (1976). *Our Bodies, Ourselves*. Boston: Touchstone.

Boston Women' s Health Book Collective. (2005). *Our Bodies, Ourselves*. Boston: Touchstone.

Butler, R. N., and Lewis, M. I. (1976). *Sex After Sixty*. New York: Harper & Row.

Byers, E. S. (2001). Evidence for the importance of relationship satisfaction for women's sexual functioning. In E. Kaschak and L. Tiefer (Eds.), *A New View of Women's Sexual Problems* (pp. 23-26). Binghamton, NY: Haworth Press.

Candib, L. M. (2001). "A new view of women' s sexual problems": A family physician' s response. In E. Kaschak and L. Tiefer (Eds.), *A New View of Women's Sexual Problems* (pp. 9-15). Binghamton, NY: Haworth Press.

Cole, E. (1988). Sex at menopause: Each in her own way. *Women & Therapy*, 7(2/3), 159-168.

Cole, E., and Rothblum, E. D. (1991). Lesbian sex at menopause: As good as or better than ever. In B. Sang, J. Warshaw, and A. Smith (Eds.), *Lesbians at Midlife: The Creative Transition* (pp. 184-193). San Francisco, CA: Spinsters Ink.

Conway-Turner, K. (1992). Sex, intimacy, and self-esteem: The case of the African American older woman. *Women & Aging, 4*, 91-104.

Cutler, W. B., Garcia, C. R., and McCoy, N. (1987). Perimenopausal sexuality. *Archives of Sexual Behavior, 16*, 225-234.

Daniluk, J. C. (1998). *Women's Sexuality Across the Lifespan: Challenging Myths, Creating Meanings*. New York: Gulford.

Dennerstein, L., Alexander, J. L., and Kotz, K. (2003). The menopause and sexual functioning: A review of the population-based studies. *Annual Review of Sex Research, 14,* 64-82.

Dennerstein, L., Dudley, E., and Burger, H. (2001). Are changes in sexual functioning during midlife due to aging or menopause? *Fertility & Sterility, 76,* 456-460.

Dennerstein, L., Dudley, E., Hopper, J., and Burger, H. (1997). Sexuality, hormones and the menopausal transition. *Maturitas, 26,* 83-93.

Dennerstein, L., Lehert, P., Burger, H., and Dudley, E. (1999). Factors affecting sexual functioning of women in the midlife years. *Climateric, 2,* 254-262.

Diokno, A. C., Brown, M. B., and Rugula-Herzog, A. (1990). Sexual function in the elderly. *Archives of Internal Medicine, 150,* 197-200.

Ellis, B. J., and Symons, D. (1990). Sex differences in sexual fantasy: An evolutionary psychological approach. *Journal of Sex Research, 27,* 527-555.

Ellison, C. R. (2001). A research inquiry into some American women' s sexual concerns and problems. In E. Kaschak and L. Tiefer (Eds.), *A New View of Women' s Sexual Problems* (pp. 147-160). Binghamton, NY: Haworth Press.

Faith, M. S., and Schare, M. L. (1993). The role of body image in sexually avoidant behavior. *Archives of Sexual Behavior, 22,* 345-356.

Fonatana, B. (1994). Plastic sex and the sociologist: A comment on "The transformation of intimacy" by Anthony Giddens. *Economy & Society, 73,* 374-384.

Fooken, L. (1994). Sexuality in later years: The impact of health and body image in a sample of older women. *Patient Education and Counseling, 23,* 227-233.

Foucault, M. (1978). *The History of Sexuality (Part I): An Introduction.* New York: Random House.

Frank, E., Anderson, C., and Rubinstein, D. (1978). Frequency of sexual dysfunction in "normal" couples. *New England Journal of Medicine, 229,* 111-115.

Geison, C. B. (1989). Aging and attractiveness: Marriage makes a difference. *International Journal of Aging and Human Development, 29*(2), 83-94.

George, L. K., and Weiler, S. J. (1981). Sexuality in middle and late life. *Archives of General Psychiatry, 38*, 919-923.

Hallstrom, T. (1977). Sexuality in the climacteric. *Clinical Obstetrical Gynecology, 4*, 227-239.

Hallstrom, T., and Samuelson, S. (1990). Changes in women' s sexual desire in middle life: The longitudinal study of women in Gotenborg. *Archives of Sexual Behavior, 19*, 259-268.

Harris, G. (2004, February 28). Pfizer gives up trying to prove Viagra works for women. *New York Times*, pp. B1, B2.

Irvine, J. (1990). *Disorders of Desire: Sex and Gender in Modern American Sexology*. Philadelphia: Temple University Press.

Kaschak, E., and Tiefer, L. (Eds.). (2001). *A New View of Women's Sexual Problems*. Binghamton, NY: Haworth Press.

Kinsey, A. C., Pomeroy, W. B., and Martin, C. E. (1953). *Sexual Behavior in the Human Female*. Philadelphia: Saunders.

Kliger, L., and Nedelman, D. (2005, July). *Redefining "Sexy": Sexual Desire and Sexual Self-esteem in Women Beyond 50*. Paper presented at the New View Conference, Montreal, Canada.

Kilger, L., and Nedelman, D. (2006). *Still Sexy after all these Years? The 9 Unspoken Truths about Women's Desire*. New York: Berkeley.

Koch, P. B. (1995). *Exploring our Sexuality: An Interactive Text*. Dubuque, IA: Kendall/Hunt.

Koch, P. B. (1997). Feminism and sexuality in the United States. In R. T. Francoeur (Ed.), *The International Encyclopedia of Sexuality* (Vol. 3, pp. 1375-1382). New York: Continuum.

Koch, P. B., Mansfield, P. K., Thurau, D., and Carey, M. (2005). "Feeling frumpy": The relationship between body image and sexual response changes in midlife women. *Journal of Sex Research, 42,* 215-222.

Koch, P. B., Voda, A., and Mansfield, P. K. (1995). Predictors of sexual response changes in heterosexual midlife women. *Health Values, 19*(1), 10-21.

Laumann, E. O., Paik, A., and Rosen, R. C. (1999). Sexual dysfunction in the United States: Prevalence and predictors. *Journal of the American Medical Association, 28,* 537-544.

Laws, J. L. (1980). Female sexuality through the life span. In P. B. Baltes and O. G. Brim, Jr. (Eds.), *Life Span Development and Behavior* (Vol. 3, pp. 207-252). New York: Academic Press.

Leiblum, S. R. (1990). Sexuality and the midlife woman. *Psychology of Women Quarterly, 14,* 495-508.

Leiblum, S. R., and Perrin, L. (Eds.). (1980). *Principles and Practice of Sex Therapy.* New York: Guilford.

Loe, M. (2004). Sex and the senior woman: Pleasure and danger in the Viagra era. *Sexualities, 7,* 303-326.

Mansfield, P. K., Koch, P. B., and Voda, A. M. (1998). Qualities midlife women desire in their sexual relationships and their changing sexual response. *Psychology of Women Quarterly, 22,* 285-303.

Mansfield, P. K., Koch, P. B., and Voda, A. M. (2000). Midlife women's attributions for their sexual response changes. *Health Care for Women International, 31,* 543-559.

Mansfield, P. K., Voda, A. M., and Koch, P. B. (1995). Predictors of sexual response changes in heterosexual midlife women. *Health Values, 19*(1), 10-20.

Marrow, J. (1997). *Changing Positions: Women Speak Out on Sex and Desire.* Holbrook, MA: Adams Media.

Martin, K. A. (1996). *Puberty, Sexuality, and the Self: Girls and Boys at Adolescence.* New York: Routledge.

Masters, W. H., and Johnson, V. E. (1966). *Human Sexual Response.* Boston: Little, Brown.

McCoy, N., Cutler, W. B., and Davidson, J. M. (1985). Relationships among sexual behavior, hot flashes, and hormone levels in peri-menopausal women. *Archives of Sexual Behavior, 14,* 381-390.

McCoy, N. L., and Davidson, J. M. (1985). A longitudinal study of the effects of menopause on sexuality. *Maturitas, 7,* 203-210.

McHugh, M. C. (in press). What do women want? A New View of women' s sexual problems. *Sex Roles.*

Miller, J. B. (1976). *Toward a New Psychology of Women.* Boston, MA: Beacon Press.

Morokoff, P. J. (1988). Sexuality in peri-menopausal and post-menopausal women. *Psychology of Women Quarterly, 12,* 489-511.

Moynihan, R. (2001). The making of a disease: Female sexual dysfunction. *British Medical Journal, 326,* 45-57.

Moynihan, R. (2004). Fix for low sex drive puts reporters in a bad patch. *British Medical Journal, 329,* 1294.

Myers, L. S. (1995). Methodological review and meta-analysis of sexuality and menopause research. *Neuroscience and Bio-behavioral Reviews, 19,* 331-314.

Ogden, G. (1999). *Women Who Love Sex: An Inquiry into the Expanding Spirit of Women' s Erotic Experience* (rev. ed.). Cambridge, MA: Womanspirit Press.

Osborn, M., Hawton, K., and Gath, D. (1988). Sexual dysfunction among middle-aged women in the community. *British Medical Journal, 296,* 959-962.

Peplau, L. A., and Gordon, S. L. (1985). Women and men in love: Gender differences in close heterosexual relationships. In V. E. O' Leary, R. K. Unger, and

B. S. Walston (Eds.), *Women, Gender, and Social Psychology* (pp. 257-291). Hillsdale, NJ: Erlbaum.

Pfeiffer, E., Verwoerdt, A., and Davis, G. (1972). Sexual behavior in middle life. *American Journal of Psychiatry, 128,* 1262-1267.

Potts, A., Gavey, N., Grace, V. M., and Vares, T. (2003). The downside of Viagra: Women' s experiences and concerns. *Sociology of Health and Illness, 25,* 697-719.

Richgels, P. B. (1992). Hypoactive sexual desire in heterosexual women: A feminist analysis. *Women & Therapy, 12*(1/2), 123-135.

Riley, A., and Riley, E. (2000). Behavioral and clinical findings in couples where the man presents with erectile disorder: A retrospective study. *International Journal of Clinical Practice, 54,* 220-224.

Shah, S. (2001). The orgasm industry. *Progressive, 65,* 29.

Sheehy, G. (2006). *Sex and the Seasoned Woman: Pursuing the Passionate Life.* New York: Random House.

Schwartz, P., and Rutter, V. (2000). *The Gender of Sexuality.* New York: Rowan & Littlefield.

Taylor, D., and Sumrall, A. C. (1993). *The Time of Our Lives: Women Write on Sex after 40.* Freedom, CA: Crossing Press.

Tiefer, L. (2001a). A new view of women' s sexual problems: Why new? Why now? *Journal of Sexual Research, 38,* 89-96.

Tiefer, L. (2001b). Arriving at a "new view" of women' s sexual problems: Background, theory, and activism. In E. Kaschak and L. Tiefer (Eds.), *A New View of Women' s Sexual Problems* (pp. 63-90). Binghamton, NY: Haworth Press.

Tiefer, L. (1995). *Sex Is not a Natural Act and Other Essays.* Boulder, CO: Westview Press.

Tiggerman, M., and Lynch, J. E. (2002). Body image across the life span in adult women: The role of objectification. *Developmental Psychology, 37,* 243-253.

Tolman, D. L. (2001). Echoes of sexual objectification: Listening for one girl's erotic voice. In D. L. Tolman and M. Brydon-Miller (Eds.), *From Subjectivities: A Handbook of Interpretive and Participatory Methods* (pp. 130-144). New York: New York University Press.

Tolman, D. L. (2002). Female adolescent sexuality: An argument for a developmental perspective on the new view of sexual problems. In E. Kaschak and L. Tiefer (Eds.), *A New View of Women's Sexual Problems* (pp. 195-210). Binghamton, NY: Haworth Press.

Trafford, A. (1995, May 16). What the pill did. *Washington Post,* p. 26.

Traupmann, J., Eckles, E., and Hatfield, E. (1982). Intimacy in older women's lives. *Gerontologist, 22,* 493-498.

Vance, C. S. (1984). Pleasure and danger: Toward a politics of sexuality. In C. S. Vance (Ed.), *Pleasure and Danger: Exploring Female Sexuality* (pp. 1-27). Boston: Routledge & Kegan Paul.

Voda, A. M., and George, T. (1986). Menopause. In H. H. Wesley, J. J. Fitzpatrick, and R. L. Taunton (Eds.), *Annual Review of Nursing Research* (pp. 55-75). New York: Springer.

Williams, S. P. (2001). Reaching the hard to reach: Implications of the new view of women's sexual problems. In E. Kaschak and L. Tiefer (Eds.), *A New View of Women's Sexual Problems* (pp. 39-42). Binghamton, NY: Haworth Press.

Winterich, J. A. (2003). Sex, menopause, and culture: Sexual orientation and the meaning of menopause for women's sex lives. *Gender & Society, 17,* 627-642.

Wood, J. M., Mansfield, P. K., and Koch, P. (in press). Negotiating sexual agency: Post-menopausal women's meaning and experiences of sexual desire.

Qualitative Health Research.

Working Group on Women' s Sexual Problems. (n.d.). The "New View" Manifesto. Retreived May 10, 2004 from the Female Sexual Dysfunction-Alert website: http://www.fsdalert.org/manifesto.html.

03. 더 오래, 더 건강하게 살기

Aldwin, C. M., and Revenson, T. A. (1987). Does coping help? A reexamination of the relation between coping and mental health. *Journal of Personality and Social Psychology, 53,* 337-348.

Aldwin, C. M., and Yancura, L. A. (2004). Coping and health: A comparison of the stress and trauma literature. In P. P. Schnurr and B. L. Green (Eds.), *Physical Health Consequences of Exposure to Extreme Stress* (pp. 99-125). Washington, DC: American Psychological Association.

American Cancer Society. (2005). Estimated new cancer cases and deaths by sex for all sites. *Cancer Facts and Figures.* Retrieved 9-19-05, from http://www.cancer.org/docroot/STT/stt_0.asp:

American Medical Association, Council on Ethical and Judicial Affairs. (2004). *Code of Medical Ethics, Current Opinions with Annotations 2004-2004.* Chicago: American Medical Association.

Americans with Disabilities Act of 1990. (1990). Retrieved 1-12-06, from http://www.usdoj.gov/crt/ada/pubs/ada.txt: U. S. Department of Justice.

Arthritis Foundation. (2005). *The Facts about Arthritis.* Retrieved 11/6/05, from http://www.arthritis.org/resources/gettingstarted/default/asp.

Ayanian. J. Z., and Epstein, A. M. (1991). Differences in the use of procedures between women and men hospitalized for coronary heart disease. *New*

England Journal of Medicine, 325, 221-225.

Badr, H., and Acitelli, L. K. (2005). Dyadic adjustment in chronic illness: Does relationship talk matter? *Journal of Family Psychology, 19,* 465-469.

Bansil, P., Keenan, N. L., Zlot, A. I., and Gilliland, J. C. (2006). Health-related information on the Web: Results from the Health Styles Survey, 2002-2003. *Preventing Chronic Disease, 3*(2), A36.

Barnefski, N., Legerstee, J., Kraaij, V., van-den Kommer, T., and Teerds, J. (2002). Cognitive coping strategies and symptoms of depression and anxiety: A comparison between adolescents and adults. *Journal of Adolescence, 25,* 603-611.

Bertakis, K. D., Helms, L. J., Callahan, E. J., Azari, R., and Robbins, J. A. (1995). The influence of gender on physician practice style. *Medical Care, 33,* 407-416.

Brisette, I., Scheier, M. F., and Carver, C. S. (2002). The role of optimism in social network development, coping, and psychological adjustment during a life transition. *Journal of Personality and Social Psychology, 82,* 102-111.

Broadwell, A. W., Boisaubin, E. V., Dunn, L. K., and Engelhardt, H. T. (1993). Advance directives on hospital admission: A survey of patient attitudes. *Southern Medical Journal, 86*(2), 165-168.

Brown, G. K., Wallston, K. A., and Nicassio, P. M. (1989). Social support and depression in rheumatoid arthritis: A one-year prospective study. *Journal of Applied Social Psychology, 19,* 1164-1181.

Carlson, K. J., and Skochelak, S. E. (1998). What do women want in a doctor? Communication issues between women and physicians. In L. A. Wallis (Ed.), *Textbook of Women's Health* (pp. 33-38). Philadelphia: Lippincott-Raven.

Centers for Disease Control and Prevention. (2005a). *Bone Health.* Retrieved 11/1/05, from http://www.cdc.gov/needphp/dnpa/bonehealth/: Centers for Disease Control and Prevention.

Centers for Disease Control and Prevention. (2005b). *Arthritis.* Retrieved 11/1/05, from http://www.cdc.gov/arthritis/index.htm: Centers for Disease Control and Prevention.

Chlebowski, R. T., Hendrix, S. L., Langer, R. D., Stefanick, M. L., Gass, M., Lane, D., Rodabough, R. J., Gilligan, M. A., Cyr, M. G., Thomson, C. A., Khandekar, J., Petrovitch, H., McTierman, A., and Women's Health Initiative Investigators. (2003). Influence of estrogen plus progestin on breast cancer and mammography in healthy postmenopausal women: The Women's Health Initiative randomized trial. *Journal of the American Medical Association, 289,* 3243-3253.

Chrisler, J. C., Torrey, J. W., and Matthes, M. M. (1991). Brittle bones and sagging breasts, loss of femininity and loss of sanity: The media describe the menopause. In A. M. Voda and R. Conover (Eds.), *Proceedings of the 8th conference of the Society for Menstrual Cycle Research* (pp. 23-35). Salt Lake City: Society for Menstrual Cycle Research.

Colcombe, S. J., Kramer, A. F., Erickson, K. I., Scalf, P., McAuley, E., Cohen, N. J., Webb, A., Jerome, G. J., Marquez, D. X., and Elavsky, S. (2004). Cardiovascular fitness, cortical plasticity, and aging. *Proceedings of the National Academy of Sciences, 101,* 3316-3321.

Commission on Women's Health. (2003). *The Commonwealth Fund Survey of Women's Health.* New York: Commonwealth Fund.

delCarmen, M. G., and Joffe, S. (2005). Informed consent for medical treatment and research: A review. *Oncologist, 10,* 636-641.

DiMatteo, M. R. (2004). Social support and patient adherence to medical treatment: A meta-analysis. *Health Psychology, 23,* 207-218.

Eccles, D. M., and Pichert, G. (2005). Familial non-BRCA1/BRCA2-associated breast cancer. *Lancet Oncology, 6,* 705-711.

Edwards, K. A. (1998). *Ethics in Medicine: Informed Consent.* Retrieved 11/5/05, from http://depts.washington.edu/bioethx/topics/consent.html.

Fletcher, A. S., Erbas, B., Kavanaugh, A. M., Hart, S., Rodger, A., and Gertig, D. M. (2005). Use of hormone replacement therapy (HRT) and survival following breast cancer diagnosis. *Obstetrical and Gyncological Survey, 60,* 650-651.

Gallo, L. C., and Matthews, K. A. (2003). Understanding the association between socioeconomic status and physical health: Do negative emotions play a role? *Psychological Bulletin, 129,* 10-51.

Gardner, M. J., Flik, K. R., Mooar, P., and Lane, J. M. (2002). Improvement in the under-reatment of osteoporosis following hip fracture. *Journal of Bone and Joint Surgery, 84,* 1342-1348.

Geller, B. (n.d.). *Planning for Medical Care in the Event of Loss of Decision-making Ability.* Retrieved 11/6/05, from http://www.michbar.org/elderlaw/adpamphlet.cfm: Michigan Bar Association.

Goodenow, C., Reisine, S. T., and Grady, K. E. (1990). Quality of social support and associated social and psychological functioning in women with rheumatoid arthritis. *Health Psychology, 9,* 266-284.

Gylys, K. H., Fein, J. A., Yang, F., Wiley, D. J., Miller, C. A., and Cole, G. M. (2004). Synaptic changes in Alzheimer' s disease: Increased amyloid and gliosis in surviving terminals is accompanied by decreased PSD-95 fluorescence. *American Journal of Pathology, 165,* 1809-1817.

Hajcsar, E. E., Hawker, G., and Bogoch, E. R. (2000). Investigation and treatment of osteoporosis in patients with fractures. *Canadian Medical Association Journal, 163,* 819-822.

Hare-Mustin, R. T., and Marecek, J. (1988). The meaning of difference: Gender theory, postmodernism, and psychology. *American Psychologist, 43,* 455-464.

Healy, B. (1991). The Yentil syndrome [Editorial]. *New England Journal of Medicine, 325,* 274-276.

Hebert, L. E., Scherr, P. A., Bienias, J. L., Bennett, D. A., and Evans, D. A. (2003).

Alzheimer's Disease in the US population: Prevalence estimates using the 2000 census. *Archives of Neurology, 60,* 1119-1122.

Holley, J. L., Stackiewicz, L., Dacko, C., and Rault, R. (1997). Factors influencing dialysis patients' completion of advance directives. *American Journal of Kidney Disease, 30,* 356-360.

Jaffe, S., and Hyde, J. S. (2000). Gender differences in moral orientation: A meta-analysis. *Psychological Bulletin, 126,* 703-726.

Jahng, K. H., Martin, L. R., Golin, C. E., and DiMatteo, M. R. (2005). Preferences for medical collaboration: Patient-physician congruence and patient outcomes. *Patient Education and Counseling, 57,* 308-314.

Jick, H., Walker, A. M., Watkins, R. N., D'Ewart, D. C., Hunter, J. R., Danford, A., Madsen, S., Dinan, B. J., and Rothman, K. J. (1980). Replacement estrogens and breast cancer. *American Journal of Epidemiology, 112,* 586-594.

Jick, H., Zornberg, G. L., Jick, S. S., Seshadri, S., and Drachman, D. A. (2000). Statins and the risk of dementia. *Lancet, 357,* 1627-1631.

Kaplan, S. H., Greenfield, S., and Ware, J. E. (1989). Assessing the effects of physician-patient interactions on the outcomes of chronic disease. *Medical Care, 27,* S110-S127.

Kiebzak, G. M., Beinart, G. A., Perser, K., Ambrose, G. C., Siff, S. J., and Heggeness, M. H. (2002). Undertreatment of osteoporosis in men with hip fracture. *Archives of Internal Medicine, 162,* 2217-2222.

King, J. (2005). Informed consent: Does practice match conviction? *Journal of the American College of Dentists, 72,* 27-31.

Kozora, E., Ellison, M. C., Wasmonsky, J. A., Wamboldt, F. S., and Patterson, T. L. (2005). Major life stress, coping styles, and social support in relation to psychological distress in patients with systemic lupus erythematosus. *Lupus, 14,* 363-372.

Kramer, A. F., Hahn, S., Cohen, N. J., Banich, M. T., McAuley, E., Harrison, C. R., Chason, J., Vakil, E., Bardell, L., Boileau, R. A., and Colcombe, A. (1999). Ageing, fitness, and neurocognitive function. *Nature, 400,* 418-419.

Lepore, S. J., Ragan, J. D., and Jones, S. (2000). Talking facilitates cognitive-emotional processes of adaptation to an acute stressor. *Journal of Personality and Social Psychology, 78,* 499-508.

Luoto, R., Manolio, T., Meilahn, E., Bhadelia, R., Furberg, C., and Cooper, L. (2000). Estrogen replacement therapy and MRI-demonstrated cerebral infarcts, white matter changes, and brain atrophy in older women: The Cardiovascular Health Study. *Journal of the American Geriatrics Society, 48,* 467-472.

Mack, T. N., Pike, M. C., Henderson, B. E., Pfeffer, R. I., Gerkings, V. R., Arthur, M., and Brown, S. E. (1976). Estrogens and endometrial cancer in a retirement community. *New England Journal of Medicine, 294,* 1262-1267.

Manne, S. L., Ostroff, J. S., Norton, T. R., Fox, K., Goldstein, L., and Grana, G. (2006). Cancer-related relationship communication in couples coping with early stage breast cancer. *Psychooncology, 15,* 234-247.

Manne, S. L., Ostroff, J. S., Winkel, G., Fox, K., Grana, G., Miller, E., Ross, S., and Frazier, T. (2005). Couple-focused group intervention for women with early stage breast cancer. *Journal of Consulting and Clinical Psychology, 73,* 634-646.

Martire, L. M., Lustig, A. P., Schulz, R., Miller, G. E., and Helgeson, V. S. (2004). Is it beneficial to involve a family member? A meta-analysis of psychosocial interventions for chronic illness. *Health Psychology, 23,* 599-611.

McPherson, K. (2004). Where are we now with hormone replacement therapy? *British Medical Journal, 328,* 357-358.

Memmi, A. (1965). *The Colonizer and the Colonized.* Boston: Beacon Press.

Million Women Study Collaborators. (2003). Breast cancer and hormone-replacement therapy in the Million Women Study. *Lancet, 362,* 419-427.

Morris, M. C., Evans, D. A., Bienias, J. L., Tangney, C. C., Bennett, D. A., Aggarwal, N., Schneider, J., and Wilson, R. S. (2003). Dietary fats and risk of incidents of Alzheimer' s Disease. *Archives of Neurology, 60,* 194-200.

Munir, F., Jones, D., Leka, S., and Griffiths, A. (2005). Work limitations and employer adjustment for employees with chronic illness. *International Journal of Rehabilitation, 28,* 111-117.

National Center for Health Statistics. (2003). *National Health Interview Survey.* Atlanta: Centers for Disease Control and Prevention.

National Consensus Development Panel on Optimal Calcium Intake. (1994). NIH consensus conference. Optimal calcium intake. *Journal of the American Medical Association, 272,* 1942-1948.

Office of Dietary Supplements, National Institute of Environmental Health Sciences. (2006). *Dietary Supplement Fact Sheet: Calcium.* In. Retrieved November 21, 2005, from http://ods.od.nih.gov/factsheets/calcium.asp#h10.

Office of the Surgeon General. (2004). *Bone Health and Osteoporosis: A Report of the Surgeon General.* Rockville, MD: U.S. Department of Health and Human Services.

Ransom, S., Jacobsen, P. B., Schmidt, J. E., and Andrykowski, M. A. (2005). Relationship of problem-focused coping strategies to changes in quality of life following treatment for early stage breast cancer. *Journal of Pain Symptom Management, 30,* 243-253.

Rayburn, N. R., Wenzel, S. L., Elliott, M. N., Hambarsoomians, K., Marshall, G. N., and Tucker, J. S. (2005). Trauma, depression, coping, and mental health service seeking among impoverished women. *Journal of Consulting and Clinical Psychology, 73,* 667-677.

Reidenberg, M. M. (2005). Informed consent or acknowledgment of disclosure

[Letter to the editor]. *Clinical Pharmacology & Therapeutics, 78,* 439-440.

Richman, L. S., Kubzansky, L., Maselko, J., Kanachi, I., Choo, P., and Bauer, M. (2005). Positive emotion and health: Going beyond the negative. *Health Psychology, 24,* 422-429.

Riemsma, R. P., Taal, E., and Rasker, J. J. (2003). Group education for patients with rheumatoid arthritis and their partners. *Arthritis Care and Research, 49,* 556-566.

Romero, L., Klein, L., Ye, W., Holmes, D., Soni, R., Silberman, H., Lagios, M. D., and Silverstein, M. J. (2004). Outcome after invasive recurrence in patients with ductal carcinoma in situ of the breast. *American Journal of Surgery, 188,* 371-376.

Rossouw, J. E. (1999). Hormone replacement therapy and cardiovascular disease. *Current Opinion in Lipidology, 10,* 429-434.

Rostosky, S. C., and Travis, C. B. (1996). Menopause: An examination of the medical and psychological literature 1984-1994. *Psychology of Women Quarterly, 20,* 291-318.

Rostosky, S. S., and Travis, C. B. (2000). Menopause and sexuality: Ageism and sexism unite. In C. B. Travis and J. W. White (Eds.), *Sexuality, Society, and Feminism* (pp. 181-210). Washington, DC: American Psychological Association.

Roter, D., Lipkin, M., and Korsgaard, A. (1991). Sex differences in patients' and physicians' communication during primary care medical visits. *Medical Care, 29,* 1083-1093.

Salmond, S. W., and David, E. (2005). Attitudes toward advance directives and advance directive completion rates. *Orthopedic Nursing, 24,* 117-127.

Sayre, L. M., Moreira, P. I., Smith, M. A., and Perry, G. (2005). Metal ions and oxidative protein modification in neurological disease. *Annals of the Instituto*

Superiore di Sanità, 41(2), 143-164.

Simon, C. M., and Kodish, E. D. (2005). "Step into my zapatos, doc": Understanding and reducing communication disparities in the multicultural informed consent setting. *Perspectives in Biology and Medicine, 48*(1), S123-S138.

Solin, L. J., Fourquet, A., Vicini, F. A., Taylor, M., Olivotto, I. A., Haffty, B., Storm, E. A., Pierce, L. J., Marks, L. B., Bartelink, H., McNeese, M. D., Jhingran, A., Wai, E., Bijker, N., Campana, F., and Hwang, W. T. (2005). Long-term outcome after breast-conservation treatment with radiation for mammographically detected ductal carcinoma in situ of the breast. *Cancer, 103,* 1137-1146.

Sprague-Zones, J. (1995). Gender effects in physician/patient interaction. In M. Lipkin, S. Putnam, and A. Lazare (Eds.), *The Medical Interview: Clinical Care, Education, and Research* (pp. 163-171). New York: Springer-Verlag.

Steingart, R. M., Forman, S., Coglianese, M., Bittner, V., Mueller, H., Frishman, W., Handberg, E., Gambino, A., Knatterud, G., and Conti, C. R. (1996). Factors limiting the enrollment of women in a randomized coronary artery disease trial. *Clinical Cardiology, 19,* 614-618.

Stone, S. D. (2005). Reactions to invisible disability: The experiences of young women survivors of hemorrhagic stroke. *Disability Rehabilitation, 27,* 293-304.

Symister, P., and Friend, R. (2003). The influence of social support and problematic support on optimism and pessimism in chronic illness: A prospective study evaluating self-esteem as a mediator. *Health Psychology, 22,* 123-129.

Tannenbaum, C. B., Nasmith, L., and Mayo, N. (2003). Understanding older women's health care concerns: A qualitative study. *Journal of Women and Aging, 15*(4), 103-116.

Task Force, Ethical and Judicial Affairs, American Medical Association. (1991). Gender disparities in clinical decision-making. *Journal of the American Medical Association, 266,* 559-562.

Tobin, J. N., Wassertheil-Smoller, S., Wexler, J. P., Steingard, R. M., Budner, N., Lense, L., and Wachspress, J. (1987). Sex bias in considering coronary bypass surgery. *Annals of Internal Medicine, 107,* 19-25.

Toniolo, P. G., Levitz, M., Zeleniuch-Jacquotte, A., Banerjee, S., Koenig, K. L., Shore, R. E., Strax, P., and Pasternack, B. S. (1995). A prospective study of endogenous estrogens and breast cancer in postmenopausal women. *Journal of the National Cancer Institute, 87*(3), 190-197.

Travis, C. B. (1993, January). *Psychological Aspects of Menopause.* Invited address at the conference on Women' s Voices/Women' s Bodies: Psychological Aspects of Women' s Health, Albuquerque, NM.

Travis, C. B. (2005). Heart disease and gender inequity. *Psychology of Women Quarterly, 29,* 15-23.

Travis, C. B. (2006, March). *Methods to Quantify Gender and Race Disparities.* Paper presented at the meeting of the Southeastern Psychological Association, Atlanta, GA.

Travis, C. B., Gressley, D. L., and Phillippi, R. H. (1993). Medical decision making, gender, and coronary heart disease. *Journal of Women's Health, 2,* 269-279.

van Praag, H., Christie, B. M., Sejnowski, T. J., and Gage, F. H. (1999). Running enhances neurogenesis, learning, and long-term potentiation in mice. *Proceedings of the National Academy of Sciences, 96,* 13427-13431.

Vinia, J., Lloret, A., Orti, R., and Alonso, D. (2004). Molecular bases of the treatment of Alzheimer' s disease with antioxidants. *Molecular Aspects of Medicine, 25,* 117-123.

Wallston, B. S., Alagna, S. W., DeVellis, B. M., and DeVellis, R. F. (1983). Social support and physical health. *Health Psychology, 2,* 367-391.

Weitzman, P. F., and Weitzman, E. A. (2000). Interpersonal negotiation strategies in a sample of older women. *Journal of Clinical Geropsychology, 6,* 269-276.

Wenger, N. K. (1985). Coronary disease in women. *Annual Review of Medicine, 36,* 285-294.

Wenger, N. K. (1987). Coronary heart disease in women: Clinical syndromes, prognosis and diagnostic testing. In E. D. Eaker, B. Packard, and N. K. Wenger (Eds.), *Coronary Heart Disease in Women* (pp. 173-186). New York: Haymarket Doyma.

Wolberg, W. H. (2004). *Benign Breast Disease and Breast Cancer Tutorial.* Retrieved September 18, 2005, from http://www.wisc.edu/wolberg/breast.html#endogenous%20estrogen.

Writing Group for the Women's Health Initiative Investigators. (2002). Risks and benefits of estrogen and progestin in healthy postmenopausal women: Principal results from the women's health initiative randomized trial. *Journal of the American Medical Association, 288,* 321-333.

Yamalik, N. (2005). Dentist-patient relationship and quality care: Professional information and informed consent. *International Dentistry Journal, 55,* 342-344.

Zautra, A. J., Johnson, L., and Davis, M. C. (2005). Positive affect as a source of resilience for women in chronic pain. *Journal of Consulting and Clinical Psychology, 73,* 212-220.

04. 계속 움직이기: 운동, 여가활동과 중년 여성

American Association of Retired People(AARP). (2002). *Exercise Attitudes and Behaviors: A Survey of Adults Age 50-79.* Washington, CD: AARP.

Bassey, J., Sayer, A. A., and Cooper, C. (2002). A life course approach to musculoskeletal aging: Muscle strength, osteoporosis, and osteoarthritis. In D. Kuh and R. Hardy (Eds.), *A Life Course Approach to Women's Health* (pp. 141-

160). New York: Oxford University Press.

Berger, B., Pargman, D., and Weinberg, R. S. (2002). *Foundations of Exercised Psychology.* Morgantown, VA: Fitness Information Technology, Inc.

Cooper, D. (1994). Osteoarthritis epidemiology. In J. H. Klippel and P. A. Dieppe (Eds.), *Rheumatology* (pp. 731-734). St. Louis, MO: Mosby.

Clay, R. A. (2003, April). Researchers replace midlife myths with facts: Job changes and stress management can positively affect midlife health. *APA Monitor,* pp. 34, 36.

Flora, C. (2003, November). Exercise helps sleep in menopause. *Psychology Today,* p. 25.

Floyd, M. F., Shinew, K. J., McGuire, F. A., and Noe, F. P. (1994). Race, class, and leisure activity preferences: Marginality and ethnicity revisited. *Journal of Leisure Research, 26,* 158-173.

Grzywacz, J. G., Almeida, D. M., Neupert, S. D., and Ettner, S. L. (2004). Socioeconomic status and health: A micro-level analysis of exposure and vulnerability to daily stressors. *Journal of Health and Social Behavior, 45,* 1-16.

Hall, R. L. (1988). Softly strong: African American women' s use of exercise in therapy. *Psychotherapy Patient, 10*(3/4), 81-100.

Health Education Associates. [retrieved March 5, 2006]. *Aerobic Versus Anaerobic Exercise.* http://www.well-net.com/cardiov/aerex1.html).

Jokl, P., Sethi, P. M., and Cooper, A. J. (2004). Master' s performance in the New York City Marathon. *British Journal of Sports Medicine, 38,* 408-412.

Krause, M. (2000). Are we really entering a new era of aging? In K. W. Schaie and J. Hendricks (Eds.), *The Evolution of the Aging Self: The Societal Impact on the Aging Process* (pp. 307-318). New York: Springer.

Levinson, D. J. (1996). *The Seasons of a Woman's Life.* New York: Knopf.

Nordon, K. (2003, May 7). Hitting their stride. *Christian Science Monitor.*

http://www.csmonitor.com/atcsmonitor/specials/women/sports/sports050703.html.

MayoClinic.com. (retrieved April 12, 2006). *Menopause and Weight Gain: Reverse Middle Aged Spread.* http://www.mayhoclinic.com/health/menopause-weight-gain/HQ01076.

Mutschler, P. H., and Alcon, A. (1997). Health concerns in midlife and older women: Improving the quality of women' s live as they age [Electronic Version]. *National Council of Jewish Women Journal, 20,* 22-26.

National Center for Health Statistics. (1993). Advance report of final mortality statistics, 1991, *Monthly Vital Statistics Report, 42*(2). Hyattsville, MD: Author.

OB/GYN Reference Desk. (retrieved April 13, 2006). *Menopause and Midlife Health for Women.* http://www.umanitoba.ca/womens_health/meno5.htm.

President' s Council on Physical Fitness and Sports (retrieved February 26, 2006). *Fitness fundamentals.* [http://www.hoptechno.com/book11.html].

Schoeborn, C. A., Vickerie, J. L., and Powell-Griner, E. (2006, April 11). Health characteristics of adults 55 years of age Andover: United States, 2000-2003. *Advance Data from Vital and Health Statistics, 370.* http://www.cdc.gov/nchs/data/ad/ad370.pdf.

Schultz, S. (1999, November 8). Why we' re fat. *U.S. News & World Report,* pp. 82-85.

The Food Trust. (2006, April 19). *The Next Decade: Building Strong Communities Through Healthy Food.* http://www.thefoodtrust.org/catalog/download.php?product_id=69.

U. S. Department of Health and Human Services Center for Disease Control and Prevention. (2004). *1991 National Health Interview Survey.* Hyattsville, MD: National Center for Health Statistics. http://www.cdc.gov/nchs/products/elec_prods/subject/nhis.htm.

U. S. Department of Health and Human Services. (1991). *Healthy People 2000: National Health Promotion and Disease Prevention Objectives-Full Report with Commentary.* Washington, DC: U. S. Department of Health and Human Services.

U. S. Department of Health and Human Services. (1996). *Physical Activity and Health: A Report of the Surgeon General.* Washington, DC: U. S. Department of Health and Human Services.

WebMD Medical Reference in collaboration with the Cleveland Clinic. (2006, February 13). *Menopause Basics.* http://www.webmd.com/content/article/51/40624.htm.

Weil, A. (2005). *Healthy Aging.* New York: Knopf.

Woods, N. F., and Mitchell, E. S. (1997). Preventive health issues: The perimenopausal to mature years (45-64). In K. M. Allen and J. M. Phillips (Eds.), *Women's Health across the Lifespan: A Comprehensive Perspective* (pp. 72-89). Philadelphia: Lippincott.

05. 50세 이상 여성의 웰빙과 삶의 질: 성-연령에 따른 조망

Arber, S., and Ginn, J. (Eds.). (2002). *Connecting gender and ageing: A sociological approach.* Buckingham, UK: Open University Press.

Arbers, S., Davidson, K., and Ginn, J. (2003). Changing approaches to gender and later life. In S. Arber, K. Davidson, and J. Ginn (Eds.), *Gender and ageing* (pp. 1-15). Maidenhead, UK: Open University Press.

Ashton, L., and Asthana, A. (2004, February 15). Nappies at fifty. Retrieved July 13, 2005 from http://www.observer.guardian.co.uk.

Barnett, R. C., and Baruch, G. K. (1978). Women in the middle years: A critique of research and theory. *Psychology of Women Quarterly, 3,* 187-198.

Bart, B. P. (1971). Depression in middle-aged women. In J. M. Bardwick (Ed.), *Readings on the psychology of women* (pp. 134-143). New York: Harper & Row.

Baumeister, R. F. (2000). Gender differences in erotic plasticity: The female sex drive as socially flexible and responsive. *Psychological Bulletin, 126,* 347-374.

Benetton advertisement. (2001, October). Retrieved May, 12, 2004, from http://www.benetton.com.

Berger, P., and Luckmann, T. (1991). *The social construction of reality: A treatise in the sociology of knowledge.* Harmondsworth, UK: Penguin. [Original work published in 1966.]

Blaikie, A. (1999). *Ageing and popular culture.* Cambridge: Cambridge University Press.

Borell, K., and Karlsson, S. G. (2003). Re-conceptualizing intimacy and ageing: Living apart together. In S. Arber, K. Davidson and J. Ginn (Eds.), *Gender and ageing* (pp. 1-15). Maidenhead, UK: Open University Press.

Broverman, I. K., Broverman, D. M., Clarkson, F. E., Rosenkrantz, P. S., and Vogel, S. R. (1970). Sex-role stereotypes and clinical judgments of mental health. *Journal of Consulting and Clinical Psychology, 34,* 1-7.

Burns, A., and Leonard, R. (2005). Chapters of our lives: Life narratives of midlife and older Australian women. *Sex Roles, 52,* 269-277.

Cheng, S. T. (2004). Age and subjective well-being revisited: A discrepancy perspective. *Psychology and Aging, 19,* 409-415.

Collins, L. H. (1998). Illustrating feminist theory: Power and psychopathology. *Psychology of Women Quarterly, 22,* 97-112.

Davidson, K., and Fennell, G. (2002). New intimate relationship in later life. *Ageing International, 27,* 3-10.

Demeter, D. (n.d.). Sex and the elderly. Retrieved May 5, 2004, from University of Missouri-Kansas City, The human sexuality web site: http://www.umkc.edu/sites/hsw/age.

Denmark, F. L. (1994). Engendering psychology. *American Psychologist, 49,* 329-324.

Ehrenreich, B., Hess, E., and Jacobs, G. (1986). *Re-making love: The feminization of sex.* Garden City, NY: Doubleday Anchor.

Friedman, A. (1996). *Annie Oakley won twice: Intimacy and power in female identity.* Tel-Aviv: Hakibbutz Hameuchad..

Gergen, K. J. (1985). The social constructionist movement in modern psychology. *American Psychologist, 40,* 266-275.

Gergen, M. M. (1990). Finished at 40: Women's development within patriarchy. *Psychology of Women Quarterly, 14,* 471-493.

Ginn, J., and Arber, S. (2002). Only connect: Gender relations and ageing. In S. Arber and J. Ginn (Eds.), *Connecting gender and aging: A sociological approach* (pp. 1-14). Buckingham, UK: Open University Press.

Gott, M., and Hinchliff, S. (2003). Sex and ageing: A gendered issue. In S. Arber, K. Davidson, and J. Ginn (Eds.), *Gender and ageing* (pp. 63-79). Maidenhead, UK: Open University Press.

Gutmann, D. (1975). Parenthood: A key to the comparative study of the life cycle. In N. Datan and L. Ginsberg (Eds.), *Life-span developmental psychology: Normative life crises* (pp. 98-119). San Diego, CA: Academic Press.

Hawkes, G. (1996). *A sociology of sex and sexuality.* Buckingham, UK: Open University Press.

Helgeson, V. S. (1994). Relation of agency and communion to well-being: Evidence and potential explanations. *Psychological Bulletin, 116,* 412-428.

Helson, R. (1997). The self in middle age. In M. E. Lachman and J. B. James (Eds.),

Multiple paths of middle development (pp. 21-43). Chicago: University of Chicago Press.

Helson, R., and Moane, G. (1987). Personality change in women from college to midlife. *Journal of Social Psychology, 53,* 176-186.

Helson, R., and Picano, J. (1990). Is the traditional role bad for women? *Journal of Personaltiy and Social Psychology, 59,* 311-320.

Helson, R., and Wink, P. (1992). Personality change in women from the early 40s to the early 50s. *Psychology of Aging, 7,* 46-55.

Hinsliff, G. (2004, April 25). The calendar girl generation. Retrieved May 8, 2004, from http://www.guardian.co.uk.

Hirshbein, L. D. (2001). Popular views of old age in America, 1900-1950. *Journal of American Geriatrics Society, 4,* 1555-1560.

Ikea. (2001, Ocotober). Retrieved May 5, 2004, from http://www.philly.com. Pess.

Kaufman, D. (2000). Sex and the elderly woman. Retrieved May 6, 2004, from www.globalaging.org/health/us.

Kaufman, S. R. (1986). *The ageless self.* Madison, WI: University of Wisconsin Press.

Keyes, C. L. M., Shmotkin, D., and Ryff, C. D. (2002). Optimizing well-being: The empirical encounter of two traditions. *Journal of Personality and Social Psychology, 82,* 1007-1022.

Laumann, E. O., Gagnon, J. H., Michael, R. T., and Michaels, S. (1994). *The social organization of sexuality: Sexual practices in the United States.* Chicago: University of Chicago Press.

Lauzen, M. M., and Dozier, D. M. (2005). Maintaining the double standard: Portrayals of age and gender in popular films. *Sex Roles, 52,* 437-446.

Livson, B. F. (1976). Patterns of personality development in middle-aged women: A longitudinal study. *International Journal of Aging and Human Development, 7,* 107-115.

Livson, B. F. (1981). Paths to psychological health in middle years: Sex differneces. In D. H. Eichorn, J. A. Clausen, M. P. Honzik, and P. Mussen (Eds.), *Present and past in midlife* (pp. 195-221). San Diego, CA: Academic Press.

Lorber, J. (1994). *Paradoxes of gender.* New Haven, CT: Yale University Press.

Markus, H., and Nurius, P. (1986). Possible selves. *American Psychologist, 41,* 954-969.

Matzkin, A. (2003). The naked body. Retrieved May 10, 2004, from www.matzkin-studio.com.

Mitchell, V., and Helson, R. (1990). Women's prime of life—Is it the 50s?. *Psychology of Women Quarterly, 14,* 451-470.

Mosedale, S. (2005). Assessing women's empowerment: Toward a conceptual framework. *Journal of International Development, 17,* 243-257.

Muhlbauer, V., and Zemach, M. (1991). *Onesies twosies.* Tel Aviv: Am Oved.

Neugarten, B. L. (1968). Adult personality: Toward a psychology of the life cycle. In B. L. Neugarten (Ed.), *Middle age and aging: A reader in social psychology* (pp. 137-147). Chicago: University of Chicago Press.

Neugarten, B. L., and Gutmann, D. (1968). Age sex-roles and personality in middle age: A thematic apperception study. In B. L. Neugarten (Ed.), *Middle age and aging: A reader in social psychology* (pp. 77-84). Chicago: University Chicago Press.

Neugarten, B. L., and Neugarten, D. A. (1996). The changing meanings of age. In D. A. Neugarten (Ed.), *The meaning of age: Selected papers of Bernice L. Neugarten* (pp. 72-77). Chicago: University of Chicago Press.

Nicolosi, M. (July, 2001). Sex lives of older single heterosexuals. Retrieved May 8, 2004, from http://www.washingtonpost.com.

Parker, R. A., and Aldwin, C. J. (1997). Do aspects of gender identity change from early to middle adulthood? Disentangling age, cohort, and period effects. In

M. E. Lachman and J. B. James (Eds.), *Multiple paths of middle development* (pp. 67-109). Chicago: University of Chicago Press.

Peach, L. J. (1998). Sex, sexism, sexual harassment, and sexual abuse. In L. J. Peach (Ed.), *Women in culture: A women's studies anthology* (pp. 283-301). Oxford: Blackwell.

Pearlman, S. F. (1993). Late mid-life astonishment: Disruptions to identity and self-esteem. In N. D. Davis., E. Cole., and E. D. Rothblum (Eds.), *Faces of women and aging* (pp. 1-13). New York: Harrington Park Press.

Pietromonaco, P. R., Manis, J., and Frohardt-Lane, K. (1986). Psychological consequences of multiple social roles. *Psychology of Women Quarterly, 10,* 373-382.

Powell, J. L., and Moores, J. (2001). Theorising social gerontology: The case of social philosophies of age. *E-Journal of Culture Studies.* Retrieved 8 June, 2005, from http://www.fuentes.csh.udg.mx./cuchs/sincronia.

Rosenkrantz, P., Vogel, S., Bee, H., Broverman, I., and Broveman, D. (1968). Sex role stereotypes and self-concept in college students. *Journal of Consulting Clinical Psychology, 32,* 287-295.

Rossi, A. S. (2004). The menopausal transition and aging processes. In O. G. Brim, C. D. Ryff, and R. C. Kessler (Eds.), *How healthy are we? A national study of well-being at midlife* (pp. 153-201). Chicago: University of Chicago Press.

Ryff, C. D. (1987). The place of personality and social structure research in social psychology. *Journal of Personality and Social Psychology, 53,* 1192-1202.

Ryff, C. D. (1991). Possible selves in adulthood and old age: A tale of shifting horizons. *Psychology and Aging, 6,* 286-295.

Ryff, C. D., and Keyes, C. L. M. (1995). The structure of psychological well-being revisited. *Journal of Personality and Social Psychology, 69,* 719-727.

Ryff, C. D., and Singer, B. (1998). The contours of positive human health.

Psychological Inquiry, 9, 1-28.

Schmuck, P., and Sheldon, K. M. (2001). Life goals and well-being: To the frontiers of life goal research. In P. Schmuck and K. M. Sheldon (Eds.), *Life goals and well-being* (pp. 1-17). Seattle: Hogrefe and Huber.

Schmutte, P. S., and Ryff, C. D. (1997). Personality and well-being: Reexamining methods and meanings. *Journal of Personality and Social Psychology, 73,* 549-559.

Stewart, A., and Healy, J. M. (1989). Linking individual development and social changes. *American Psychologist, 44,* 30-42.

Stewart, A. J., and Ostrove, J. M. (1998). Women's personality in middle age: Gender, history, and midcourse corrections. *American Psychologist, 53,* 1185-1194.

Strinati, D. (1995). *An introduction to theories of popular culture.* London: Routledge.

Thoits, P. A. (1983). Multiple theories and psychological well-being: A reformulation and test of the social isolation hypothesis. *American Sociological Review, 48,* 174-187.

Thoits, P. A. (2003). Personal agency in the accumulation of multiple role-identities. In P. J. Burke, T. J. Owens, R. T. Serpe, and P. A. Thoits (Eds.), *Advances in identity theory and research* (pp. 179-194). New York: Kluwer Academic/Plenum.

Vandewater, E. A., Ostrove, J. M., and Stewart, A. J. (1997). Predicting women's well-being in midlife: The importance of personality development and social role involvements. *Journal of Personality and Social Psychology, 72,* 1147-1160.

Welsh, W. M., and Stewart, A. J. (1995). Relationship between women and their parents: Implications for midlife well-being. *Psychology and Aging, 10,* 181-190.

Wolf, N. (1998). The beauty myth. In L. J. Peach (Ed.), *Women in culture* (pp. 179-187). Oxford: Blackwell.

Woodhill, B. M., and Samuels, C. A. (2003). Positive and negative androgyny and their relationship with psychological health and well-being. *Sex Roles, 48,* 555-567.

06. 다시 돌아와 즐기기: 50세 이상 여성의 우정

Adams, R. G. (1997). Friendship patterns among older women. In J. M. Coyle (Ed.), *Handbook on Women and Aging* (pp. 400-417). Westport, CT: Greenwood.

Adams, G., and Plaut, V. C. (2003). The cultural grounding of personal relationship: Friendships in North American and West African worlds. *Personal Relationships, 10,* 333-347.

Allan, G. (1998). Friendships and the private sphere. In R. G. Adams and G. Allan (Eds.), *Placing Friendship in Context* (pp. 92-116). Cambridge: Cambridge University Press.

Allan, G. (2001). Personal relationships in late modernity. *Personal Relationships, 8,* 325-339.

Antonucci, T., and Akiyama, H. (1997). Concern with others at midlife: Care, comfort, or compromise? In M. E. Lachman and J. B. James (Eds.), *Multiple Paths of Midlife Development* (pp. 147-169). Chicago: University of Chicago Press.

Argyle, M., and Furnham, A. (1983). Sources of satisfaction and conflict in long-term relationships. *Journal of Marriage and the Family, 45,* 481-493.

Argyle, M., and Henderson, M. (1984). The rules of friendship. *Journal of Social and Personal Relationships, 1,* 211-238.

Armstrong, M. J., and Goldsteen, K. S. (1990). Friendship support patterns of older

American women. *Journal of Aging Studies, 4,* 391-404.

Bank, B. J. (1995). Friendships in Australia and the United States: From feminization to a more heroic image. *Gender & Society, 9,* 79-98.

Bank, B. J., and Hansford, S. L. (2003). Gender and friendship: Why are men' s best same-sex friendships less intimate and supportive? *Personal Relationships, 7,* 63-78.

Basow, S. A., and Rubenfeld, K. (2003). "Troubles talk": Effects of gender and gender typing. *Sex Roles, 48,* 183-187.

Bell, S., and Coleman, S. (Eds.). (1999). *The Anthropology of Friendship.* Oxford: Berg.

Bleiszner, R. (2006). A lifetime of caring: Dimensions and dynamics in late-life close relationships. *Personal Relationships, 13,* 1-18.

Bleiszner, R., and Adams, R. G. (1992). *Adult Friendship.* Newbury Park, CA: Sage.

Bleiszner, R., and Roberto, K. A. (2004). Friendship across the life span: Reciprocity in individual and relationship development. In F. R. Lang and K. L. Fingerman (Eds.), *Growing Together: Personal Relationships Across the Lifespan* (pp. 159-182). Cambridge: Cambridge University Press.

Bradford, J., and Ryan, C. (1991). Who we are: Health concerns of middle-aged lesbians. In B. Sang, J. Warshow, and A. Smith (Eds.), *Lesbians at Midlife: The Creative Transition* (pp. 147-163). San Francisco: Spinsters Ink.

Cartwright, L. K., and Wink, P. (1994). Personality change in women physicians from medical student years to mid-40s. *Psychology of Women Quarterly, 18,* 291-308.

Clark, M. S. (1981). Noncomparability of benefits given and received: A cue to the existence of friendship. *Social Psychology Quarterly, 44,* 375-381.

Clark, M. S., and Mills, J. (1993). The difference between communal and exchange relationships: What it is and is not. *Personality and Social Psychology Bulletin,*

19, 684-691.

Enright, D. J., and Rawlinson, D. (1992). *The Oxford Book of Friendship.* New York: Oxford University Press.

Erikson, E. H. (1968). *Identity: Youth and Crisis.* New York: Norton.

Faderman, L. (1981). *Surpassing the Love of Men.* New York: Morrow.

Fehr, B. (1996). *Friendship Processes.* Thousand Oaks, CA: Sage.

Fehr, B., and Harasymchuk, C. (2005). The experience of emotion in close relationships: Toward an integration of the emotion-in-relationships and interpersonal script models. *Personal Relationships, 12,* 181-196.

Gersick, C. J., and Kram, K. E. (2002). High achieving women at midlife: An exploratory study. *Journal of Management Inquiry, 11,* 104-127.

Goodenow, C., and Gaier, E. L. (1990, August). *Best Friends: The Close Reciprocal Friendships of Married and Unmarried Women.* Paper presented at the meeting of the American Psychological Association, Washington, DC.

Gouldner, H., and Strong, M. S. (1987). *Speaking of Friendship: Middle-class Women and Their Friends.* Westport, CT: Greenwood.

Green, E., Hebron, S., and Woodward, D. (1990). *Women's Leisure: What Leisure?* Basingstoke, UK: Macmillan.

Greenberg, S., and Motenko, A. K. (1994). Women growing older: Partnerships for change. In M. P. Mirkin (Ed.), *Women in Context: Toward a Feminist Reconstruction of Psychotherapy* (pp. 96-117). New York: Guilford.

Gullestad, M. (1984). *Kitchen Table Society.* Oslo: Universities Forlaget.

Guttentag, M., and Secord, P. (1983). *Too Many Women? The Sex Ratio Question.* Beverly Hills, CA: Sage.

Hall, R., and Rose, S. (1996). Friendships between African-American and White lesbians. In J. S. Weinstock and E. D. Rothblum (Eds.), *Lesbian Friendships: For Ourselves and Each Other* (pp. 165-191). New York: New York University

Press.

Holmstrom, A. J., Burleson, B. R., and Jones, S. M. (2005). Some consequences for helpers who deliver "cold comfort": Why it's worse for women than men to be inept when providing emotional support. *Sex Roles, 53,* 153-172.

Irigaray, L. (1985). *This Sex Which Is Not One.* New York: Cornell University Press.

Keefe, S. E., Padilla, A. M., and Carlos, M. L. (1979). The Mexican-American extended family as an emotional support system. *Human Organization, 38,* 144-152.

Kimmel, D. C., and Sang, B. E. (1995). Lesbians and gay men in midlife. In A. R. D'Augelli and C. J. Patterson (Eds.), *Lesbian, Gay, and Bisexual Identities Over the Lifespan: Psychological Perspectives* (pp. 190-214). New York: Oxford University Press.

Kitzinger, C. (1996). Toward a politics of lesbian friendship. In J. S. Weinstrock and E. D. Rothblum (Eds.), *Lesbian friendships: For ourselves and each other* (pp. 295-299). New York: New York University Press.

Knapp, M. R., and Miller, G. R. (1994). *Handbook of Interpersonal Communication* (2nd ed.). Thousand Oaks, CA: Sage.

Krause, N., and Borawski-Clark, E. (Eds.). (1995). Social class differences in social support among older adults. *Gerontologist, 35,* 498-508.

Larson, R. W., and Bradney, N. (1988). Precious moments with family members and friends. In R. W. Larson, N. Bradney, and R. M. Milardo (Eds.), *Families and Social Networks. New Perspectives on Family* (pp. 107-126). Thousand Oaks, CA: Sage.

Levine, S. B. (2005). *Inventing the Rest of Our Lives: Women in Second Adulthood.* London: Viking Press.

Lewittes, H. J. (1989). Just being friendly means a lot-Women, friendship, and aging. In L. Grace and I. Susser (Eds.), *Women in the Later Years: Health, Social, and Cultural Perspectives* (pp. 138-159). New York: Harrington Park Press.

Masheter, C. (1997). Healthy and unhealthy friendship and hostility between ex-spouses. *Journal of Marriage and the Family, 59,* 207-222.

Nardi, P. M., and Sherrod, D. (1994). Friendships in the lives of gay men and lesbians. *Journal of Social and Personal Relationships, 11,* 185-199.

Neugarten, B. L. (1968). The awareness of middle age. In B. L. Neugarten (Ed.), *Middle Age and Aging* (pp. 93-98). Chicago: University of Chicago Press.

O' Connor, P. (1992). *Friendships between Women.* New York: Guilford.

O' Connor, P. (1998). Women' s friendships in a post-modern world. In R. G. Adams and G. Allan (Eds.), *Placing friendship in context* (pp. 117-135). Cambridge: Cambridge University Press.

Patrick, J. H., Cottrell, L. E., and Barnes, K. A. (2001). Gender, emotional support, and well-being among the rural elderly. *Sex Roles, 45,* 15-29.

Paul, M. (2004). *The Friendship Crisis: Finding, Making, and Keeping Friends When You're Not a Kid Anymore.* Emmaus, PA: Rodale.

Pressman, S. D., Cohen, S., Miller, G. E., Barkin, A., Rabin, B. S., and Treanor, J. J. (2005). Loneliness, social network size, and immune response to influenza vaccination in college freshmen. *Health Psychology, 24,* 297-306.

Rabin, J., and Slater, B. R. (2005). Lesbian communities across the United States: Pockets of resistance and resilience. *Journal of Lesbian Studies, 9,* 169-182.

Rodriguez, N., Mira, C. B., Myers, H. F., Morris, J. K., and Cardoza, D. (2003). Family or friends: Who plays a greater supportive role for Latino college students? *Cultural Diversity and Ethnic Minority Psychology, 9,* 236-250.

Roberto, K. A. (2001). Older women' s relationships: Weaving lives together. In J. D. Garner and S. O. Mercer (Eds.), *Women as They Age* (2nd ed., pp. 115-129). New York: Haworth.

Rose, S. M. (1984). How friendships end. *Journal of Social and Personal Relationships, 1,* 267-278.

Rose, S. (2000). Heterosexism and the study of women's romantic and friend relationships. *Journal of Social Issues, 56,* 315-328.

Rothblum, E. D., Mintz, B., Cowan, D. B., and Haller, C. (1995). Lesbian baby boomers at midlife. In K. Jay (Ed.), *Dyke Life: From Growing Up to Growing Old-A celebration of the Lesbian Experience* (pp. 61-76). New York: Basic Books.

Rusbult, C. E., Zembrodt, I. M., and Gunn, L. K. (1982). Exit, voice, loyalty, and neglect: Responses to dissatisfaction in romantic involvement. *Journal of Personality and Social Psychology, 43,* 1230-1242.

Samter, W., Whaley, B. B., Mortenson, S. T., and Burleson, B. R. (1997). Ethnicity and emotional support in same-sex friendship: A comparison of Asian-Americans, African-Americans, and Euro-Americans. *Personal Relationships, 4,* 413-430.

Sang, B. (1991). Moving toward balance and integration. In B. Sang, J. Warshow, and A. Smith (Eds.), *Lesbians at Midlife: The Creative Transition* (pp. 206-214). San Francisco: Spinsters Ink.

Stanley, J. L. (1996). The lesbian's experience of friendship. In J. S. Weinstock and E. D. Rothblum (Eds.), *Lesbian Friendships: For Ourselves and Each Other* (pp. 39-59). New York: New York University Press.

Stewart, A. J., Ostrove, J. M., and Helson, R. (2001). Middle aging in women: Patterns of personality change from the 30s to 50s. *Journal of Adult Development, 8,* 23-27.

Tangri, S. S., Thomas, V. G., Mednick, M. T., and Lee, K. S. (2003). Predictors of satisfaction among college-educated Black women in midlife. *Journal of Adult Development, 10,* 113-135.

Taylor, S. E., Klein, L. C., Lewis, B. P., Gruenewald, T. L., Gruung, R. A., and Updegraff, R. (2000). Biobehavioral responses to stress in females: Tend-andbefriend, not fight-or-flight. *Psychological Review, 107,* 411-429.

Trotman, F. K., and Brody, C. M. (Eds.) (2002). *Psychotherapy and Counseling with Older Women.* New York: Springer.

Tully, C. T. (1989). Domestic violence: The ultimate betrayal of human rights. *Journal of Lesbian and Gay Social Services, 13,* 83-98.

Vandeventer, E. A., Ostrove, J. M., and Stewart, A. J. (1997). Predicting women' s well-being in midlife: The importance of personality development and social role involvement. *Journal of Personality and Social Psychology, 72,* 1147-1160.

Weeks, J., Heaphy, B., and Donovan, C. (2001). *Same Sex Intimacies: Families of Choice and Other Life Experiments.* New York: Routledge.

Weinstock, J. S. (2000). Lesbian, gay, bisexual and transgender friendships in adulthood: Review and analysis. In C. J. Patterson and A. R. D' Augelli (Eds.), *Lesbian, Gay, and Bisexual Identities in Families: Psychological Perspectives* (pp. 122-153). New York: Oxford University Press.

Weinstock, J. S. (2004). Lesbian flexibility: Friend and/or family connections among lesbian ex-lovers. *Journal of Lesbian Studies, 8,* 193-238.

Weston, K. (1997). *Families we choose: Lesbians, gays, kinship* (rev. ed.). New York: Columbia University Press. [Originally published 1991.]

Yager, J. (2002). *When Friendship Hurts: How to Deal with Friends Who Betray, Abandon, or Wound You.* New York: Fireside.

07. 현대의 중년 조부모

Bahr, K. S. (1994). The strengths of Apache grandmothers: Observations on commitment culture and caretaking. *Journal of Comparative Family Studies, 25,* 233-248.

Barranti, C. C. R. (1985). The grandparent/grandchild relationship: Family resources in an era of voluntary bonds. *Family Relations, 34,* 343-351.

Bastida, E. (1987). Sex-typed age norms among older Hispanics. *Gerontologist, 27,* 29-60.

Blau, Z. S. (1973). *Old Age in a Changing Society.* New York: New Viewpoints.

Boyd, R. (1967). The emerging social roles of the four-generation family. In G. Dockes (Ed.), *Our Elderly Americans: Challenge and Response* (pp. 11-21). Spartenburg, SC: Converse College Press.

Burton, L. M. (1992). Black grandparents rearing children of drug-addicted parents: Stressors, outcomes, and social service needs. *Gerontologist, 32,* 744-751.

Burton, L. M., and Bengston, V. L. (1985). Black grandmothers: Issues of timing and continuity of roles. In V. L. Bengston and J. F. Robertson (Eds.), *Grandparenthood* (pp. 61-77). Beverly Hills, CA: Sage.

Burton, L. M., Dilworth-Anderson, P., and Merriwether-deVries, C. (1995). Context and surrogate parenting among contemporary grandparents. *Marriage and Family Review, 20,* 349-366.

Cherlin, A. J., and Furstenberg, F. F. (1985). Styles and strategies of grandparenting. In V. L. Bengtson and J. F. Robertson (Eds.), *Grandparenthood* (pp. 97-116). Beverly Hills, CA: Sage.

Clavan, S. (1978). The impact of social class and social trends on the role of the grandparent. *Family Coordinator, 27,* 351-357.

Cohler, B. J., and Gruenbaum, H. V. (1981). *Mothers, Grandmothers, and Daughters: Personality and Child Care in Three Generations.* New York: Wiley.

Cotterill, P. (1992). But for freedom, you see, not to be a babyminder: Women' s attitudes toward grandmother care. *Sociology, 26,* 603-618.

Creighton, L. (1991, December 16). The silent saviors. *US News & World Report,* pp.

80-89.

Denham, T. E., and Smith, C. W. (1989). The influence of grandparents on grandchildren: A review of the literature and resources. *Family Relations, 38,* 345-350.

Deutsch, H. (1945). *The Psychology of Women.* New York: Grune & Stratton.

Dilworth-Anderson, P. (1994). The importance of grandparents in extended kin caregiving to Black children with sickle cell disease. *Journal of Health and Social Policy, 5,* 185-202.

Dressel, P. L., and Barnhill, S. K. (1994). Reframing gerontological thought and practice: The case of grandmothers with daughters in prison. *Gerontologist, 34,* 685-691.

Elder, G. H. (1994). Time, human aging, and social change: Perspective on the life course. *Social Psychology Quarterly, 57,* 4-15.

Friedman, A. (1987). Getting stronger with age: Changes in women over the life cycle. *Israel Social Science Research, 5,* 76-86.

Friedman, A., and Todd, J. (1994). Kenyan women tell a story: Interpersonal power of women in three subcultures in Kenya. *Sex Roles, 31,* 503-525.

George, L. K. (1980). *Role Transitions in Later Life.* Monterey, CA: Brooks/Cole.

Giarrusso, R., Silverstein, M., and Bengston, V. L. (1996). Family complexity and the grandparent role. *Generations, 20,* 17-23.

Goodfellow, J. (2003, May). *Grandparents' Caring for Their Children's Children.* Paper presented at the Conference on Our Children: The Future, Sydney, Australia.

Gutmann, D. L. (1975). Parenthood: A key to the comparative study of life cycle. In N. Dotan and L. H. Ginzberg (Eds.), *Life Development Psychology: Normative Life Crises* (pp. 167-184). New York: Academic Press.

Gutmann, D. L. (1987). *Reclaimed Power: Toward a New Psychology of Men and*

Women in Later Life. New York: Basic Books.

Hagestad, G. O. (1985). Continuity and connectedness. In V. L. Bengston and J. F. Robertson (Eds.), *Grandparenthood* (pp. 31-48). Beverly Hills, CA: Sage.

Hakin, C. (2000). *Work-lifestyle Choices in the 21st Century: Preference Theory*. London: Oxford University Press.

Hall, T. (1975). Pressures from work, self, and home in the life stages of married women. *Journal of Vocational Behavior, 6,* 127-135.

Israel Central Bureau of Statistics. (2005). *Household expenditure survey 2000-2002: Households of immigrants from the USSR (former).* [Special Publication No. 1231]. Jerusalem: Author.

Izraeli, D. N. (1994). Money matters: Spousal income and family/work relations among physician couples in Israel. *Sociological Quarterly, 35,* 69-84.

Izraeli, D. N. (1999). Hamidgur beolam ha'avoda [Genderizing in the work place]. In D. N. Izraeli, A. Friedman, H. Dahan-Kalev, S. Fogiel-Bijaoui, H. Herzog, N. Hasan, and H. Naveh (Eds.), *Sex, Gender, Politics: Women in Israel* (pp. 167-216). Tel Aviv: Hakibbutz Hameuchad (in Hebrew).

Jannelli, L. M. (1988). Depictions of grandparents in children's literature. *Educational Gerontology, 14,* 193-202.

Johnson, C. L. (1983). A culutral analysis of the grandmother. *Research on Aging, 5,* 547-567.

Jung, C. V. (1971). The stage of life. In J. Campbell (Ed.), *The Portable Jung* (pp. 3-22). New York: Viking Press.

Kahana, B., and Kahana, E. (1971). Theoretical and research perspective on grand-parenthood. *Aging and Human Development, 2,* 61-68.

Kennedy, G. E. (1990). College students' expectations of grandparent and grand-child behavior. *Gerontologist, 30,* 43-48.

Kivett, V. R. (1998). Transitions in grandparents' lives: Effects on the grandparent role: In M. E. Szinovacz (Ed.), *Handbook of Grandparenting* (pp. 131-143). Westport, CT: Greenwood Press.

Kornhaber, A. (1996). *Contemporary Grandparenting.* Thousand Oaks, CA: Sage.

Kornhaber, A., and Woodward, K. (1981). *Grandparents, Grandchildren: The Vital Connection.* Garden City, NY: Doubleday/Anchor Press.

Kulik, L. (2005). *Being a Grandmother in 2000.* Unpublished manuscript.

Lajewski, H. C. (1959). Working mothers and their arrangements for the care of their children. *Social Security Bulletin, 22,* 8-13.

Laqueur, T. W. (1992). The facts of fathershood. In B. Throne and M. Yalom (Eds.), *Rethinking the Family: Some Feminist Questions* (pp. 155-175). Boston: Northeastern University Press.

Lieber, M. (1990). Shinui kariera be' emtza hahyim [Changing careers in mid-life]. Unpublished Master' s thesis, Tel Aviv University (in Hebrew).

Marsiglio, W. (1993). Contemporary scholarship on fatherhood: Culture, identity, and conduct. *Journal of Family Issues, 14,* 484-509.

Matthews, S., and Sprey, J. (1984). The impact of divorce on grandparenting: An exploratory study. *Gerontologist, 24,* 41-47.

Minkler, M., and Roe, K. M. (1993). *Grandmothers as Caregivers.* Newbury Park, CA: Sage.

Neugarten, B. (1968). *Middle Age and Aging: A Reader in Social Psychology.* Chicago: University of Chicago Press.

Neugarten, B., and Weinstein, K. (1964). The changing American grandparent. *Journal of Marriage and the Family, 26,* 199-204.

Orbach, Z. (2001). *Savta bejeans [Grandma in jeans].* Tel Aviv: Orbach Press (in Hebrew).

Robertson, J. F. (1976). Significance of grandparents' perceptions of young adult grandchildren. *Gerontologist, 16,* 137-140.

Robertson, J. F. (1977). Grandmotherhood: A study of role conceptions. *Journal of Marriage and the Family, 39,* 165-174.

Rossi, A. (1980). Life-span theories and women' s life. *Signs, 6,* 4-32.

Schlesinger, R., and Schlesinger, B. (1998). Grandparenthood: Multicultural perspectives. *Journal of Psychology and Judaism, 22,* 247-264.

Smith, P. K. (1995). Grandparenthood. In M. H. Bornstein (Ed.), *Handbook of Parenting* (pp. 89-111). Mahwah, NJ: Erlbaum.

Storm, R., and Storm, S. K. (1993). Grandparents raising grandchildren: Goals and support groups. *Education Gerontology, 19,* 705-715.

Sussman, M. B. (1953). The help pattern in the middle class family. *American Sociological Review, 18,* 22-28.

Sussman, M. B. (1962). Kin family network: Unheralded structural current conceptualizations of family functioning. *Marriage and Family Living, 24,* 231-240.

Timberlake, E. M. (1986). The value of grandchildren to grandmothers. *Journal of Gerontological Social Work, 2,* 63-67.

Troll, L. E. (1983). Grandparents: The party watchdogs. In T. Brubaker (Ed.), *Family Relationships in Later Life* (pp. 67-74). Beverly Hills, CA: Sage.

Troll, L. E. (1985). The contingencies of grandparenting. In V. L. Bengston and J. F. Robertson (Eds.), *Grandparenthood* (pp. 135-149). Beverly Hills, CA: Sage.

Uhlenberg, P., and Kirby, J. B. (1998). Grandparenthood over time: Historical and demographic trends. In M. E. Szinovacz (Ed.), *Handbook on Grandparenthood* (pp. 23-39). Westport, CT: Greenwood Press.

Werner, E. E. (1991). Grandparent-grandchild relationships among US ethnic groups. In P. K. Smith (Ed.), *The Psychology of Grandparenthood: An International Perspective* (pp. 68-82). London: Routledge & Kegan Paul.

Young, M. (1959). The role of the extend family in disaster. *Human Relations, 7,* 189-204.

08. 50세 이상 여성: 돌봐 주는 문제

Ackerman, R. J., and Banks, M. E. (2003). Assessment, treatment, and rehabilitation for interpersonal violence victims: Women sustaining head injuries. In M. E. Banks and E. Kaschak (Eds.), *Women with Visible and Invisible Disabilities: Multiple Intersections, Multiple Issues, Multiple Therapies* (pp. 343-363). New York: Haworth Press.

Ackerman, R. J., and Banks, M. E. (2006). *Manual for Administration and Interpretation for the Ackeman-Banks Neuropsychological Rehabilitation Battery© (A-BNRB, 2006 ed.).* Akron, OH: ABackans Diversified Computer Processing.

Adams, B., Aranda, M. P., Kemp, B., and Takagi, K. (2002). Ethnic and gender differences in distress among Anglo American, African American, Japanese American, and Mexican American spousal caregivers of persons with dementia. *Journal of Clinical Geropsychology, 8,* 279-301.

American Psychological Association. (2004). *The Road to Resilience.* Retrieved October 17, 2005 from http://www.apahelpcenter.org/featuredtopics/feature.php?id=6

Banks, M. E. (2003). Disability in the family: A life-span perspective. *Cultural Diversity and Ethnic Minority Psychology, 9,* 367-384.

Banks, M. E., and Ackerman, R. J. (1992). Family psychotherapy for brain-injured patients. In J. C. Chrisler and D. Howard (Eds.), *New Directions in Feminist Psychology: Practice, Theory, and Research* (pp. 66-84). New York: Springer.

Banks, M. E., and Ackerman, R. J. (2002). Head and brain injuries experienced by African American women victims of intimate partner violence. *Women & Therapy, 25*(3/4), 133-143.

Banks, M. E., and Ackerman, R. J. (2006). Health disparities: Focus on disability. In

K. Hagglund and A. Heinemann (Eds.), *Advances in Disability and Rehabilitation Research* (pp. 45-70). New York: Springer.

Banks, M. E., Ackerman, R. J., and Corbett, C. A. (1995). Feminist neuropsychology: Issues for physically challenged women. In J. Chrisler and A. Hemstreet (Eds.), *Variations on a Theme: Diversity and the Psychology of Women* (pp. 29-49). Albany, NY: State University of New York Press.

Banks, M. E., Ackerman, R. J., Yee, B., and West, C. (2005). Stress and trauma in the lives of women of color. In K. Kendall-Tackett (Ed.), *The Handbook of Women, Stress, and Trauma* (pp. 207-228). New York: Brunner-Routledge.

Beach, S. R., Schultz, R., Williamson, G. M., Millar, L., Weiner, M. F., and Lance, C. E. (2005). Risk factors for potentially harmful informal caregiver behavior. *Journal of the American Geriatrics Society, 53,* 255-261.

Bergeron, L. R. (2005). Abuse of elderly women in family relationships: Another form of violence against women. In K. Kendall-Tackett (Ed.), *The Handbook of Women, Stress, and Trauma* (pp. 141-157). New York: Brunner-Routledge.

Bonanno, G. A., Moskowitz, J. T., Papa, A., and Folkman, S. (2005). Resilience to loss in bereaved spouses, bereaved parents, and bereaved gay men. *Journal of Personality and Social Psychology, 88,* 827-843.

Boyd-Franklin, N., and Franklin, A. J. (2000). *Boys into Men: Raising our African American Teenage Sons.* New York: Plume.

Brodaty, H., Thomson, C., Thompson, C., and Fine, M. (2005). Why caregivers of people with dementia and memory loss don't use services. *International Journal of Geriatric Psychiatry, 20,* 537-546.

Browder, S. (2002). "My mind's made up": Assumptions and decision-making in accounts of caregiving women. *Journal of Women & Aging, 14*(3/4), 77-97.

Bruce, D. G., Paley, G. A., Nichols, P., Roberts, D., Underwood, P. J., and Schaper, F. (2005). Physical disability contributes to caregiver stress in dementia caregivers. *Journals of Gerontology: Series A: Biological Sciences and Medical Sciences, 60A,* 345-349.

Cagney, K. A., and Agree, E. M. (2005). Racial differences in formal long-term care: Does the timing of parenthood play a role? *Journals of Gerontology: Series B: Psychological Sciences and Social Sciences, 60B,* S137-S145.

Davis, C. G., Nolen-Hoeksema, S., and Larson, J. (1998). Making sense of loss and benefiting from the experience: Two construals of meaning. *Journal of Personality and Social Psychology, 75,* 561-574.

Eisdorfer, C., Czaja, S. J., Loewenstein, D. A., Rubert, M. P., Arguelles, S., Mitrani, V. B., and Szapocznik, J. (2003). The effect of a family therapy and technology-based intervention on caregiver depression. *Gerontologist, 43,* 521-531.

Farran, C. J. (1997). Theoretical perspectives concerning positive aspects of caring for elderly persons with dementia: Stress/adaptation and existentialism. *Gerontologist, 37,* 250-258.

Feld, S., Dunkle, R. E., and Schroepfer, T. (2005). When do couples expand their ADL caregiver network beyond the marital dyad? *Marriage and Family Review, 37,* 27-44.

Fredriksen, K. I. (1999). Family caregiving responsibilities among lesbians and gay men. *Social Work, 44,* 142-155.

Fuller-Thomson, E. (2005). Canadian First Nations grandparents raising grandchildren: A portrait in resilience. *International Journal of Aging and Human Development, 60,* 331-342.

Fultz, N. H., Jenkins, K. R., Ostbye, T., Taylor, D. H., Kabeto, M. U., and Langa, K. M. (2005). The impact of own and spouse' s urinary incontience on depressive symptoms. *Social Science and Medicine, 60,* 2537-2548.

Garand, L., Dew, M. A., Eazor, L. R., DeKosky, S. T., and Reynolds, C. F. (2005). Caregiving burden and psychiatric morbidity in spouses of with mild cognitive impairment. *International Journal of Geriatric Psychiatry, 20,* 512-522.

Gilley, D. W., McCann, J. J., Bienias, J. L., and Evans, D. A. (2005). Caregiver psychological adjustment and institutionalization of persons with Alzheimer' s disease. *Journal of Aging and Health, 17,* 172-189.

Hansen, L., Archbold, P. G., and Stewart, B. J. (2004). Role strain and ease in decision-making to withdraw or withhold life support for elderly relatives. *Journal of Nursing Scholarship, 36,* 233-238.

Harland, P., and Cuskelly, M. (2000). The responsibilities of adult siblings of adults with dual sensory impairments. *International Journal of Disability, Development, and Education, 47,* 293-307.

Hayles, V. R., Jr., Bell, S. R., Evans, W., Floyd, L. J., Monteiro, N., Daniels, I. N., and Harrell, C. J. P. (2004). African American strengths: A selective contemporary review. In R. L. Jones (Ed.), *Black Psychology* (4th ed., pp. 405-425). Hampton, VA: Cobb & Henry.

Health Compass: Navigating Research Information on Aging and Health. (2005). Retrieved October 17, 2005 from http://www.healthcompass.org/

Hirst, M. (2005). Carer distress: A prospective, population-based study. *Social Science and Medicine, 61,* 697-708.

Hunt, C. K. (2003). Concepts in caregiver research. *Journal of Nursing Scholarship, 35,* 27-34.

Jones, C., and Shorter-Gooden, K. (2003). *Shifting: The Double Lives of Black Women in America.* New York: Harper Collins.

Kiecolt-Glaser, J., and Newton, T. (2001). Marriage and health: His and hers. *Psychological Bulletin, 127.* 472-503.

Kwong, M. J., Bartholomew, K., Henderson, A. J. Z., and Trinke, S. J. (2003). The intergenerational transmission of relationship violence. *Journal of Family Psychology, 17,* 288-301.

Li, L. W. (2005). From caregiving to bereavement: Trajectories of depressive symptoms among wife and daughter caregivers. *Journal of Gerontology: Series B: Psychological Sciences and Social Sciences, 60B,* P190-P198.

Li, L. W., and Seltzer, M. M. (2005). Relationships quality with parent, daughter role salience, and self-esteem of daughter caregivers. *Marriage and Family Review, 37,* 63-82.

Loos, C., and Bowd, A. (1997). Caregivers of persons with Alzheimer' s disease: Some neglected implications of the experience of personal loss and grief. *Death Studies, 21,* 501-514.

Lyons, K. S., Zarit, S. H., Sayer, A. G., and Whitlatch, C. J. (2002). Caregiving as a dyadic process: Perspectives from caregiver and receiver. *Journals of Gerontology: Series B: Psychological Sciences and Social Sciences, 57B,* P195-P204.

Mace, N. L., and Rabins, P. V. (2001). *The 36-hour day: A Family Guide to Caring for Persons with Alzheimer's Disease, Related Dementing Illnesses, and Memory Loss in Later Life* (rev. ed.). New York: Warner Books.

Melberg, K. (2005). Family farm transactions in Norway: Unpaid care across three farm generations. *Journal of Comparative Family Studies, 36,* 419-441.

Minkler, M. (2005). American Indian/Alaskan Native grandparents raising grandchildren: Findings from the Census 2000 supplementary survey. *Social Work, 50,* 131-139.

Minkler, M., and Fuller-Thomson, E. (2005). African American grandparents raising grandchildren: A national study using the census 2000 American community survey. *Journals of Gerontology: Series B: Psychological Sciences and Social Sciences, 60B*(2), S82-S92.

Mona, L. R. (2003). Sexual options for people with disabilities: Using personal assistance services for sexual expression. In M. E. Banks and E. Kaschak (Eds.),

Women with Visible and Invisible Disabilities: Multiple Intersections, Multiple Issues, Multiple Therapies (pp. 211-221). New York: Haworth.

Nabors, N. A., and Pettee, M. F. (2003). Womanist therapy with African American women with disabilities. In M. E. Banks and E. Kaschak (Eds.), *Women with Visible and Invisible Disabilities: Multiple Intersections, Multiple Issues, Multiple Therapies* (pp. 331-341). New York: Haworth Press.

Riggle, E. D. B., Rostosky, S. S., Prather, R. A., and Hamrin, R. (2005). The execution of legal documents by sexual minority individuals. *Psychology, Public Policy, and Law, 11,* 138-163.

Riley, L. D., and Bowne, C. (2005). The sandwich generation: Challenges and coping strategies of multigenerational families. *Family Journal, 13,* 52-58.

Riley-Doucet, C. (2005). Beliefs about the controllability of pain: Congruence between older adults with cancer and their family caregivers. *Journal of Family Nursing, 11,* 225-241.

Rysberg, J. A. (2005). Stress and trauma in the lives of middle-aged and old women. In K. Kendall-Tackett (Ed.), *The Handbook of Women, Stress, and Trauma* (pp. 75-98). New York: Brunner-Routledge.

Sherwood, P. R., Given, C. W., Given, B. A., and von Eye, A. (2005). Caregiver burden and depressive symptoms: Analysis of common outcomes in caregivers of elderly patients. *Journal of Aging and Health, 17,* 125-147.

Simon-Rusinowitz, L., Mahoney, K. J., Loughin, D. M., and Sadler, M. D. (2005). Paying family caregivers: An effective policy option in the Arkansas Cash and Counseling demonstration and evaluation. *Marriage and Family Review, 37,* 83-105.

Sleath, B., Thorpe, J., Landerman, L. R., Doyle, M., and Clipp, E. (2005). African-American and White caregivers of older adults with dementia: Differences in depressive symptomatology and psychotropic drug use. *Journal of the*

American Geriatrics Society, 53, 397-404.

Tatum, B. D. (1999). *Assimilation Blues: Black Families in White Communities?Who Succeeds and Why?* New York: Basic Books.

Terri Schiavo Has Died. (2005, March 31). CNN.com. Retrieved October 17, 2005 from http://www.cnn.com/2005/LAW/03/31/schiavo/.

Tryssenaar, J., and Tremblay, M. (2002). Aging with a serious mental disability in rural northern Ontario: Family members' experiences. *Psychiatric Rehabilitation Journal, 25,* 255-264.

US Census Bureau (2004a). *United States General Demographic Characteristics: 2004.* Retrieved October 12, 2005 fromhttp://factfinder. census.gov/servlet/ADPTable?_bm=y&-geo_id=01000US&_qr_name=ACS_2004_EST_G00_DP1&-ds_name=ACS_2004_EST_G00_&_redoLog=false &-_scrollToRow=104&-format.

US Census Bureau (2004b). *United States Selected Social Characteristics: 2004.* Retrieved October 12, 2005 from http://factfinder.census.gov/servlet/ADPTable?_bm=y&-qr_name=ACS_2004_EST_G00_DP2&-geo_id=01000US&-ds_name=&-redoLog=false&-format=.

US Department of Health and Human Services, Centers for Disease Control and Prevention, National Center for Health Statistics. (2004a). *NCHS Definitions.* Retrieved May 5, 2006 from http://www.dcd.gov/nchs/datawh/nchsdefs/adl.htm.

US Department of Health and Human Services, Centers for Disease Control and Prevention, National Center for Health Statistics. (2004b). *NCHS Definitions.* Retrieved May 5, 2006 from http://www.dcd.gov/nchs/datawh/nchsdefs/iadl.htm.

Väänänen, A., Buunk, B. P., Kivimäki, M., Pentti, J., & Vahtera, J. (2005). When it is better to give than to receive: Long-term health effects of perceived reciprocity in support exchange. *Journal of Personality and Social Psychology, 89,* 176-193.

Vahtera, J., Kivimäki, M., Ven, A., Linna, A., Pentti, J., Helenius, H., &Elovainio, M. (2006). Sex differences in health effects of family death or illness: Are women more vulnerable than men? *Psychosomatic Medicine, 68,* 283-291.

Ward-Griffin, C. (2004). Nurses as caregivers of elderly relatives: Negotiating personal and professional boundaries. *Canadian Journal of Nursing Research, 36,* 92-114.

Williams, V., & Robinson, C. (2001). More than one wavelength: Identifying, understanding, and resolving conflicts of interest between people with intellectual disabilities and their family carers. *Journal of Applied Research in Intellectual Disabilities, 14,* 30-46.

Williamson, G. M., Martin-Cook, K., Weiner, M. F., Svetlik, D. A., Saine, K., Hynan, L. S., Dooley, W. K., & Schulz, R. (2005). Caregiver resentment: Explaining why care recipients exhibit problem behavior. *Rehabilitation Psychology, 50,* 215-223.

Winston, C. A. (2003). African American grandmothers parenting AIDS orphans: Concomitant grief and loss. *American Journal of Orthopsychiatry, 73,* 91-100.

Ziemba, R. A., & Lynch-Sauer, J. M. (2005). Preparedness for taking care of elderly parents: "First, you get ready to cry." *Journal of Women & Aging, 17*(1/2), 99-113.

09. 일과 은퇴: 50세 이상 여성의 도전과 기회

AARP. (2002). *Staying Ahead of the Curve: The AARP Work and Career Study.* Washington, DC: Author.

AARP. (2003a). *Staying Ahead of the Curve 2003: The AARP Working in Retirement Study.* Washington, DC: Author.

AARP. (2003b). *Boomers at Midlife. The AARP Life Stage Study, Wave 2.* Washington, DC: Author.

AARP. (2005a, March). *Attitudes of Individuals 50 and Older Toward Phased Retirement.* Online poll of 2,167 workers over 50. Retrieved March, 2006 from http://www.aarp.org.

AARP. (2005b, May 23). *Monster and AARP Announce Alliance to Help 50+ Workers.* Retrieved February, 2006 from http://www.aarp.org.

Adams, R. G. (1994). Older men' s friendship patterns. In E. H. Thompson, Jr. (Ed.), *Older Men's Lives* (pp. 159-177). Thousand Oaks, CA: Sage.

Altschuler, J. (2004). Beyond money and survival: The meaning of paid work among older women. *International Journal of Aging and Human Development, 58,* 223-239.

American Benefits Council. (2004). *Pensions at the Precipice: The Multiple Threats Facing Our Nation' s Defined Benefit Pension System.* Washington, DC: Author. Available at http://www.americanbenefitscouncil.org.

Babcock, L., and Laschever, S. (2003). *Women Don' t Ask: Negotiation and the Gender Divide,* Princeton, NJ: Princeton University Press.

Brontë L. (1995). *The Longevity Factor: The New Reality of Long Careers and how it Can Lead to Richer Lives.* New York: HarperCollins.

Chronicle of Higher Education. (2006, August 26). Almanac issue 2005-6.

Costello, C. B., and Stone, A. J. (Eds.). (2001). *The American Woman 2001-2002: Getting to the Top.* New York: Norton.

Coyle, J. M. (Ed.) (2001). *Handbook on Women and Aging.* Westport, CT: Praeger.

Crose, R. (1997). *Why Women Live Longer than Men... and What Men Can Learn from Them.* San Francisco: Jossey-Bass.

Dychtwald, K. (1999). *Age Power: How the 21st Century Will Be Ruled by the New Old.* New York: Penguin Putnam.

Friedan, B. (1994, March 20). Quoted in *Parade Magazine.* Retrieved May 2006 from http://womenshistory.about.com/od/quotes/a/betty_friedan.htm.

Friedmann, E., and Havighurst, R. I. (1954). *The Meaning of Work and Retirement.* Chicago, IL: University of Chicago Press.

Hall, P. (2002). *The Bonus Years: Women and Retirement.* New York: Miranda Press.

Hewlett, S. A., and Luce, C. B. (2005, March). Off-ramps and on-ramps. Keeping talented women on the road to success. *Harvard Business Review,* pp. 43-54.

Hooyman, N. R., and Rubinstein, R. L. (1997). Is aging more problematic for women than men? In A. E. Scharlach and L. W. Kaye (Eds.), *controversial Issues in Aging* (pp. 125-135). Boston: Allyn & Bacon.

Hussar, W. J. (2005). *Projections of Education Statistics to 2014* (NCES 2005-074). U. S. Department of Education, National Center for Education Statistics. Washington, DC: U. S. Government Printing Office. Available through http://nces.ed.gov.

Johnson, R. W., and Schaner, S. G. (2005, September). Value of unpaid activities by older Americans tops $160 billion per year. *Perspectives on Productive Aging,* Number 4. Washington, DC: Urban Institute. Abailable at http://www.urban.org.

Katz, S. (2000). Reflections on the gerontological handbook. In T. R. Cole, R. Kastenbaum, and R. E. Ray (Eds.), *Handbook for the Humanities and Aging* (2nd ed., pp. 405-418). New York: Springer.

McAuley, W. J. (2000). Defining the field of gerontology through introductory texts. *Gerontologist, 40,* 242-246.

Mellor, M. J., and Rehr, H. (Eds.). (2005). *Baby Boomers. Can My Eighties Be Like my Fifties?* New York: Springer.

Moen, P. (2003). Midcourse. Reconfiguring careers and community service for a new life stage. *Contemporary Gerontology, 9,* 87-94.

Moen, P., and Roehling, P. (2005). *The Career Mystique: Cracks in the American Dream.* Lanham, MD: Rowan & Littlefield.

Onyx, J., and Benton, P. (1996). Retirement: A problematic concept for older women. *Journal of Women and Aging, 8,* 19-35.

Purcell, P. J. (2000, October). Older workers: Employment and retirement trends. *Monthly Labor Review,* pp. 19-30.

Riggs, K. E. (2004). *Granny@work: Aging and New Technology on the Job in America.* New York: Routledge.

Robertson, A. (2000). "I saw the handwriting on the wall": Shades of meaning in reasons for early retirement. *Journal of Aging Studies, 14,* 63-79.

Roosevelt, F. D. (1935, August 14). *Presidential Statement on Signing the Social Security Act.* Available at www.ssa.gov/history/fdrstmts.html.

Rose, S., and Danner, M. J. (1998). Money matters: The art of negotiation for women faculty. In L. H. Collins, J. C. Chrisler, and K. Quina (Eds.), *Arming Athena: Career Strategies for Women in Academe* (pp. 157-186). Thousand Oaks, CA: Sage.

Scott-Maxwell, F. (1968). *The Measure of My Days.* New York: Knopf.

Stone, R., Cafferata, G. L., and Sangl, J. (1987). Caregivers of the frail elderly: A national profile. *Gerontologist, 27,* 616-626.

Sugar, J. A., Anstee, J. L. K., Desrochers, S., and Jambor, E. E. (2002). Gender biases in gerontological education: The status of older women. *Gerontology & Geriatrics Education, 22,* 43-53.

U. S. Bureau of Labor Statistics. (2005a). *Employment Status of the Civilian Noninstitutional Population by Age, Sex, and Race. [Household data Table 3].*

Available at http://www.bls.gov/cps.

U. S. Bureau of Labor Statistics. (2005b). *Women in the Labor Force: A Databook. [Table 18. Median usual weekly earnings of full-time wage and salary workers by detailed occupation and sex, 2004 annual averages.]* Available at http://www.bls.gov/cps/wlfdatabook2005.htm.

U. S. Census Bureau. (2002). *Current Population Survey. Annual Social and Economic Supplement.* Available at http://factfinder.census.gov.

U. S. Census Bureau. (2004). *Current Population Survey. Annual Social and Economic Supplement.* Available at http://factfinder.census.gov.

U. S. Census Bureau. (2005). *Annual Estimates of the Population by Age and Sex for the United States.* Available at http://factfinder.census.gov.

10. 능력 부여: 50세 이상 여성의 전성기

Allington, D. E., and Troll, L. E. (1984). Social change and equality: The roles of women and economics. In G. Baruch and J. Brooks-Gunn (Eds.), *Women in Midlife* (pp. 181-202). New York: Plenum.

American Heritage Dictionary of the English Language (4th ed.). (2000) Boston: Houghton Mifflin.

American Psychological Association. (2005). *Division 3-Society for the Psychology of Women.* Retrieved October 4, 2005, from http://www.apa.org/about/division/div35.html.

Andrews, A. B., Guadalupe, J. L., and Bolden, E. (2003). Faith, hope and mutual support: Paths to empowerment as perceived by women in poverty. *Journal of Social Work Research and Evaluation, 4,* 5-18.

ArtCycylopedia (2005). *Grandma Moses.* Retrieved from http://www.artcy clopedia.com/artists/moses_grandma.html.

Association for Women in Psychology. (2006). *The Association for Women in Psychology.* Retrieved from www.awpsych.org.

Babladelis, G. (1999). Autonomy in the middle years. In M. B. Nadien and F. L. Denmark (Eds.), *Females and Autonomy-A Lifespan Perspective* (pp. 101-129). Boston: Allyn & Bacon.

Becker, J., Kovach, A. C., and Gronseth, D. L. (2004). Individual empowerment: How community health workers operationalize self-determination, self-sufficiency, and decision-making abilities of low income mothers. *Journal of Community Psychology, 32,* 327-342.

Browne, C. V. (1995). Empowerment in social work practice with older women. *Social Work, 40,* 358-364.

Chadiha, L. A., Adams, P., Biegel, D. E., Auslander, W., and Gutierrez, L. (2004). Empowering African American women informal caregivers: A literature synthesis and practice strategies. *Social Work, 49*(1), 97-109.

Chamberlin, J. (1997). A working definition of empowerment. *Psychiatric Rehabilitation Journal, 20,* 43-46.

Coleman, L. M., and Antonucci, T. C. (1983). Impact of work on women at midlife. *Developmental Psychology, 19,* 290-294.

Colwill, J., and Townsend, J. (1999). Women, leadership and information technology. *Journal of Management Development, 18,* 207-213.

Congressional Research Service. (2004). *Membership of the 109th Congress: A Profile.* Retrieved April 5, 2006 from www.er.doe.gov/bes/109th_Congress_1st_Session_CRS_20DEC04.pdf.

De St. Aubin, E., McAdams, D. P., and Kim, T. (2004). *The Generative Society: Caring for Future Generations.* Washington, DC: American Psychological Association.

Darlington, P. S., and Mulvaney, B. M. (2003). *Women, Power, and Ethnicity: Working Toward Reciprocal Empowerment.* New York: Haworth Press.

Denmark, F. L., Rabinowitz, V. C., and Sechzer, J. A. (2005). *Engendering Psychology: Women and Gender Revisited* (2nd ed.). Boston: Allyn and Bacon.

De Groot, S. C. (1980). Female and male returnees: Glimpses of two distinct populations. *Psychology of Women Quarterly, 5,* 358-361.

Garland, A. W. (1988). *Women Activists: Challenging the Abuse of Power.* New York: Feminist Press.

Gibbs, N. (2005, May 16). Midlife crisis? Bring it on! *Time,* pp. 52-66, 63.

Gray Panthers. (2006). *Age and Youth in Action.* Retrieved from www.graypanthers.org.

Hammer, J. (2006, April 3). Healing powers. *Newsweek,* pp. 30-35, 38-39.

Hyde, J. S. (2004). *Half the Human Experience: The Psychology of Women* (4th ed.). Boston: Houghton Mifflin.

Lips, H. M. (2005). *Sex and Gender: An Introduction.* Boston: McGraw Hill.

Lott, B. (1987). *Women's Lives: Themes and Variations in Gender Learning.* Monterey, CA: Brooks/Cole.

Maslow, A. H. (1943). A theory of human motivation. *Psychological Review, 50,* 370-396.

Millennium Project. (2006). *2006: The Year of Action.* Retrieved from http://www.unmillenniumproject.org.

Mitchell, V., and Helson, R. (1990). Women' s prime of life: Is it the 50s? *Psychology of Women Quarterly, 14,* 451-470.

National Organization for Women (2006). *About NOW.* Retrieved from http://www.now.org/organization/info.html.

Page, N. and Czuba, C. E. (1999). Empowerment: What is it? *Journal of Extension,*

37(5). Retrieved October 3, 2005 from www.joe.org/joe/1999october/comm1.html.

Parker, P. S. (2003). Resistance and empowerment in raced, gendered, and classed work contexts: The case of African American women. *Communication Yearbook, 27,* 257-291.

Pillai, J. K. (1995). *Women and Empowerment.* New Delhi: Gyan.

Querimit, D. S., and Conner, L. C. (2003). Empowerment psychotherapy with adolescent females of Color. *Journal of Clinical Psychology, 59,* 1215-1224.

Reedy, M. N., Birren, J. E., and Schaie, K. W. (1981). Age and sex differences in satisfying relationships across the life span. *Human Development, 24,* 52-66.

Rollins, B. C. (1989). Marital quality at midlife. In S. Hunter and M. Sundel (Eds.), *Midlife Myths: Issues, Findings, and Practice Implications* (pp. 184-194). Newbury Park, CA: Sage.

Stewart, A. J., Ostrove, J. M., and Helson, R. (2001). Middle aging in women: Patterns of personality change from the 30s to the 50s. *Journal of Adult Development, 8*(1), 23-37.

Todd, J., Friedman, A., and Kariuki, P. W. (1990). Women growing stronger with age: The effect of status in the United States and Kenya. *Psychology of Women Quarterly, 14,* 567-577.

Troll, L. E. (1989). Myths of midlife intergenerational relationships. In S. Hunter and M. Sundel (Eds.), *Midlife Myths: Issues, Findings, and Practice Implications* (pp. 210-231). Newbury Park, CA: Sage.

United Nations. (2006). *About the United Nations: An Introduction to the Structure and Work of the UN.* Retrieved from www.un.org.

United Nations Development Fund for Women. (UNIFEM). (2004). *Pathway to equality: CEDAW, Beijing and the MDGs.* New York: UNIFEM.

United Nations Development Program. (2004). *Human Development Report 2004.*

New York: Author.

Women's Environment & Development Organization (WEDO). (2004) *Women's Empowerment: Gender Equality and the Millennium Development Goals: A WEDO Information Action Guide.* New York: Author.

Women's United Nations Report Program & Network (WUNRN). (n.d.). *Organizations: Women's NGOs.* Retrieved from http://www.wunrn.com/organizations/women_ngo/un-ngo_ny.htm.

Wray, S. (2004). What constitutes agency and empowerment for women in later life? *Sociological Review, 52,* 22-38.

Yoder, J. D. (2003). *Women and Gender: Transforming Psychology* (2nd ed.). Upper Saddle River, NJ: Prentice Hall.

Yoder, J. D., and Kahn, A. S. (1992). Toward a feminist understanding of women and power. *Psychology of Women Quarterly, 16,* 381-388.

찾아보기

편저자 소개

Varda Muhlbauer

이스라엘의 네타야 아카데믹 대학 경영학과 부교수로, 여러 해 동안 여성들의 문제에 관하여 여성주의 관점에서 광범위하게 가르치고 연구하고 자문하고 있다.

Joan C. Chrisler

코네티컷 대학 심리학과 교수이며, 여성심리학과 건강심리학을 가르치고 있다. 여성의 긴깅과 실현에 관한 논문과 책을 출판하였고, 특히 생리와 폐경, 자가면역장애, 신체상, 체중, 섭식장애에 관한 연구로 널리 알려져 있다.

집필진 소개

로잘리 J. 애커먼(Rosalie J. Ackerman) 캐펠라 대학교의 임상심리학 겸임교수

마사 E. 뱅크스(Martha E. Banks) 우스터 대학 흑인 연구과의 전직 교수

조앤 C. 크리슬러(Joan C. Chrisler) 코네티컷 대학 심리학과 교수

플로렌스 L. 덴마크(Florence L. Denmark) 페이스 대학교의 뛰어난 연구교수

메리 저겐(Mary Gergen) 펜실베니아 주립대학교의 심리학과 여성학의 명예교수

루스 홀(Ruth Hall) 뉴저지 대학 심리학 교수

마리아 D. 클라라(Maria D. Klara) 페이스 대학교 임상아동심리학 박사 후보생으로, Florence L. Denmark의 대학원 조교

리아트 쿨릭(Liat Kulik) 바 일란 대학교 사회사업학과 부교수

수전 런보그(Susan Lonborg) 중앙 워싱턴 대학교 심리학 교수

모린 C. 맥휴(Maureen C. Mchugh) 펜실베이니아의 인디애나 대학교 심리학 교수

바더 멀바우어(Varda Muhlbauer) 이스라엘의 네타냐 아카데믹 대학의 경영학과 부교수

수잔나 로즈(Suzanna Rose) 플로리다 국제대학교 심리학 교수

주디스 A. 슈거(Judith A. Sugar) 리노의 네바다 대학교 공중위생학 부교수

셰릴 브라운 트래비스(Cheryl Brown Travis) 녹스빌의 테네시 대학교 심리학 교수

역자

김종남

고려대학교 심리학과를 졸업하고 동 대학원에서 석사 및 박사학위를 취득했다. 현재 서울여자대학교 교육심리학과 조교수로 재직 중에 있으며, 유방암 환자의 삶의 질에 관한 연구를 비롯하여 다양한 연구를 진행하고 있다. 또한 임상심리 전문가, 상담심리 전문가, 정신보건 임상심리사 1급 자격증을 소지하고 있다.

심리학으로 바라본

중년 여성의 심리

Women over 50: Psychological Perspectives

2011년 1월 10일 1판 1쇄 인쇄
2011년 1월 15일 1판 1쇄 발행

편저자 • Varda Muhlbauer · Joan C. Chrisler
옮긴이 • 김종남
펴낸이 • 김진환
펴낸곳 • (주) 학지사
121-837 서울특별시 마포구 서교동 352-29 마인드월드빌딩 5층
대표전화 • 02) 330-5114 팩스 • 02) 324-2345
등록번호 • 제313-2006-000265호

홈페이지 • http://www.hakjisa.co.kr
커뮤니티 • http://cafe.naver.com/hakjisa

ISBN 978-89-6330-539-4 03180

정가 15,000원

역자와의 협약으로 인지는 생략합니다.
파본은 구입처에서 바꾸어 드립니다.

이 책은 2009학년도 서울여자대학교 사회과학연구소의 교내학술연구비의 지원을 받았음.